Soziale Arbeit als Akteurin im Kontext gesellschaftlicher Transformation

Buchreihe
Theorie, Forschung und Praxis
der Sozialen Arbeit

herausgegeben von der
Deutschen Gesellschaft für Soziale Arbeit
(DGSA)

Band 28

Stefan Borrmann
Anne van Rießen
Claudia Steckelberg (Hrsg.)

Soziale Arbeit als Akteurin im Kontext gesellschaftlicher Transformation

Wissensbestände und Erkenntnisse aus Profession und Disziplin

Verlag Barbara Budrich
Opladen • Berlin • Toronto 2025

Bibliografische Information der Deutschen Nationalbibliothek
Die Deutsche Nationalbibliothek verzeichnet diese Publikation in der Deutschen Nationalbibliografie; detaillierte bibliografische Daten sind im Internet über https://portal.dnb.de abrufbar.

Gedruckt auf FSC®-zertifiziertem Papier, CO2-kompensierte Produktion. Mehr Informationen unter https://budrich.de/nachhaltigkeit/. Printed in Europe.

Dieses Buch steht im Open-Access-Bereich der Verlagsseite zum kostenlosen Download bereit (https://doi.org/10.3224/84743121).
Eine kostenpflichtige Druckversion (Print on Demand) kann über den Verlag bezogen werden. Die Seitenzahlen in der Druck- und Onlineversion sind identisch.

ISBN 978-3-8474-3121-3 (Paperback)
eISBN 978-3-8474-3256-2 (PDF)
DOI 10.3224/84743121

Druck: paper & tinta, Warschau
Umschlaggestaltung: Bettina Lehfeldt, Kleinmachnow – www.lehfeldtgraphic.de
Satz: Anja Borkam, Langenhagen – kontakt@lektorat-borkam.de
Lektorat: Ulrike Weingärtner, Gründau – info@textakzente.de

Inhalt

Handlungsfeld- und adressat:innenbezogene Perspektiven der Sozialen Arbeit auf Transformationsprozesse

Herausforderungen für Forschung, Lehre und Praxis Sozialer Arbeit

Vorwort zur Schriftenreihe der Deutschen Gesellschaft für Soziale Arbeit

Für die Auseinandersetzung in fachlichen, gesellschaftlichen und politischen Diskursen benötigen Wissenschaftler*innen und Fachkräfte Sozialer Arbeit fundiertes Wissen, um Theorien und Konzepte weiterzuentwickeln, etablierte Sicht- und Handlungsweisen zu hinterfragen und allzu einfachen Erklärungsmustern zu begegnen. Das für die Soziale Arbeit relevante Wissen bezieht sich dabei auf soziale Phänomene, die als problematisch wahrgenommen werden und die in ihrer Genese und im gesellschaftlichen Kontext zu analysieren sind. Ebenso sind der fachliche, der gesellschaftliche und der politische Umgang mit diesen Phänomenen relevant.

Die Deutsche Gesellschaft für Soziale Arbeit (DGSA) setzt sich seit ihrer Gründung im Jahr 1989 dafür ein, die Rahmenbedingungen zur Generierung neuer Erkenntnisse stetig zu verbessern und Wissen aus den professionellen und disziplinären Diskursen so aufzubereiten, dass es eine gute Verbreitung erfährt und langfristig zur Verfügung steht.

In den letzten Jahrzehnten haben sich Disziplin und Profession Sozialer Arbeit stetig weiterentwickelt und ausdifferenziert. Dies bildet sich auch in der kontinuierlich wachsenden Mitgliederzahl der DGSA und der Neugründung von Sektionen und Fachgruppen in der wissenschaftlichen Fachgesellschaft ab.

Einige der für die Soziale Arbeit maßgeblichen Rahmenbedingungen haben mit diesen Entwicklungen noch nicht Schritt gehalten. Hier liegen Ansatzpunkte für das Engagement der DGSA. Die Fachgesellschaft setzt sich seit Jahren für eine der Forschung der Sozialen Arbeit adäquate Forschungsförderung der hierfür maßgeblichen Institutionen und entsprechende Strukturen an den Hochschulen ein. Für Begutachtungen von Forschungsanträgen wurde eine eigene Forschungsethikkommission etabliert, ein von den Mitgliedern entwickelter Forschungsethikkodex bietet Orientierung im Forschungsprozess. Um es Nachwuchswissenschaftlicher*innen zu ermöglichen, in der Wissenschaft Soziale Arbeit zu promovieren, fordert die DGSA ein eigenes Promotionsrecht für Professor*innen an Hochschulen für Angewandte Wissenschaften und entwickelt Qualitätskriterien für die Begleitung von Promotionen. Die Fachgesellschaft engagiert sich für die stetige Weiterentwicklung von Studiengängen Sozialer Arbeit, und mit dem Kerncurriculum wurde Hochschulen ein orientierender Rahmen für die Konzipierung solcher Studiengänge zur Verfügung gestellt. Nicht zuletzt greift die DGSA gesellschaftlich relevante Fragen auf und positioniert sich zu aktuellen gesellschaftspolitischen Themen.

Die Weiterentwicklung und Ausdifferenzierung von Disziplin und Profession Sozialer Arbeit und das vielfältige Engagement der DGSA bilden sich auch in den Publikationen im Rahmen der Schriftenreihe der DGSA ab. Diese umfasst seit 2010 neben den Sammelbänden zu den Jahrestagungen vor allem Bände, die von den Sektionen und Fachgruppen gestaltet werden und häufig aus den von ihnen veranstalteten Tagungen und Workshops resultieren. Darüber hinaus werden in der Schriftenreihe Bände publiziert, die aktuelle gesellschaftliche Themen und fachliche Fragestellungen aufgreifen, welche für die Soziale Arbeit und die Wissenschaft Soziale Arbeit von Bedeutung sind.

Die Reihe wendet sich an Lehrende, Forschende, Fachkräfte und Studierende der Sozialen Arbeit sowie benachbarter Disziplinen und Professionen, die sich ebenfalls mit den Gegenständen der Sozialen Arbeit befassen. Mit den vielfältigen Bänden im Rahmen der Reihe laden wir die Leser*innen dazu ein, sich aktiv in die Diskurse einzubringen und die Wissenschaft Soziale Arbeit mitzugestalten.

Berlin, Bremen, Düsseldorf, Hamburg, Köln, Landshut, Neubrandenburg im März 2025

*Die Herausgeber*innen*

Kathrin Aghamiri
Stefan Borrmann
Miriam Burzlaff
Julia Franz
Anne van Rießen
Christian Spatscheck
Claudia Steckelberg

Soziale Arbeit als Akteurin im Kontext gesellschaftlicher Transformation – eine Einführung

Stefan Borrmann, Anne van Rießen und Claudia Steckelberg

Der vorliegende Sammelband „Soziale Arbeit als Akteurin im Kontext gesellschaftlicher Transformation" beleuchtet die komplexe Rolle der Sozialen Arbeit inmitten tiefgreifender gesellschaftlicher Wandlungsprozesse. Diese Prozesse erfordern von der Sozialen Arbeit nicht nur ein Verständnis dieser Veränderungen, sondern auch eine aktive Mitgestaltung, die den Normen, Werten und Prinzipien der Sozialen Arbeit wie soziale Gerechtigkeit, eine Orientierung an den Menschenrechten sowie der Achtung von Vielfalt und Diversität entspricht.

Soziale Arbeit nimmt einerseits für sich in Anspruch, gesellschaftliche Wandlungsprozesse aktiv mitzugestalten. Schon die Global Definition der IFSW (2015) formuliert diesen Anspruch deutlich: „Social work [...] promotes social change and development, social cohesion, and the empowerment and liberation of people." Andererseits ist sie aber auch von gesellschaftlichen Transformationsprozessen – wie wir sie gegenwärtig erleben – direkt betroffen: als Disziplin und Profession sowie in ihrer konkreten Arbeit in den jeweiligen Handlungsfeldern und mit ihren Adressat:innen. Profession und Disziplin Sozialer Arbeit stehen damit vor der Aufgabe, sich zu gesellschaftlichen Transformationsprozessen zu positionieren, und sind zudem gefordert, die darin entstehenden (neuen) Probleme und Konflikte zusammen mit den Adressat:innen konkret zu bearbeiten.

Grundlegende Transformationsprozesse der Gegenwart verändern die sozialen Lebensbedingungen in ihren Fundamenten und erfordern von der Sozialen Arbeit als Profession und Disziplin strukturelle Antworten und Positionierungen. Soziale Arbeit muss sich nicht nur mit den wandelnden Bedingungen auseinandersetzen, sondern gleichzeitig methodisch und konzeptionell die damit einhergehenden Herausforderungen bearbeiten.

Jenseits geschichts- oder wissenschaftstheoretischer und philosophischer Reflexionen darüber, ob der soziale Fortschritt linear verläuft oder schwankend, hin zu einer immer besseren Welt oder doch eher risikobehaftet, kann festgehalten werden, dass Wandel immer mit Fort- und Rückschritten verbunden ist und niemals für alle Menschen dieser Welt synchron oder gleichförmig verläuft. Wir erleben auch gewaltförmige und zerstörerische Formen gesellschaftlicher Konfliktbearbeitung, die sich hin zu Kriegen und Abschottung entwickeln und reale Bedrohungen sind. Dabei ist eine Gleichzeitigkeit von tendenziell positiver globaler Entwicklung einerseits und Krisen, Kriegen, Hungersnöten und Diskriminierung andererseits zu konstatieren. Auch jenseits dieser globalen Tendenzen zeigen sich in den regionalen und lokalen Zusammenhängen weiterhin Ungleichheiten und Ungerechtigkeiten bei gleichzeitigem Fortschritt in anderen Bereichen, z. B. der Anerkennung von Minderheitenrechten oder der Inklusion. Hinzu kommen globale Gefährdungen wie die Klimakrise, die Abnahme der Biodiversität und die irreversible Verschmutzung des Planeten sowie rasante Entwicklungen wie die Digitalisierung, die Verbreitung Künstlicher Intelligenz und des Maschinenlernens, globale Flucht- und Migrationsbewegungen, der demografische Wandel, die Gefährdungen ziviler Sicherheit sowie neue globale Blockbildungen und Kriege.

Prototypische Transformationsmodelle stellen dabei grundlegende theoretische Bezugsmodelle zur Verfügung, die den gesellschaftlichen Wandel als eine kollektive Verwandlung mit noch offenem Ergebnis betrachten, das im gesellschaftlichen Kräftespiel entschieden wird. Fest steht jedoch, dass Menschen in ihrem sozialen Verhalten einen wesentlichen Anteil daran tragen, in welche Richtung Transformationsprozesse verlaufen. Schon Norbert Elias (1996: 127) hat auf diesen Umstand hingewiesen, indem er betonte, dass Menschen selbst den Prozess von Veränderungen ausmachen (vgl. auch Hundeck/Rubin/Stadler in diesem Band).

Soziale Arbeit ist dazu aufgerufen, den aktuellen Wandel und dessen Triebkräfte und soziale Dynamiken wissenschaftlich zu untersuchen und die konkreten Wandlungsprozesse konzeptionell zu beschreiben, methodisch zu begleiten und mit den Akteur:innen zu gestalten. Dabei muss sie sich der Herausforderung stellen, Entwicklungen auf subjektiver Ebene, auf der Ebene von Gruppen und auf der Ebene von Gemeinwesen in Richtung Zusammenhalt, Empowerment und Befreiung, soziale Gerechtigkeit, Menschenrechte, einer kollektiv getragenen Verantwortung und Achtung von Vielfalt und Diversität voranzutreiben und trotz vieler Entwicklungen hin zu Dystopien auch ihre utopischen Anteile nicht aus dem Blick verlieren.

Dieser Sammelband greift dabei zentrale Fragen auf, die die wissenschaftliche und praktische Auseinandersetzung mit Transformationsprozessen in der Sozialen Arbeit strukturieren, und gliedert sich in vier Teile.

1. Wissensbestände und Erkenntnisse zu Transformationsprozessen

Die erste zentrale Fragestellung des Sammelbands bezieht sich auf die Erfassung und das Verständnis von Transformationsprozessen. Welche Transformationsprozesse stellen uns gegenwärtig vor Herausforderungen? Wie können diese Prozesse methodisch gestaltet werden, um Wandlungsprozesse in ihrer Tiefe zu erkennen? Hierbei steht die Frage im Vordergrund, wie die Soziale Arbeit die Identifikation von sozialen Dynamiken und die systematische Erfassung von Veränderungen, die wiederum die Grundlage für gezielte Interventionen bilden, analytisch beschreiben kann. Zudem geht es um die Frage, wo die Grenzen der Einflussnahme auf globale Transformationsprozesse liegen. Diese Frage stellt die Soziale Arbeit vor ein Dilemma: Während sie als Akteurin in gesellschaftlichen Wandlungsprozessen Verantwortung übernimmt, muss sie auch die Grenzen ihrer Einflussmöglichkeiten anerkennen. Insbesondere bei globalen Herausforderungen wie der Klimakrise oder internationalen Migrationsbewegungen steht die Soziale Arbeit vor der Frage, wie sie lokal und global wirksam agieren kann, ohne die Komplexität und Interdependenz dieser Prozesse zu vernachlässigen.

Miriam Burzlaff diskutiert in ihrem einleitenden Beitrag das professionelle Selbstverständnis der Sozialen Arbeit als Gestalterin gesellschaftlicher Transformationen und stellt empirische Ergebnisse einer umfassenden Studie zu Policy Practice in der Sozialen Arbeit dar. Dabei wird auch deutlich, dass gesellschaftlich verändernde Soziale Arbeit und die darin wirkenden Akteur:innen Fragen zur Rolle und Verantwortung der Sozialen Arbeit beantworten müssen.

Jutta Harrer-Amersdorffer, Matthias Laub, Juliane Sagebiel und Marcel Schmidt untersuchen die Auswirkungen globaler Transformationsprozesse auf das Theorie-Praxis-Verständnis in der Sozialen Arbeit, insbesondere in Hinblick auf transgenerative Praxen, und stellen dazu auch begriffliche Überlegungen in den Vordergrund. Sie betrachten Transformation dabei von mindestens drei Perspektiven: begrifflich, auf gesellschaftliches Veränderungspotenzial sowie fallbezogen.

Yvonne Rubin, Markus Hundeck und Wolfgang Stadel thematisieren mit Bezug u. a. auf Nancy Fraser und Norbert Elias passives und unsicheres Wissen und dessen mögliche Aktivierung. Sie arbeiten heraus, dass dieser Umgang eine zentrale Aufgabe der Sozialen Arbeit im Transformationsprozessen sein kann.

Im Weiteren beleuchten Katrin Liel, Markus Kühnel und Marius Otto das Phänomen der Einsamkeit in modernen Gesellschaften. Dabei zeigen sie die Rolle der Sozialen Arbeit auf, indem sie Einsamkeit im Kontext verschiedener Handlungsfelder und in Hinblick auf verschiedene Zielgruppen analysieren und abschließend drei Thesen als Denkanstöße für den Umgang mit diesem Phänomen formulieren.

Daran anschließend beleuchtet Martin Hunold in seinem Beitrag die sozialen Herausforderungen in Ostdeutschland seit 1989 und fordert eine machtsensible, kontextbezogene Soziale Arbeit im Allgemeinen Sozialen Dienst (ASD). Er argumentiert, dass die Transformation zu Brüchen und sozialen

Konflikten geführt hat, die bis heute spürbar sind. Dabei stellt er heraus, dass eine „kräftefeldorientierte“ Analyse helfe, regionale und soziale Unterschiede sowie strukturelle Ungleichheiten zu verstehen, um Konflikte im ASD besser zu adressieren.

Barbara Thiessen untersucht die Transformation feministischer Schutzräume angesichts geschlechterpolitischer Debatten. Historische und aktuelle Entwicklungen werden analysiert, um die Herausforderungen feministischer Solidarität und Inklusion in Zeiten wachsender Diversität zu reflektieren.

Stefanie Lindner, Ralf Mahlich, Ina Schäfer, Heike Radvan und Christine Krüger betrachten die Rolle der Sozialen Arbeit, insbesondere der Jugendarbeit, im Kontext der Arbeit mit rechtsextremen Jugendlichen. Ausgehend von Analysen auf die Zeit der 1990er-Jahre zeigen sie auf, dass eine differenzierte Betrachtung regionaler Unterschiede in der Sozialen Arbeit, insbesondere im Kontext der oft postulierten Unterschiede zwischen Ost- und Westdeutschland, notwendig ist.

2. Soziale Arbeit als Akteurin in Transformationsprozessen

Ein weiterer thematischer Schwerpunkt liegt auf der Frage, wie die Soziale Arbeit selbst als Akteurin in Transformationsprozessen agiert. Dabei geht es auch um die Frage, welche Handlungsspielräume die Soziale Arbeit in diesen Prozessen hat, und welche Einschränkungen sie durch externe Akteur:innen oder strukturelle Bedingungen erfährt. Hier wird die Rolle der Sozialen Arbeit auf verschiedenen Ebenen beleuchtet – von der Mikroebene individueller Unterstützung bis hin zur Makroebene politischer Einflussnahme. Die Soziale Arbeit muss sich ihrer Möglichkeiten bewusst sein, gleichzeitig aber auch die strukturellen und politischen Grenzen ihrer Handlungsmacht erkennen und reflektieren. Auch hier geht es um Modelle und Methoden, die der Sozialen Arbeit zur Verfügung stehen, um Transformationsprozesse zu analysieren und wirksam zu begleiten. Methodisch muss die Soziale Arbeit Strategien entwickeln, um auf dynamische und oft unvorhersehbare Veränderungen flexibel reagieren zu können, ohne dabei ihre ethischen Grundsätze zu verlieren.

In diesem zweiten Teil des Sammelbandes wird also die aktive Rolle der Sozialen Arbeit in der Gestaltung von Transformationsprozessen hervorgehoben. Yari Or und Chaitali Das entwerfen im ersten Beitrag dieses Teils eine spekulative Zukunft der Sozialen Arbeit im Kontext der öko-sozialen Krise aus einer futuristisch-ökofeministischen Perspektive. Mit der Methode der „speculative fabulation“ zeichnen sie bewusst spekulativ ein Bild der Zukunft, wie Soziale Arbeit sein könnte, wenn sie eine aktive Gestaltungsrolle annimmt.

In einem Beitrag der Sektion Klinische Sozialarbeit analysieren Eva Wunderer, Dieter Röh, Marion Mayer, Christine Kröger, Gernot Hahn, Lisa Große, Karsten Giertz, Julia Gebrande und Silke Birgitta Gahleitner die Rolle der Klinischen Sozialarbeit als Akteurin im Kontext gegenwärtiger Transformationen, um auf gesellschaftliche Herausforderungen wie soziale Ungleichheit und Gesundheitsbarrieren adäquate Antworten zu finden. Die kritische Reflexion und Weiterentwicklung des Professionsverständnisses sowie einer intersektionalen Perspektive spielen dabei eine zentrale Rolle.

Im Weiteren diskutiert Mario Rund in seinem Beitrag die Notwendigkeit, gesellschaftliche Transformationen – angesichts ökologischer und sozialer Herausforderungen wie dem Klimawandel – demokratisch zu gestalten und durch lokale Partizipation, politische Bildung und kommunale Planung zu unterstützen. Er betont, dass es dabei nicht nur um wirtschaftliche Umstrukturierungen, sondern auch um soziale Gerechtigkeit und die Mitbestimmung aller Bevölkerungsgruppen geht, insbesondere derjenigen, die oft von Entscheidungen benachteiligt werden. Rund kommt zu dem Schluss, dass Partizipation im lokalen Kontext neu gedacht werden muss: nicht nur als formales Verfahren, sondern als tief verankerte, emanzipatorische Praxis, die allen Mitgliedern der Gesellschaft Zugang zu Entscheidungsprozessen gewährt und soziale Integration fördert.

Theresia Wintergerst betrachtet in ihrem Beitrag die Rolle interdisziplinärer Zusammenarbeit bei der sozial-ökologischen Transformation von Gesellschaften. Am Beispiel der Frage, wie Land in Zukunft genutzt werden sollte, erläutert sie, wie wichtig es ist, verschiedene disziplinäre Perspektiven zusammenzuführen.

Daran anknüpfend analysiert Jonas Hufeisen die Auswirkungen globaler Flucht- und Migrationsbewegungen auf lokale Governance in ländlichen Kleinstädten und betont, dass Migration seit 2015 Transformationsprozesse in der lokalen Governance auslöst. Anhand einer empirischen Studie zeigt er auf, wie neue Netzwerke und Integrationsstrategien entstehen, um die Aufnahme und Integration geflüchteter Menschen zu unterstützen.

Anschließend beleuchtet Stefanie Neumaier die Rolle der Sozialen Arbeit in digitalen Transformationsprozessen und deren Auswirkungen auf Strukturen, professionelles Handeln und Theorieentwicklung. Dabei argumentiert sie, dass Soziale Arbeit den Wandel aktiv gestalten muss, um den Herausforderungen, z. B. die Zunahme sozialer Ungleichheiten und algorithmischer Diskriminierung, und den Chancen, etwa digitale Beratungsangebote für schwer erreichbare Gruppen, zu begegnen.

3. Handlungsfeld- und adressat:innenbezogene Perspektiven der Sozialen Arbeit auf Transformationsprozesse

Dieser dritte Teil des Bandes fokussiert die Folgen und Auswirkungen von gesellschaftlichen Transformationsprozessen auf spezifische Handlungsfelder der Sozialen Arbeit und die Adressat:innen der Sozialen Arbeit in diesen. Ein verbindendendes Element ist bei dieser Betrachtungsweise die Aufrechterhaltung und Wiederherstellung von Handlungsfähigkeit unter erschwerten Bedingungen gesellschaftlicher Transformation.

Zu Beginn untersuchen Corinna Ehlers, Matthias Müller, Angelika Scheuerl und Vera Taube das Sozialarbeiterische Case Management als Handlungsansatz anhand eines Fallbeispiels auf den Ebenen Mikro (Einzelfallarbeit), Meso (Organisation und Netzwerkgestaltung) und Makro (gesellschaftliche und politische Rahmenbedingungen). Sie schlagen die Entwicklung einer Forschungsmatrix vor, die systematisch Wissen zu den unterschiedlichen Ebenen sammelt und so einen umfassenden Überblick über strukturelle Probleme und Forschungslücken bietet.

Tilmann Kallenbach beleuchtet die Herausforderungen und Potenziale von Jugendkulturen in ländlichen Räumen und deren Bedeutung für die kommunale Handlungsfähigkeit. Er stellt dabei erste Ergebnisse einer empirischen Studie vor, die zeigt, wie unterschiedlich Kommunen mit den Zukunftsfragen umgehen und welche Rolle Jugend und Jugendkulturen dabei einnehmen.

Daran anschließend stellen Josefine Heusinger und Thorsten Stellmacher die Soziale Altenarbeit auf dem Land dar. Sie argumentieren, dass es an übergreifenden Konzepten fehlt, die Ressourcen systematisch einsetzen. Die Autor:innen schlagen vor, die Bedürfnisse der älteren Bevölkerung anhand des KDA-Quartiersansatzes zu analysieren, der soziale, wohnbezogene und unterstützende Aspekte für altersfreundliche Kommunen integriert. Ein zentraler Aspekt ist dabei die Vielfalt der ländlichen Gemeinden, die je nach Lage und sozialem Umfeld sehr unterschiedliche Herausforderungen für eine altersgerechte Infrastruktur mit sich bringen.

Julia Gebrande, Silke Birgitta Gahleitner, Claas Löppmann, Barbara Kavemann, Angela Marquardt und Marion Mayer diskutieren die Rolle der Sozialen Arbeit in der Aufarbeitung sexualisierter Gewalt. Dabei wird die Verantwortung auf individueller, institutioneller und gesellschaftlicher Ebene, sich der eigenen Geschichte und den begangenen Fehlern zu stellen, betont. Zudem werden die Bedeutung der Beteiligung Betroffener und die Integration dieses Themas in die Ausbildung zukünftiger Sozialarbeiter:innen hervorgehoben.

Nora Sellner, Frank Sowa und Anna Xymena Tissot analysieren die Transformation lokaler Hilfesysteme für wohnungslose Menschen und die damit verbundenen Herausforderungen. In einer vergleichenden Studie werden die Strukturen und zentralen Akteur:innen der Wohnungslosenhilfe im ländlichen und urbanen Raum analysiert und anhand der Ergebnisse Perspektiven für die Weiterentwicklung der Hilfesysteme vorgestellt.

Friedemann Bringt, Birgit Jagusch und Marion Mayer untersuchen, wie Beratungs- und Netzwerkarbeit im Kontext von Demokratiegefährdung und extrem rechten Orientierungen professionalisiert werden können.

Mit der zunehmenden Diversität von Familienbildern im Kontext gesellschaftlicher Transformationsprozesse beschäftigt sich der Beitrag von Frauke Risse, Stefanie Sauer, Anna Kasten, Sarah Häseler, Philip Krüger und Sara Nasri. Es wird der Frage nachgegangen, inwieweit die kritische Reflexion heteronormativer und geschlechtsbinärer Familienformen sich auch in der Praxis sozialer Familienarbeit und der Haltung der Fachkräfte abbildet.

4. Herausforderungen für Forschung, Lehre und Praxis Sozialer Arbeit

Ein weiterer zentraler Aspekt betrifft die Frage, wie die Soziale Arbeit in Forschung, Lehre und Praxis auf die Herausforderungen von Transformationsprozessen vorbereitet und diese aktiv mitgestaltet. Dieser abschließende vierte Teil des vorliegenden Sammelbandes thematisiert u. a. die Frage, wie die Fähigkeit zur Gestaltung von Transformationen in der Forschung, Ausbildung und Praxis der Sozialen Arbeit vermittelt werden kann. Die Herausforderung besteht darin, die Studierenden nicht nur auf die Praxis vorzubereiten, sondern ihnen auch die Fähigkeit zu vermitteln, selbst aktiv Veränderungen zu initiieren und zu gestalten. Auch ethische Herausforderungen ergeben sich aus den Transformationsprozessen, und damit stellt sich die Frage, wie die Soziale Arbeit mit diesen umgehen kann. In diesem Zusammenhang ist die Frage nach der normativen Ausrichtung der Sozialen Arbeit zentral: Wie kann die Profession einerseits für soziale Gerechtigkeit und Menschenrechte eintreten und andererseits die realen Risiken und Benachteiligungen berücksichtigen, die viele Menschen betreffen?

Carla Wesselmann, Sabine Schäper, Anna Kasten und Robel Afeworki Abay thematisieren forschungsethische Herausforderungen, die sich in gesellschaftlichen Transformationsprozessen ergeben. Dabei greifen sie drei verschiedene Themen auf und zeigen, welche Verbindungslinien sich zwischen diesen ergeben.

Kristina Kieslinger, Andrea Schmelz, Barbara Schramkowski, Ingo Stamm und Lisa Dörfler beleuchten die Relevanz ökologischer Gerechtigkeit für die Ethik der Sozialen Arbeit als Menschenrechtsprofession und geben Impulse für eine Erweiterung des ethischen Rahmens der Profession. Die Verflechtung von ökologischen und sozialen Ungerechtigkeiten wird untersucht und dabei die Forderung aufgestellt, dass Soziale Arbeit in diesem Transformationsprozess Verantwortung übernehmen muss.

Walter Eberlei beschäftigt sich mit der Selbstvertretung in der Jugendhilfe(politik) und den damit verbundenen Herausforderungen für die Soziale Arbeit. Der Beitrag analysiert die Kluft zwischen dem Rechtsanspruch auf Partizipation und der Realität in der Jugendhilfepolitik. Trotz gesetzlicher Fortschritte wird Kindern und Jugendlichen oft echte Mitbestimmung verwehrt. Eberlei betont die Verantwortung, die die Soziale Arbeit in der Umsetzung von Kinderrechten hat.

Julia Bäring und Theresa Hilse-Carstensen analysieren die Gestaltungprozesse sozialer Dienste im ländlichen Raum. Soziale Infrastrukturen in ländlichen Regionen stehen vor Herausforderungen durch demografischen Wandel und knappe Ressourcen. Der Text zeigt Chancen und Risiken für die Soziale Arbeit zwischen notwendigem Wandel und drohender Deprofessionalisierung in strukturschwachen Gebieten auf.

Der vorliegende Sammelband bietet eine umfassende Auseinandersetzung mit den vielfältigen Herausforderungen und Chancen, die sich für die Soziale Arbeit im Kontext gesellschaftlicher Transformationen ergeben. Die Beiträge regen zum Nachdenken über die Rolle und Verantwortung der Sozialen Arbeit in einer sich wandelnden Gesellschaft an und liefern wertvolle Impulse für Theorie, Praxis und Forschung. Die Profession steht vor der Herausforderung, auf verschiedenen Ebenen – wissenschaftlich, methodisch und praktisch – Antworten auf die sich ständig verändernden gesellschaftlichen Bedingungen zu finden. In diesem Spannungsfeld zwischen Aktion und Reflexion, zwischen Gestaltung und Begrenzung, muss sich die Soziale Arbeit neu positionieren und ihre Verantwortung in einer zunehmend komplexen Welt wahrnehmen.

Literatur

Elias, Norbert (1996): Was ist Soziologie? Grundfragen der Soziologie, Band 1. München: Juventa. 9. Aufl.

IFSW (2015): Global Definition of Social Work. Aus: http://ifsw.org/get-involved/global-definition-of-social-work/ (Abruf: 19.11.2024).

Wissensbestände und Erkenntnisse zu Transformationsprozessen

Soziale Arbeit als Gestalterin gesellschaftlicher Transformationsprozesse: Professionelles Selbstverständnis, empirische Befunde und offene Fragen

Miriam Burzlaff

Ausgehend von einem gerechtigkeitsorientierten Verständnis und der internationalen Definition Sozialer Arbeit, steht im Mittelpunkt des Beitrags eine Auseinandersetzung mit der Frage, inwiefern politisches Engagement, konkret: Policy Practice, als integraler Bestandteil dieser Disziplin und Profession verstanden werden kann. Dies wird zunächst auf theoretischer Ebene erörtert. Anschließend werden die Ausführungen mit empirischen Befunden in Verbindung gebracht und diskutiert. Basis hierfür ist eine aktuelles Forschungsprojekt zum politischen Engagement von Sozialarbeitenden in Deutschland. Der Beitrag mündet in Überlegungen dazu, was die gewonnenen Erkenntnisse für ein Bild von Sozialer Arbeit als Gestalterin gesellschaftlicher Transformationsprozesse bedeuten können.

1. Einführung

Wenn ich im Folgenden – insbesondere geprägt durch die Arbeiten David G. Gils, vor allem durch das Buch *„Gegen Ungerechtigkeit und Unterdrückung. Strategien und Konzepte für Sozialarbeiter“* (Gil 2006) – von einem gerechtigkeitsorientierten Verständnis Sozialer Arbeit ausgehe, so ist dies nicht losgelöst von Ambivalenzen: Schließlich wird Soziale Arbeit nicht allein als Gerechtigkeits- oder Menschenrechtsprofession verstanden (vgl. beispielsweise Schrödter 2007; Röh 2013; Staub-Bernasconi 2016), sondern auch, auf z. B. Fabian Kessl (2005; 2013) rekurrierend, als Regierungshandeln. Mit diesem unmittelbar verbunden sind Ausschließungslogiken, Normalisierungs- und Disziplinierungsprozesse sowie individualisierende Eigenverantwortungsstrategien – und nicht etwa eine Suche nach strukturellen Lösungen für strukturelle Probleme, jedenfalls nicht per se. Ferner ist darauf hinzuweisen, dass Adressat_innen Sozialer Arbeit sowohl in der Vergangenheit als auch in der Gegenwart Diskriminierung, Demütigung und (sexualisierte) Gewalt durch Akteur_innen Sozialer Arbeit erfahren (haben). Anders ausgedrückt: Kontexte

Sozialer Arbeit sind immer wieder durch alles andere als eine Verteidigung der Menschenrechte und Menschenwürde sowie einen (strukturellen) Einsatz für Gerechtigkeit geprägt.

Dennoch sei nochmals an Überlegungen dazu festgehalten, wie Fragen von Social Justice und deren Realisierung ins Zentrum gerückt und ein Verständnis von Sozialer Arbeit als Gestalterin von Transformationsprozessen gestärkt werden könnten – ausgehend von der erfolgten Problematisierung und von Widersprüchen wie Hilfe und Kontrolle, die für Soziale Arbeit konstitutiv sind. Es bleibt zu konstatieren, dass Soziale Arbeit ein machtvolles Herrschaftsinstrument ist, aber auch zu Veränderungen beitragen kann. Schließlich gilt zu bedenken, dass es immer auch Akteur_innen Sozialer Arbeit gab und gibt, die den Status quo kritisch hinterfragen und sich hegemonialen, mit sozialen Ausschließungen verbundenen, Praxen widersetzen.

2. Wege politischen Engagements

Die Frage, die sich jedoch stellt, ist, wie der Anspruch, sich für strukturelle Veränderungen zugunsten einer Realisierung von Social Justice einzusetzen, in methodisches Handeln übersetzt werden kann. Noch etwas genauer ausgedrückt: Welche Wege politischen Engagements gibt es für Sozialarbeitende? John Gal und Idit Weiss-Gal (2023; 2017) differenzieren diesbezüglich zwischen zwei verschiedenen Möglichkeiten: zwischen Wegen, die Sozialarbeitende 1) als Teil der Zivilgesellschaft gehen können (*civic routes*), und 2) solchen, die einen direkten Bezug zu ihrer professionellen Rolle aufweisen (*professional routes*). Unter den zivilgesellschaftlichen Weg fällt zum einen, wenn Sozialarbeitende (haupt)beruflich politische Prozesse mitgestalten und z. B. ein politisches Mandat im Bundestag bekleiden (vgl. Gal/Weiss-Gal 2023).[1] Eine weitere Möglichkeit, als Teil der Zivilgesellschaft Politiken mitzugestalten, ist freiwilliges politisches Engagement (vgl. ebd.: 30f.). Beispiele hierfür sind die Teilnahme an Wahlen, an Protesten und Demonstrationen oder Teil

1 Ausführlicher zu Sozialarbeitenden in der Politik siehe beispielsweise: Leitner, Sigrid/Stolz, Klaus (2023): „Politik als Beruf" – Sozialprofessionelle als Mandatsträger:innen. In: Leiber, Simone/Leitner, Sigrid/Schäfer, Stefan (Hrsg.): Politische Einmischung in der Sozialen Arbeit. Analyse- und Handlungsansätze. Stuttgart: Verlag W. Kohlhammer, S. 199–212. Oder: Löffler, Eva Maria (2023): Aus der Sozialen Arbeit in die Politik. Der professionelle und politische Werdegang von Sozialarbeiter:innen in der Landes- und Bundespolitik In: Soziale Arbeit 72 (5), S. 176–183. Sowie international vergleichend: Kindler, Tobias/Leitner, Sigrid/Löffler, Eva/Stolz, Klaus (Hrsg.) (i. E.): Social Workers in Political Office: A Comparative Perspective on Recruitment, Career Patterns and Social Advocacy. Bristol: Policy Press.

einer sozialen Bewegung zu sein. Wiederum zu den professionellen Pfaden gehört Street-Level Politik-Implementation (vgl. ebd.). Hier geht es vor allem um die Frage, wie beschlossene Politiken, z. B. Gesetze, in der Praxis, insbesondere von Verwaltungen/Verantwortlichen, umgesetzt werden und welche Handlungsspielräume dabei (nicht) genutzt werden. Darüber hinaus können Fachkräfte Sozialer Arbeit über Gesellschaften und (Berufs-)Verbände Einfluss auf die Gestaltung von Politiken nehmen (vgl. ebd.: 34f.). Nach Gal und Weiss-Gal ist dieser Weg deshalb von besonderer Bedeutung, weil er es – sofern Arbeitgebende politisches Engagement nicht unterstützen oder es unterbinden wollen – Sozialarbeitenden ermöglicht, nicht als Einzelpersonen intervenieren zu müssen. Eine weitere Möglichkeit für fachlich begründetes politisches Engagement bietet die Wissenschaft (vgl. ebd.: 35f.). Konkret kann sich dies widerspiegeln z. B. in Forschungsaktivitäten, dem Verfassen von Stellungnahmen und Empfehlungen, in Zusammenschlüssen von Hochschulangehörigen mit Akteur_innen aus der Zivilgesellschaft, um sich gemeinsam für strukturelle Veränderungen einzusetzen, oder – eher didaktischer Natur – in Lehraktivitäten, und zwar solchen, die aus einer aktiven Einmischung in die Gestaltung von Politiken bestehen. Ein zusätzlicher Weg politischen Engagements mit unmittelbarem Bezug zu Sozialer Arbeit ist Policy Practice. Ohne die soeben aufgezeigten Möglichkeiten (professionellen) politischen Engagements zu hierarchisieren, sei hierauf im Folgenden näher eingegangen, um die Ausführungen anschließend mit empirischen Befunden verbinden zu können.

3. Policy Practice: Theorie

Im internationalen Diskurs wird Policy Practice häufig folgendermaßen definiert:

> „Policy practice refers to activities, undertaken by social workers as an integral part of their professional activity in diverse fields and types of practice, that focus on the formulation and implementation of new policies, as well as on existing policies and suggested changes in them. These activities seek to further policies on the organizational, local, national and international levels, that are in accord with social work values.“ (Weiss-Gal/Gal 2014: 4f.)

Meine Forschungstätigkeiten zu Policy Practice führten zu folgender Übersetzung sowie Erweiterung der soeben eingeführten Definition:

> „Der Terminus *Policy Practice* verweist auf Handlungen von Sozialarbeitenden, welche die Gestaltung und Implementierung neuer Politiken oder die Verteidigung, Veränderung, ggf. Abschaffung, bereits existierender Politiken zugunsten einer Realisierung von Social Justice […] fokussieren. Entsprechende Handlungen, die einen integralen Bestandteil aller Felder Sozialer Arbeit ausmachen und nicht ein-

> zelnen Sozialarbeitenden vorbehalten sind, gehen über individuelle Unterstützungen hinaus und zielen mittels Strukturveränderungen auf langfristige Problemlösungen sowie Verbesserungen der Lebensbedingungen von Adressat_innen Sozialer Arbeit. Ausgangspunkt von Policy Practice ist eine Orientierung am Subjekt, und […] [u]m eine Verbindung zwischen einem spezifischen Einzelfall und Veränderungen auf struktureller Ebene sicherzustellen, basieren entsprechende Handlungen auf einem dialogisch-partizipativen Aushandlungsprozess. Policy Practice ist an Autonomie und Perspektivenvielfalt gebunden, der Ethikkodex Sozialer Arbeit gilt als Referenzrahmen." (Burzlaff 2022a: 66f., Hervorhebung im Original)

Noch einmal hervorgehoben sei, dass Policy Practice auf verschiedenen Ebenen stattfinden kann, schließlich geht es um eine Gestaltung organisationaler, lokaler, nationaler und internationaler Politiken. Unter Politiken wiederum werden mit Bezug auf Cornelius Castoriadis (1990) alle Steuerungsmechanismen wie Deklarationen, Gesetze, Verordnungen, (Dienst-)Anweisungen, Regeln und Handlungsweisen verstanden, die in einem spezifischen Kontext allgemeinverbindlich sind und/oder herrschen und das Zusammenleben regeln (vgl. Burzlaff 2022a: 57). Am Beispiel Sozialer Arbeit im Kontext von Flucht, fallen demzufolge unter Politiken sowohl a) Besuchsregelungen, die in einer bestimmten Unterkunft für geflüchtete Menschen gelten, oder b) lokalspezifische Bestimmungen, die mit z. B. der Einführung der sogenannten „Bezahlkarte" einhergehen, also auch c) bundesweit geltende Gesetze wie das Asylbewerberleistungsgesetz und d) die Allgemeine Erklärung der Menschenrechte. Exemplarisch für ein Engagement in Policy Practice in Deutschland steht die Einmischung von Sozialarbeitenden zur Verhinderung des sogenannten, inzwischen verabschiedeten Rückführungsverbesserungsgesetzes, um die drastische Verschärfung in Form von Ausweisungen, Abschiebungen, Abschiebungshaft und Ausreisegewahrsam zu verhindern. Doch nicht jedes Engagement in Policy Practice muss mit so weitreichenden Konsequenzen einhergehen, wie sie mit Gesetzesänderungen verbunden sind. Um Policy Practice handelt es sich auch dann, wenn sich Sozialarbeitende z. B. für die Änderung oder Einführung einer bestimmten Politik bei ihrer Arbeitsstelle/ihrem Träger einsetzen. Der Kern von Policy Practice kann letztlich wie folgt definiert werden: In Policy Practice engagiert zu sein, bedeutet, sich als Sozialarbeitende – im Rahmen des jeweils konkreten Arbeitsfeldes und professionellen Auftrags – mittels einer *Gestaltung von Politiken* für strukturelle Veränderungen zugunsten einer Realisierung von Social Justice einzusetzen.

4. Policy Practice: Empirie

Anschließend an die theoretischen Ausführungen steht im folgenden Teil eine Auseinandersetzung mit der Frage im Mittelpunkt, inwiefern sich das dargelegte professionelle Selbstverständnis einer Sozialen Arbeit als Gestalterin gesellschaftlicher Transformationen auch in der Praxis widerspiegelt. Konkret werden im Folgenden Ergebnisse aus der von uns – Miriam Burzlaff, Tobias Kindler und Talia Meital Schwartz-Tayri (2023) – entwickelten Policy-Practice-Studie vorgestellt, wobei zunächst ein skizzenhafter Überblick zum Forschungsstand erfolgt: Grundsätzlich gesprochen ist festzuhalten, dass hinsichtlich des Zusammenspiels von Sozialer Arbeit und Politik (weiterhin) viel Bewegung im nationalen wie internationalen Fachdiskurs[2] zu verzeichnen ist, sich u. a. widerspiegelnd in diversen (Forschungs-)Projekten (exemplarisch genannt sei hier *DemSoz* unter Leitung von Prof. Dr. Simone Leiber und Prof. Dr. Sigrid Leitner) sowie zahlreichen Publikationen (exemplarisch für den deutschsprachigen Raum: Amann/Kindler 2022; Burzlaff/Kindler/Schwartz-Tayri 2025; Burzlaff 2022b; Dischler/Kulke 2021; Leiber/Leitner/Schäfer 2023; Löffler 2023; Kindler 2024; Prasad 2023; Rieger 2024). Neben diversen theoretisch-konzeptionellen Überlegungen zum Verhältnis von Sozialer Arbeit und Politik (vgl. beispielsweise auch Benz/Rieger 2015; Benz et al. 2013; 2014; Bitzan/Struck/Thiersch 2002; Bitzan/Klöck 1994; Merten 2001) fokussierten quantitative Studien zu diesem Themenfeld bis dato beispielsweise die Einstellungen von Studierenden Sozialer Arbeit zu Politik und einem politischen Auftrag Sozialer Arbeit (vgl. Kulke 2019). Eine Forschungslücke allerdings besteht hinsichtlich des konkreten politischen Engagements von Sozialarbeitenden in Deutschland, insbesondere fehlt es an systematisch-empirischem Wissen zu Policy Practice. An dieser Stelle setzte unser Forschungsprojekt an, Ausgangspunkt waren folgende Forschungsfragen: Inwiefern sind Fachkräfte Sozialer Arbeit in Deutschland in Policy Practice engagiert? Und: Welche Strategien für ein Engagement in Policy Practice nutzen sie?

4.1 Datenerhebung und Sampling

Um die genannten Forschungsfragen zu beantworten, entwickelten wir ein quantitatives Forschungsdesign und führten eine Onlinebefragung von Sozialarbeitenden aus Wissenschaft und Praxis durch. Sofern Studierende bereits über Berufserfahrungen in Feldern Sozialer Arbeit verfügten, wurden auch diese einbezogen. Die Datenerhebung war mit der Herausforderung verbunden, dass Sozialarbeitende in Deutschland nicht registriert sind und es dementsprechend keine Listen oder Verteiler gibt, die alle Angehörigen dieser Berufs-

2 Einen Überblick zum internationalen Forschungsstand liefert folgender Artikel: Gal, John/Weiss-Gal, Idit (2023): The policy engagement of social workers: a research overview. In: European Social Work Research, 1(1), S. 47–64. DOI: 10.1332/SGNP8071.

gruppe erreichen. Vor diesem Hintergrund wurde eine Gelegenheitsstichprobe durchgeführt und ein Schneeballsystem für die Verteilung des Fragebogens verwendet. Um Unterstützung baten wir beispielsweise Arbeitgebende, Gesellschaften, Verbände und Netzwerke Sozialer Arbeit, aber auch Hochschulen und Alumni-Organisationen. Ferner nutzten wir Social Media sowie persönliche Kontakte für die bundesweite Streuung des Fragebogens unter Sozialarbeitenden verschiedener Handlungsfelder.[3] Die Daten wurden von August bis Dezember 2023 erhoben, insgesamt haben in Deutschland 2314 Sozialarbeitende an der Onlinebefragung teilgenommen.[4] Wie Tabelle 1 zu entnehmen ist, positionierte sich die Mehrheit der Studienteilnehmenden als weiblich, und das Durchschnittsalter der Befragten lag bei 39 Jahren. Die meisten Teilnehmenden hatten bereits einen Abschluss in Sozialer Arbeit, und knapp 10 % der Befragten befand sich im Studium, verfügte aber bereits über Berufserfahrung. Darüber hinaus geht aus der Tabelle hervor, dass der Durchschnitt der Teilnehmenden auf ca. zwölf Jahre Berufserfahrung zurückgreifen konnte, die Mehrheit als Fachkraft Sozialer Arbeit ohne Leitungsfunktion beschäftigt war sowie fast die Hälfte einer Vollzeitbeschäftigung nachging.

Tabelle 1: Soziodemografische Daten

Variable	**%**
Geschlechtsidentität (n = 2150)	
weiblich	72.9
männlich	24.7
andere Identität (z. B. trans*)	2.4
Alter (n = 2232)	
≤30	27.9
31-40	30.6
41-50	19.1
51-65	20.3
>65	1.0
Höchster Abschluss in Sozialer Arbeit (n = 2033)	
aktuell Student_in	9.5
Diplom	30.8

3 Ich danke Linda Gebauer, Dajana Ivanković, Mahssa Sotoudeh und Sophia Ziese sowie dem DBSH für die tatkräftige Unterstützung bei der Verbreitung des Fragebogens. Finanziell gefördert wurde das Forschungsprojekt in Deutschland außerdem durch das Professorinnenprogramm III der Hochschule Neubrandenburg.

4 Allen Teilnehmenden sei herzlich für ihre Zeit, ihr Engagement und die Unterstützung unserer Forschung gedankt.

Variable	**%**
Bachelor	39.7
Master	17.2
Doktorat/Habilitation	2.4
anderer Abschluss (z. B. Magister)	0.3
Berufliche Position (n = 2092)	
Praktikum/in Ausbildung	3.1
Mitarbeiter_in	64.7
untere Leitungsebene	14.1
mittlere Leitungsebene	12.9
oberste Leitungsebene	5.3
Festanstellung (n = 2160)	
ja	76.7
nein	23.3
Arbeitsprozente (n = 2161)	
0-20	5.5
21-40	7.6
41-60	14.8
61-80	23.9
81-100	48.2

4.2 Operationalisierung[5]

Laut dem von Gal und Weiss-Gal (2023) entwickelten *Framework for Understanding Policy Engagement* ist diese Art des Handelns u. a. vom professionellen Selbstverständnis abhängig, sprich davon, inwiefern politisches Engagement wie Policy Practice als integraler Bestandteil der beruflichen Praxis verstanden wird. Daher haben wir diesen Aspekt in unseren Fragebogen aufgenommen und dies mittels einer von uns entwickelten 4-Item-Skala erfragt. Konkret wurden die Befragten gebeten, mittels einer fünfstufigen Skala (von „stimme überhaupt nicht zu“ bis „stimme voll und ganz zu“) den Grad ihrer

5 Der deutschsprachige Fragebogen ist in seiner Gesamtfassung zu finden unter: Burzlaff, Miriam/Kindler, Tobias/Schwartz-Tayri, Talia Meital (2023): International Policy Practice Questionnaire. Germany Version. Online verfügbar unter: https://doi.org/10.5281/zenodo.8126560 [Abruf: 10.07.2024].

Zustimmung zu folgenden Aussagen anzugeben: 1) „Soziale Arbeit hat einen politischen Auftrag“, 2) „Neben der individuellen Unterstützung von Adressat_innen, ist auch das Hinwirken auf strukturelle Veränderung Teil meines professionellen Selbstverständnisses“, 3) „Der Einsatz für sozialen Wandel ist Aufgabe von Fachkräften Sozialer Arbeit“ und 4) „Als Fachkraft Sozialer Arbeit muss ich mich für gerechtere Verhältnisse einsetzen“.

Zudem ist davon auszugehen, dass sich die Mitgliedschaft in Netzwerken positiv auf ein Engagement in Policy Practice auswirkt (vgl. ebd.: 34f.). Aus diesem Grunde floss dieser Aspekt in unsere Erhebung ein, er wurde anhand eines in zwei Teile gegliederten Index gemessen: Ein Subindex fokussierte vier politische, der andere vier professionelle Netzwerke. Die Studienteilnehmenden wurden z. B. gefragt, ob sie Teil einer sozialen Bewegung oder Parteimitglied bzw. ob sie Mitglied des DBSH und/oder der DGSA sind.

Das konkrete Engagement in Policy Practice wiederum wurde mit einem 17-Items umfassenden Index gemessen, den wir für die Studie entwickelten. Die Studienteilnehmenden wurden gefragt, in welchem Umfang sie während ihrer gesamten beruflichen Laufbahn an verschiedenen Aktivitäten zur Gestaltung von Politiken teilnahmen. Genannt waren beispielsweise die Kommunikation mit oder die Einladung von politischen Entscheidungsträgern, die Vernetzung mit anderen Organisationen oder die Teilnahme an Protestaktionen. Die Antwortoptionen lagen auf einer Skala von 1 bis 5, wobei (1) Nie, (2) Selten, (3) Manchmal, (4) Oft und (5) Sehr oft bedeutete.

Wie aus den theoretischen Ausführungen zu Policy Practice hervorgeht, kann dies verschiedene Ebenen adressieren. Folglich wurden die Studienteilnehmenden gefragt, inwiefern sie sich in die Gestaltung von Politiken einmischten auf 1) Träger-/Einrichtungsebene, 2) Kommunalebene, 3) Landesebene, 4) Bundesebene und 5) internationaler Ebene. Die Antwortoptionen lagen auch hier auf einer Skala von 1 bis 5, wobei (1) Nie, (2) Selten, (3) Manchmal, (4) Oft und (5) Sehr oft bedeutete.

Ein weiterer Aspekt, den wir im Rahmen der Studie beleuchteten, war die Unterstützung von Policy Practice durch die Arbeitsstelle. Beispielsweise wurde mittels einer 9-Items-Skala erfragt, ob „die Leitung zur Einflussnahme auf die Gestaltung von Politiken ermutigte“, „Sozialarbeiter_innen, die an Aktivitäten zur Beeinflussung der Politik beteiligt sind, dafür Anerkennung erfahren“ oder ob „die Beeinflussung von Politiken Teil der Stellenbeschreibung ist“. Die Antwortmöglichkeiten reichten auf einer fünfstufigen Skala von „trifft überhaupt nicht zu“ bis „trifft voll und ganz zu“.

4.3 Ergebnisse

Die gesamten im Rahmen der Studie gewonnenen Daten wurden für den vorliegenden Beitrag mittels deskriptiver Statistik ausgewertet. Im nun anschließenden Teil erfolgt die Ergebnisdarstellung in Form von Mittelwerten und Prozentzahlen, beginnend mit Aussagen zum professionellen Selbstverständnis der Studienteilnehmenden und zu ihrer Zugehörigkeit zu Netzwerken. Eine Darstellung der unternommenen Policy-Practice-Aktivitäten sowie der verschiedenen Ebenen, die mittels eines Engagements in Policy Practice adressiert wurden, schließt daran an. Dieser Teil mündet in Aussagen zur Unterstützung von Policy Practice durch die Arbeitsstelle.

Zum professionellen Selbstverständnis: Insgesamt verstanden 66 % der Befragten einen Einsatz für sozialen Wandel (eher) als Aufgabe von Fachpersonen Sozialer Arbeit. Ferner stimmten 81 % der Teilnehmenden der Aussage (eher) zu, dass sich Sozialarbeitende für gerechtere Verhältnisse einsetzen müssen. Die Auffassung, dass Soziale Arbeit einen politischen Auftrag hat, traf bei 82 % (eher) auf Zustimmung, und folgende Aussage wurde von 83 % der befragten Personen (eher) geteilt: „Neben der individuellen Unterstützung von Adressat_innen, ist auch das Hinwirken auf strukturelle Veränderung Teil meines professionellen Selbstverständnisses." Zusammenfassend bleibt festzuhalten, dass die deutliche Mehrheit der Studienteilnehmenden (ca. drei Viertel) das eingangs vorgestellte Selbstverständnis einer Sozialen Arbeit als Gestalterin gesellschaftlicher Transformationsprozesse teilt und politisches Engagement als integralen Bestandteil dieser Disziplin und Profession versteht.

Vom professionellen Selbstverständnis abgesehen, wird, wie bereits hervorgehoben, politisches Engagement durch die Mitgliedschaft in Netzwerken befördert/ermöglicht: Aus unserer Onlineumfrage ging hervor, dass der Durchschnitt der Befragten insgesamt in zwei Netzwerken ist. Davon waren insgesamt 63 % der Teilnehmenden mindestens einem politischen Zusammenschluss zugehörig (politische Partei: 12 %, Gewerkschaft: 36 %, soziale Bewegung: 39 %, NGO/Interessenvertretung: 37 %), und 49 % der Befragten hatten sich mindestens einem professionellen Netzwerk angeschlossen (DGSA: 12 %, aktivistische Zusammenschlüsse wie Arbeitskreise Kritischer Sozialer Arbeit: 24 %, DBSH: 26 %, andere Gruppen Sozialer Arbeit: 23 %).

Nachdem bereits zwei Aspekte beleuchtet wurden, die politisches Engagement befördern, stellt sich die Frage, inwiefern sich die an der Befragung teilgenommenen Sozialarbeitenden denn auch tatsächlich in Policy Practice engagierten und welche konkreten Policy-Practice-Aktivitäten Teil ihres professionellen Handelns waren: Tabelle 2 ist u. a. zu entnehmen, dass a) die Vernetzung mit anderen Organisationen sowie b) die Unterstützung von Adressat_innen Sozialer Arbeit bei ihrem Einsatz für strukturelle Veränderungen die Aktivitäten sind, denen die Teilnehmenden im Durchschnitt manchmal bis oft nachgingen. Im Vergleich zu den anderen abgefragten Aktivitäten sind dies, bei Mittelwerten von 3.5 bzw. 3.6, die beiden am häufigsten unternommenen Handlungen. Die beiden am wenigsten ausgeübten Aktivitäten zur Politikgestaltung wiederum waren die Kommunikation mit Prominenten sowie die Teilnahme an einem Gerichtsverfahren. Der niedrige Durchschnittswert von 1.5 bzw. 1.6 in Bezug auf den Grad der Zustimmung lässt sich so deuten, dass diese Aktivitäten so gut wie nicht unternommen wurden.

Tabelle 2: Engagement in Policy Practice

Item	***n***	***M (SD)***
In welchem Umfang haben Sie während Ihrer gesamten beruflichen Laufbahn als Fachkraft Sozialer Arbeit an den folgenden Aktivitäten teilgenommen, um die Gestaltung von Politiken zu beeinflussen?* *(1) Nie, (2) Selten, (3) Manchmal, (4) Oft, (5) Sehr oft*		
Austausch mit Prominenten, Influencer_innen	2308	1.5 (0.8)
Beteiligung an Gerichtsverfahren	2307	1.6 (1.0)
Teilnahme an parlamentarischer Kommission	2308	1.8 (1.1)
Nutzung von Massenmedien	2307	2.2 (1.1)
Einladung Entscheidungstragender	2311	2.4 (1.3)
Erarbeitung eines Dokuments	2309	2.4 (1.3)
Nutzung von Social Media	2307	2.4 (1.3)
Kontakt zu politischen Entscheidungstragenden	2311	2.7 (1.3)
Austausch mit Verband, Gewerkschaft	2310	2.7 (1.3)
Organisation einer Veranstaltung	2308	2.7 (1.3)
Verbesserung von Arbeitsbedingungen	2307	2.8 (1.2)
Verwendung oder Erhebung von Daten	2309	2.8 (1.2)
Gesellschaftspolitisches Engagement	2310	2.8 (1.2)
Mitwirkung in einem Zusammenschluss	2311	3.0 (1.4)
Einholen von Adressat_innen-Feedback	2308	3.3 (1.2)
Austausch mit anderen Organisationen	2311	3.5 (1.3)
Unterstützung von Adressat_innen	2299	3.6 (1.2)

Eine Betrachtung der verschiedenen adressierten politischen Ebenen ermöglicht ein noch besseres Verständnis von Policy Practice in Deutschland: Aus Abbildung 1 geht hervor, dass sich die befragten Sozialarbeitenden bei einem Durchschnittswert von 3.1 manchmal für strukturelle Veränderungen auf Träger-/Einrichtungsebene einsetzten. Und sie waren, die Kommunal- sowie Landesebene betreffend, selten in Policy Practice engagiert. Wiederum die Gestaltung von nationalen sowie internationalen Politiken betreffend ist bei Mittelwerten von 1.5 bzw. 1.2 so gut wie kein Engagement in Policy Practice zu verzeichnen. Vor diesem Hintergrund bleibt Folgendes festzuhalten: Wenngleich die Befragten ein politisch engagiertes professionelles Selbstverständnis zu vertreten scheinen/dieses befürworten, spiegelt sich dies kaum in Handlungen wider: Schließlich ist Policy Practice kein integraler Bestandteil der alltäglichen Praxis, und je höher die Ebene (und damit je größer die Tragweite), desto geringer – bis nicht existent – ist entsprechendes Engagement.

Abbildung 1: Ebenen Policy Practice. Quelle: Eigene Darstellung

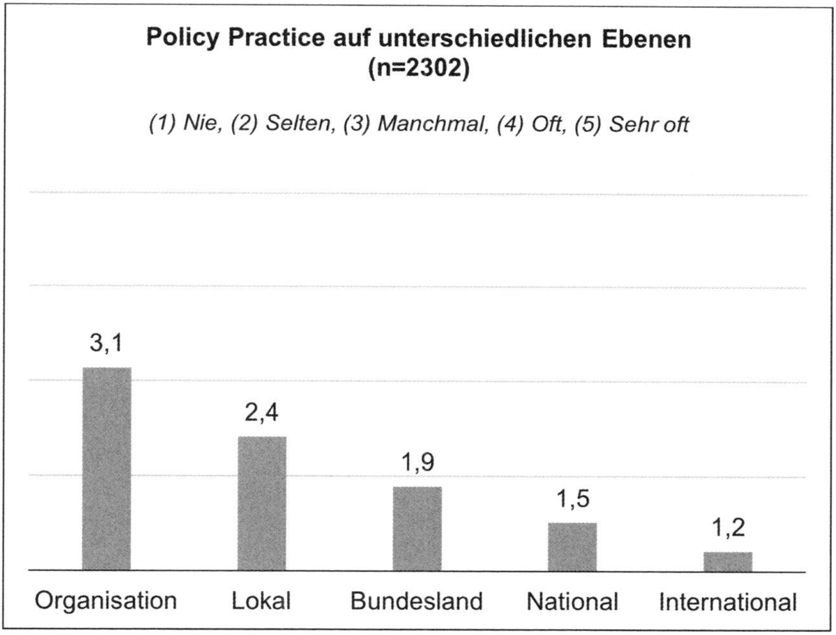

Das Ergebnis, dass die befragten Sozialarbeitenden, im Durchschnitt und alle Ebenen einbeziehend, wenig in Policy Practice engagiert sind (oder aber: immerhin teilweise, es kommt schließlich auf die Lesart an), mag vielleicht aus mancher Perspektive ernüchternd wirken, doch überraschend scheint es nicht: Dass vor allem Adressierungen der individuellen Mikroebene und (Verhaltens-)Veränderungen von Subjekten im Fokus methodischen Handelns stehen und dementsprechend Soziale Arbeit oftmals mit individualisierenden Eigenverantwortungsstrategien verbunden ist, ist mit Verweis auf den Fachdiskurs Sozialer Arbeit nicht nur keine neue Erkenntnis, sondern auch Bezugspunkt fortwährender Reflexionen und Kritik. Auffällig hinsichtlich der Ergebnisse allerdings ist, dass das Engagement in Policy Practice so gering ist, *obwohl* die deutliche Mehrheit der Befragten zum einen für ein anderes, und zwar ein politisch engagiertes, professionelles Selbstverständnis steht und zum anderen (über) die Hälfte der Teilnehmenden in Netzwerken organisiert ist – was sich, wie bereits ausgeführt, positiv auf politisches Engagement auswirke. Zudem ist bezüglich des Samplings durchaus kritisch zu reflektieren, dass vermutlich insbesondere diejenigen an unserer Onlinebefragung teilnahmen, die einen Bezug zum Thema haben und ein relativ hohes Maß an Motivation mitbringen. Und Motivation gilt als ein zusätzlicher Faktor, der Policy Practice befördert (vgl. Gal/Weiss-Gal 2023). Vor diesem Hintergrund wäre durchaus ein höheres Maß an Policy Practice erwartbar.

Worin nun aber mag das relativ geringe Engagement in Policy Practice begründet liegen? Die „einfache", im Sinne von allgemeine Antwort könnte lauten: im gesellschaftlichen Auftrag Sozialer Arbeit und ihrer Institutionalisierung (vgl. diesbezüglich auch Kessl 2023). Nochmals auf den von Gal und Weiss-Gal (2023) entwickelten *Framework for Understanding Policy Engagement,* insbesondere den Faktor Facilitation (ebd.: 81–101) rekurrierend[6], kann zudem die Hypothese aufgestellt werden, dass dies u. a. in der Organisationskultur und (mangelnden) Unterstützung vom Arbeitsplatz (z. B. in Form von Ermöglichung und zur Verfügung gestellter Ressourcen) begründet liegt. Denn, wie aus Tabelle 3 hervorgeht, ist die organisationale Unterstützung entsprechenden Engagements laut der im Rahmen unserer Studie gewonnenen Antworten eher gering: Beispielsweise stimmten nur 9 % der Befragten zu oder voll und ganz zu, dass die Einflussnahme auf Politiken Teil ihrer Stellenbeschreibung war. Bei 34 % (voller) Zustimmung war es noch am ehesten so, dass die Leitung zu einem Engagement in Policy Practice ermutigte bzw. dies erwünscht ist. Darüber hinaus ist das Ergebnis sicherlich auf die Arbeitsbedingungen sowie den derzeitigen Fachkräftemangel zurückzuführen (vgl. beispielsweise Franz/Spatscheck/van Rießen 2024).

---

6 Weitere in diesem Beitrag bislang nicht genannte Einflussfaktoren politischen Engagements sind laut Gal und Weiss-Gal (2023): *der jeweils historisch-spezifische Kontext* (Environment), beispielsweise das jeweilige Wohlfahrtsregime, aktuelle Politiken wie rechtliche Bestimmungen sowie die Ausgeprägtheit sozialer Probleme und Soziale Arbeit selbst (herrschende Theorien, Methoden und professionelle Selbstverständnisse) sowie Zugang zu politischen Entscheidungsprozessen zu haben, sprich: überhaupt über *Möglichkeiten* zu politischem Engagement zu verfügen (Opportunity).

Tabelle 3: Organisationale Unterstützung von Policy Practice

Item	n	%
In Einrichtungen, in denen ich im Laufe meiner Berufspraxis als Fachkraft Sozialer Arbeit tätig war/aktuell tätig bin … (abgebildet sind die Prozentwerte der Teilnehmenden, die mit „stimme zu“ oder „stimme eher zu“ geantwortet haben)		
… war die Gestaltung von Politiken ein Bestandteil der Stellenbeschreibung von Fachkräften Sozialer Arbeit.	2288	9 %
… wurden Fachkräften Sozialer Arbeit interne Weiterbildungen oder Workshops zur Gestaltung von Politiken angeboten.	2296	12 %
… hat sich die Einflussnahme von Fachkräften Sozialer Arbeit auf die Gestaltung von Politiken positiv auf deren Laufbahn ausgewirkt.	2240	13 %
… wurde über Möglichkeiten zur Kontaktaufnahme mit politischen Entscheidungstragenden informiert.	2302	21 %
… gehörte die Teilnahme an Seminaren oder Konferenzen zu aktuellen politischen Themen zum Aufgabengebiet von Fachkräften Sozialer Arbeit.	2300	23 %
… erhielten Fachkräfte Sozialer Arbeit, die auf die Gestaltung von Politiken Einfluss nahmen, Anerkennung.	2269	24 %
… gab es spezielle Diskussionen und Treffen zu aktuellen politischen Themen.	2305	26 %
… ermutigte die Leitung zur Einflussnahme auf die Gestaltung von Politiken.	2306	34 %
… war die Einflussnahme von Fachkräften Sozialer Arbeit auf die Gestaltung von Politiken erwünscht.	2304	34 %

5. Diskussion und Ausblick

Zunächst einmal sei, die vorausgehenden Ergebnisse zusammenfassend und alle Ebenen in den Blick nehmend, folgendes Fazit formuliert: Das generelle Engagement in Policy Practice von Sozialarbeitenden in Deutschland ist gering. Dies bedeutet beispielsweise, dass sich zwar manchmal auf Träger-/Einrichtungsebene für strukturelle Veränderungen eingesetzt wird. Lücken zwischen Recht (Gesetzen) und Gerechtigkeit werden jedoch in der Regel nicht adressiert. Ein Bild von Sozialer Arbeit als Gestalterin gesellschaftlicher Transformationsprozesse ist, empirisch betrachtet, somit nicht haltbar – insbesondere die nationale und internationale Ebene betreffend. Gleichzeitig sei festgehalten, dass ein entscheidender Grundstein für ein Verständnis von Sozialer Arbeit als Gestalterin gesellschaftlicher Transformationen gelegt zu sein scheint – schließlich wird von drei Vierteln der Befragten politisches Engagement als integraler Bestandteil Sozialer Arbeit verstanden. Außerdem sei bedacht, dass es sich bei den vorgestellten Zahlen um *Mittelwerte* handelt. Das bedeutet: Auch wenn das *durchschnittliche* Engagement in Policy Practice eher verhalten bis nicht existent ist, heißt das nicht, dass es in Deutschland keine Sozialarbeitenden gibt, die auf gesellschaftliche Transformationen hinwirken. Da es sich hierbei jedoch um Ausnahmen zu handeln scheint, stellt sich mit Blick auf die Forschungsergebnisse die Frage, ob es nicht konsequent wäre, sich von dem eingangs vorgestellten Bild Sozialer Arbeit zu verabschieden – schließlich, so ließe sich argumentieren, würden so nur die Funktionen dieser Profession und Disziplin verdeckt: und zwar personenbezogene Hilfe/Unterstützung zu leisten und die alltägliche Lebensführung aktiv zu beeinflussen (vgl. Brumlik 2000) sowie zu einer Stabilisierung der hegemonialen Ordnung und Verfestigung bestehender Macht- und Herrschaftsverhältnisse beizutragen. Diese Auslegung allerdings lässt weder eine Problematisierung dessen noch eine Suche nach Ansatzpunkten für (gesellschaftliche) Veränderungen zugunsten einer Realisierung von Social Justice obsolet sein, im Gegenteil: Es unterstreicht die Notwendigkeit, sich mit Fragen wie diesen auseinanderzusetzen. So gilt es abschließend noch einmal zu überlegen – die eingangs thematisierten Widersprüche in Erinnerung rufend sowie von Gleichzeitigkeiten ausgehend –, wie Soziale Arbeit nicht nur als ein machtvolles, soziale Ein- und Ausschlüsse reproduzierendes Herrschaftsinstrument fungiert, sondern auch zu Veränderungen zugunsten von Gerechtigkeit beitragen kann. Diesbezüglich sei hervorgehoben, dass nicht nur die im Rahmen dieser Studie (und anderer Forschungsarbeiten) gewonnenen Erkenntnisse, sondern auch die von Gal und Weiss-Gal (2023) formulierten Einflussfaktoren politischen Engagements einige Ansatzpunkte für eine Stärkung von Policy Practice liefern können, beginnend bei den Organisationen/Arbeitsbedingungen. Ferner könnten sich Hochschulangehörige folgende Fragen stellen: Wie können wir Policy Practice (oder andere Wege politischen Engagements) verstärkt in der Lehre verankern? Und: Welche Forschungsaktivitäten könnten politisches Engagement unterstützen? Sowie: Wie lässt sich – sofern gewünscht – aus der Hochschule heraus mit z. B. bestimmten Communitys zusammenschließen, um sie bei ihrem Einsatz für gesellschaftliche Transformation zu unterstützen und um an Wirkmacht zu gewinnen? Dann ist sicherlich zu überlegen, welche Rolle Netzwerke, insbesondere der DBSH und die DGSA, (verstärkt) einnehmen könnten, um eine gerechtigkeitsorientierte, politisch engagierte Soziale Arbeit zu stärken. Auch sei an dieser Stelle noch einmal auf den Faktor Motivation eingegangen: Neben z. B. der Kompetenz, sich in politisch-rechtliche Diskurse und die Gestaltung von Politiken einmischen zu können, verbinden Gal und Weiss-Gal (2023) u. a. die Persönlichkeit von Sozialarbeitenden, ihre persönlichen und professionellen Werte und ihr jeweiliges professionelles Selbstverständnis mit diesem Faktor (vgl. ebd.: 102-119). Und so hängt es vermutlich zu einem nicht geringen Teil vom Willen und von Entscheidungen ab, sich für eine Realisierung von Social Justice einzusetzen – und/oder andere in ihrem Einsatz für gerechtere Verhältnisse zu unterstützen. Der Einsatz für Demokratie und eine Realisierung von Social Justice scheint jedenfalls gerade angesichts der aktuellen gesellschaftlichen und politischen Verhältnisse mehr denn je gefordert. Und was dabei (nicht) die Rolle von Sozialarbeitenden sein und wie dies strukturell befördert werden kann, das ist die große Frage, die es weiter zu beforschen und zu diskutieren gilt – und zwar stets vor dem Hintergrund einer Reflexion der institutionalisierten Eingebundenheit Sozialer Arbeit und damit einhergehender Widersprüche einerseits sowie einhergehend mit Selbstkritik und dem Bewusstsein, dass „auch" Sozialarbeitende entgegen der dieser Profession und Disziplin zugeschriebenen ethischen Prinzipen handeln können, andererseits.

Literatur

Amann, Kathrin/Kindler, Tobias (2022): Social Workers in Politics – a Qualitative Analysis of Factors Influencing Social Workers' Decision to Run for Political Office. In: European Journal of Social Work, 25(4), S. 655–667. doi.org/10.1080/13691457.2021.1977254.

Benz, Benjamin/Rieger, Günter (2015): Politikwissenschaft für die Soziale Arbeit. Eine Einführung. Wiesbaden: Springer VS.

Benz, Benjamin/Rieger, Günter/Schönig, Werner/Többe-Schukalla, Monika (Hrsg.) (2014): Politik Sozialer Arbeit, Bd. 2: Akteure, Handlungsfelder und Methoden. Weinheim, Basel: Beltz Juventa.

Benz, Benjamin/Rieger, Günter/Schönig, Werner/Többe-Schukalla, Monika (Hrsg.) (2013): Politik Sozialer Arbeit, Bd. 1: Grundlagen, theoretische Perspektiven und Diskurse. Weinheim/Basel: Beltz Juventa.

Bitzan, Maria/Struck, Wolfgang/Thiersch, Hans (2002): Lokale Sozialarbeitspolitik. In: Hamburger, Franz/Eggert, Annelinde/Heinen, Angelika/Luckas, Helga/May, Michael/Müller, Heinz (Hrsg.): Gestaltung des Sozialen – eine Herausforderung für Europa. Bundeskongress Soziale Arbeit 2001. Opladen: Leske + Budrich, S. 35–60.

Bitzan, Maria/Klöck, Tilo (Hrsg.) (1994): Jahrbuch Gemeinwesenarbeit 5. Politikstrategien – Wendungen und Perspektiven. München: AG SPAK.

Brumlik, Micha (2000): Soziale Arbeit. Funktionale Erfordernisse, ideologische Selbstmissverständnisse und vergessene Traditionen. In: Benner, Dietrich/Tenorth, Heinz-Elmar (Hrsg.): Bildungsprozesse und Erziehungsverhältnisse im 20. Jahrhundert. 42. Beiheft zur Zeitschrift für Pädagogik. Weinheim, Basel: Beltz, S. 186–211.

Burzlaff, Miriam/Kindler, Tobias/Schwartz-Tayri, Talia Meital (2025): The Engagement in Policy Practice of Social Workers in Germany and Switzerland – a Comparative Study. In: British Journal of Social Work. Advance online publication. doi.org/10.1093/bjsw/bcaf010.

Burzlaff, Miriam/Kindler, Tobias/Schwartz-Tayri, Talia Meital (2023): international policy practice questionnaire. Germany Version. doi.org/10.5281/zenodo.8126560.

Burzlaff, Miriam (2022a): Selbstverständnisse Sozialer Arbeit. Individualisierungen – Kontextualisierungen – Policy Practice, 2., aktual. Aufl., Weinheim, Basel: Beltz Juventa.

Burzlaff, Miriam (2022b): Policy Practice. Gerechtigkeitsorientierte Intervention Sozialer Arbeit und Perspektive der Gegenmacht. In: Österreichisches Jahrbuch für Soziale Arbeit, Nr. 4/2022. Weinheim/Basel: Beltz Juventa. URL: https://www.beltz.de/fachmedien/sozialpaedagogiksoziale_arbeit/zeitschriften/oesterreichisches_jahrbuch_fuer_soziale_arbeit/artikel/48884-policy-practice-gerechtigkeitsorientierte-intervention-sozialer-arbeit-und-perspektive-der-gegenmacht.html [Abruf: 22.06.2024].

Castoriadis, Cornelius (1990): Die griechische polis und die Schaffung der Demokratie. In: Rödel, Ulrich (Hrsg.): Autonome Gesellschaft und libertäre Demokratie. Frankfurt am Main: Suhrkamp, S. 298–328.

DBSH (2014): Berufsethik des DBSH. Ethik und Werte. In: FORUM Sozial, Nr. 4/2014. URL https://www.dbsh.de/media/dbsh-www/redaktionell/pdf/Sozialpolitik/DBSH-Berufsethik-2015-02-08.pdf [Abruf: 10.07.2024].

DGSA (2023): Call for Papers. Jahrestagung der Deutschen Gesellschaft für Soziale Arbeit an der Ernst-Abbe-Hochschule Jena 26. und 27. April 2024. Soziale Arbeit als Akteurin im Kontext gesellschaftlicher Transformation. URL: https://www.dgsa.de/fileadmin/Dokumente/Aktuelles/CfP_DGSA_Jahrestagung___dgsa2024.pdf [Abruf: 10.07.2024].

Dischler, Andrea/Kulke, Dieter (Hrsg.) (2021): Politische Praxis und Soziale Arbeit – Theorie, Empirie und Praxis politischer Sozialer Arbeit. Opladen, Berlin, Toronto: Barbara Budrich.

Franz, Julia/Spatscheck, Christian/van Rießen, Anne (Hrsg.) (2024): Fachkräftemangel und De-Professionalisierung in der Sozialen Arbeit. Analysen, Bearbeitungsweisen und Handlungsstrategien. Verlag Barbara Budrich.

Gal, John/Weiss-Gal, Idit (2023): When Social Workers Impact Policy and Don't Just Implement it. A Framework for Understanding Policy Engagement. Bristol: Policy Press.

Gal, John/Weiss-Gal, Idil (2014): Policy Practice in Social Work: An Introduction. In: Gal, John/Weiss-Gal, Idil (Hrsg.): Social Workers Affecting Social Policy. An International Perspective on Policy Practice. Bristol: Policy Press, S. 1–16.

Gil, David G. (2006): Gegen Ungerechtigkeit und Unterdrückung. Konzepte und Strategien für Sozialarbeiter. Bielefeld: Kleine Verlag.

IFSW/IASSW (2014): Globale Definition von Sozialer Arbeit. Online verfügbar unter: https://www.ifsw.org/what-is-social-work/global-definition-of-social-work/ [10.07.2024].

Kessl, Fabian (2023): Zur politischen Dimension von Sozialer Arbeit und Sozialpädagogik: Fußnoten zur Politik und Pädagogik des Sozialen. In: Widersprüche, 43(168), S. 9–24.

Kessl, Fabian (2013): Soziale Arbeit in der Transformation des Sozialen. Eine Ortsbestimmung. Wiesbaden: Springer VS.

Kessl, Fabian (2005): Der Gebrauch der eigenen Kräfte. Eine Gouvernementalität Sozialer Arbeit. München: Juventa.

Kindler, Tobias (2024): Political Institutions and Social Work: How Switzerland's Direct Democracy, Federalist Structure, and Consensus System Affect Social Workers' Policy Engagement. In: British Journal of Social Work, 54(1), S. 437–455. doi.org/10.1093/bjsw/bcad208.

Kulke, Dieter (2019): Politik, politisches Interesse und der politische Auftrag Sozialer Arbeit aus Sicht von Studierenden. In: Toens, Katrin/Benz, Benjamin (Hrsg.):

Schwache Interessen? Politische Beteiligung in der Sozialen Arbeit. Weinheim, Basel: Beltz Juventa, S. 261–290.
Leiber, Simone/Leitner, Sigrid/Schäfer, Stefan (Hrsg.) (2023): Politische Einmischung in der Sozialen Arbeit. Analyse- und Handlungsansätze. Stuttgart: Kohlhammer.
Löffler, Eva Maria (2023): Aus der Sozialen Arbeit in die Politik. Der professionelle und politische Werdegang von Sozialarbeiter:innen in der Landes- und Bundespolitik. In: Soziale Arbeit, 5(72), S. 176–183. doi.org/10.5771/0490-1606-2023-5-176.
Merten, Roland (Hrsg.) (2001): Hat Soziale Arbeit ein politisches Mandat? Positionen zu einem strittigen Thema. Opladen: Leske + Budrich.
NASW (2017): Code of Ethics. Ethical Standards. URL: https://www.socialworkers.org/About/Ethics/Code-of-Ethics/Code-of-Ethics-English/Social-Workers-Ethical-Responsibilities-to-the-Broader-Society [Abruf: 10.07.2024].
Prasad, Nivedita (2023) (Hrsg.): Methoden struktureller Veränderung in der Sozialen Arbeit. Opladen, Berlin, Toronto: Verlag Barbara Budrich.
Rieger, Günter (2024): Lobbying in der Sozialwirtschaft. Eine Einführung. Wiesbaden: Springer VS.
Roth, Günter/Yollu-Tok, Aysel (2017): Politische Einstellungen bei Studierenden im Bereich Sozialwesen (Soziale Arbeit, Sozialarbeit, Sozialpädagogik). In: neue praxis, 47(2/17), S. 155–172.
Röh, Dieter (2013): Soziale Arbeit, Gerechtigkeit und das gute Leben. Eine Handlungstheorie zur daseinsmächigen Lebensführung. Wiesbaden: Springer VS.
Schrödter, Mark (2007): Soziale Arbeit als Gerechtigkeitsprofession. Zur Gewährleistung von Verwirklichungschancen. In: neue praxis, 37(1), S. 3–28.
Staub-Bernasconi, Silvia (2016): Soziale Arbeit und Menschenrechte. Vom beruflichen Doppelmandat zum professionellen Tripelmandat. Leverkusen: Barbara Budrich.
Weiss-Gal, Idit (2017): What Options Do We Have? Exploring Routes for Social Workers' Policy Engagement. In: Journal of Policy Practice, 16(3), S. 247–60. doi.org/10.1080/15588742.2016.1234955

Globale Transformationsprozesse und transgenerative Praxen. Auswirkungen auf das Theorie-Praxis-Verständnis aktueller Theorieangebote der Sozialen Arbeit

Jutta Harrer-Amersdorffer, Matthias Laub, Juliane Sagebiel und Marcel Schmidt

1. Einleitung

Der Begriff der Transformation wird in den Fachdebatten vielgestaltig diskutiert. Dabei verdeutlichen sich durchaus offene Fragestellungen: Wie kann der Begriff der Transformation inhaltlich gefasst werden? Welche Interpretationsmöglichkeiten ergeben sich mit Blick auf einen gesellschaftlich gedachten Diskurs für die Soziale Arbeit? Welche Ansätze lassen sich für die Mikro- und Makropraxis und das konkrete Handeln ableiten und diskutieren? An diesen offenen Fragestellungen setzt der nachfolgende Beitrag an. So skizziert Marcel Schmidt zunächst die inhaltliche Verfasstheit des Begriffs und deren Interpretationsmöglichkeiten. Daran anschließend skizzieren Juliane Sagebiel und Jutta Harrer-Amersdorffer mögliche Konsequenzen gesellschaftlicher Transformationsprozesse für die Soziale Arbeit als politisch engagierte Profession. Matthias Laub setzt sich mit der Mikro- bzw. Fallebene auseinander und verweist auf die Notwendigkeit, durch kasuistisches Lernen Resonanzen zwischen gesellschaftlichen Transformationserfordernissen und Handlungspraxis zu erzeugen. Im Beitrag verdeutlicht sich die enge Verwobenheit von Transformation und der Arbeit in und am Sozialen.

2. Transformation – Versuch einer begrifflichen Skizze

Der Begriff Transformation dient im politik- und sozialwissenschaftlichen Kontext sehr unterschiedlichen Analysen: mal zur Analyse der Beschleunigung westlicher Gesellschaften zulasten von Mensch und Erde (Polanyi 2007), mal zur Analyse des Übergangs postsozialistischer Gesellschaften zum Kapitalismus (Kollmorgen/Merkel/Wagener 2015) oder aber auch des Übergangs kapitalistischer Gesellschaften zu einem partizipativen Sozialismus (Wright 2017) und mal zur Analyse des Übergangs kapitalistischer Gesellschaften in eine soziokulturell, ökologisch und ökonomisch nachhaltigere Gesellschaft (WBGU 2016). Zugleich geht es neben der Analyse aber immer auch um die Bewertung von Gestaltungspotenzialen – sei es seitens des Staates, gesellschaftliche Umgestaltungen top-down durch Reformen voranzutreiben, oder sei es seitens der Bevölkerung, gesellschaftliche Veränderungen im Rahmen ihrer jeweiligen Alltags- und Lebenswelt *from below* zu befördern.

Bei aller Unterschiedlichkeit ist den genannten Ansätzen also gemeinsam, dass sie Gesellschaftsumgestaltungen untersuchen und dahingehend zu bewerten trachten, ob und wie durch Handlungen und politische Programme andere, mitunter von Grund auf andere Gesellschaftsverhältnisse entstehen könn(t)en – dies aber nicht durch rupturale Großaktionen, wie diverse Revolutionstheorien dies nahelegen (Wright 2017: 419ff.), sondern durch viele kleine, dezentral vorangetriebene strukturelle und lebensweltliche Veränderungen, die das Bestehende sukzessive hinter sich lassen. Entsprechend fasst das *Deutsche Institut für Urbanistik* Transformation zusammen als „längerfristige[n], mehrere Jahrzehnte andauernde[n] Lern- und Suchprozess", der „erst dann zum Abschluss [kommt], wenn sich neue Systemstrukturen dauerhaft etabliert und stabilisiert haben" (difu 2017).

Der Begriff Transformation beansprucht damit, „die Stärken des Reformismus, der durch eine lange Folge vieler Teilreformen sozialen und politischen Fortschritt ermöglicht und Mehrheiten der Bevölkerung für das heute Machbare zu gewinnen vermag", zu bewahren und diese mit den „Stärken des revolutionären Ansatzes, mit dem Beharren auf der Konsequenz notwendiger Veränderungen" zu verbinden (Klein 2013: 120). Transformation bedeutet daher, „dass [sic!] gegenwärtig Machbare zu tun und in die Schritte von heute eine Hoffnung und Vision in Gestalt konkreter Einstiegsprojekte in eine bessere Gesellschaft hineinzuholen. Sie überwindet die Selbstbeschränkung auf nächste Schritte, aber ohne sie in Zukunftsträume oder bloße Wunschutopien aufzulösen" (Klein 2013: 122).

In der Sozialen Arbeit lässt sich ein solcher Anspruch bis zu ihren Anfängen bei Jane Addams zurückverfolgen (Staub-Bernasconi 2013). Seither wissen wir auch in der Sozialen Arbeit, dass ein solch längerfristiger Lern- und Suchprozess eine „Kultur des Argumentierens, des Anhörens und Prüfens von Argumenten und Gegenargumenten, der Toleranz und des Lernens auch von Andersdenkenden" (Klein 2013: 200) verlangt und eine konfliktrobuste sowie milieu-übergreifende „Bildung des Sozialen und Bildung am Sozialen" (Kunstreich/May 1999) impliziert, entlang derer die Menschen neue Interaktions- und Lebensweisen auf subjektiver und struktureller Ebene erörtern und erproben können (Schmidt 2023).

Zugleich brauchen Transformationsprozesse städtische Flächen und Räume, die dafür angeeignet und (um)genutzt werden können. Dies kollidiert jedoch mit dem großen Einfluss großer Immobilieninvestmentunternehmen in den Metropolen der Industrie- und Schwellenländer und den daraus resultierenden städtischen und kommunalen Eigentumsverhältnissen (WBGU 2016: 8).

Zwar plädiert der *Wissenschaftliche Beirat der Bundesregierung Globale Umweltveränderung* (kurz: WBGU) (ebd.: 154f.) vor dem Hintergrund seiner Analysen mit Lefebvre (2016) für ein „Recht auf Stadt“ und einen „gestaltende[n] Staat“ (WBGU 2011: 215f.), „der selbst eine proaktive Transformationspolitik betreibt“ (ebd.), inklusive einer gemeinwohlorientierten Raum-, Flächen- und Immobilienpolitik (WBGU 2016: 170ff.). Allerdings bleibt er hinsichtlich der in das Recht auf Stadt eingelassenen Frage recht blass, wie gegebenenfalls zu einem Eigentümer:innenwechsel von städtischen Flächen, Räumen und Immobilien gelangt werden kann, insbesondere dann, wenn die Eigentümer:innen global verzweigte Investmentunternehmen sind, denen rechtlich kaum noch beizukommen ist.

Mit Uekötter (2019: 13) verweist das zugleich auf die noch viel grundsätzlichere Frage, ob nämlich die heutigen Staaten, nach dem jahrzehntelangen neoliberalen Um- und Abbau staatlicher Macht, überhaupt noch die politischen Mittel zum Gestalten besitzen, selbst wenn sie das im Rahmen eines „gestaltende[n] Staat[es]“ (WBGU 2011: 215f.) tatsächlich wollten. Oder ob eine solche umfassende staatliche Verfügungsgewalt eines proaktiv gestaltenden Staates – etwa über Flächen, Räume, Immobilien – überhaupt erst wieder politisch hergestellt werden müsste.

Vor diesem Hintergrund verweist der Begriff Transformation also nicht nur auf die Analyse und Bewertung von grundlegenden Um- und Neugestaltungspotenzialen der Gesellschaft, sondern auch und vor allem auf die der politischen Ökonomie des Staates.

3. Kritisch-materialistische Perspektive als Deutungsangebot der Profession in Zeiten radikaler Veränderung und des Verschwindens von Gewissheiten

Der Begriff der Transformation verweist – wie in den vorangegangenen Ausführungen aufgezeigt – auf umfassende soziale, kulturelle, ökologische und geografische Veränderungsprozesse und ist in divergierenden Deutungsschablonen nutzbar. Die transformativen Prozesse stellen (unabhängig der Interpretationsebene) uns sowohl als Individuen als auch als Gesellschaft vor weitreichende Herausforderungen. In der Tradition eines gesellschaftskritischen Verständnisses Sozialer Arbeit bieten die kritisch-materialistischen Theorieansätze einen möglichen Deutungsrahmen für diese radikalen Veränderungen innerhalb des Zusammenlebens.

3.1 Kapitalismus als gesamtgesellschaftliches Faktum

Durch die fortlaufende Zunahme der ökonomischen Dominanz etabliert sich ein „Regime der Konkurrenz“ (Schimank/Volkmann 2018) innerhalb gesellschaftlicher Strukturen. So lässt sich festhalten, dass der Kapitalismus nicht mehr nur als eine Wirtschaftsform verstanden werden kann, sondern die zentrale und leitende Gesellschaftsform ist (Prainsack 2023: 33f.). Dies hat zur Folge, dass sich Logiken der Marktwirtschaft auf unzählige Bereiche der Gesellschaft ausweiten und es zu einer zunehmenden Quantifizierung des (Zusammen-)Lebens kommt. Was zählt ist Quantität statt Qualität – eine Gesellschaft des „metrischen Wir“ (Mau 2018). Diese meritokratische Ideologie des Kapitalismus, die alle Lebensbereiche gnadenlos erfasst, führt zur Ausweitung von Ausgrenzungen, sozialer Ungleichheit und zunehmenden Diskriminierungen. Wohlfahrtsstaatliche Institutionen folgen dem ökonomischen Zeitgeist und kreieren Kunden:innen, denen Produkte angeboten werden im aktivierenden Sozialstaat. Der Slogan „Fördern und Fordern“ als Leitbild entpuppt sich als eine Ideologie, die strukturell verursachte soziale Probleme auf das Subjekt verlagert (Sagebiel/Pankofer 2022: 218). Dieses als „Liberalismus“ getarnte Credo führt zu einer Auflösung und Entmobilisierung von sozialen Klassen und begünstigt die Konkurrenz von Statusgruppen und Individuen (Mau/Lux/Westheuer 2023: 73).

Von den vorangehenden Ausführungen lässt sich das Verständnis ableiten, dass wir in einer kapitalistischen Gesellschaft leben, was auf eine Geisteshaltung (die ideologische Macht des Marktes), die Frage nach den Gestaltungspotenzialen (inwieweit auch immer gewollt) des Staates gegenüber des Marktes, eine Weltanschauung (individualisiert und nutzenorientiert) sowie ein Menschenbild (Homo oeconomicus) verweist. Geoffroy de Lagasnerie folgend lässt sich in diesem Zusammenhang festhalten: „Je mehr man über die Gesellschaft weiß, umso mehr gewinnt man einen klaren Blick auf sie und wird zu ihrer Infragestellung getrieben. Die Wahrheit der Welt ist ihre Falschheit“ (de Lagasnerie 2018: 62). Hierfür bietet die Tradition der kritischen Theorielinien einen normativen Zugang zur Analyse, Reflexion und Kritik von Macht- und Herrschaftsverhältnissen in der kapitalistischen Gesellschaft. Sie zielen darauf ab, die Vermittlungsverhältnisse zwischen subjektivem Erleben und objektiven Strukturen zu erkennen, ihnen zu widersprechen und sich dazu zu verhalten. Ein zentrales Anliegen ist es, sich von der eigenen Ohnmacht „nicht dumm machen zu lassen" (Adorno 1994: 67).

Eine umfassende Reflexion gesellschaftlicher Macht- und Herrschaftsverhältnisse ist konstitutiv für eine Kritische Soziale Arbeit. Für die Disziplin bedeutet dies, die Funktion der Produktion von Wissenschaft zu ergründen. Und für die Praxis bedeutet es, den Vermittlungszusammenhang von Verhalten und Verhältnissen kritisch zu reflektieren, um das individuelle Leiden im Zusammenhang gesellschaftlicher Bedingungen zu betrachten.

Die internationale Definition der Sozialen Arbeit liefert eine normative Orientierung und dient als ethischer Kodex der Profession (IFSW/IASSW 2014):

1. Soziale Arbeit fördert als praxisorientierte Profession und wissenschaftliche Disziplin gesellschaftliche Veränderungen, soziale Entwicklungen und den sozialen Zusammenhalt (Solidarität) sowie die Stärkung der Autonomie und Selbstbestimmung von Menschen.
2. Die Prinzipien sozialer Gerechtigkeit, Menschenrechte, gemeinsame Verantwortung und Achtung der Vielfalt bilden die Grundlage der Sozialen Arbeit.
3. Dabei stützt sie sich auf Theorien der Sozialen Arbeit, der Human- und Sozialwissenschaften und auf indigenes Wissen. Soziale Arbeit befähigt und ermutigt Menschen, die Herausforderungen des Lebens zu bewältigen und das Wohlbefinden zu verbessern, indem sie Strukturen einbindet.

Die kapitalistische Form der Herrschaft und ihre legitimierenden Apparate zeichnen sich dadurch aus, dass Menschen die Verhältnisse (vermeintlich) freiwillig annehmen und den Anschein haben, diese mitgestalten zu können. So manifestiert sie sich in den Köpfen der Menschen als „Kulturindustrie" (Adorno/Horkheimer 1947/2022) – ein Denken und Wissen, das den Imperativen der Warenförmigkeit gehorcht, in dem alles zum Tauschwert wird – auch der Mensch. Daher ist es notwendig:

- Ordnungen, Regeln und Werte auf ihre Herkunft und Deutungsmächtigkeit zu hinterfragen;
- Unterscheidungen zu treffen, Differenzen und Widersprüche zu erkennen, selbst zu denken und mündig zu sein: „Der für sich selbst spricht, weil er für sich selbst gedacht hat und nicht bloß nachredet, der nicht bevormundet wird" (Adorno 1969/1980: 10). Oder wie Michel Foucault ausdrückt: „eine moralische und politische Haltung, eine Denkart, welche ich nenne: die Kunst nicht regiert zu werden" (1992: 12). Dies bedeutet auch, „nicht als wahr anzunehmen, was eine Autorität als wahr ansagt, oder [...], weil eine Autorität es als wahr vorschreibt" (ebd.: 14).
- Reflexivität als dauerhafte theoretische Anstrengung der Selbstaufklärung über die Bedeutung der gesellschaftlichen Bedingungen für die eigene wissenschaftliche Praxis zu etablieren, indem man sich regelmäßig von folgenden Fragen irritieren lässt:
  - Unter welchen Bedingungen wird von wem mit welchem Ziel welches Wissen produziert und angeeignet?

- Inwiefern tragen die in der Wissensproduktion zugrunde gelegten Begriffe, Kategorien und Klassifikationen ungewollt zur Ausschließung, Diskriminierung und Disziplinierung der Nutzer:innen Sozialer Arbeit (Anhorn 2022: 54)?

3.2 Soziale Arbeit als politische Profession

Aus einer kritisch-materialistischen Perspektive stellt sich die Frage, wohin der soziale Wandel und die gesellschaftlichen Entwicklungen führen sollen. Ziel sollte es sein, mehr soziale Gerechtigkeit, Solidarität, gemeinsame Verantwortung und ein selbstbestimmtes Leben in einer offenen Demokratie und in Freiheit zu erreichen. Zudem muss angesichts der rücksichtslosen Ausbeutung der Natur und der menschlichen Arbeitskraft Nachhaltigkeit mitgedacht werden. Eine kritische Soziale Arbeit, sowohl als Disziplin als auch als Profession, sollte stets im Blick haben, dass soziale Gerechtigkeit – lokal, national wie global – nur erreichbar ist, wenn die ökologischen Verhältnisse mitgedacht werden. Die gegenwertigen Prozesse können als ein Weckruf für die Soziale Arbeit verstanden werden, das politische Mandat stärker theoretisch zu begründen, sich einzumischen, „laut“ zu werden und sich am Diskurs zu beteiligen. In einer Zeit, in der sich der Weltuntergang leichter vorstellen lässt als ein Ende kapitalistischer Strukturen, ist es notwendig, neue Wege zu durchdenken (Fisher 2018).

4. Kasuistik als identitäre Passungsarbeit und Transmissionsriemen vom Handeln zum Wissen

Wie dargestellt, meint *Transformation* nicht großangelegte Aktionen, sondern eine gesellschaftliche Umgestaltung durch kleine lebensweltliche Veränderungen unter Einbeziehung einer *Vorstellung vom Besseren* in den gegenwärtig machbaren Handlungsrahmen. Bezogen auf die Soziale Arbeit stellt sich dadurch jedoch folgende Frage: Wie kann Soziale Arbeit im Zusammenwirken mit ihren Adressat:innen solche Veränderungen (nachhaltig) herbeiführen oder diese auf der Mikroebene im Blick haben? Oder vice versa: Wie kann lebensweltliche Intervention transformative Kraft entfalten, wobei sie das bei jedem besseren Wissen häufig eben nicht tut?

Wissen über gesellschaftliche Veränderungsanforderungen wird wie jedes Theoriewissen dann verinnerlicht, wenn zu diesem Wissen ein subjektiver und handlungsorientierter Zugang hergestellt werden kann (Harmsen 2014: 106-

117) – oder mit Keupp (2020: 58) gesprochen, wenn zu diesem Wissen eine *identitäre Passung* gelingt. Ausgerechnet die Theorien Sozialer Arbeit erschweren dies ganz erheblich, sodass die Transmission von „*Wissen über ...*“ in Handeln auf der Mikroebene nicht gut gelingt: Sie stellen sich nicht nur von ihrer transdisziplinären Einordnung und hinsichtlich ihrer Handlungskonzepte diffus dar (Schöning 2016: 179; Amthor 2016: 72f.). Sie operieren normativ mit maßstabslosen Begriffen und beziehen bezugswissenschaftliches Wissen ein, das wortwörtlich kaum in Bezug gesetzt ist zum Gegenstand Sozialer Arbeit (Otto/Scherr/Ziegler 2010: 138; Büchner 2012: 37). Und selbst empirische Forschung und Theorieentwicklung scheinen sich kaum gegenseitig zu befruchten (Kirk/Reid 2012: 154f.; Neumann/Sandermann 2019: 237-240).

4.1 Lineare Transformation von Wissen zu Handeln

Diese mangelnde Anschlussfähigkeit ist bereits auf ein paradigmatisches Transmissionsproblem zurückzuführen. Die Wissenschaft Soziale Arbeit lässt Handlungstheorien aus objekttheoretischen Aussagen und metatheoretischen Grundauffassungen hervorgehen (Geiser 2007: 42). Durch diese lineare Verkettung soll „rationales Handeln“ (ebd.: 67) entstehen. Auch bei Staub-Bernasconis transformativem Dreischritt (2018: 292) geht den eigentlichen Handlungsschritten eine wissensgestützte Reflexion des sozialen Problems und des normativen Handelns voraus. Allerdings stellt sich die Frage, ob sich das Verhältnis von Wissen und Handeln bzw. Können nicht als zu inkohärent darstellt (Schubert 2012: 35): Das Wissen intellektualistisch als Primat anzusehen vernachlässigt nämlich die Frage, woher im Vorfeld eigentlich gewusst werden soll, welches *Wissen* für das *Können* benötigt wird. Das Wissen hinkt auf diesem Wege notgedrungen dem Können hinterher. Doch dieses bereits in der Philosophie der griechischen Antike diskutierte Problem wurde mit *Phronesis*, der praktischen Klugheit, beantwortet: Primat sei die Erkenntnis, was im Hier und Jetzt zu tun sei (Neuweg 2019: 253).

4.2 Könnerschaft bringt Wisserschaft hervor!

Aus Wissen kann folglich keine Kompetenz erwachsen, sondern diese entsteht stets kontextsensitiv in der *Bekanntschaft mit dem Tun*. Im Handeln ist bereits (implizites) Wissen enthalten, das theoretisch expliziert werden kann. Handlungswissen ist zugleich notwendige Voraussetzung, um überhaupt die äußere Gestalt von Kompetenz erkennen zu können (Neuweg 2020: 29f.). Mit anderen

Worten: Könnerschaft bringt Wisserschaft hervor, nicht andersherum. Staub-Bernasconis transformativer Dreischritt lässt sich damit vom Kopf auf die Füße stellen: Bevor eine normative Selbstvergewisserung und eine Formulierung von handlungstheoretischen Arbeitshypothesen stattfindet, sollte erst einmal gefragt, was denn eigentlich der Fall und die Handlungsziele in einer Situation der Sozialen Arbeit sind: Was soll vor dem Hintergrund des Gegenstands der Sozialen Arbeit eigentlich hier gekonnt werden? Welches implizite Wissen ist verfügbar? Wie ist das Handeln auf den Fall zu beziehen? Was ist hier das Spezifische und das (Ver-)Allgemeine(rbare)? Erst dadurch entsteht eine Handlungsperspektive, die wiederum auf diesen Reflexionskreislauf rückwirkt und Theorie(weiter)entwicklung in Gang setzen kann.

4.3 Kasuistik als Transformationsriemen zur Konsolidierung des Wissenskorpus

Handlungstheoretisches Wissen ist also sinnvollerweise nicht theoretisch herstellbar, sondern vom Können her zu explizieren. Durch dieses Anknüpfen an eine kasuistische Tradition gelingt es auch, den Wissenskorpus der Sozialen Arbeit zu konsolidieren (Kraimer 2014: 22). In Anlehnung an Sommerfeld (2016: 36) schafft kasuistische Fallarbeit Erkenntnis auf unterschiedlichen Ebenen:

- *Professionelles Handeln*: Welche Prozesse sind (un)bekannt?
- *Theoretisch-methodische Ebene*: Welches angewandte Wissen bzw. welche Kompetenzen sind (un)bekannt?
- *Forschung und Entwicklung*: Welche Befunde sind (un-)bekannt? Was sollte geprüft werden?
- *Disziplinbezogenes Wissen*: Welche Theorien sind an Problem und Handlungsanforderung bzw. Können anschlussfähig? Welche müssen weiterentwickelt werden?
- *Transdisziplinäre, metatheoretische Bezüge*: Wie wirken Theorien komplexer dynamischer Systeme zusammen?

Es gilt, auch in der Sozialarbeitsforschung und bei Theoriebildungsprozessen zur gesellschaftlichen bzw. globalen Transformationsprozessen systematischer vom *Fall* her zu denken und eine kompetenzorientiertere Perspektive einzunehmen (Wittek/Rabe/Ritter 2021: 31f.). Mit anderen Worten: Soziale Arbeit trägt hier eine Verantwortung auf gesellschaftlicher und lebensweltlicher Ebene: Transformation zu gestalten, die gutes, nachhaltiges Leben für ihre Adressat:innen sicherstellt, sowie lebensweltliches Handeln, das Bildung des Sozialen und Bildung am Sozialen ermöglicht. Es ist genau dieses Hin- und

Herpendeln zwischen Theorie und Praxis, das einen Resonanzraum entstehen lässt und in dem identitäre Passung und Transformation stattfindet.

Literatur

Adorno, Theodor (1969/1980): Kritik. Kleine Schriften zur Gesellschaft. Frankfurt: Suhrkamp.

Adorno, Theodor/Horkheimer, Max (1947/2022): Dialektik der Aufklärung. Frankfurt am Main: Fischer.

Anhorn, Roland (2022): Kritische Soziale Arbeit – was könnte das sein? In: Wendt, Peter-Ulrich (Hrsg.): Kritische Soziale Arbeit. Weinheim Basel: Beltz Juventa, S. 42-57.

Amthor, Ralph-Christian (2016): Wissenschaftlich fundierte Handlungskonzepte. Zur theoretischen Fundierung professionellen Handelns unter Berücksichtigung der englischsprachigen Social Work Science. In: Borrmann, Stefan/Spatscheck, Christian/Pankofer, Sabine/Sagebiel, Juliane/Michel-Schwartze, Brigitta (Hrsg.): Die Wissenschaft Soziale Arbeit im Diskurs: Auseinandersetzungen mit den theoriebildenden Grundlagen Sozialer Arbeit. Opladen: Verlag Barbara Budrich, S. 71-89. DOI: http://permalink.bibkatalog.de/BV043988511.

Beck, Ulrich (2017): Die Metamorphose der Welt. Berlin: Suhrkamp.

Büchner, Stefanie (2012): Soziale Arbeit als transdisziplinäre Wissenschaft. Wiesbaden: VS Verlag für Sozialwissenschaften. DOI: https://doi.org/10.1007/978-3-531-94115-8.

De Lagasnerie, Geoffroy (2018): Denken in einer schlechten Welt. Berlin: Matthes & Seitz.

difu – Deutsches Institut für Urbanistik (2017): Was ist eigentlich … Transformation? https://difu.de/11309 [Abruf: 06.07.2024].

Fisher, Marc (2018): Kapitalistischer Realismus ohne Alternative? Hamburg: VSA Verlag.

Foucault, Michel (1992): Was ist Kritik? Berlin: Merve Verlag.

Geiser, Kaspar (2007): Problem- und Ressourcenanalyse in der sozialen Arbeit: Eine Einführung in die systemische Denkfigur und ihre Anwendung. Luzern; Freiburg i. Br.: Interact; Lambertus.

Harmsen, Thomas (2014): Professionelle Identität im Bachelorstudium Soziale Arbeit: Konstruktionsprinzipien, Aneignungsformen und hochschuldidaktische Herausforderungen. Wiesbaden: Springer Fachmedien. DOI: https://doi.org/10.1007/978-3-658-03422-1.

Keupp, Heiner (2020): Individualisierte Identitätsarbeit in spätmodernen Gesellschaften. Riskante Chancen zwischen Selbstsorge und Zonen der Verwundbarkeit. In: Deppe, Ulrich (Hrsg.): Die Arbeit am Selbst: Theorie und Empirie zu Bildungsaufstiegen und exklusiven Karrieren. Wiesbaden: Springer VS, S. 41-65. DOI: https://doi.org/10.1007/978-3-658-23580-2_3.

Kirk, Stuart A./Reid, Williams James (2012): science and social work: a critical appraisal. New York: Columbia University Press. DOI: https://doi.org/10.7312/kirk11824.

Klein, Dieter (2013): Das Morgen tanzt im Heute. Transformation im Kapitalismus und über ihn hinaus. Hamburg: VSA Verlag.

Kollmorgen, Raj/Merkel, Wolfgang/Wagener, Hans-Jürgen (2015): Transformation und Transformationsforschung: Zur Einführung. In: Kollmorgen, Ralph/Merkel, Wolfgang/Wagener, Hans-Jürgen/Mouna, Guilain Denoeux (Hrsg.): Handbuch Transformationsforschung. Wiesbaden: Springer VS, S. 11-27. DOI: https://doi.org/10.1007/978-3-658-05348-2_1.

Kraimer, Klaus (2014): Fallrekonstruktive Soziale Arbeit: Ansätze, Methoden, Optionen; Einführung mit Glossar und Bibliografie. Ibbenbühren: Münstermann.

Kunstreich, Timm/May, Michael (1999): Soziale Arbeit als Bildung des Sozialen und Bildung am Sozialen. In: Widersprüche Redaktion (Hrsg.): Transversale Bildung – wider die Unbilden der Lerngesellschaft. Heft 73. Widersprüche. Bielefeld: Kleine, S. 35-52.

Lefebvre, Henri (2016): Das Recht auf Stadt. Hamburg: Edition Nautilus.

Mau, Steffen (2018): Das metrische Wir. Berlin: Suhrkamp.

Mau, Steffen/Lux, Thomas/Westheuser, Linus (2023): Triggerpunkte. Konsens und Konflikt in der Gegenwartsgesellschaft. Berlin: Suhrkamp.

Neumann, Sascha/Sandermann, Phillip (2019): Empirie als Problem? Theorien der Sozialen Arbeit nach dem Bedeutungsverlust der Grand Theories. In: Zeitschrift für Sozialpädagogik 17, 3, S. 232–250. DOI: 10.3262/ZFSP1903232.

Neuweg, Georg Hans (2019): Könnerschaft und implizites Wissen. Zur lehr-lerntheoretischen Bedeutung der Erkenntnis- und Wissenstheorie Michael Polanyis. Münster: Waxmann Verlag.

Neuweg, Georg Hans (2020): Etwas können. Ein Beitrag zur Phänomenologie der Könnerschaft. In: Hermkes, Rico/Neuweg, Georg Hans/Bonowski, Tim (Hrsg.): Implizites Wissen: berufs- und wirtschaftspädagogische Annäherungen. Bielefeld: wbv, S. 13-35. DOI: https://dx.doi.org/10.3278/6004682w.

Otto, Hans-Uwe/Scherr, Albert/Ziegler, Holger (2010): Wieviel und welche Normativität benötigt die Soziale Arbeit? Befähigungsgerechtigkeit als Maßstab sozialarbeiterischer Kritik. In: Neue Praxis 2/2010, S. 137-163.

Polanyi, Karl (2007): The Great Transformation. Politische und ökonomische Ursprünge von Gesellschaften und Wirtschaftssystemen. Lizenzausgabe. Berlin: Suhrkamp.

Prainsack, Barbara (2023): Wofür wir arbeiten. Wien: Brandstätter Verlag.

Sagebiel Juliane/Pankofer, Sabine (2022): Soziale Arbeit und Machttheorien. Reflexionen und Handlungsansätze. 2. Auflage. Freiburg im Breisgau. Lambertus.

Schmidt, Marcel (2023): Überlegungen zur sozial-ökologisch transformativen Professionalität Sozialer Arbeit. In: Forschungsgruppe Professionalität Sozialer Arbeit an der Hochschule RheinMain (Hrsg.): Zur Neujustierung von Professionalität Sozialer Arbeit zwischen Adressat*innen, Institutionen und Gesellschaft. Wiesbaden: Springer Fachmedien Wiesbaden, S. 61-78. DOI: https://doi.org/10.1007/978-3-658-40187-0_5.

Schöning, Werner (2016): Duale Rahmentheorie Sozialer Arbeit. Luhmanns Systemtheorie und Deweys Pragmatismus im Kontext situativer Interventionen. In: Borrmann, Stefan/Spatscheck, Christian/Pankofer, Sabine/Sagebiel, Juliane/Michel-Schwartze, Brigitta (Hrsg.): Die Wissenschaft Soziale Arbeit im Diskurs: Auseinandersetzungen mit den theoriebildenden Grundlagen Sozialer Arbeit. Opladen: Verlag Barbara Budrich, S. 179-196.

Schubert, Axel (2012): Die Praxis des Wissens: Können als Quelle der Erkenntnis. Frankfurt am Main: Ontos Verlag. DOI: 10.1515/9783110322682.

Staub-Bernasconi, Silvia (2013): Integrale soziale Demokratie als gemeinwesenbezogener Lernprozess und soziale Vision: Jane Addams. In: Stövesand, Sabine/Stoik, Christian/Troxler, Urs (Hrsg.): Handbuch Gemeinwesenarbeit. Traditionen und Positionen, Konzepte und Methoden. Deutschland – Schweiz – Österreich. Opladen: Verlag Barbara Budrich, S. 37-43. DOI: https://doi.org/10.2307/j.ctvddzphq.6.

Staub-Bernasconi, Silvia (2018): Soziale Arbeit als Handlungswissenschaft: Auf dem Weg zu kritischer Professionalität. Opladen; Toronto: Verlag Barbara Budrich. DOI: 10.36198/9783838547930.

Sommerfeld, Peter/Dällenbach, Regula/Rüegger, Cornelia/Hollenstein, Lea (2016): Die leitende Systematik zum Aufbau eines konsolidierten Wissenskorpus der Sozialen Arbeit (in der Psychiatrie). In: Sommerfeld, Peter/Dällenbach, Regula/Rüegger, Cornelia/Hollenstein, Lea (Hrsg.): Klinische Soziale Arbeit und Psychiatrie: Entwicklungslinien einer handlungstheoretischen Wissensbasis. Wiesbaden: Springer Fachmedien, S. 29-46. DOI: https://doi.org/10.1007/978-3-658-11617-0_2.

Uekötter, Frank (2019): Kleine Geschichte der Klimadebatte. In: APuZ – Aus Politik und Zeitgeschichte, Heft 47-48, S. 10-15.

WBGU (2011): Welt im Wandel. Gesellschaftsvertrag für eine Große Transformation. Hauptgutachten. Berlin.

WBGU (2016): Der Umzug der Menschheit. Die transformative Kraft der Städte. Hauptgutachten. Berlin.

Wittek, Doris/Rabe, Thorid/Ritter, Michael (2021): Kasuistik in Forschung und Lehre: erziehungswissenschaftliche und fachdidaktische Ordnungsversuche. Bad Heilbrunn: Verlag Julius Klinkhardt. DOI: 10.25656/01:21558.

Wright, Erik Olin (2017): Reale Utopien. Wege aus dem Kapitalismus. Berlin: Suhrkamp.

Passives und unsicheres Wissen und dessen mögliche Aktivierung als Aufgabe Sozialer Arbeit

Yvonne Rubin, Markus Hundeck und Wolfgang Stadel

1. Einführung

Warum sprechen wir von passivem und unsicherem Wissen? Warum könnte es eine Aufgabe Sozialer Arbeit sein, passives und unsicheres Wissen zu aktivieren? Anlässlich der DGSA-Tagung 2024 in Jena haben wir in einem Werkstattformat versucht, uns dieser Frage anzunähern. Dabei wurden drei theoretische Bezüge zur Betrachtung ausgebreitet. Das zeichnen wir nun in diesem Beitrag – einer Art Werkstattbericht – nach und geben Einblick in unseren Denkprozess. Dies markiert auch gleichzeitig, dass wir hier kein abgeschlossenes Konzept ausbreiten und es sich eher um eine Beschreibung des aktuellen Entwicklungsstandes im Denkprozess handelt.

Soziale Arbeit beschäftigt sich mit unterschiedlichen Wissensbeständen. Wir befassen uns hier mit dem Wissen der Sozialen Arbeit bzw. mit dem, was die Soziale Arbeit (mal ganz pauschal gesagt) über die Adressat:innen zu wissen meint, aber auch mit dem Wissen der Adressat:innen der Sozialen Arbeit, das weniger im disziplinären Diskurs oder in professionellen Zusammenhängen aufgegriffen wird. Es wird weniger geteilt und ist damit passiv. Oder es gibt Umstände, die das Teilen von Wissensbeständen beschränken oder verunmöglichen. Dies würden wir in unseren Überlegungen als unsicheres Wissen deuten.

Wir beziehen uns im Folgenden auf drei theoretische Zugänge. Gemein ist diesen Überlegungen, dass sie sich als Reflexionsfolien für die Disziplin und Profession Soziale Arbeit anbieten und mit ihnen am kritischen Potenzial Sozialer Arbeit gearbeitet werden kann.

Die erste Überlegung zeigt anhand von Nancy Frasers theoretischer Beschreibung einer „Politik der Bedürfnisinterpretation“ (Fraser 1994), wie Wissensbestände von Adressat:innen wenig Eingang in die strukturelle Ausgestaltung des Wohlfahrtssystems finden und aus diesem Grund auch als passives Wissen gesehen werden können.

In der zweiten Überlegung wird anhand von Norbert Elias' Theoriebeitrag dargelegt, wie Wissen der Menschen in die Möglichkeitsräume der Beziehungsgeflechte eingehegt ist. Auch hier geht es darum, anzuerkennen, dass Wissen in passiver und unsicherer Form vorliegen kann, und es wird zur Diskussion gestellt, wie Soziale Arbeit – als Teil des Beziehungsgeflechtes – an der Hervorbringung der Wissensbestände möglicherweise verhindernd beteiligt ist.

In der dritten Überlegung wird ein Bezug zum Begriff der *Epistemischen Gemeinschaft* hergestellt und dargelegt, wie Wissen in der Gemeinschaft entsteht und warum es aus diesem Grund wichtig ist, dass Wissensbestände in der Vielfältigkeit erst die *Epistemische Gemeinschaft* bilden. Das befördert die Frage nach Aspekten, die das Einfließen von Wissensbeständen behindern.

Mit diesen drei Theoriefolien versuchen wir dann, Herausforderungen für die Soziale Arbeit zu formulieren und abzuleiten, warum es eine Aufgabe sein kann, zur Aktivierung – hier verstanden als Suche nach Ermöglichungsbedingungen – der passiven und unsicheren Wissensbestände beizutragen.

2. Theoretische Bezüge

2.1 Dialogische Bedürfnisaushandlungen als Beitrag Sozialer Arbeit zu gesellschaftlichen Transformationsprozessen

Gesellschaftliche Transformationsprozesse aus der Disziplin Sozialer Arbeit zu betrachten, erscheint schlüssig, geht man davon aus, dass Soziale Arbeit immer auch auf die Gesellschaft verwiesen ist – sei es als Kontrollinstanz, die Hilfe und Kontrolle und „je nach machtpolitischer Konstellation auch ‚Hilfe *als* Kontrolle' ausübt" (Staub-Bernasconi 2018: 113, Hervorhebung im Original) oder die beispielsweise machttheoretisch reflektiert agiert und nicht „irgendwelche Anpassungsleistungen an eine herrschende Mehr- oder Minderheit" (ebd.: 115) übernimmt. Die Möglichkeit der Selbstmandatierung – als eine Ausprägung des sogenannten dritten Mandats Sozialer Arbeit – „ermöglicht [...] SozialarbeiterInnen auch dann aktiv werden zu können, wenn kein Mandat seitens der Gesellschaft oder eines Trägers des Sozialwesens vorliegt" (ebd.: 118).

Ein Ansatzpunkt hierfür bietet die von Nancy Fraser zur Diskussion gestellte dialogische Aushandlung um Bedürfnisinterpretationen im Vorfeld der Inanspruchnahme sozialstaatlicher Interventionen. Staatliche Interventionen – im Kontext Sozialer Arbeit beispielsweise finanzierte Hilfeleistungen – gehen zurück auf „*interpretierte* Identitäten und Bedürfnisse“ (Fraser 1994: 237, Hervorhebung im Original) der Adressat:innen. Hierbei handelt es sich um politische Interpretationen in Form einer monologischen Bedürfnisinterpretation. Fraser analysiert dieses Vorgehen als juristisch-administrativ-therapeutisches Staatssystem, in dem „politische Fragen, welche die Interpretation von Bedürfnissen der Menschen betreffen, in gesetzliche, administrative und/oder therapeutische Angelegenheiten“ (ebd.: 237) übersetzt und hierdurch entpolitisiert werden. Neben einer gesetzlichen Regelung, die definierte Hilfeleistungen juristisch verortet (zumeist in den Sozialgesetzbüchern), bedarf es formaler Anstrengungen (zumeist Antragstellungen), um eine – ebenfalls vordefinierte – Leistung zu erhalten. Ob diese Leistung dann den Problemlagen entspricht, wegen derer die Adressat:innen sich ans System gewandt haben, ist fraglich. Den Adresst:innen wird hierdurch ein Subjektstatus zugeschrieben, der sie zu Fällen degradiert und sie nicht „als an der Gestaltung ihrer Lebensbedingungen aktive Beteiligte“ (ebd.: 240) wahrnimmt. Sie werden zu Klient:innen, psychisch Kranken, behinderten oder pflegebedürftigen Personen.

Obwohl politische Programme – als Grundlage für die Ausgestaltung der Finanzierung sozialarbeiterischer Hilfen – „kein Abbild der Realität“ (Kessl/Krasmann 2019: 282) darstellen, wohnt diesen Verfahren eine „Aura der Faktizität“ (Fraser 1994: 225) inne. Die stattfindenden Bedürfnisinterpretationen gehen mit „eine[r] Verdrehung des Ursache-Wirkungszusammenhangs einher“ (Kunstreich/May 1999: 38), infolgedessen „das gesellschaftliche Zusammenleben betreffende, im Grunde politische Fragen in Probleme von ‚Normalisierungsarbeit‘ verwandelt (ebd.) werden. Hierdurch stehen dann nicht mehr die Ursachen der Problemlagen (z. B. Benachteiligung oder Marginalisierung bestimmter Bevölkerungsgruppen) zur Verhandlung, sondern die Betroffenen selbst. Diese erfahren – sozialrechtlich kontextualisiert – einen Eingriff in dem Sinne, dass die sozialarbeiterischen Interventionen auf „einen Ausgleich persönlicher Defizite“ (ebd.) gerichtet sind. Dieser soll dann unter dem Mantra der ‚Hilfe zur Selbsthilfe‘ erfolgen. Den Adressat:innen wird zwar ‚geholfen‘, sie haben aber kaum Einfluss darauf, wie diese Hilfe aussieht (ebd.: 39).

Das Wissen um die Problemlagen und Handlungsstrategien der Adressat:innen ist mitunter weder bekannt noch wird es erfragt. Demgegenüber steht die Frage, wie diese „ihre Selbstbestimmung darüber zurückgewinnen können, was […] als Problem gelten und wie dies in einem Zusammenwirken mit Professionellen zu bearbeiten sein soll“ (Kunstreich/May 1999: 39). Um nicht nur die Maßnahmen, sondern auch die Inhalte der zu befriedigenden Bedürfnisse einer Diskussion und somit einer Aushandlung zugänglich machen zu können, braucht es Aushandlungsprozesse sowohl über Bedürfnisse als auch darüber, wessen Interpretationen von Bedürfnissen maßgeblich sein sollen (vgl. Fraser 1994: 240f.). Diese Systematik – und somit die Arbeit an und mit passivem und unsicherem Wissen – als Aufgabe Sozialer Arbeit zu verstehen und dementsprechend das Wissen der Adressat:innen um ihre Problemlagen *und* in der

Konzeption und Ausgestaltung der Hilfeleistungen zu berücksichtigen, ermöglicht transformatives sozialarbeiterisches Handeln.

2.2 Prozesse der Veränderung: Aus Sicht der Figurations- und Prozesstheorie

Von Norbert Elias, der sich als Menschenwissenschaftler verstand, stammt die Feststellung, dass der Mensch nicht einen Prozess durchläuft, sondern selbst ein Prozess ist (vgl. Elias 2000: 127). Dieser Hinweis ist wichtig, da es – wie Elias ausführt – uns Menschen im Allgemeinen schwerfällt, Dinge in Bewegung vorzustellen. Auch Strukturen, die oftmals eher als starr und unbeweglich empfunden werden, sind nach Elias beweglich. So stellt er fest: „Die ‚Umstände', die sich ändern, sind nichts, was gleichsam von ‚außen' an den Menschen herankommt; die ‚Umstände', die sich ändern, sind die Beziehungen zwischen den Menschen selbst" (Elias 1991: 377). Ein Verständnis für Elias' zentralen Begriff der Figuration, den er als Arbeitsbegriff verwendet, eröffnet den Blick für menschliche Beziehungsgeflechte. In diesen sind Machtbalancen und Machtquellen zu finden, die für nicht der Figuration angehörige nur schwer zu *sehen* sind. Es ist Wissen, das in den Figurationen aufgehoben ist. Dabei wird hier Macht nicht verdinglicht verstanden, sondern stellt eine „Struktureigentümlichkeit menschlicher Beziehungen" (Elias 2000: 77) dar. Diese Machtbalancen sind es auch, die Wissen in den Beziehungsgeflechten möglicherweise überformen.

Elias' Denken hat somit etwas Emanzipatorisches bzw. kann als solches gelesen werden, geht es doch auch um eine Distanzierungsleistung (vgl. Elias 2000: 184), die es dem Individuum erlaubt, sich den diversen Situationen, die das eigene Handeln beschränken, ein stückweit gewahr zu werden, oder wie Elias sagt:

> „Wenn Menschen einer derart strukturierten Figuration zu einer solchen gedanklichen Distanzierung von der Figuration, zu der sie selbst gehören, bereits in erheblichem Maße fähig sind, dann haben sie auch eine entsprechende Chance, die ‚Notwendigkeit' des Figurationswandels die Zwänge, die sie kraft der Eigentümlichkeit ihrer Interdependenz aufeinander ausüben, ihrem eigenen Verständnis zugänglicher zu machen." (ebd.)

Für die Soziale Arbeit interessant sind nun mehrere Aspekte. Zum einen ist es notwendig, die Adressat:innen[1] Sozialer Arbeit, stets als in diverse Figurationen verstrickte Subjekte zu begreifen. Dies findet sich auch in verschiedenen Theorieangeboten der Sozialen Arbeit (z. B. bei Thiersch oder Winkler).

---

1 Hier ist zu betonen, dass dies für Sozialarbeitende in gleicher Weise gilt.

Zum anderen ist interessant, wie Menschen dahingehend begleitet werden können, ein *Wissen-über-sich-selbst* zu erweitern, um „seinen Zwängen nicht mehr blind ausgeliefert" (Elias zitiert in Schröter 1997: 229) zu sein, und in einem weiteren Schritt, wie dieses Wissen, das durchaus als unsicher bezeichnet werden kann, den Weg in eine distanzierende Handlung finden kann.

Als Beispiel lassen sich aus dem Feld der Arbeit mit Menschen mit Behinderungen empirische Hinweise finden, die aufzeigen, wie sich Menschen mit sogenannter geistiger Behinderung durch Prozesse der Selbstvergewisserung und Distanzierung von der als Figuration gesehenen Behindertenhilfe entfernt haben – teils mit tatkräftiger Unterstützung des Hilfesystems[2], teils auch gerade gegen ausgeprägte Widerstände des Hilfesystems. Das Wissen um die wenig fördernden Umstände war vorhanden und kann als Ausgangspunkt einer Enthinderungshilfe gelesen werden (vgl. Stadel 2021).

2.3 Epistemische Gemeinschaft

Der Abschluss der hier vorliegenden dreiteiligen Reflexion betrachtet Wissensbestände und ihre unterschiedlichen Herkünfte – zwei Aspekte, die aber nur in ihren jeweiligen sozialen Kontexten begriffen und verstanden werden können. Dabei ist zu beachten, dass die Rede von Epistemologie, epistemischer Kultur und epistemischer Gemeinschaft sich auf den Fachbegriff *episteme* aus dem Griechischen bezieht. Hier meint *episteme* Erkenntnis, Wissen sowie Fähigkeit. *Episteme* beschreibt in der theoretischen Reflexion den funktionalen Zusammenhang von Erkenntnis und Wissen als einer Fähigkeit in ihrer Anwendung (vgl. Hundeck/Mührel 2022: 14). Dies scheint im Blick auf passive und nicht in Anwendung gebrachte Wissensbestände unterschiedlichster Wissenskulturen (=epistemische Kulturen) bedeutsam. Aus dieser erkenntnistheoretischen Perspektive lassen sich grundsätzliche Anfragen formulieren: Was wissen wir über das, was wir wissen, also das, was wir als einen Wissensbestand bezeichnen? Welchen Horizonten werden diese Wissensbestände zugeordnet? Wie differenzieren sich Wissensbestände in Lebens- und Professionswissen? Wie gehen wir in der Profession Sozialer Arbeit mit passivem und unsicherem Wissen um? Wie werden wir in der Profession und Disziplin herausgefordert von heterogenen Wissenskulturen, und was bedeuten diese für ein gelingendes soziales Miteinander?

---

2 Auch hier ist mit Elias anzumerken, dass Figurationen immer aus Menschen bestehen. Hier ist auch ein Querverweis zu Frasers Ausführungen möglich. Stellt sich doch ebenfalls die Frage, ob Prozesse – auch auf einer personalen Ebene – der Bedürfnisinterpretation monologisch oder dialogisch gestaltet werden.

1. Aus all dem bisher Ausgeführten ergibt sich, dass die Rede von Wissen in der Sozialen Arbeit deshalb auch eine erkenntnistheoretische Frage ist. In der Sozialen Arbeit allerdings kann die Rede von Erkenntnistheorie aufgrund der Relation von Individuum und dessen Kontext nur dann sinnvoll sein, wenn diese als eine Soziale Erkenntnistheorie gefasst wird (Hundeck/Mührel 2022: 16). Anders gesagt: Die Erkenntnis eines Wissens ist ein Wissen, das sich auf schon vorhandenes Wissen stützt. Dabei ist vorhandenes bzw. im Kontext vorfindbares Wissen in technisches Wissen (wissen, wie…) sowie in Überzeugungswissen (wissen, dass…) zu unterscheiden. Was aber ist dieses Wissen darüber hinaus? Ist es ein passives Wissen? Oder gar ein unsicheres Wissen? Wie begegnet uns Wissen in der Sozialen Arbeit, etwa als Professionswissen oder Gemeinschaftswissen? Wobei, wie gerade betont, Wissen immer kontextgebunden und damit Soziales Wissen ist. Wissen ist sozial, es ist gebunden an die Menschen, die, ob bewusst oder unbewusst, passiv oder aktiv, im Besitz eines oder gerade dieses Wissens sind, um das es geht. Dies sind keine Wort- oder Gedankenspielereien, vielmehr eröffnen sie einen Blick auf Bestände oder Ressourcen von Wissen, die nicht nur im Internet abrufbar sind, sondern in jedem sozialen Kontext vorliegen, vielleicht unentdeckt sind. Daraus ergeben sich Fragen an die Profession wie auch an die Bestände außerhalb des professionellen Wissens, auf das jenes zugreifen, das dieses zu entdecken und zu fördern berufen ist.

2. Professionelles Wissen ist keine Sonderform einer epistemischen Kultur, sie ist selbst eine epistemische Kultur, auch wenn sich Professionswissen in der Ausbildung eines beruflichen Habitus bisweilen als ein solches versteht. Um diesem Irrtum zu entgehen, ist eine aus der Erkenntnistheorie althergebrachte Differenzierung in propositionales und nicht-propositionales Wissen hilfreich:

Propositionales Wissen meint jenes Wissen, das den Inhalt von Überzeugungen ausdrückt, also das, was geglaubt wird. Das heißt, dass das, was geglaubt wird, der so genannte propositionale Gehalt der entsprechenden Überzeugung ist, es bezeichnet ein inneres Wissen (vgl. Ernst 2016: 55).

Propositionales Wissen muss daher nicht mit einem professionellen Wissen übereinstimmen, kann aber für ein professionelles Wissen leitend sein. Gleichwohl kann beispielsweise ein Verein, eine Dorfgemeinschaft oder ein religiöser Verbund eine wissende Überzeugung ausdrücken, die als propositionales Wissen fungiert. Auch hier gilt: Propositionales Wissen einer Dorfgemeinschaft, einer kategorialen Gruppe im Gemeinwesen muss für die Gruppe selbst wie für die Profession noch kein entdecktes, sondern kann vielleicht erst ein zu entdeckendes Wissen sein (= passives Wissen).

Nichtpropositionales Wissen meint dementsprechend ein Wissen, das wiedergegeben wird, aber nicht angeeignet ist. Das heißt, dass das, was gewusst wird, ein rein äußerliches Wissen ist, das zwar angewendet werden kann, aber das noch nicht zu einer Überzeugung, einem Glauben geworden ist.

Angewendetes Wissen im professionellen Bereich kann möglicherweise Ausweis einer instrumentellen Kompetenz sein (vgl. Geißler/Hege 2007: 227f.), muss aber nicht die Überzeugung des Handelnden selbst wiedergeben, sondern kann ausschließlich ein technisches Know-how, ein Wissen-wie verdeutlichen (im Sinne einer Sozialtechnologie, Luhmann/Schorr 1982: 11ff.). Dies gilt auch für den nichtprofessionellen Bereich, in dem Wissen aus Tradition im Sinne einer überkommenen Moral angewendet werden kann, die Veränderungen durch Reflexion nicht zulassen kann oder will.

3. Wissen wird immer aus einem bestehenden Zusammenhang erworben, eine Tatsache, die sich an der Erforschung von Krankheiten als globales Phänomen zeigt. Die Erforschung von Teilbereichen führt zu einer Summe an Wissen, um Strategien gegen Krankheiten oder Pandemien zu entwickeln. Ob hier übergreifende Ergebnisse erzielt werden, die zum Erfolg führen, hängt stark am Umgang mit den Wissensbeständen ab. Für ein Gemeinwesen gilt diese Erkenntnis ebenso sehr, beispielsweise dann, wenn eine Infrastruktur aufgebaut werden soll, die einen ländlichen Bereich an eine urbane Region anschließen soll, oder dann, wenn Entscheidungen bezüglich des Zusammenhalts eines Gemeinwesens aufgrund des Wissens der einzelnen Bewohner getroffen werden. Daraus folgt: Wissen entsteht in und aus Zusammenhängen und entdeckt sich in ihnen.

4. Wissenszusammenhänge bestehen aus heterogenen Wissenskulturen. D.h., eine epistemische Kultur koordiniert durch explizite oder implizite Regeln die Umgebung des Erkennens, die durch Wissenswege und Begründungsformen charakterisiert sind (Sedmak 2019: 374; Hundeck/Mührel 2022: 37). Dies trifft auf alle Wissensbestände zu, auf die professionellen und ebenso die nichtprofessionellen. Die Arbeit an und mit den epistemischen Kulturen bezeichnet den Hintergrund, der zur Wissensgenerierung und einem möglichen ethischen Umgang mit Heterogenität und Vielfalt nötig ist. Daraus ergibt sich: Jeder Mensch kann mehreren oder auch verschiedenen Wissenskulturen angehören und hier Ressourcen in einen epistemische Gemeinschaft einbringen (Sedmak 2019: 374). Die Gesamtheit der epistemischen Kulturen mit ihren heterogenen Wissensbeständen bildet dann das, was epistemische Gemeinschaft genannt werden kann – eine Gemeinschaft, die nicht an ihrer Gesinnung zu erkennen ist, sondern am Zusammenhang, der Vielfalt und Verschiedenheit. Das heißt, Wissensbestände dienen als Ressource, um im gemeinsamen Teilen von Wissensinhalten epistemische Kulturen zu einer epistemischen Gemeinschaft vieler Kulturen zu vereinen.

3. Was folgern wir daraus?

Was könnte nun aus dem Geschriebenen als Aufgabe Sozialer Arbeit abgeleitet werden? Selbstkritisch betrachtet kann mitunter der Eindruck entstehen, dass sich Soziale Arbeit in der Rolle gefällt, anderen *eine Stimme zu geben*. Hier wäre aus unserer Perspektive eine reflexive Vorsicht angebracht, die zu einem präziseren Denken und Sprechen führen könnte. So ist es unproblematisch, wenn Soziale Arbeit als Sprachrohr dient und mit dem Mandat der Adressat:innen fungiert. Spivak bezeichnet den Sprechakt allerdings als unvollständig, wenn er nicht mit einem Hören verbunden ist (vgl. Spivak 2020: 127). Damit wird herausgestellt, dass Adressat:innen sehr wohl oftmals Wissensbestände haben, die sie auch ausdrücken, oder deswegen nicht sprechen, weil ihre Stimme verstummt ist. Andere Autor:innen sprechen von einem „epistemischen Schweigen" und von einer „ontologischen Taubheit" (Immler/Kovacs 2022: o. S.). „Dabei meint Schweigen das, worüber Interviewte nicht reden können, weil sie keine Stimme haben oder keine Sprache, die gehört wird [...] und Taubheit das, was die Mehrheitsgesellschaft nicht hören kann, weil die dominanten diskursiven Rahmen nicht erlauben zu hören, was eigentlich gesagt wird" (Immler/Kovacs 2022: o. S.). Kritisch zu fragen wäre deshalb, ob diese Stimmen ausreichend Gehör finden.

Des Weiteren können Bedürfnisse der Menschen verborgen und überformt sein – vielleicht indem jemand nur spürt, dass eine Mangellage vorliegt, ohne eine Idee zu haben, wie die Wendung ins Positive, ins Bessere aussehen könnte. Bergmanns formulierte Frage nachdem, was Menschen „wirklich, wirklich" wollen (Bergmann 2017: 116), verdeutlicht den Bedarf nach Prozessen der Hervorbringungsarbeit (vgl. May 2017: 129).

Auch wenn Soziale Arbeit über die Möglichkeit der Selbstmandatierung verfügt, erfolgt doch ein Großteil der Aufträge vorgegeben und finanziert durch sozialstaatliche Instanzen. Diesen Aufträgen liegen zumeist expertokratische Deutungsmuster zugrunde, die Adressat:innen haben in der Regel kaum die Möglichkeit, eigene Wissensbestände um ihre Problemlagen einzubringen. Sie werden im Hilfesystem mit Leistungen adressiert und – je nach Bedarfslage – zu Arbeitssuchenden, psychisch Kranken oder zu Personensorgeberechtigten, die die Erziehung ihrer Kinder nicht gewährleisten können. Die Möglichkeit, über die Bedürfnisse – und somit die Adressierung – zu verhandeln, besteht nicht. Als Disziplin Sozialer Arbeit könnte eine Analyse der Konzeptionalisierung und Ausgestaltung sozialer Hilfen mit dem Wissen erfolgen, das die Adressat:innen am besten über ihre Problemlagen und Unterstützungsbedürfnisse Bescheid wissen. In der Profession Sozialer Arbeit könnte eine solche Analyse dazu dienen, transversal zu agieren und die Strukturen des bestehenden Hilfesystems bestmöglich – im Sinne der Adressat:innen – anzupassen und zu nutzen.

Eine figurations- und prozesstheoretische Perspektive fordert dazu heraus, Menschen immer eingewoben in Beziehungsgeflechte zu begreifen. Mit einem solchen Verständnis kann auch subtilen Machtbalancen nachgespürt werden. Es können solche Verflechtungszusammenhänge sein, die ermöglichen oder verhindern, dass Wissensbestände geteilt werden. Für den Zugang Sozialer Arbeit – möchte sie nicht über die Köpfe der Adressat:innen hinweg agieren – kann ein solches Verständnis bedeutsam sein und muss stärker eingefordert werden.

Aus erkenntnistheoretischer Sicht lassen sich für die Soziale Arbeit folgende mögliche Aufgaben formulieren:

a) Soziale Arbeit darf und kann als Moderatorin epistemischer Kulturen fungieren, um Wissensbestände etwa im Gemeinwesen oder in Institutionen (etwa in stationären Einrichtungen der Altenhilfe etc.) zu koordinieren und vielleicht auch sichtbar zu machen. Weiterhin gilt für ein professionelles Handeln, b) vorhandene Wissensbestände zu erschließen (im Sinne einer Archäologie), zu berücksichtigen und in den Hilfeprozess einzuspeisen. Soziale Arbeit kann c) als Vermittlungsinstanz der Wissensbestände untereinander und hinsichtlich der Stellung des Subjekts dienen. Und da das Subjekt Teil mehrerer epistemischer Kulturen sein kann, können durch die Analyse von Wissen Handlungsoptionen eröffnet (etwa im Blick auf Lebenslagen usw.) und soziale Problemlagen bearbeitet werden.

Das hätte für uns eine Nähe zur von Michel May geprägten Wendung der Arbeit „am Gemeinwesen“ (May 2017). Dies stellt eine nicht abzuschließende Herausforderung dar. Das gemeinsame Nachdenken – im disziplinären wie auch professionellen Kontext – ist für uns eine Grundvoraussetzung, um sich der Aufgabe der Sozialen Arbeit, der Erschließung von Ermöglichungsbedingungen, zu stellen.

Literatur

Bergmann, Frithjof (2017): Neue Arbeit, neue Kultur. Freiburg im Breisgau: Arbor Verlag. 6. Auflage, 1. broschierte Ausgabe.

Elias, Norbert (1991): Über den Prozeß der Zivilisation II. Soziogenetische und psychogenetische Untersuchungen; 2. Band. Wandlungen der Gesellschaft Entwurf zu einer Theorie der Zivilisation. Suhrkamp Taschenbuch Wissenschaft, Band 159. Frankfurt am Main: Suhrkamp. 16. Auflage 1991 (erste Auflage 1976).

Elias, Norbert (2000): Was ist Soziologie? Grundfragen der Soziologie, Band 1. München: Juventa. 9. Aufl.

Ernst, Gerhard (2016): Einführung in die Erkenntnistheorie. Philosophie kompakt. Darmstadt: WBG. 6. Auflage.

Fraser, Nancy (1994): Widerspenstige Praktiken. Macht, Diskurs, Geschlecht. Edition Suhrkamp, 1726 = n.F., Bd. 726. Frankfurt am Main: Suhrkamp.

Geißler, Karlheinz A./Hege, Marianne (2007): Konzepte sozialpädagogischen Handelns. Ein Leitfaden für soziale Berufe. Edition Sozial. Weinheim und Basel: Juventa. 11. Aufl.

Hundeck, Markus/Mührel, Eric (2022): Erkenntnistheorie der Sozialen Arbeit. Eine Grundlegung. Soziale Arbeit und ihre erkenntnistheoretischen Zugänge. Weinheim, Basel: Beltz Juventa.

Immler, Nicole/Kovacs, Eva (2022): Zum politischen Anspruch der Oral History. Über das epistemische Schweigen und die ontologische Taubheit der Mehrheitsgesellschaft. In: Forum qualitative Sozialforschung 23, 2. https://www.qualitative-research.net/index.php/fqs/article/view/3745 [Abruf: 16.06.2022].

Kessl, Fabian/Krasmann, Susanne (2019): Sozialpolitische Programmierungen als strukturierendes Element des Sozialraums. In: Kessl, Fabian/Reutlinger, Christian (Hrsg.): Handbuch Sozialraum. Grundlagen für den Bildungs- und Sozialbereich. 2. Auflage. Wiesbaden: Springer VS, S. 277–297.

Kunstreich, Timm/May, Michael (1999): Soziale Arbeit als Bildung des Sozialen und Bildung am Sozialen. In: Widersprüche e.V. (Hrsg.): Transversale Bildung – wider die Unbilden der Lerngesellschaft. Bielefeld: Kleine Verlag, S. 35–52.

Luhmann, Niklas/Schorr, Karl-Eberhard (1982): Das Technologiedefizit der Erziehung und die Pädagogik. In: Luhmann, Niklas/Schorr, Karl-Eberhard (Hrsg.): Zwischen Technologie und Selbstreferenz. Fragen an die Pädagogik. Suhrkamp Taschenbuch Wissenschaft, Band 391. Frankfurt am Main: Suhrkamp.

May, Michael (2017): Soziale Arbeit als Arbeit am Gemeinwesen. Ein theoretischer Begründungsrahmen. Beiträge zur Sozialraumforschung. Opladen, Berlin: Verlag Barbara Budrich.

Sedmak, Clemens (2019): Theologisch denken. Erkenntnistheorie aus der Begegnung mit Gott. Freiburg im Breisgau: Herder.

Spivak, Gayatri Chakravorty (2020): Can the Subaltern Speak? Postkolonialität und subalterne Artikulation. Nachdruck. Band 6 der Reihe "es kommt darauf an". Wien u. a.: Turia + Kant.

Staub-Bernasconi, Silvia (2018): Soziale Arbeit als Handlungswissenschaft. Auf dem Weg zu kritischer Professionalität. 2. vollständig überarbeitete Auflage. Opladen, Toronto: Verlag Barbara Budrich.

Stadel, Wolfgang (2021): Sozialraumentwicklung unter den Bedingungen von Behinderung und Alter. Beiträge zur Sozialraumforschung, Band 23. Opladen, Berlin, Toronto: Verlag Barbara Budrich.

Einsamkeit im Kontext gesellschaftlicher Transformation

Katrin Liel, Markus Kühnel und Marius Otto

1. Einführung

Gesellschaftliche Transformationen wie technologischer Fortschritt, Digitalisierung, demografischer Wandel, Urbanisierung und soziale Umstrukturierungen haben erhebliche Auswirkungen auf soziale Beziehungen und Gemeinschaften. Hinzu kommt, dass eine Gesellschaft, die geprägt ist von Konkurrenz, Wettbewerb und Beschleunigung, sich kontraproduktiv auf Begegnungen, auf soziale Unterstützung und auf die Ausgestaltung eines sozialen Umfeldes auswirkt. Das liegt u. a. daran, dass schlichtweg weniger Zeit zur Verfügung steht, um Beziehungen zu pflegen und zu leben. Letztlich ist jeder und jede Einzelne in der heutigen Gesellschaft einem großen Einsamkeitsrisiko ausgesetzt, wird aber für die Folgen meist selbst verantwortlich gemacht.

Der vorliegende Beitrag befasst sich mit der wachsenden Herausforderung des Phänomens der Einsamkeit in modernen Gesellschaften und der Rolle der Sozialen Arbeit bei der Bewältigung dieser Problematik. Dabei soll der Versuch gewagt werden, dieses Thema aus drei unterschiedlichen Perspektiven zu betrachten und Gemeinsamkeiten sowie Ansatzpunkte für die Soziale Arbeit herauszuschälen und fruchtbar zu machen. Schwerpunkte werden hierbei gelegt auf Einsamkeit und Substanzkonsumstörungen, Kommunale Einsamkeitspolitik und Soziale (Alten-)Arbeit und den Umgang mit Einsamkeit im Kontext der Sozialraum- und Quartiersentwicklung.

Abschließend werden anhand von drei Thesen aktuelle Handlungs- und Denkimpulse formuliert, die Anregungen zur weiteren Debatte um das Phänomen Einsamkeit liefern sollen.

2. Zum Verständnis von Einsamkeit

Einsamkeit ist ein Megathema der heutigen Zeit mit unterschiedlichen Dimensionen, was u. a. an den vielen Publikationen der letzten Jahre zu sehen ist (u. a. Noack Napoles/Noack 2023). Nach Perlmann und Peplau (1981) ist Einsamkeit die wahrgenommene negative Diskrepanz zwischen den gewünschten und den tatsächlichen sozialen Beziehungen. Einsamkeit ist also immer ein subjektives Erleben und kann nur von der Person, die sich selbst als einsam empfindet, als solche definiert werden. Demgegenüber steht der objektive Zustand, der als soziale Isolation bezeichnet wird und sich u. a. in der Anzahl an Ein-Personen-Haushalten in einem Sozialraum ausdrücken kann. Natürlich gibt es Schnittmengen zwischen Einsamkeit und sozialer Isolation, aber Einsamkeit und soziale Isolation müssen nicht deckungsgleich sein.

Trotz der Subjektivität ist Einsamkeit mehr als ein unangenehmes, privates Gefühl. Dies zeigt sich u. a. in der MITTE-Studie (Zick et al. 2023). Dort wurde herausgearbeitet, dass mehr als zwei Drittel der Menschen, die sich einsam fühlen, zu antidemokratischen Einstellungen neigen. Darüber hinaus ist bekannt, dass isolierte und einsame Menschen häufig von Informationen und Hilfsangeboten abgeschnitten sind und Unterstützung von Beratungsstellen oder anderen sozialen Dienstleistungen nicht wahrnehmen (können). Vielmehr tauchen sie an anderen Stellen im Hilfesystem auf, an denen nicht adäquat auf sie eingegangen werden kann, z. B. in Notaufnahmen in Krankenhäusern.

In der Diskussion um Einsamkeit muss unterschieden werden zwischen situativer Einsamkeit als immanentem Bestandteil des Lebens und ‚normale' Reaktion, beispielsweise bei Umzug, Trennung oder Tod von nahen Angehörigen. Chronische Einsamkeit jedoch ist nicht auf bestimmte Situationen beschränkt und gekennzeichnet als anhaltendes, aversives Gefühl, das als unkontrollierbar wahrgenommen wird. Es ist einleuchtend, dass insbesondere chronische Einsamkeit ein relevanter Faktor für die individuelle Gesundheit ist.

3. Einsamkeit und Substanzkonsumstörungen

Einsamkeit und Substanzkonsumstörungen sind in modernen Gesellschaften von wachsender Bedeutung. Beide Phänomene sind wechselseitig miteinander verbunden. Soziale Isolation kann Menschen ggf. dazu bringen, vermehrt Substanzen zu konsumieren, was den Weg in die Abhängigkeit bedeuten kann. Gleichzeitig kann der Konsum von Substanzen über das Belohnungszentrum des Gehirns positive Emotionen erzeugen und vorübergehend Gefühle der Einsamkeit reduzieren (Laging 2023).

Entringer (2022) und Fischer (2022) belegen, dass Menschen in bestimmten Lebenssituationen (z. B. Alleinerziehende, fehlende Erwerbstätigkeit, niedriger Bildungsgrad, junge LSBTQI* Menschen) einem erhöhten Risiko von Einsamkeit ausgesetzt sind. Gleichzeitig ist bekannt, dass vulnerable Lebenssituationen die Suchtentstehung begünstigen und aufrechterhalten können. Dittmann und Göbel (2022) weisen einen deutlichen Zusammenhang zwischen Einsamkeit und Armut auf, der wiederum in Wechselwirkungen zu einer

Suchtentwicklung stehen kann. Ein weiterer Zusammenhang zwischen Einsamkeit und Sucht zeigt sich im Diskurs um Diskriminierung. So hat Schobin (2022) aufgezeigt, dass Diskriminierungserfahrungen Einsamkeitsempfinden begünstigen können. Gleichzeitig sind Menschen mit Substanzkonsumstörungen in einem hohen Ausmaß Stigmatisierungsprozessen ausgesetzt (Schomerus et al. 2017), wodurch sich das Gefühl der Getrenntheit verstärken und Einsamkeit entstehen kann.

Einsamkeit bringt also ein hohes gesundheitliches Risiko mit sich. Dies kann sich u. a. in Substanzkonsumstörungen, Depressionen, psychiatrischen Störungsbildern, sozialen Ängsten oder psychosomatischen Erkrankungen zeigen. Dieses häufig multimorbide Zusammenwirken ist wie ein Teufelskreis und nur sehr schwer zu durchbrechen.

Als Erklärungsversuch für die enormen gesundheitlichen Auswirkungen von Einsamkeit wird häufig das damit verbundene Stresserleben als ursächlich herangezogen, wobei die negativen Auswirkungen von dauerhaftem Stress hinlänglich erforscht sind (z. B. Brinkmann 2014). Ein Gegenspieler des Stresserlebens ist die wahrgenommene soziale Unterstützung, also emotionaler Beistand, praktische Hilfe und positiver sozialer Kontakt. Soziale Unterstützung wirkt auf physiologischer Ebene in mehrfacher Hinsicht genau antagonistisch zu Stress und kann insofern die negativen Effekte abpuffern und/oder abmildern.

Auch in Suchtentstehungstheorien und in der Suchtbehandlung spielen soziale Unterstützungsprozesse und Beziehungsarbeit eine zentrale Rolle. In der psychoanalytisch-interaktionellen Suchttherapie wird beispielsweise an der realen Beziehungsgestaltung gearbeitet, um sich vom Suchtmittel als idealisiertem, ständig verfügbarem ‚Liebesobjekt' lösen zu können. In der Verhaltenstherapie geht es u. a. darum, Handlungsalternativen zu entwickeln, um Einsamkeit selbstwirksam ohne Suchtmittelkonsum regulieren zu können. Nach der systemischen Sichtweise schließlich sind Störungen des lebensweltlichen Systems häufig zugrunde liegende Kommunikationsprobleme. In allen drei therapeutischen Perspektiven und darüber hinaus in der allgemeinen Suchtberatung geht es häufig darum, soziale Beziehungsgestaltung (wieder) zu lernen. Es geht um die Fragen: Wie komme ich in Kontakt mit anderen Menschen? Wie viel Zeit nehme ich mir für Beziehungen? Wie kann ich emotionale Nähe und Verbundenheit herstellen und wie gehe ich mit Konflikten in Beziehungen um?

Die zentrale Funktion von Beziehungen auf Gesundheit und Lebensqualität beweist auch die sogenannte Harvard-Studie (Waldinger/Schulz 2024), deren zentrales Ergebnis ist, dass Menschen, die sozial verbunden sind, messbar glücklicher und gesünder sind und länger leben als Menschen, die weniger gute Beziehungen haben. Beziehungen sind also für alle Menschen konstitutiv für ein langes Leben und eine gute Gesundheit. Rosa (2016) charakterisiert Resonanzerfahrung als Merkmal erfüllender Beziehungen, die sich für ihn in einer

Art vibrierendem Draht zwischen dem Individuum und der Welt als Weltbeziehung darstellen. Er beschreibt dabei sehr genau, wie die gesellschaftliche Entwicklung mit der damit einhergehenden Beschleunigung diese Resonanzräume häufig verhindert.

Die komplexen Wechselwirkungen zwischen Einsamkeit und Substanzkonsumstörungen und die zentrale Erkenntnis der Bedeutung von guten Beziehungen verdeutlichen die Notwendigkeit einer umfassenden Herangehensweise. Das heißt, die Behandlung von Suchterkrankungen ist nicht nur rein individuell klinisch bzw. therapeutisch zu sehen, sondern hat unbedingt und zentral auch eine gesellschaftliche Dimension. Es geht um die Frage, wie wir als Gesellschaft Beziehungen leben und Einsamkeit begegnen. Interventionen sollten sowohl auf individueller als auch auf gesellschaftlicher Ebene ansetzen, um die Ursachen von Einsamkeit und den vielfältigen damit einhergehenden gesundheitlichen Risiken wie z. B. Substanzkonsumstörungen zu reduzieren und präventive Maßnahmen zu etablieren.

4. Kommunale Einsamkeitspolitik und Soziale (Alten-)Arbeit

Wenn es darum geht, kollektiv und verbindlich mit dem Phänomen Einsamkeit umzugehen und Menschen vor Ort handlungsfeldübergreifend mit geeigneten Strukturen und Angeboten zu unterstützen, rückt die (kommunal-)politische Perspektive in den Vordergrund.

Eine Einsamkeitspolitik erscheint erforderlich, weil Einsamkeit (1) zu einer Herausforderung westlicher Gesellschaften mit ökonomischen, politischen und sozialen Folgen geworden ist (Hertz 2021), die seit der Coronapandemie (2) an Relevanz gewonnen hat (Huxhold et al. 2023) und (3) besonders die ältere Generation in den Fokus rückt, obwohl alle Altersgruppen betroffen sein können (Körber Stiftung/Berlin-Institut 2019: 3). Eine häufige Annahme lautet, dass ältere Menschen weniger sozial eingebunden sind und einen geringeren sozialen Aktivitätsradius haben (Böger et al. 2016: 269; Huxhold et al. 2013). Die Presse berichtet immer wieder von Beispielen vereinsamter älterer Menschen, die erst nach geraumer Zeit gefunden werden. Stimmt es, dass Älterwerden mit Einsamkeit einhergeht, und sollten ältere Menschen daher besonders im Fokus einer (kommunalen) Einsamkeitspolitik stehen?

Einsamkeit ist *kein* unvermeidliches Schicksal im Alter. Der überwiegende Teil der älteren Generation fühlt sich selbst bei schlechterer sozialer Integration nicht einsam (Huxhold et al. 2023; Böger et al. 2016: 269). Im Gegensatz zu anderen Persönlichkeitsmerkmalen ist Einsamkeit *nicht* generell altersbedingt (Mund et al. 2019). Es gibt keine wesentlichen altersbedingten

Faktoren, die das Risiko, einsam zu *werden*, erhöhen (Huxhold/Henning 2023). Allerdings ist das Risiko für Menschen mit Einsamkeitserfahrungen, einsam zu *bleiben*, stark vom Alter abhängig und nimmt mit steigendem Alter zu (ebd.).

Bestimmte Teilgruppen der (älteren) Bevölkerung, etwa von Armut betroffene Menschen, sind einem höheren Einsamkeitsrisiko ausgesetzt (Dittmann/Goebel 2022). Weitere Risikogruppen sind neben Hochaltrigen, Pflegebedürftigen und an Demenz Erkrankten auch Menschen mit Migrationshintergrund oder aus der LSBTI-Community (Klein et al. 2021: 13). Es ist daher folgerichtig und angemessen, einen entsprechenden Fokus auf diese Risikogruppen innerhalb der älteren Bevölkerung zu legen. Die Verbreitung der stereotypen Annahme einer generellen Vereinsamung älterer Menschen und die damit verbundene Subjektivierung dieser für eine Einsamkeitspolitik sollte jedoch vor dem Hintergrund der vorhandenen Heterogenität vermieden werden.

Was ist konkret mit Einsamkeitspolitik gemeint, und welche Rolle spielen die Kommunen dabei?

Im Jahr 2018 wurde in Großbritannien als weltweit erstem Land eine Strategie gegen Einsamkeit entwickelt (BMFSFJ 2023: 6). Ähnliche Aktivitäten lassen sich in den Niederlanden, Dänemark und Japan beobachten (ebd.; Körber Stiftung/Berlin-Institut 2019: 1). Die Bundesregierung hat Einsamkeit jüngst erstmals als Politikfeld in Deutschland formuliert und 2023 eine Strategie veröffentlicht, die zentrale Handlungsfelder, Ziele und Maßnahmen beschreibt, die der Bund gemeinsam mit Ländern, Kommunen und weiteren Akteuren umsetzen will (BMFSFJ 2023). Die übergeordneten Ziele der langfristig angelegten Strategie lauten: „(1) Sensibilisierung der Öffentlichkeit, (2) Wissen stärken, (3) Praxis stärken, (4) Bereichsübergreifend agieren und (5) Menschen unterstützen – Angebote ausbauen" (BMFSFJ 2023: 7).

Die Umsetzung beinhaltet eine Aufgaben- und Zuständigkeitsverteilung zwischen dem Bund, den Ländern und den Kommunen (BMFSFJ 2023: 7). Die Rolle der Landkreise, Städte und Gemeinden wird mit Verweis auf die soziale Daseinsfürsorge hervorgehoben (BMFSFJ 2023: 10). (Kommunale) Einsamkeitspolitik adressiert somit soziale Isolation und Einsamkeit auf wissenschaftlicher Basis aus einer *integrierten Perspektive* und versucht, beiden *vorzubeugen* sowie vorhandenes Einsamkeitserleben und objektiv vorhandene Isolation mithilfe einer ressortübergreifenden und strategischen Zusammenarbeit zu *reduzieren*.

Mögliche Handlungsfelder einer kommunalen Einsamkeitspolitik sind: (1) kommunale Demografiepolitik, (2) Strategieentwicklung, (3) integrative Sozialplanung, (4) Sensibilisierung der Öffentlichkeit und Informierung von Risikogruppen, (5) Organisation lokaler Allianzen gegen Einsamkeit, (6) Schaffung und Gestaltung von öffentlichen und sozialen Orten, (7) Förderung von generationenübergreifenden Wohnformen und Wohnen mit ‚Anschluss' sowie (8) Ermöglichung von Partizipation (BMFSFJ 2023: 8, 11–12; Körber Stiftung/Berlin-Institut 2019: 19–20). Aufgrund der Nähe und Anschlussfähigkeit zur *kommunalen Demografiepolitik* (Kühnel 2022) könnte diese zugleich als eine Art Dach dienen.

In der praktischen Umsetzung steht die Soziale (Alten-)Arbeit im Zentrum. Ihre Aufgabe ist es, Projekte und Initiativen zur Vorbeugung und Linderung von Einsamkeit zu entwickeln. Dabei sollten besonders Risikogruppen durch „ermöglichende Strukturen vor Ort" (Klein et al. 2021: 5) adressiert werden. Erforderlich ist hierfür ein Paradigmenwechsel: weg von der zielgruppenspezifischen Zuschreibung erschwerter Zugänge hin zu einem stärkeren Fokus auf die Entwicklung adäquater Angebote für spezifische Teilgruppen älterer Menschen unter Beachtung struktureller Herausforderungen (ebd.). Wie dies praktisch gelingen kann, zeigt eine Projektkooperation der Hochschule Landshut mit dem Malteser-Projekt „Miteinander – Füreinander". Im Rahmen einer Projektwerkstatt wurden die zwei Angebote „IT-Hilfe für Senior:innen in Form eines BIT-Cafés" und „Rikscha-Dienst für Senior:innen" von Studierenden des zweiten Semesters der Sozialen Arbeit geplant und erfolgreich umgesetzt. Um die Studierenden auf mögliche schwierige Begleitungssituationen vorzubereiten, wurde nicht nur zuvor ein herkömmlicher Erste-Hilfe-Kurs absolviert, sondern sie durchliefen im Rahmen einer Kooperation mit der Universität Regensburg auch eine Ausbildung in Erster Hilfe für seelische Notsituationen (HSN-Kurs).

5. Umgang mit Einsamkeit im Kontext der Sozialraum- und Quartiersentwicklung

Im planerischen Umgang mit Einsamkeit rückt die sozialräumliche Perspektive in den Fokus. Lebenslagen werden hier durch ein Lebensumfeld (Nahraum) kontextualisiert und damit greifbarer gemacht. Mit Blick auf Sozialräume ist begrifflich insbesondere das Phänomen der Vereinsamung relevant, welches „als Prozess immer kleiner werdender sozialer Netzwerke im Nahraum verstanden werden" kann (Neu 2022: 35). Dem Nahraum wird in Bezug auf Begegnung, Teilhabe und Vergemeinschaftung als gegensätzliche Prozesse zu Vereinsamung grundsätzlich eine große Bedeutung beigemessen, weil davon ausgegangen wird, dass sich Menschen im lokalen Kontext einer gewissen Präsenz nicht entziehen können – selbst, wenn es sich lediglich um den kleinen Einkauf oder den Gang zum Papiermüllcontainer handelt (Otto 2023: 95). Durch Routinen werden im Nahraum Grundlagen für Aneignung, Zugehörigkeit und sozialen Zusammenhalt geschaffen (Nowossadeck/Mahne 2019:

316). Gleichzeitig ist es der lokale Kontext, in dem vielfach lokale Initiativen, freie und öffentliche Träger, Vereine oder informelle Communitys mit ihren Unterstützungs- und Begegnungsangeboten agieren können. Unterstützende Nachbarschaften mit einer guten Infrastruktur und achtsamen Nachbarschaftscliquen können wirksam gegen Vereinsamungsprozesse sein. Nachbarschaften mit wenig Umfeldqualität und schlechtem Image haben aber auch das Potenzial, selbst zu einem exkludierenden und isolierenden Moment zu werden (Neu 2022: 45).

Gelegenheiten der Begegnung und Vergemeinschaftung im Sozialraum brauchen Möglichkeitsräume. Nicht selten fehlt es Bürger*innen, Trägern oder Vereinen an adäquaten Räumlichkeiten oder an qualitätsvollen öffentlichen Räumen. In vielen Sozialräumen herrscht ein Mangel an kostenfreien Räumen für Gruppenaktivitäten und Begegnung. Investiert wird – häufig in Projektkontexten – in Stadtteilläden/-zentren, aber auch immer öfter in nachbarschaftliche Gemeinschaftsräume in Wohnanlagen, die durch Mieter*innen gemeinsam finanziert und genutzt werden. Bei der Gestaltung solcher Räume ist darauf zu achten, dass diese durch die Nutzer*innen mit ausgestaltet und dadurch angeeignet werden können. Sie müssen Teil einer Ko-Produktion zwischen den Anbieter*innen und der lokalen Zivilgesellschaft sein. Die Pandemie hat zudem gezeigt, dass großes Potenzial in atypischen Räumen für Begegnung liegt. Harrer bezeichnet beispielsweise Hinter- oder Innenhöfe, Grünanlagen und Schrebergärten als „elastische Räume" auf der Schwelle zwischen privaten und gemeinschaftlichen/öffentlichen Räumen (Harrer 2020). Sie sind frequentiert, vertraut und erlauben niederschwelliges Mitmachen. Solche Räume sollten durch professionelle Akteure in Ko-Produktion mit Bürger*innen stärker genutzt werden. In der Pandemie sind beispielsweise viele Sportvereine aus den Innenräumen in Parks ausgewichen oder es fanden Stadtteilkonferenzen im Freien statt. Eine solche Nutzungsvielfalt setzt voraus, dass beispielsweise Anbieter*innen von Begegnungsangeboten variabler werden, was ihren Aktionsradius und ihre Präsenz im Sozialraum angeht. Im Kontraktmanagement zwischen Auftraggeber*innen (z. B. Verwaltungen) und Leistungserbringer*innen (z. B. freie Träger) sollte die Qualität von Räumen eine wichtigere Rolle spielen. In diesem Zusammenhang braucht es an manchen Stellen auch eine Abkehr von normativen Vorstellungen von Qualität und mehr Akzeptanz für atypische Begegnungsorte, wie z. B. Bahnhofsvorplätze oder Flächen an Supermärkten, die über alltägliche Routinen benachteiligter oder exkludierter Gruppen als soziale Orte verstanden werden können.

Abbildung 1: Präsenz im Sozialraum: Das *Klönmobil* in Aachen als akteursübergreifendes Projekt für eine mobile Soziale Arbeit vor Ort (Fotoquelle: Stadt Aachen 2023)

Eine variable Nutzung verschiedener Räume und die damit einhergehende Koproduktion von Begegnungs- und Interaktionsangeboten braucht eine effektive, sozialraumbezogene Netzwerkarbeit. Sozialraum- und Stadtteilkonferenzen sind Kristallisationspunkte für die Dezentralisierung von Angeboten und die Stärkung kooperativer Landschaften. Ein intensiverer und interdisziplinärer Blick auf Raumqualitäten im Sozialraum ermöglicht es, ein tragfähiges, vielfältiges und auf Ko-Produktion ausgerichtetes Netz von Begegnungsspots aufzubauen. Kersten et al. (2022) sprechen in Anlehnung an das Zentrale-Orte-Konzept vom sogenannten Soziale-Orte-Konzept in Städten und Quartieren. Eine solche Perspektive verlangt nach der Stärkung integrierter Planungsprozesse für Sozialräume, die soziale Belange und die bauliche Gestaltung von Stadträumen in Verbindung bringt. Durch die Bereitstellung und Nutzung qualitätsvoller Räume kann ein Beitrag zur Stärkung von lokaler Vergemeinschaftung geleistet werden. Dafür braucht es eine Koproduktion aller relevanten Akteure aus Planung und Praxis, die „daseinsvorsorgende Infrastrukturen flächendeckend bereithält, öffentliche Institutionen inklusiv gestaltet, partizipative und inklusive Mitwirkung unterstützt sowie Begegnungsorte fördert" (Neu 2022: 57).

6. Weiterführende Denk- und Handlungsimpulse

Der interdisziplinäre Blick auf Einsamkeit verdeutlicht, dass es sich um ein höchst komplexes Thema handelt, das verschiedene Menschen in ganz unterschiedlichen Lebenslagen betrifft, viele thematische Wechselwirkungen aufweist und folglich mit einer reinen quantitativen Vorgehensweise analytisch kaum zu fassen ist. Dies impliziert Herausforderungen im politischen Umgang mit Folgen von Einsamkeit, da häufig konkrete und strategisch relevante Informationen in Kommunen und Organisationen fehlen. Es braucht eine multiperspektivische und auch enttabuisierende Auseinandersetzung mit Einsamkeit, um die Anforderungen an Politik und soziale Unterstützungsmaßnahmen ausformulieren zu können. Im Umgang mit Einsamkeit reicht es nicht, Begegnungen und Interaktion zu ermöglichen. Es muss vielmehr qualitätsvoller Beziehungsaufbau gefördert werden. Dafür braucht es eine Sensibilisierung für durch Einsamkeit geprägte Lebenswelten. Es bedarf zudem einer guten sozialen Infrastrukturlandschaft und der Förderung von Caring Communities im lokalen Wohnumfeld, damit das Thema konkret und bedarfsgerecht erfasst und in alltägliches sozialarbeiterisches Handeln eingebunden werden kann. Die folgenden drei Thesen zum Umgang mit Einsamkeit aus einer Multiperspektive fassen die zentralen Erkenntnisse des Aufsatzes zusammen:

- Einsamkeit auf individueller Ebene zu begegnen, heißt, in soziale Beziehungen zu investieren und Resonanzräume zu ermöglichen. Dadurch können insbesondere Substanzkonsumstörungen reduziert und verhindert werden

Das Erleben von Einsamkeit ist stark verbunden mit der Entstehung und Aufrechterhaltung von Substanzkonsumstörungen. Die Gestaltung positiver Beziehungen als Gegenspieler zu Einsamkeit kann gelingen, wenn gesellschaftliche Rahmenbedingungen resonante Beziehungsräume ermöglichen. Eine Gesellschaft, die in Beziehungen investiert, trägt dazu bei, dass Substanzkonsumstörungen reduziert und verhindert werden.

- Einsamkeitspolitik schafft notwendige Rahmenbedingungen und adressiert auf kommunaler Ebene alle Altersgruppen mit jeweils unterschiedlichen sowie angemessenen Methoden und Zugängen

Ältere Menschen sind nicht per se von Einsamkeit betroffen, sondern es gibt – wie in anderen Bevölkerungsteilen auch – bestimmte Teilgruppen innerhalb der älteren Bevölkerung, die eine erhöhte Wahrscheinlichkeit haben, einsam zu werden oder es zu bleiben. Soziale (Alten-)Arbeit adressiert diese Gruppen und hilft, Einsamkeit zu reduzieren und zu verhindern. Es gibt gute Praxisbeispiele, wie Gemeinschaft vor Ort gestärkt und Unterstützungspotenziale aktiviert werden können. Einsamkeitspolitik schafft als Mehrebenenansatz die notwendigen Rahmenbedingungen für die Soziale (Alten-)Arbeit und adressiert auf kommunaler Ebene alle Altersgruppen mit zielgruppengerechten und partizipativen Methoden.

- Das erfolgreiche Aufbrechen von Einsamkeit auf Stadtteilebene ist gebunden an ein konsequentes sozialraumorientiertes Agieren der Akteur*innen und braucht hochwertige und unterschiedliche Raumangebote sowie konsequente Netzwerkarbeit

Auf der Ebene der Sozialräume ist eine konkrete auf die Lebenslagen und das Lebensumfeld bezogene „Politik des Zusammenhalts“ (Kersten et al. 2020) möglich, die Vergemeinschaftung fördert und damit Prozessen der Vereinsamung entgegenwirkt. Dafür braucht es ein starkes sozialraumbezogenes Netzwerk, das sich seiner Gestaltungsverantwortung bewusst ist und in Koproduktion mit der lokalen Zivilgesellschaft ein Netz aus vielfältigen, niederschwelligen und attraktiven Orten der Begegnung, Kommunikation und Aneignung bespielt.

Literatur

Böger, Anne/Huxhold, Oliver/Wolff, Julia K. (2016): Wahlverwandtschaften: Sind Freundschaften für die soziale Integration wichtiger geworden? In: Mahne, Katharina/Wolff, Julia K./Simonson, Julia/Tesch-Römer, Clemens (Hrsg.): Altern im Wandel: Zwei Jahrzehnte Deutscher Alterssurvey (DEAS). Wiesbaden: Springer VS, S. 257-271.

Brinkmann, Ralf (2014): Angewandte Gesundheitspsychologie. Hallbergmoos: Pearson Deutschland.

Bundesministerium für Frauen, Senioren, Familie und Jugend (BMFSFJ) (2023): Strategie gegen Einsamkeit. https://www.bmfsfj.de/bmfsfj/themen/engagement-und-gesellschaft/strategie-gegen-einsamkeit-201642 [Abruf: 18.07.2024].

Dittmann, Jörg/Goebel, Jan (2022): Einsamkeit und Armut. KNE-Expertise 5/2022. https://kompetenznetz-einsamkeit.de/publikationen/kne-expertisen/kne-expertise-05-dittmann-goebel [Abruf: 26.07.2024].

Entringer, Theresa (2022): Epidemiologie von Einsamkeit in Deutschland. KNE-Expertise 4/2022. https://kompetenznetz-einsamkeit.de/publikationen/kne-expertisen/kne-expertise-04-entringer [Abruf: 26.07.2024].

Fischer, Mirjam (2022): Einsamkeit unter LSBTQI* Menschen: Gesellschaftliche Entfremdung, soziale Ausgrenzung und Resilienz. KNE-Expertise 7/2022. https://kompetenznetz-einsamkeit.de/publikationen/kne-expertisen/kne-expertise-07-fischer [Abruf: 26.07.2024].

Harrer, Cornelia (2020): Quartiersarbeit in Zeiten von Corona – Erste konzeptionelle Rück- und Ausblicke. In: sozialraum.de (12) Ausgabe 1/2020. https://www.sozialraum.de/quartiersarbeit-in-zeiten-von-corona.php. [Zugriff 25.04.2024].

Hertz, Noreena (2021): Das Zeitalter der Einsamkeit. Über die Kraft der Verbindung in einer zerfaserten Welt. Harper Collins.

Huxhold, Oliver/Fiori, Katharine L./Windsor, Tim D. (2013): the dynamic interplay of social network characteristics, subjective well-being and health: the costs and benefits of socio-emotional selectivity. psychology and aging, 28(1): S. 3-16. doi: 10. 1037/a0030170.

Huxhold, Oliver/Romeu-Gordo, Laura/Tesch-Römer, Clemens (2023): Einsamkeit differenziert betrachten – die Lebenssituationen älterer Menschen in den Blick nehmen. Stellungnahme des Deutschen Zentrums für Altersfragen zum Diskussions- papier „Auf dem Weg zu einer Strategie der Bundesregierung gegen Einsamkeit" Berlin: Deutsches Zentrum für Altersfragen.

Huxhold, Oliver/Henning, Georg (2023): Älteren Menschen fällt es leichter, Einsamkeit zu vermeiden als sich aus bestehender Einsamkeit zu befreien. https://www.dza.de/detailansicht/aelteren-menschen-faellt-es-leichter-einsamkeit-zu-vermeiden-als-sich-aus-bestehender-einsamkeit-zu-befreien [Zugriff: 18.07.2024].

Kersten, Jens/Neu, Claudia/Vogel, Berthold (2020): Politik des Zusammenhalts. Über Demokratie und Bürokratie [Schriftenreihe der Bundeszentrale für politische Bildung, 10493]. Bonn.

Kersten, Jens/Neu, Claudia/Vogel, Berthold (2022): Das Soziale-Orte-Konzept. Zusammenhalt in einer vulnerablen Gesellschaft. Bielefeld: transcript.

Klein, Ludger/Merkle, Maike/Molter, Sarah, unter Mitarbeit von Ursula Woltering (2021): Schwierige Zugänge älterer Menschen zu Angeboten der Sozialen Arbeit. Abschlussbericht eines Praxisforschungsprojekts. https://www.bmfsfj.de/resource/blob/179300/415fcd20f00470b676402e943ed871b5/abschlussbericht-zugaenge-aelterer-menschen-soziale-arbeit-data.pdf [Abruf: 18.07.2024].

Körber Stiftung/Berlin-Institut für Bevölkerung und Entwicklung (2019): (Gem)einsame Stadt? Kommunen gegen soziale Isolation im Alter. Fakten, Trends und Empfehlungen für die Praxis von Berlin-Institut für Bevölkerung und Entwicklung und Körber-Stiftung. Online verfügbar unter https://www.berlin-institut.org/fileadmin/Redaktion/Publikationen/PDF/BI__Gem_einsameStadt_2019.pdf [Abruf: 18.07.2024].

Kühnel, Markus (2022): Kommunale Demografiepolitik in Theorie und Praxis. Eine Politikfeldanalyse zur Genese und der Rolle von wissenschaftlicher Politikberatung. Wiesbaden: Springer VS.

Laging, Marion (2023): Soziale Arbeit in der Suchthilfe. Stuttgart: Kohlhammer. https://doi.org/10.17433/978-3-17-043004-4.

Lyubomirsky, Sonja (2007): The How of Happiness: a Scientific Approach to Getting the Life you Want. Penguin Press.

Mund, Marcus/Freuding, Maren M./Möbius, Kathrin/Horn, Nicole/Neyer, Franz J. (2019): the stability and change of loneliness across the life span: a meta-analysis of longitudinal studies. Online verfügbar unter https://pubmed.ncbi.nlm.nih.gov/31179872/ [Abruf: 18.07.2024].

Neu, Claudia (2022): Place Matters! Raumbezogene Faktoren von Einsamkeit und Isolation – Erkenntnisse und Implikationen für die Praxis (KNE Expertise 8/2022). https://www.beqisa.de/fileadmin/user_upload/KNE_Expertise08_220919.pdf [Abruf: 25.04.2024].

Noack Napoles, Juliane/Noack, Michael (Hrsg.) (2023): Handbuch Soziale Arbeit und Einsamkeit. Weinheim und München: Beltz Juventa.

Nowossadeck, Sonja/Mahne, Katharina (2017): Soziale Kohäsion in der Nachbarschaft. In: Mahne, Katharina/Wolff, Julia Katharina/Simonson, Julia/Tesch-Römer, Clemens (Hrsg.): Altern im Wandel. Wiesbaden, S. 315-328.

Otto, Marius (2023): Die Bedeutung von Stadtteilen für Integration. In: Bätge, Frank/Effing, Klaus, Möltgen-Sicking, Katrin/Winter, Thorben (Hrsg.): Integration in Kommunen – Bedeutung, aktuelle Entwicklungen und Perspektiven aus Theorie und Praxis. Wiesbaden: Springer VS, S. 95-124. https://doi.org/10.1007/978-3-658-409 65-4

Perlmann, Daniel/Peplau, L.A. (1981): Toward a Social Psychology of loneliness. In: Gilmour, Robin/Duck, Steve (Hrsg.): Personal Relationships. London: Academic Press, S. 31-56.

Rosa, Hartmut (2016): Resonanz. Eine Soziologie der Weltbeziehung. Berlin: Suhrkamp Verlag. 2. Auflage.

Schobin, Janosch/Arriagada, Celine/Gibson-Kunze, Martin/Wilke, Yvonne (2023): Einsamkeitsbarometer. Pilotbericht. Kompetenznetz Einsamkeit/ISS e.V. (KNE Forschung 01/2023). Online verfügbar: file:///C:/Users/liel/Downloads/KNE_SP_Pilotbericht_230608.pdf [Abruf: 10.07.2024].

Schomerus, Georg/Bauch, Alexandra/Elger, Bernice et al. (2017): Memorandum – Das Stigma von Suchtkrankheiten verstehen und überwinden. In: SUCHT, 63, S. 253-259. https://doi.org/10.1024/0939-5911/a000501.

Waldinger, Robert/Schulz, Marc (2024): The Good Life …und wie es gelingen kann. München: Kösel. 2. Auflage.

Zick, Andreas/Küpper, Beate/Mokros, Nico (2023): Die distanzierte Mitte. Rechtsextreme und demokratiegefährdende Einstellungen in Deutschland 2022/2023. Bonn: Verlag J.H.W. Dietz.

Kräftefeldanalytische Soziale Arbeit mit Blick auf die Transformationsgesellschaft Ostdeutschland. Reflexionen über regionale Herkunft als Konfliktdimension im Jugendamt

Martin Hunold

1. Einführung: Regionale Herkunft als Dimension von Kräftefeld- und Konfliktanalysen

Mit dem Fall der *Berliner Mauer* im Jahr 1989 veränderten sich die Lebensbedingungen und Machtkonstellationen in West- und vor allem in Ostdeutschland. Im Zuge des Systemwechsels nach dem Ende der Deutschen Demokratischen Republik (DDR) sahen sich Millionen Menschen mit tiefgreifenden Transformationskräften und Konfliktverhältnissen konfrontiert – und das bis heute. Dieser Wandel strukturierte fortan nicht zuletzt das Leben von Kindern und Jugendlichen, die sich nach dem Zusammenbruch der DDR aus ihrer feld- und milieubedingten Gesellschaftsposition gemeinsam mit ihren Familien, Freund*innen und anderen Einwohner*innen des Landes bürgerlich-kapitalistischen Wettbewerbsdynamiken, Kapital- und Statuskämpfen sowie Mobilitäts- und Leistungsanforderungen stellen mussten. Bei allen Freuden und Erfolgen der Wiedervereinigung von Ost und West hinterließen die kollektiven Beschämungsaktionen, u. a. in Form von Begrüßungsgeld, dominanten Anpassungsansprüchen, bei denen Ostdeutschland weitgehend als defizitär markiert wurde, und „Deklassierungs- und Entmündigungserfahrungen" (Mau 2019: 15), etwa durch die Entwertung von Lebensweisen und Arbeitsleistungen, tiefe Spuren in den Habitus der Menschen und gesellschaftliche „Brüche" (Mau 2024: 20). Im Zuge der Transformationsvorgänge und der veränderten Machtverhältnisse nach 1989 wurden zudem viele der alten und neuen Konflikte der Menschen aus Ostdeutschland in Diskursen der politischen Öffentlichkeit überformt oder gar nicht thematisiert, was vielerorts und zum Teil bis heute, Misstrauen, Demütigung und Abneigung evoziert(e). Mit anderen Worten: „Obwohl […] die Wohlstands- und Freiheitsgewinne erheblich sind und geschätzt werden, gibt es doch in nennenswerten Bevölkerungsgruppen eine unterschwellige Verletzung, einen Eindruck des Zu-kurz-Kommens, der nicht selten in Ressentiment und eine skeptische Haltung gegenüber staatlichen Institutionen, Politik und Medien umschlägt“ (ebd.: 33).

Da die regionalen Erfahrungen und verborgenen Konflikte in der „Transformationsgesellschaft Ostdeutschland“ (Mau 2019: 12) (junge) Menschen seit den 1990er-Jahren bis in die Gegenwart hinein standortspezifisch prägten, ist es notwendig, diese in den Analysen von aktuellen Gesellschafts- und Konfliktverhältnissen zu berücksichtigen. Das gilt speziell für die Sozialarbeitsforschung sowie die Profession und Organisation der Kinder- und Jugendhilfe, vor allem aber für den Allgemeinen Sozialen Dienst (ASD) im Jugendamt, dem als öffentliche Anlaufstelle für alle jungen Menschen und ihre Familien bzw. Angehörigen eine besondere Verantwortung in der Gesellschaft zukommt (vgl. Marquard/Trede 2018: 115f.). Sozialarbeitende im ASD arbeiten mit Menschen aus unterschiedlichen Sozialmilieus und Regionen zusammen, darunter mit Eltern, Großeltern und Bezugspersonen von Kindern und Jugendlichen, die in den Transformationsprozessen der 1990er-Jahre und danach sozialisiert wurden. Das gilt ebenso für einige Sozialarbeitende des ASD. Wenn es um den Schutz und das Wohl, die demokratische Mitbestimmung und das Vertrauen in öffentliche Einrichtungen von jungen Menschen und ihren Familien und Bezugspersonen geht, dann ist das ASD-Personal auf milieu- und konfliktsensible Methoden der Beziehungs-, Eltern- und Stadtteilarbeit und auf Reflexionen über die politisch-gesellschaftliche „Geschichte und Geographie“ (Eribon 2018: 33) der Menschen angewiesen. Erfahrungsgeschichte und Handlungspraxis von Subjekten werden dabei nicht nur durch Klasse, Gender, Generation, Sexualität etc., sondern auch durch die regionale Herkunft, z. B. eben die Gesellschaft in Ostdeutschland, strukturiert.

Im vorliegenden Beitrag wird die Region Ostdeutschland in Überlagerung mit anderen Dimensionen soziomaterieller Ungleichheit als eigendynamischer Sozialisations- und Machtkontext in den Blick gerückt, und es wird nach verborgenen Mechanismen gegenwärtiger Herausforderungen und Konflikte in der Gesellschaft und speziell in der Kinder- und Jugendhilfe gefragt. Es wird davon ausgegangen, dass Konflikte in Ostdeutschland oder anderen Regionen der Welt in der (fach-)politischen Öffentlichkeit reflektiert, diskutiert und bearbeitet werden sollten, denn sie können nicht zuletzt dazu beitragen, „die Lebensverhältnisse weiterzuentwickeln“ (Schäuble 2020: 63). Bezüglich der Gesellschaft und besonders des ASD als öffentliche Einrichtung der Kinder- und Jugendhilfe wird angenommen, dass „hinter Interessen- und Wertekonflikten oft sozialstrukturelle Differenzen“ (ebd.) sowie Deklassierungen und Anerkennungskonflikte stehen, die vor allem in der Sozialen Arbeit weder individualisiert/privatisiert noch depolitisiert, sondern kritisch-analytisch und demokratisch vergesellschaftet werden sollten.

Im Folgenden wird die These entfaltet, dass der ASD relationale Kräftefeldanalysen benötigt, um jenseits von Individualisierungen oder Pathologisierungen gesellschaftlicher Konflikte arbeiten zu können. Um diese gesellschafts- und machtanalytischen Perspektiven für den ASD und andere Felder Sozialer Arbeit darzulegen, werden verschiedene Konzepte und Studien herangezogen. Zunächst wird unter Rückgriff auf zwei Bände von Steffen Mau (2019, 2024) die „Transformationsgeschichte" (Mau 2024: 13) Ostdeutschlands seit den 1990er-Jahren als Hintergrund und Bedingung der aktuellen Kräfte- und Konfliktverhältnisse der Gesellschaft und für die Entwicklung junger Menschen skizziert.[1] Auf der Grundlage dieser Analyse wird Ostdeutschland als eigendynamische Region und die Region als Dimension soziomaterieller Differenzierung ausgearbeitet (vgl. Abschnitt 2). Anschließend werden Maus Reflexionen über die Geschichte und Gesellschaft der Transformation durch Pierre Bourdieus (2016) Machtanalytik erweitert und die Region Ostdeutschland wird im Verhältnis zu Westdeutschland auf das Konzept mehrdimensionaler „Kraftfelder" (Bourdieu 2016: 74) bezogen. Mit Blick auf Ostdeutschland wird die Region außerdem mit anderen Erfahrungs- und Konfliktdimensionen relationiert (in Anlehnung an Bohnsack/Nohl 1998), und es wird eine kräftefeldanalytische Perspektive für die Wissenschafts- und Professionspraxis Sozialer Arbeit[2] entwickelt (vgl. Abschnitt 3). Am Ende dieses Beitrags werden die Ergebnisse gebündelt und gezeigt, inwieweit Kräfte- respektive Gesellschaftsfeldanalysen das Personal des ASD oder auch Sozialarbeitende in anderen Praxisfeldern in die Lage versetzen können, sich mit verhältniskritischem Blick der „strukturellen Seite" (Bitzan/Herrmann 2018: 46) sowie der Relationalität und dem „Hintergrund von Konflikten" (ebd.) zuzuwenden. Dabei wird die professionelle Tätigkeit im ASD zum einen als „konfliktbearbeitende Dienstleistung" (Eichinger 2020: 91) konzipiert, zum anderen wird für die Soziale Arbeit die Notwendigkeit einer „Konfliktbereitschaft" (Schäuble 2020: 61) begründet (vgl. Abschnitt 4).

---

1 An dieser Stelle wird auf die soziomaterielle und historische „Standortgebundenheit" und „Seinsverbundenheit" (Mannheim 2015: 229) von Denken und Handeln hingewiesen, und es wird betont, dass „die Vergangenheit stets in einer Gegenwart" (Nassehi 2010: 61) erinnert oder reflektiert wird. Neben den Analysen Maus liegen außerdem auch andere Arbeiten zum Kontext zwischen „Biographie und Kollektivgeschichte" (Köttig/Witte 2021) sowie zur Transformation in Ostdeutschland (vgl. u. a. Kowalczuk 2019) und speziell in der Kinder- und Jugendhilfe vor (vgl. u. a. Bock et al. 2023).

2 Für die Professionspraxis Sozialer Arbeit wird eine Kräftefeldorientierung empfohlen (vgl. Abschnitt 4).

2. Reflexionen über die Geschichte der Transformationsgesellschaft Ostdeutschland

In Anlehnung an den Bericht der Bundesregierung zum Stand der Deutschen Einheit fokussiert Mau (2024) in seiner Studie „Ungleich vereint" die spannungsreichen Transformations- und Vereinigungsprozesse zwischen Ost- und Westdeutschland, ohne dabei jedoch Erfolge ökonomischer, sozialer und politischer Annäherung zu ignorieren. Aus einer soziologischen Perspektive arbeitet Mau heraus, dass sich mit dem Ende der durch die Sozialistische Einheitspartei Deutschlands (SED) praktizierten Diktatur in der DDR und trotz „der vielen Einheitserfolge [...] ein *Fortbestand zweier Teilgesellschaften* beobachten" (ebd.: 10; Hervorhebung im Original) lasse. Ost und West seien „zwar zusammengewachsen und in vielerlei Hinsicht konvergiert" (ebd.), aber vor allem in Bezug „auf soziale Strukturen, Mentalitäten und politische Bewusstseinsformen" (ebd.) weiterhin different. Trotz vieler Homologien zwischen den beiden Teilgesellschaften ließen sich „übergreifende Muster" (ebd.: 18) der Ungleichheit erkennen, „die die Analyseebene Ost und West" (ebd.) nahelegten. In diesem Kontext thematisiert Mau zunächst kurz die Differenzen hinsichtlich der Einkommens- und Vermögensverteilung, Wirtschaftskraft, Elitebildung, Beschäftigungsquote und der Infrastruktur (vgl. ebd.: 19), um sich dann umfangreicher der ungleichen „Sozialstruktur und Demografie" (ebd.: 31) und der unterschiedlichen „Kultur" (ebd.) in Ost- und Westdeutschland und den damit verbundenen Konflikten und Herausforderungen zuzuwenden. Mau betont dabei, „dass sich [...] ein *eigenständiger Kultur- und Deutungsraum Ostdeutschland* herausgebildet" (ebd.; Hervorhebung im Original) habe.

Für diese Entwicklungen, die mit dem Ende der DDR einhergingen, verwendet Mau (2019) den Begriff der „Transformationsgesellschaft Ostdeutschland" (ebd.: 12) und beschreibt damit die Kräfte der „sich vollziehenden Wandlungen" (ebd.) auf die „Menschen und ihre Biografien, Mentalitäten und sozialen Praktiken" (ebd.). Die Transformationsgesellschaft zeichne sich durch „eine andauernde Restrukturierung und Veränderung" (ebd.) der soziokulturellen, ökonomischen und (geo-)politischen Verhältnisse aus und bedinge neben gelungenen Vereinigungsprozessen gesellschaftliche „Frakturen" (ebd.: 13).[3] Mau formuliert Folgendes dazu: Solche „Frakturen lassen sich [...] als Brüche des gesellschaftlichen Zusammenhangs verstehen, die zu Fehlstellungen führen können" (ebd.). Eine „*frakturierte Gesellschaft*" (ebd.: 14; Hervorhebung im Original), wie sie sich im Kontext der Transformationen in Ostdeutschland herausgebildet habe, „verliert an Robustheit und Flexibilität, auch

---

3 „Diese Brüche sind weder allein der DDR noch dem Einigungs- und Transformationsprozess zuzuschreiben, sondern ergeben sich aus beiden Phasen und der Verknüpfung ihrer Folgen" (Mau 2024: 20).

wenn oberflächlich alles in Ordnung scheint" (ebd.). Ohne Maus Annahmen vollends zu folgen, kann festgehalten werden, dass zahlreiche Menschen in Ostdeutschland sozialbiografische und milieubezogene Brüche erlebten und im Zuge westlich-kapitalistisch dominierter Kapital- und Anerkennungskämpfe sowie im Rahmen von Wettbewerbsdynamiken nachhaltig ge- und verprellt wurden. Die frakturierten Gesellschaftsverhältnisse und die transformierenden Kapitalkräfte gingen mit ungleichen politischen, ökonomischen und sozialen Entfaltungs- und Einflussmöglichkeiten einher, die unter Beachtung anderer Dimensionen als Erfahrungshintergründe und Reproduktionsmechanismen von aktuellen Konflikten in Ostdeutschland untersucht werden können.

Des Weiteren wird darauf hingewiesen, dass die gesellschaftlichen Transformationsdynamiken und damit zusammenhängende Konflikte nach 1989 in der gesamtdeutschen Öffentlichkeit weitgehend unsichtbar blieben und die diversen Herkunftsgeschichten, Alltagserfahrungen und Positionskämpfe von Menschen aus der DDR in den Diskursen romantisiert bis dramatisiert, aber gelegentlich auch karikiert und abgewertet wurden. Bis heute werden sozialstrukturelle Unterschiede und lokale Besonderheiten in Ostdeutschland oft vernachlässigt, z. B., wenn einseitig von ‚dem Osten' die Rede ist. Ebenso entfalteten sich in den vergangenen Jahren „ostdeutsche Identitätsdiskurse" (Mau 2024: 71) in der Öffentlichkeit, in denen wurde oder wird „das Ostdeutsch-Sein ähnlich wie der Migrationshintergrund konzipiert: Eine Person hat einen ‚Osthintergrund', wenn sie selbst mit DDR-Staatsangehörigkeit geboren wurde oder mindestens ein Elternteil diese besaß" (ebd.: 73).

In diesem Beitrag wird das Spannungsverhältnis zwischen Ost und West als „eigenständige Lagerung" (Mau 2024: 14) fokussiert, die „mehr historische Vertiefung benötigt, zumal hier strukturelle Ungleichheitsfragen mit kulturellen Anerkennungsfragen zusammengehen" (ebd.). Außerdem wird Ostdeutschland „nicht nur als geografische Region, sondern auch als kultureller und politischer Raum" (ebd.: 37) sowie als Erfahrungs- und Konfliktdimension zur Analyse soziomaterieller Gegenwartsverhältnisse gefasst: Dafür lässt sich „Ostdeutschland […] als ein Gefüge beschreiben, dessen Sozialstruktur und Mentalitäten durch den Stempel der DDR, die Vereinigungs- und Transformationserfahrung und einen dadurch begründeten eigenen Entwicklungspfad gekennzeichnet sind" (ebd.: 19; zur „Differenzkategorie Ost/West" im Kontext von Geschlecht und Klassenlage, vgl. Radvan 2023: 88–94). Region als Ungleichheits- und Konfliktdimension umfasst ebenso die Kategorien von Stadt und Land.

Im folgenden Abschnitt wird die Region Ostdeutschland im Verhältnis zu Westdeutschland und unter Rückgriff auf Bourdieus Machtanalytik als Kräftefeld ausgearbeitet; dieses wird mit dem Konzept der „*Mehrdimensionalität* kultureller Lebensformen" (Bohnsack/Nohl 1998: 261; Hervorhebung im Original) und sozialer Milieus kombiniert (vgl. ebd.: 261f.). Es wird davon ausgegangen, dass die Menschen in Ostdeutschland die Vereinigungs- und Transformationsvorgänge sowie die damit verbundenen Konflikte status- und standortgebunden bewältigten. Auf dieser Basis wird eine Analyseperspektive entwickelt, die in der Praxis Sozialer Arbeit den kritischen Blick für historisch-gesellschaftliche Kräfte- und Konfliktverhältnisse zwischen Menschen und speziell in und mit Organisationen wie dem ASD schärfen kann.

3. Ostdeutschland als mehrdimensionale Kräftefeldgesellschaft erforschen

Mit Blick auf die Transformationsgeschichte in Ostdeutschland verweist Mau (2024) auf eine dominante Defizitorientierung und „Angleichungslogik“ (ebd.: 19). „Aus dieser Perspektive, die den Westen zur Norm macht, begreift man den Osten vor allem als Abweichung, nicht in seinen Eigenheiten“ (ebd.: 10) und Unterschieden. Ost- und Westdeutschland als gesellschaftshistorische und politisch gewachsene Regionen können mit diesen Konzepten als mehrdimensionale „Kraftfelder“ (Bourdieu 2016: 74) konzipiert werden, in denen um Bedeutung, Position und Einfluss gerungen wird. In diesem Kontext wird argumentiert, dass die Menschen in Ostdeutschland nach dem Ende der DDR infolge ungleicher Machtverhältnisse nur eingeschränkte Möglichkeiten hatten, mit materiellen und demokratischen Einflussmitteln sowie regionalen Interessen den Wiedervereinigungs- und Transformationsprozess mitzugestalten und die alten und neuen Konflikte durch entsprechende Auseinandersetzungen in Innovationskräfte zu übersetzen (vgl. auch Mau 2024: 40–52).

Ausgehend von einer Machtungleichheit bezüglich der Kräfteverhältnisse zwischen Ost- und Westdeutschland bieten sich Bourdieus Konzepte von Feld, Kapital und Habitus an, um gezielt nach Hintergründen und Bedingungen gesellschaftlicher Konflikte in Ostdeutschland zu fragen. Im vorliegenden Beitrag wird davon ausgegangen, dass sich Ost- und Westdeutschland in den 1990er-Jahren als ausdifferenzierte Gesellschaften durch relationale Macht- und Kraftfelder auszeichnen, z. B. durch Wirtschaft, Politik, Wissenschaft. Bourdieu konzipiert ein Feld „als ein Netz oder eine Konfiguration von objektiven Relationen zwischen Positionen“ (Bourdieu/Wacquant 2013: 127). Kräftefelder bilden „einen potenziell offenen Spiel-Raum mit *dynamischen Grenzen*“ (ebd.: 135; Hervorhebung im Original). In und zwischen ihnen kämpfen mehr oder weniger ungleiche Akteur*innen mit einem positionsgebundenen „Sinn für das Spiel“ (ebd.: 150) und nach bestimmten Regeln gegen- bis füreinander um ermächtigende „Kapitalsorten (ökonomisch, kulturell, sozial, symbolisch)“ (ebd.: 128), wie Geld, Wissen, Netzwerke und Status. Das Kapital „verleiht Macht über das Feld“ (ebd.: 132) und ist zugleich „umkämpftes

Objekt“ (ebd.). Die Entfaltung von Macht im Feld gründet dabei auf der Fülle und Struktur von Kapital in einer bestimmten Zeit und geht mit entsprechenden Modi der Kapitalinvestition auf der Basis der jeweiligen Habitusformen einher, so etwa in Gestalt persönlicher und kollektiver Durchsetzungskraft, offensiver Spielzüge und beweglicher Positions- und Zusammenspiele.

Nach dem Ende der Diktatur in der DDR und im Vergleich zum Westen Deutschlands und der westlichen Welt mussten sich die meisten Menschen in Ostdeutschland mit regionalen Wettbewerbsnachteilen und Transformationsbelastungen arrangieren und sich relativ zügig in die neuen Kapital- und Positionskämpfe einordnen. In den sich transformierenden Feldern der Nachwendezeit wurde das Kapital der Menschen aus Ostdeutschland neu bewertet – und nicht selten auch entwertet. So fand beispielsweise eine Beurteilung oder sogar Aberkennung von institutionalisiertem kulturellem Kapital statt. Gleichzeitig wurde ökonomisches Kapital massiv aufgewertet, obwohl dieses für Investitionen und Erbschaften gerade in Ostdeutschland bis heute fehlt. Auch politisch-soziale Kapitalformen wie nützliche Netzwerke und Zugänge zur Bürokratie der DDR versiegten mehr und mehr; zugleich wurde eine neue Elitebildung etabliert. Die mit der politischen Wende durchgesetzten Feldkämpfe deklassierten und prellten viele Menschen in Ostdeutschland, und sie bilden bis heute, flankiert durch Effekte sozialer Trägheit und regionaler Sozialisation, die Basis für gesellschaftliche Frakturen und Konflikte (vgl. Mau 2024: 36).

Das Leben in einer Region beeinflusst die Nähe und Distanz zu bestimmten Spannungen (vgl. auch Köttig/Witte 2021), ein Umstand, der gerade von der Kinder- und Jugendhilfe beachtet werden sollte. Wird die regionale Herkunft zudem mit anderen Dimensionen soziomaterieller Ungleichheit und Konflikthaftigkeit in ein Verhältnis gesetzt, dann lässt sich der Analysefokus auf die Diversität und Überlagerung differenter Erfahrungshintergründe und Machtfaktoren richten. Mit Bohnsack und Nohl (1998) lässt sich festhalten, dass das implizite, „handlungsleitende Wissen des einzelnen immer zugleich durch *unterschiedliche* Erfahrungsräume, d. h. *mehrdimensional* strukturiert“ (ebd.: 262; Hervorhebung im Original) wird. „Solche Erfahrungsdimensionen“ (Nohl 2014: 150) wie Klasse, Region, Gender etc. „überlagern bzw. überlappen innerhalb eines jeden Milieus“ (ebd.). Kurzum: In Ostdeutschland bestehen beispielsweise klassen- und/oder genderspezifische Differenzen und Ausgrenzungen, die mit denen in Westdeutschland oder anderenorts homolog sind. Das zeigt sich unter anderem bezüglich der ungleichen Kräfteverhältnisse zwischen Plattenbau- und Eigentumshaussiedlungen in Städten und ländlichen Räumen mit ihrer materiellen, sozialen und kulturellen Infrastruktur sowie Lebenspraxis.

Für die Konfliktanalyse lassen sich hierbei vor allem die Dimensionen der Region und der Klassenlage kombinieren und mit den Kräftefeldern der Ökonomie und des Staates (zuvorderst der Sozial- und Jugendpolitik) kombinieren: Anders als in Westdeutschland, wo sich eine breite „Schicht der Wohlhabenden“ (Mau 2024: 22) durch Wirtschaftskraft, Vermögensbildung und Erbschaften entwickeln konnte, ist Ostdeutschland nach wie vor eine „einfache Arbeitnehmergesellschaft“ (ebd.), in der zudem „fast 30 Prozent [...] im Niedriglohnsektor arbeiten“ (ebd.). Diese Ungleichheiten verweisen auf offensichtliche Arbeitskämpfe und verborgene Klassenkonflikte in Ostdeutschland. In diesem Kontext wären auch gender- und migrationsreflektierende Perspektiven erkenntnisversprechend, um nach den Erfahrungs- und Konfliktgeschichten, aber auch Gewalterfahrungen von jungen Menschen seit den 1990er-Jahren in Ostdeutschland zu fragen und um diese für eine Soziogenese spezifischer Gesellschaftsentwicklungen wie der Erstarkung des Rechtsextremismus heranzuziehen.

Radvan (2023) hebt hervor, „dass eine Erforschung der Spezifik des Rechtsextremismus in den 1990er-Jahren Ostdeutschlands – und seiner möglichen Kontinuitäten – geschlechterreflektierende Perspektiven ebenso wie die Differenzkategorie Ost/West analytisch als Querschnitt mitdenken sollte“ (ebd.: 94). Es bedürfe „einer Analyse der DDR-Geschichte und des Weiteren geschlechterreflektierender Perspektiven, die auch den partiellen Emanzipationsfortschritt aus der DDR mitdenken. Weitergehend wäre es sinnvoll, Intersektionen von Geschlecht und Ost/West, ebenso wie von Ost/West und Klasse, von Antisemitismus und Rassismus zu erforschen“ (ebd.). Diese Überlegungen werden im folgenden Abschnitt auf die Forschungs- und Professionspraxis im Jugendamt bezogen.

4. Schlussbetrachtung: Soziale Arbeit und Kräftefeldanalyse im Jugendamt

Der vorliegende Beitrag plädiert hinsichtlich der Sozialarbeitswissenschaft für Kräftefeld- und Konfliktanalysen, die die gesellschaftliche Geschichte und Geografie von Menschen und ihre Verstrickungen in Machtverhältnisse in ihrer Mehrdimensionalität systematisch in den Blick nehmen. Vor diesem Hintergrund wird von einer ausdifferenzierten Kräftefeldgesellschaft ausgegangen (vgl. Bourdieu/Wacquant 2013: 124–211), die außerdem als „kulturell heterogenes, aus mehrdimensionalen Milieus bestehendes Gebilde betrachtet“ (Nohl 2014: 151) wird, in dem Akteur*innen mit relativ ungleichen und sich überlagernden Erfahrungen im Kontext von Region, Klasse, Gender, Sexualität etc. standort- und statusgebunden um und mit Kapital ringen (vgl. Bourdieu/Wacquant 2013: 128f.).

Für die Professionspraxis Sozialer Arbeit wird eine Kräftefeldorientierung empfohlen: Kräftefeldorientierte Ansätze erweitern „Sozialraumbezogene Methoden“ (May 2018: 1605) durch mehrdimensionale Analyseperspektiven und machtsensible Handlungsformen. Im Kontext kräftefeldorientierter Sozialer Arbeit werden historisch-gesellschaftliche und (geo-)politische Standortentwicklungen und Machtrelationen systematisch in die Reflexion und Bearbeitung von soziomateriellen Verhältnissen einbezogen. Dabei wird konsequent nach den bestehenden Konfliktverhältnissen in Bezug auf Feld, Kapital und Habitus gefragt. Solche Kräfte- und Konfliktverhältnisse vollziehen sich oft in und durch Organisationen (vgl. u. a. Hofbauer 2014) und besonders in öffentlichen Einrichtungen wie dem ASD.

Soziale Dienste gehören zu denjenigen institutionalisierten Organisationen, die relativ umfassend in gesellschaftliche Kräfte- und Konfliktverhältnisse verstrickt sind. Im Kräftefeld der wohlfahrtsstaatlichen Politik und speziell im Unterfeld des sozialen personenbezogenen Dienstleistungssektors kooperiert, aber auch konkurriert das ASD-Personal mit Akteur*innen und Organisationen anderer Felder. Als kommunale Anlaufstelle für Kinder und Jugendliche und deren Bezugspersonen ist der ASD gemäß dem Sozialgesetzbuch VIII und der Kinderrechtskonvention der Vereinten Nationen für Schutz und Wohl ebendieser verantwortlich und maßgeblich für die Ermöglichung demokratischer Lebensverhältnisse und förderlicher Entwicklungsbedingungen in allen Regionen des Landes zuständig (vgl. Marquard/Trede 2018: 115f.). Dafür müssen Sozialarbeitende in der Lage sein, spezifische Konflikte und Krisen von jungen Menschen „festzustellen und durch die Gewährung und Planung von Maßnahmen" (Klatetzki 2018: 1261) zu bewältigen.

In diesem Beitrag wird vorgeschlagen, nach den historisch-gesellschaftlichen Hintergründen und Bedingungen von kinder- und jugendspezifischen Konflikten, Krisen und Gefahren zu fragen und diese durch Kooperations- und Transferformen mit den Adressat*innen und Akteur*innen aus anderen gesellschaftlichen Feldern durch eine „Bildung des Sozialen" (Eichinger 2020: 97) und eine „Arbeit am Sozialen" (ebd.: 91) anzugehen. Vor diesem Hintergrund zielen die Tätigkeiten des ASD-Personals im besten Fall auf ein „kooperatives Bearbeiten und Verschieben von Grenzen" (ebd.: 97) entwicklungsrelevanter Kräftefelder von jungen Menschen, etwa durch die Entfaltung demokratischer Handlungsfähigkeiten und Mitbestimmungsmöglichkeiten im Jugendhilfe- und Schulsystem oder auf dem Arbeitsmarkt.

Um im Jugendamt der soziomateriellen Geschichte und Geografie von Menschen, wie der in Ostdeutschland oder auch in anderen Regionen lebenden, gerecht zu werden und über eine Soziale Arbeit hinauszugehen, die auf „Anpassung und Bewältigung" (Schäuble 2020: 61) zielt, bedarf es einer Organisation und Haltung zur „Konfliktbereitschaft" (ebd.). „Die Bereitschaft zum Konflikt" (ebd.: 62) brauchen Sozialarbeitende (z. B. im ASD) „nicht nur, um der Zukunftsoffenheit des individuellen Lebens zu entsprechen, sondern auch, um der grundlegenden Konfliktualität von Gesellschaften Rechnung zu tragen und die Lebensverhältnisse weiterzuentwickeln" (ebd.). Hierfür sollten die Hintergründe von Konflikten verhältniskritisch fokussiert und weder individualisiert/privatisiert noch depolitisiert werden (vgl. ebd.: 65).

Unter Rückgriff auf Helga Cremer-Schäfer weist Barbara Schäuble (2020) „auf die Beteiligung Sozialer Arbeit an Ausschließungsprozessen und institutioneller Herrschaft durch expertokratische Problemdefinitionen" (ebd.: 65) hin, die zu einer „Enteignung von Konflikten" (ebd.) führten. Für die Profession und Wissenschaft Sozialer Arbeit lässt sich ergänzen, „dass das Erzählen und Erfragen von Konfliktgeschichten zu einer Wiederaneignung von Konflikten beitragen" (ebd.) kann. Durch die Entwicklung und Aneignung von „Methoden der Konfliktanalyse" (Eichinger/Schäuble 2022: 211) können macht- und milieusensible Deutungs- und Bearbeitungsweisen von mehrdimensionalen Kräfte- und Spannungsverhältnissen unterstützt werden (vgl. ebd.); dies kann beispielsweise in Form narrativ orientierter Gesprächsformen im ASD oder durch (historische) Gesellschafts- respektive Kräftefeldanalysen in der Sozialarbeitsforschung geschehen (vgl. u. a. Bock et al. 2023). Gruppendiskussionen oder andere Methoden können dabei auch partizipatorische Orte erfahrungsbezogener Transfers, kritischer Beschwerden und demokratischer Mitbestimmung sein. Um Konflikten, wie sie im vorliegenden Beitrag anhand der Region Ostdeutschland aspekthaft aufgezeigt wurden, auf die Spur zu kommen, bietet es sich an, historische Transformationen, feldbedingte Wettkämpfe und gesellschaftliche „Stresssituationen" (Mau 2024: 37) im ASD oder in anderen Organisationen und in Alltagskontexten zu reflektieren und derart das – zuweilen unausgesprochene – „Unbehagen" (Eichinger/Schäuble 2022: 221) von Menschen ernst zu nehmen. Auf der Basis methodisch strukturierter Kräftefeldanalysen wird es möglich, die jeweiligen Konflikte mit den Involvierten in Settings des Community Work und durch demokratische Kapitalmacht in gesellschaftlich-organisationale Transformationen zu übersetzen.

Literatur

Bitzan, Maria/Herrmann, Franz (2018): Konfliktorientierung und Konfliktbearbeitung in der Sozialen Arbeit. Mit einer kasuistischen Erörterung. In: Stehr, Johannes/Anhorn, Roland/Rathgeb, Kerstin (Hrsg.): Konflikt als Verhältnis – Konflikt als Verhalten – Konflikt als Widerstand. Widersprüche der Gestaltung Sozialer Arbeit zwischen Alltag und Institution. Wiesbaden: Springer VS, S. 43–54.

Bock, Vero/Bruns, Lucia/Jänicke, Christin/Kopke, Christoph/Lehnert, Esther/Mildenberger, Helene (2023) (Hrsg.): Jugendarbeit, Polizei und rechte Jugendliche in den 1990er Jahren. Weinheim, Basel: Beltz Juventa.

Bohnsack, Ralf/Nohl, Arnd-Michael (1998): Adoleszenz und Migration – Empirische Zugänge einer praxeologisch fundierten Wissenssoziologie. In: Bohnsack, Ralf/Marotzki, Winfried (Hrsg.): Biographieforschung und Kulturanalyse. Transdisziplinäre Zugänge qualitativer Forschung. Opladen: Leske + Budrich, S. 260–282.

Bourdieu, Pierre (2016): Sozialer Raum und „Klassen". Zwei Vorlesungen. Frankfurt am Main: Suhrkamp.

Bourdieu, Pierre/Wacquant, Loïc J. D. (2013): Die Ziele der reflexiven Soziologie. Chicago-Seminar, Winter 1987. In: Dies. (Hrsg.): Reflexive Anthropologie. 3. Aufl. Frankfurt am Main: Suhrkamp, S. 95–249.

Eichinger, Ulrike (2020): Soziale Arbeit als konfliktbearbeitende Dienstleistung. In: Völter, Bettina/Cornel, Heinz/Gahleitner, Silke Birgitta/Voß, Stephan (Hrsg.): Professionsverständnisse in der Sozialen Arbeit. Weinheim/Basel: Beltz Juventa, S. 91–100.

Eichinger, Ulrike/Schäuble, Barbara (2022): Konfliktkonstellationen als gesellschaftliche Verhältnisse begreifen – Welche Theorien und Methoden tragen dazu bei? In: Ebd. (Hrsg.): Konfliktanalysen: Element einer kritischen Sozialen Arbeit. Ein Studienbuch. Wiesbaden: Springer VS, S. 209–233.

Eribon, Didier (2018): Grundlagen eines kritischen Denkens. Wien: Verlag Turia + Kant.

Hofbauer, Johanna (2014). Der Bourdieusche Werkzeugkasten: Organisation als symbolische Gewalt. In: Funder, Maria (Hrsg.): Gender Cage – Revisited. Handbuch zur Organisations- und Geschlechterforschung. Baden-Baden: Nomos, S. 142–165.

Klatetzki, Thomas (2018): Organisation. In: Böllert, Karin (Hrsg.): Kompendium Kinder- und Jugendhilfe. Wiesbaden: Springer VS, S. 1259–1280.

Köttig, Michaela/Witte, Nicole (2021) (Hrsg.): Biographie und Kollektivgeschichte. Weinheim/Basel: Beltz Juventa.

Kowalczuk, Ilko-Sascha (2019): Die Übernahme. Wie Ostdeutschland Teil der Bundesrepublik wurde. 6. Aufl. München: Verlag C.H. Beck.

Mannheim, Karl (2015): Ideologie und Utopie. 9. Aufl. Frankfurt am Main: Klostermann.

Marquard, Peter/Trede, Wolfgang (2018): Das zweigliedrige Jugendamt. In: Böllert, Karin (Hrsg.): Kompendium Kinder- und Jugendhilfe. Wiesbaden: Springer VS, S. 115–129.

Mau, Steffen (2024): Ungleich vereint. Warum der Osten anders bleibt. Berlin: Suhrkamp.

Mau, Steffen (2019): Lütten Klein. Leben in der ostdeutschen Transformationsgesellschaft. Berlin: Suhrkamp.

May, Michael (2018): Sozialraumbezogene Methoden. In: Otto, Hans-Uwe/Thiersch, Hans/Treptow, Rainer/Ziegler, Holger (Hrsg.): Handbuch Soziale Arbeit. 6., überarb. Aufl. München: Ernst Reinhardt, S. 1605–1614.

Nassehi, Armin (2010): Mit dem Taxi durch die Gesellschaft. Soziologische Storys. Hamburg: Murmann.

Nohl, Arnd-Michael (2014): Konzepte interkultureller Pädagogik. Eine systematische Einführung. 3. Aufl. Bad Heilbrunn: Julius Klinkhardt.

Radvan, Heike (2023): Perspektiven auf die Wahrnehmung extrem rechter Frauen in Forschung und Praxis der 1990er Jahre. Ein Plädoyer für die Differenzkategorie Ost/West und Intersektionen. In: Bock, Vero/Bruns, Lucia/Jänicke, Christin/Kopke, Christoph/Lehnert, Esther/Mildenberger, Helene (Hrsg.): Jugendarbeit, Polizei und rechte Jugendliche in den 1990er Jahren. Weinheim/Basel: Beltz Juventa, S. 88–96.

Schäuble, Barbara (2020): Konfliktorientierte Soziale Arbeit. In: Völter, Bettina/Cornel, Heinz/Gahleitner, Silke Birgitta/Voß, Stephan (Hrsg.): Professionsverständnisse in der Sozialen Arbeit. Weinheim/Basel: Beltz Juventa, S. 59–69.

Von ‚brave spaces' zu ‚safe spaces' und zurück? Transformationen feministischer Raum-Konzepte in Sozialer Arbeit

Barbara Thiessen

Emanzipatorische geschlechterpolitische Bewegungen prägen historische und gegenwärtige gesellschaftliche Transformationsprozesse im Feld der Sozialen Arbeit. Aus solchen Bewegungen hervorgegangene Projekte befinden sich wiederum selbst in Veränderungsprozessen, etwa im Zuge ihrer Institutionalisierung und Professionalisierung, aber auch in und durch aktuelle (geschlechter-)politische Entwicklungen, Debatten und Kontroversen. Die gegenwärtige Auseinandersetzung um feministische Schutzräume und geschlechtliche Vielfalt ist hierfür ein in mehrfacher Hinsicht aufschlussreiches Beispiel. Einerseits waren und sind ‚Frauenräume' wichtige Orte der Selbstverständigung und solidarischen Stärkung jenseits patriarchaler Strukturen, Dominanz oder Gewalt(androhung). Andererseits wurden in den ‚woman only'- oder ‚Frauen(schutz)räumen' zugleich immer auch kritische Debatten über In- und Exklusionen geführt. Derzeit befinden sich feministische Projekte, die Bildung, Beratung oder Unterkunft im Kontext von Gewaltschutz anbieten, in einem erneuten Reflexionsprozess zur Frage der Öffnung dieser Räume für trans Frauen und nonbinäre Personen. Um diese aktuellen Transformationen angemessen einschätzen zu können, wird im Folgenden mit Schlaglichtern auf historische Entwicklungen gefragt, welche Konzeptionen ‚Frauen(schutz)räume' bestimmen, aus welchen gesellschaftspolitischen Kontexten sie sich entwickelten und für wen diese Räume möglicherweise immer schon unsicher oder exkludierend waren (1). Reflektiert werden diese Befunde zu Identität und Solidarität mittels hegemonietheoretischer und diskurskritischer Perspektiven (2). Aus diesen Überlegungen werden abschließend Hinweise für (Neu-)Definitionen von geschlechterpolitischen Räumen in Sozialer Arbeit formuliert (3).

1. Feministische Paradigmen im Rückblick: Gegenöffentlichkeiten, Schutzräume, Parteilichkeit, Solidarität

Schutzräume sind nach Einschätzung des Bundesverbands der Frauenberatungsstellen und Frauennotrufe „Räume des Empowerments für von patriarchaler Gewalt betroffene Personen und sollen Sicherheit bieten vor sexistischen und gewaltförmigen Verhaltensweisen“ (bff 2023). Nicht alle geschlechterpolitisch induzierten Raumnahmen sind mit dem Fokus auf ‚safety‘ gegründet worden. Tatsächlich zeigt sich historisch eine Vielfalt an Formen geschlechterpolitischer Ver-Ort-ungen, darunter Vereinsgründungen – auch zu sozialen Zwecken in Ermangelung der Erlaubnis politischer Betätigung (Gerhard 2009) –, private Salons und Hauszirkel, Selbsterfahrungsgruppen, Sporttreffs (etwa fußballspielender Frauen trotz entsprechender Verbote, vgl. Sobiech 2012) sowie kulturelle Räume wie Buchläden, Bars oder Cafés. Sie alle haben als strategische Instrumente ebenso wie biografieprägende Kontexte in geschlechterpolitischen Bewegungen eine lange Tradition. Aus der kollektiven Erfahrung von zivilgesellschaftlichen Ausschlüssen, Vorenthaltung von Bildung, Erwerbsarbeit und politischer Betätigung sowie sexistischer Gewalt und dem Gewahrwerden struktureller Ungleichheiten entstand historisch zu unterschiedlichen Zeiträumen immer wieder der Wunsch nach Räumen der Vernetzung und Solidarität, der Ermöglichung von Gegenkulturen und -öffentlichkeiten sowie Orten jenseits männlicher Dominanz (Notz 2012; Kokits/Thuswald 2015).

Waren es im späten 19. und frühen 20. Jahrhundert rechtliche Verbote der politischen Versammlungsfreiheit und bildungsbezogene Exklusion, mit denen Frauen belegt wurden (Gerhard 2009), sind Ende der 1960er-Jahre in den Studentenbewegungen Erfahrungen von Herabsetzung durch Kommilitonen und Genossen wie etwa dem Sozialistischen Studentenbund (SDS) Auslöser für die Gründung „‚männerfreier‘ Räume“ (Notz 2012: 61) der sich daraus entwickelnden autonomen Frauenbewegung. Geschlechtshomogenität war jedoch nicht immer bedeutsam: In den Vernetzungen der bürgerlichen, radikalen und sozialistischen Frauenbewegungen um 1900 sind zumeist auch geschlechterkritische Männer inkludiert und nicht selten als strategische Verbündete willkommen (Richardsen 2019). Dagegen wird der Ausschluss von Männern im Kontext der Zweiten Frauenbewegung in Westdeutschland als „paradoxe Intervention“ (Notz 2012: 61) dem erlebten Sexismus entgegengestellt und damit zugleich Raum für eigene Themensetzungen und politische Strategieentwicklung ermöglicht. Zentral war dabei die Idee, die eigenen biografischen Erfahrungen, Alltagsbezüge und Körpererleben zum Ausgangspunkt zu nehmen, mithin ‚das Private‘ als politisch zu erklären. Bedeutsam für die selbstorganisierten Orte „von Frauen für Frauen“ in Westdeutschland der 1970er- und 1980er-Jahre, aus denen wegweisende Impulse für Bildung und Kultur sowie bis heute bedeutsame Angebote Sozialer Arbeit hervorgingen, ist die Praxis der Selbsterfahrung in Anlehnung an die Consciousness-Raising Groups der US-amerikanischen Frauenbewegung (Brownmiller 1999). Aus dieser Bewegung sind maßgeblich die Konzepte ‚gemeinsame Betroffenheit‘ und ‚Parteilichkeit‘ ausgehend von konkreten Lebens- und Leibeserfahrungen von Frauen entwickelt worden (Brückner 1987; 2017).

Ein anderer geschlechterpolitischer Weg wurde in der DDR der 1980er-Jahre verfolgt. Die Themen Heranziehung von Frauen im Falle einer Mobilmachung bewegte Frauen ebenso wie nichtstaatliche Kindererziehung oder Lesbischsein (Miethe 2000; Sänger 2009) und waren Anlass für eine einsetzende nichtstaatliche Frauenbewegung. Vor dem Hintergrund der staatlichen Repressionen und Überwachungstechnologien des Staatssicherheitsdienstes wurde der halböffentliche Bereich der Evangelischen Kirche als Schutzraum für selbstorganisierte Frauengruppen genutzt (Miethe 2000: 10f.). Daneben diente der Privatraum dem informellen Austausch und der späteren Mobilisierung ab 1989. Vor dem Hintergrund der massiven Unterdrückung durch das DDR-System, dem auch Männer ausgesetzt waren, verstanden sich die Frauengruppen zwar gegen männliche Dominanz gerichtet, zugleich immer auch geschlechtsintegrativ (Miethe 2000: 12). ‚Safe spaces‘ bedeuteten in der DDR sich vor staatlicher Repression – auch in Form weiblicher Stasi-Mitarbeiterinnen – möglichst gut zu wappnen.

Die sich historisch unterschiedlich formierten geschlechterkritischen Bewegungen waren von Beginn an begleitet von Kritik an Ausschlüssen und an Mikroaggressionen gegenüber ‚veranderten‘ Frauen (Reuter 2002). Paradigmatisch steht dafür die Kritik von Sojourner Truth, die 1851 auf der Frauenrechtskonvention in Ohio die legendär gewordene Rede „Ain’t I a woman?“ gehalten hat und das ansonsten rein weiße Auditorium mit dem Ausschluss Schwarzer Frauen und ihrer Anliegen konfrontierte (Smiet 2021). Die Kritik an Rassismus in feministischen Projekten sowie am Ausschluss von migrantisierten und Schwarzen Frauen hält bis heute an (hooks 1990; Aktaş 1990; Pöge et al. 2014). Bedeutsam war 1984 der Kongress „ausländischer und deutscher Frauen“ (Arbeitsgruppe Frauenkongress 1984), der den Auftakt für eine unabgeschlossene Diskriminierungskritik innerhalb feministischer Räume und einem „Geteilten Feminismus“ (so der Titel der beiträge zur feministischen theorie und praxis 1990 zu „Rassismus, Antisemitismus und Fremdenhaß“) in Westdeutschland darstellt. Auch international zeigen empirische Untersuchungen, dass in Frauenschutzräumen wie Einrichtungen zu häuslicher Gewalt fortgesetzt „racial microaggressions“ festzustellen sind (Nnawulezi/Sullivan 2014). Neben ‚race‘ stellt ‚class‘ eine weitere bedeutende Achse der Differenz dar, deren Wirksamkeit in Frauenräumen keineswegs außer Kraft gesetzt ist. So war bereits 1893 die Frage unzureichender Berücksichtigung der Interessen von Arbeiterinnen der Anlass für Clara Zetkin, eine „reinliche Scheidung“ von gemäßigt-bürgerlicher und proletarischer Frauenbewegung zu fordern (Schmitt 1995; Plener 2008). Klassismus wird auch gegenwärtig als Problem in feministischen Gruppen diskutiert. Schließlich erwiesen sich auch in Hinblick auf sexuelle Vielfalt ‚woman only‘-Räume keineswegs als offen und sicher. Trotz der hohen Bedeutung von Lesben für die Implementierung und Gestaltung geschlechterpolitischer Räume mussten Lesben immer auch mit Heterosexismus, Silencing-Erfahrungen und Butch-Feindlichkeit rechnen (Hark 1989).

Unterm Strich zeigt sich, dass die auf Geschlecht bezogene Einladungspolitik und Politisierung von Gefühlen zwar eigene, kollektive Gegenorte für Empowerment und Solidarität, Selbstreflexion, Austausch über Geschlechter- und Machtverhältnisse sowie die Entwicklung von politischen Strategien ermöglichte, zugleich aber auch für eine Etablierung der Leitlinie „Sicherheit durch Gleichheit“ sorgte (Kokits/Thuswald 2015). Mithin führten Moralisierungen und Konformitätsdruck durch gemeinsame Codes (wie geteilte Sprache angelehnt an studentische Milieus, Verhaltensnormen, Kleidung, Frisuren, Umgang mit Kosmetika) dazu, dass die proklamierten ‚safe spaces‘ noch nie für alle sicher waren. Gleichwohl konnten vielfache und anhaltende selbstkritische Auseinandersetzungen zu Veränderungen, Öffnungen und verbesserten Reglements beitragen. Beispiele dafür sind Quotierung von Stellenbesetzungsverfahren in Frauenprojekten mit Blick auf migrantisierte Frauen oder bis heute anhaltende Debatten um eine inklusive Sprache (von ‚FrauenLesben‘ bis ‚FLINTA‘). Anstatt also „Räume des Empowerments […] und Sicherheit […] vor sexistischen und gewaltförmigen Verhaltensweisen“ (bff 2023) vorzufinden, sorgt die identitätsbezogene Politisierung von Empfindungen neben Ermutigung für einige zugleich für Verhärtungen und neue Verletzungen anderer (Kokits/Thuswald 2015).

2. Diskurskritische und hegemonietheoretische Perspektiven auf die aktuelle Debatte zur Öffnung feministischer Räume für trans Frauen

Wie gezeigt wurde, ist die Frage, wer den Anspruch darauf hat, das legitime Subjekt des Feminismus zu sein, und im Begriff ‚Frau‘ inkludiert ist, gleichursprünglich mit geschlechterpolitischen Bewegungen. Mit der aktuellen Emanzipation und zunehmenden rechtlichen Anerkennung queerer Menschen, insbesondere trans Personen, stellt sich die Frage nach dem feministischen Subjekt neu. „Sex wars“ und „(trans) gender panics“, so fasst Sally Hines (2020: 25) die derzeitige Kontroverse zwischen cis-feministischem und transaktivistischem Denken zusammen, die unter dieser Überschrift nicht nur in Großbritannien geführt wird. Ein Höhepunkt der Debatte wurde dort durch Joanne K. Rowling im Juni 2020 gesetzt, als sie auf ihrem Blog trans Personen eigenständige geschlechtliche Positionierungen absprach und dagegen auf der ‚Echtheit' von biologischem Geschlecht unter dem Motto „Sex is real" verwies. Auch terre des femmes Deutschland hatte zunächst in einem Positionspapier mit naturalisierenden Annahmen zu Geschlecht trans Frauen den Zugang zu feministischen Räumen verwehren wollen (Positionspapier 9/20). Erschwerend für eine fachliche Auseinandersetzung zur Frage, wer Zugang zu feministischen ‚safe spaces' hat, ist die Emotionalisierung der Debatte sowie Verunklarungen durch Unterstellungen und falsche Behauptungen, etwa über vermeintliche gewalttätige Übergriffe von trans Frauen in Gewaltschutzeinrichtungen. Der Fachverband Frauenhauskoordinierung hat diese „in öffentlichen Debatten heraufbeschworenen Bedrohungsszenarien" bereits als haltlos zurückgewiesen (Frauenhauskoordinierung 2022).

Die innerfeministischen Diskurse und Transformationsdynamiken geschlechterpolitischer Räume verlaufen entlang von Identitäts- und körperbezogenen Selbst- und Fremd-Verortungen. Wenn mit Kokits und Thuswald (2015) gesprochen Solidarität mittels Gleichheit hergestellt wird, steht mit der Öffnung feministischer Schutzräume für trans Frauen ein wesentlicher ontologischer Bezugspunkt des Feminismus infrage (‚Wir Frauen'). Wesentlich für die Zweite Frauenbewegung in westlichen Ländern ist die Solidarisierung qua einer als gemeinsam angenommenen Diskriminierungs- und Unterdrückungserfahrung geworden. Daher ist der Begriff ‚Frau' als eine strukturelle Analysekategorie patriarchaler Gesellschaften verstanden worden, deren Naturalisierung zu dechiffrieren zentrales feministisches Anliegen war und ist. Die Geschlechterdifferenz – so der gängige geschlechtertheoretische Befund (Kuster 2019) – ist das vorläufig verfestigte Symptom andauernder Differenzierung und alltäglicher Herstellungsprozesse im Sinne des ‚doing gender' (West/Zimmermann 1987). Zugleich verweist Villa zurecht auf die subjektiv erlebbare „Eigentlichkeit" von Geschlecht und „Frauen" als Effekt einer benachteiligenden Gruppierung (Villa 2017) – umso mehr vor dem Hintergrund der Tradition von Selbsterfahrung und Politisierung des Persönlichen. Aus diesem subjektiven Erleben jedoch ein „eigenständiges Weibliches" (Kuster 2019: 8) zu konstatieren und damit die anisogametische Geschlechterdifferenz auf sexuelle Fortpflanzung und binäre Keimzellenanlagen zu verengen (Barz 2023; kritisch dazu Villa 2019), verkennt die Vielfalt von Geschlechtlichkeit als „Vollzugswirklichkeit" (Hirschauer 2014).

Inwieweit also das „Kollektivsubjekt Frau" identitätsstiftend, essenziell oder konstruiert ist, lässt sich hegemonietheoretisch aufschließen. Der Argumentation von Laclau und Mouffe (1991) folgend werden Identitäten und gesellschaftliche Beziehungen in Prozessen der symbolischen Bedeutungsproduktion hergestellt, sie sind somit kontingent. Da es Laclau und Mouffe zufolge keinen außerdiskursiven Ort gibt, kann die inhaltliche Bestimmung einer Identität nicht essenziell abgeleitet werden, sondern wird allein durch die Äquivalenz oder Differenz zu anderen Identitäten vorgestellt, also relational durch die Position innerhalb des Diskurses (Auer 2005). In gesellschaftlichen Prozessen der Herstellung von Bedeutung kommt es zu (widersprüchlichen, mehrdeutigen) Überkreuzungen und Überlagerungen von Bedeutungskonstitutionen innerhalb einzelner Bezugssysteme. Dabei sind zwei Dynamiken relevant: Solidarische Vernetzungen erfordern Vereindeutigungen und Komplexitätsreduktion, umso mehr es sich um marginalisierte Positionen handelt. Zugleich findet eine hegemoniale Expansion eines spezifischen Diskurses zu einem dominanten Horizont statt. Die Vielzahl unterschiedlicher Begründungsmuster und Sinnstrukturen, die sich in gesellschaftlichen Prozessen der Bedeutungskonstitution überlagern, sowie die innerhalb einzelner Bezugssysteme bestehenden Widersprüche führen dazu, dass innerhalb des Diskurses immer wieder Brüche und Ambivalenzen auftreten. Es kommt also permanent zu Situationen, in denen aufgrund der Präsenz unterschiedlicher Referenzsysteme (und der ihnen innewohnenden Unstimmigkeiten) Entscheidungen und Sinnkonstruktionen mehrdeutig und widersprüchlich sind.

Vor diesem Hintergrund lässt sich die Trans-Formation feministischer ‚safe spaces‘ neu deuten. Identitäten werden zunächst scharf abgegrenzt formuliert, da der Versuch hegemonialer Geltung spezifischer Diskurse eine „(temporäre) Schließung“ des Diskurses erfordert (Laclau/Mouffe 1991: 211). Jedes soziale Kollektiv, jede politische Gemeinschaft beruht also Laclau und Mouffe zufolge auf einem Prozess der Grenzziehung, der den Diskurs in einen Bereich des „Eigenen“ und einen des „Anderen“ unterteilt. Dieser Mechanismus der Ausbildung antagonistischer Äquivalenzrelationen ist damit ein konstitutiver und notwendiger Bestandteil von Gesellschaft. Sein jeweiliger Inhalt, also die Frage, welche Elemente hier mit Berufung auf welche Gemeinsamkeiten miteinander verknüpft werden, erwächst jedoch keineswegs aus vordiskursiven Kausalitäten und ist vielmehr Gegenstand hegemonialer Auseinandersetzungen. Laclau und Mouffe (1991) folgend ist dabei der kleinste gemeinsame Nenner ein zunächst „leerer“ bzw. „flottierender Signifikant“ (ebd.: 200). Nach Butler gewendet ist ein politischer Signifikant als stets offener „Schauplatz umkämpfter Bedeutungen“ (Butler 1991: 35) zu verstehen. Je vielstimmiger die Bedeutungszuschreibungen sind – hier: was einen feministischen ‚safe space‘ ausmacht und welche Identitätspositionen darin aufgenommen sein sollen –, desto unklarer wird, was eigentlich damit bezeichnet werden soll. Gegenwärtig sind zudem neue solidarische Identitätsmuster erkennbar, die ihrerseits Platz in ‚safe spaces‘ beanspruchen, und zwar ohne dass sich die Erfordernisse für die ‚alten‘ Identitäten erübrigt hätten. Hierin liegt ein wesentliches Moment der aktuellen feministisch-queeren Kontroversen. Wir wohnen derzeit einem neuerlichen Artikulationsprozess bei und sind darin involviert. In ihm werden unterschiedliche Elemente neu verknüpft und erhalten Bedeutung: Implementiert wird auf diese Weise eine neue Hegemonie im queer-feministischen Diskurs. Hegemonietheoretisch gelesen lassen sich also Identitäten nur prozessual verstehen, eben nicht als essenzialistische Positionierungen, sondern als temporäre und kontingente Konzepte. Zugleich wird jeder neu gefundene Konsens im radikalen Demokratieverständnis von Mouffe (1997) immer nur eine „temporäre Verschnaufpause“ (ebd.: 88) sein „in einem nicht stillzulegenden Feld des Widerstreits und der Konfrontation“ (Auer 2005: 256).

3. Fazit und offene Fragen zu Transformationsdynamiken im Kontext Sozialer Arbeit

Welche Konsequenzen können für queer-feministische Debatten aus diesen theoretischen Konzeptualisierungen gewonnen werden? Hilfreich könnte zunächst die Einsicht in die unvermeidliche Unvollständigkeit und Vorläufigkeit diskursiver Positionen sein. Es kann daher nicht um „ein neues Kastensystem von Kränkungserfahrungen“ (Müller 2021) gehen, sondern darum, strukturelle Zusammenhänge für Diskriminierung als eigentliches Thema von Identitätspolitiken zu verstehen. So kann – oder könnte – sich Solidarität gerade nicht in der wechselseitigen Verbundenheit der Gleichen oder Ähnlichen erschöpfen. Vielmehr könnte in der Interaktion mit den ‚anderen Anderen‘ (Helfritzsch 2020) das sozial Trennende zumindest situativ und vorübergehend überwunden werden (Kastner/Susemichel 2019). In diesem Sinne könnte solidarisch nicht nur auf wahrgenommene Missstände reagiert, sondern in eben dieser Reaktion auch Kritik artikuliert werden, die Strukturen und Akteure der systematischen Missstandsproduktion identifiziert und problematisiert. So gewendet, würde sich Solidarität von einer eher apolitischen und affirmativen Idee des sozialen Zusammenhalts in eine transformative politische Praxis verwandeln. Aus ‚safe spaces‘ werden auf diese Weise wieder ‚brave spaces‘ (Campbell/Eizadirad 2022; Arao/Clemens 2013), die eine ermächtigende Unterscheidung zwischen „safe from“ zu „safe to“ (Lewis et al. 2005: 6) eröffnet.

Für die Arbeit insbesondere in Gewaltschutzprojekten feministischer Provenienz zielen diese Überlegungen zusammenfassend auf dreierlei: Erstens zählt der Einzelfall, nicht eine angenommene ‚reine Lehre‘. Dies wird bereits etwa in Frauenhäusern immer schon so gehandhabt, entsprechend konnten trans Frauen dort schon längst Zuflucht finden (Frauenhauskoordinierung 2022). Zweitens ist kontinuierlich die aktuelle Hauptaufgabe von Projekten zu klären. Wenn etwa ein neuer Flyer erstellt wird, ist zu fragen: Wer soll angesprochen werden, wer versteht beispielsweise welches gerade aktuelle Akronym? Hier ist zu klären, wie Queerness sichtbar gemacht werden kann, ohne neue Ausschlüsse zu produzieren oder alte Verdeckungen zu reproduzieren. Drittens ist eine weitere kritische (Selbst-)Reflexion und supervisorische Begleitung von Fachkräften nicht nur in Gewaltschutzeinrichtungen unerlässlich. Muss wirklich jede Person mit allen Facetten ihrer Identität abgebildet sein? Hinter der „Befreiung im Singular" (Thürmer-Rohr 1990: 9) steht möglicherweise auch ein vermeintliches „Recht auf Kränkungsschutz" (Lohmer 2014: 128). Als ein sich politisch verstehendes Projekt ist zugleich die Differenzierung zwischen faktischen Gefahren und populistischen Argumentationen (Starling 2022) unerlässlich.

Literatur

Aktaş, Gülsen (1990): Rassismus und Ethnozentrismus im Frauenhaus. In: Frauen in der Einen Welt 1, 2, S. 29-36.

Arao, Brian/Clemens, Kristi (2013): From Safe Spaces to Brave Spaces. A New Way to Frame Dialogue Around Diversity and Social Justice. In: Landreman, Lisa M. (Hrsg.): The Art of Effective Facilitation. Reflections From Social Justice Educators. Sterling, Virginia: Styles Publishing, S. 135-150.

Arbeitsgruppe Frauenkongreß (1984): Sind wir uns denn so fremd? Dokumentation des 1. gemeinsamen Kongresses ausländischer und deutscher Frauen 23.-25. März 1984. Frankfurt am Main: subrosafrauenverlag.

Auer, Dirk (2005): Die Konflikttheorie der Hegemonietheorie. In: Bonacker, Thorsten (Hrsg.): Sozialwissenschaftliche Konflikttheorien. Friedens- und Konfliktforschung, Band 5. Wiesbaden: VS Verlag für Sozialwissenschaften. 3. Aufl., S. 249-265. DOI: https://doi.org/10.1007/978-3-322-95688-0_13.

Barz, Monika (2023): Stellungnahme zum Referentenentwurf des SBGG. https://lasst-frauen-sprechen.de/wp-content/uploads/2023/03/Stellungnahme-SBGG-230523_MonikaBarz.pdf [Abruf: 29.07.2024].

Brownmiller, Susan (1999): In Our Time: Memoir of a Revolution. New York: Dial Press.

Brückner, Margrit (1987): Die Entwicklung der Frauenhausbewegung im Spiegel ihrer Veröffentlichungen (seit 1980). In: Sozialwissenschaftliche Literatur Rundschau 10, 15, S. 7-18.

Brückner, Margrit (2018): Frauenprojekte im Fokus der Geschlechterforschung: vom feministischen Aufbruch zur Institutionalisierung. In: Kortendiek, Beate/Riegraf, Birgit/Sabisch, Katja (Hrsg.): Handbuch Interdisziplinäre Geschlechterforschung. Geschlecht und Gesellschaft, Band 65. Wiesbaden: Springer VS, S. 1-10. DOI: https://doi.org/10.1007/978-3-658-12500-4_104-1.

Bundesverband Frauenberatungsstellen und Frauennotrufe (bff) (2023): Diskussionspapier. Geschlechtliche Vielfalt im bff. https://www.frauen-gegen-gewalt.de/de/studien-und-positionspapiere.html?file=files/userdata/downloads/stellungnahmen/papier-geschlechtliche-vielfalt.pdf [Abruf: 30.07.2024].

Butler, Judith (1991): Das Unbehagen der Geschlechter. Frankfurt am Main: Suhrkamp.

Campbell, Andrew B./Eizadirad, Ardavan (2022): cultivating brave spaces to take risks to challenge systemic oppression. In: Eizadirad, Ardavan/Campbell, Andrew B./Sider, Steve (Hrsg.): Counternarratives of Pain and Suffering as Critical Pedagogy. New York: Routledge, S. 19-37.

Frauenhauskoordinierung e.V. (2022): Gewaltschutz für ALLE Frauen: Positionierung von Frauenhauskoordinierung e.V. zu aktuellen Debatten um geschlechtliche Selbstbestimmung & Frauenschutzräume. https://www.frauenhauskoordinierung.de/filead min/redakteure/Publikationen/Stellungnahmen/2022-09-08_FHK_Positionierung-GewaltschutzTransInterNicht-Binaer.pdf [Abruf: 30.07.2024].

Gerhard, Ute (2009): Frauenbewegung und Feminismus. Eine Geschichte seit 1789. München: C.H. Beck.

Hark, Sabine (1989): Eine Lesbe ist eine Lesbe, ist eine Lesbe ... oder? Notizen zu Identität und Differenz. In: Beiträge zur feministischen Theorie und Praxis 12, 25/26, S. 59-70. DOI: http://dx.doi.org/10.25595/814.

Helfritzsch, Paul (2020): Als Andere unter Anderen. Darstellungen des Füreinander als Weg zur Solidarität. Bielefeld: Transcript. DOI: https://doi.org/10.14361/97838394 52455.

Hines, Sally (2020): Sex Wars and (Trans) Gender Panics: Identity and Body Politics in Contemporary UK Feminism. In: The Sociological Review 68, 4, S. 699–717. DOI: https://doi.org/10.1177/0038026120934684.

Hirschauer, Stefan (2014): Un/doing Differences. Die Kontingenz sozialer Zugehörigkeiten. In: Zeitschrift für Soziologie 43, 3, S. 170–191. DOI: https://doi.org/10.1515/zf soz-2014-0302.

Hooks, Bell (1990): Schwesterlichkeit: Politische Solidarität unter Frauen. In: Beiträge zur feministischen Theorie und Praxis 13, 27, S. 77-91.

Kastner, Jens/Susemichel, Lea (2019): Zur Geschichte linker Identitätspolitik. In: APuZ 69, 9-11, S. 11-17.

Kokits, Maya Jolleen/Thuswald, Marion (2015): gleich sicher? sicher gleich? Konzeptionen (queer)feministischer Schutzräume. In: femina politica 24,1, S. 83-93. DOI: http://dx.doi.org/10.3224/feminapolitica.v24i1.19254.

Kuster, Friederike (2019): Mann – Frau: die konstitutive Differenz der Geschlechterforschung. In: Kortendiek, Beate/Riegraf, Birgit/Sabisch, Katja (Hrsg.): Handbuch Interdisziplinäre Geschlechterforschung. Geschlecht und Gesellschaft, Band 65. Wiesbaden: Springer VS, S. 3-12. DOI: https://doi.org/10.1007/978-3-658-12496-0_3.

Laclau, Ernesto/Mouffe, Chantal (1991): Hegemonie und radikale Demokratie. Zur Dekonstruktion des Marxismus. Wien: Passagen Verlag.

Lewis, Ruth/Sharp, Elizabeth/Remnant, Jenni/Redpath, Rhiannon (2015): 'Safe Spaces': Experiences of Feminist Women-Only Space. In: Sociological Research Online 20,4, S.105-118. DOI: https://doi.org/10.5153/sro.3781.

Lohmer, Mathias (2014): Teamarbeit. Zur Psychodynamik psychosozialer Organisationen. In: Lohmer, Mathias/Möller, Heidi (Hrsg.): Psychoanalyse in Organisationen. Einführung in die psychodynamische Organisationsberatung. Stuttgart: Kohlhammer, S. 115-134.

Miethe, Ingrid (2000): Frauenbewegung in Ostdeutschland: Angekommen in gesamtdeutschen Verhältnissen? In: Beiträge zur feministischen Theorie und Praxis, 23, 54, S. 9-22. DOI: https://doi.org/10.25595/911.

Mouffe, Chantal (1997): Inklusion/Exklusion. Das Paradox der Demokratie. In: Weibel, Peter/Zizek, Slavoi (Hrsg.): Inklusion: Exklusion. Probleme des Postkolonialismus und der globalen Migration. Wien: Passagen Verlag, S. 75-90.

Müller, Jan-Werner (2021): Gefährdet „Identitätspolitik“ die liberale Demokratie? In: APuZ 71, 26-27, S. 12-17.

Nnawulezi, Nkiru A./Sullivan, Cris M. (2014): Oppression within Safe Spaces: Exploring Racial Microaggressions within Domestic Violence Shelters. In: Journal of Black Psychology 40,6, S. 563-591. DOI: https://doi.org/10.1177/0095798413500072.

Notz, Gisela (2012): Frauenräume. Die autonomen Frauenbewegungen der 1970er Jahre und ihr Konzept des Frauenraums in der BRD. In: Ariadne. Forum für Frauen- und Geschlechtergeschichte 61, S. 60-65.

Plener, Ulla (Hrsg.) (2008): Clara Zetkin in ihrer Zeit. Neue Fakten, Erkenntnisse, Wertungen. Berlin: Karl Dietz Verlag.

Pöge, Kathleen/Franke, Yvonne/Mozygemba, Kati/Ritter, Bettina/Venohr, Dagmar (2014): Welcome to Plurality. Ein kaleidoskopischer Blick auf Feminismen heute. In: Franke, Yvonne/Mozygemba, Kati/Pöge, Kathleen/Ritter, Bettina/Venhor, Dagmar (Hrsg.): Feminismen heute. Positionen in Theorie und Praxis. Bielefeld: transcript, S. 19-32.

Reuter, Julia (2002): Ordnungen des Anderen. Zum Problem des Eigenen in der Soziologie des Fremden. Bielefeld: transcript.

Richardsen, Ingvild (2019): „Frei und gleich und würdig“. Die Frauenbewegung und der Erste bayerische Frauentag 1899. München: Bayerische Landeszentrale für politische Bildungsarbeit.

Sänger, Eva (2009): Frauenbewegung in der DDR: Gegenöffentlichkeiten und Unrechtserfahrungen informeller Frauengruppen in den 1980er Jahren In: Hikel, Christine/Kramer, Nicole/Zellmer, Elisabeth (Hrsg.): Lieschen Müller wird politisch: Geschlecht, Staat und Partizipation im 20. Jahrhundert. Zeitgeschichte im Gespräch, Band 4. München: Oldenbourg Wissenschaftsverlag, S. 127-137.DOI: https://doi.org/10.1524/9783486708240.127.

Schmitt, Sabine (1995): Der Arbeiterinnenschutz im deutschen Kaiserreich: zur Konstruktion der schutzbedürftigen Arbeiterin. Ergebnisse der Frauenforschung, Band 37. Stuttgart; Weimar: Metzler.

Smiet, Katrine (2021): Sojourner Truth and Intersectionality: Traveling Truths in Feminist Scholarship. London; New York: Routledge.

Sobiech, Gabriele (2012): Die Logik der Praxis. Frauenfußball zwischen symbolischer Emanzipation und männlicher Herrschaft. In: Sobiech, Gabriele/Ochsner, Andrea (Hrsg.): Spielen Frauen ein anderes Spiel? Geschichte, Organisation, Repräsentationen und kulturelle Praxen im Frauenfußball, S. 171-194. Wiesbaden: VS Verlag. DOI: https://doi.org/10.1007/978-3-531-19133-1_10.

Starling, Janey (2022): Why trans women belong in women's spaces. https://www.refinery29.com/en-gb/2022/06/10999784/trans-women-public-spaces?utm_source=email&utm_medium=email_share [Abruf: 30.07.2024].

Terre de Femme Positionspapier 9/20: https://frauenrechte.de/aktuelles/detail/in-eigener-sache-die-mehrheit-des-tdf-vorstands-distanziert-sich-von-dem-positionspapier-transgender-selbstbestimmung-und-geschlecht-und-weist-die-geschaeftsfuehrung-an-dieses-positionspapier-von-der-website-zu-nehmen [Abruf: 30.07.2024].

Thiessen, Barbara/Gräpel, Ella (2024): Making Family aus der Perspektive von Ein-Eltern-Familien. Explorative Eindrücke fachlicher Interventionen aus einer Rechtshotline für Trennungs- und Scheidungskonflikte. In: Soziale Passagen (i.E.).

Thürmer-Rohr, Christina (1990): Befreiung im Singular. Zur Kritik am weiblichen Egozentrismus. In: Beiträge zur feministischen Theorie und Praxis 13, 28, S. 9-17.

Villa, Paula-Irene (2017): „Frauen". Warum es sie gar nicht gibt und man trotzdem über sie redet. In: Kursbuch 192, S. 97-109.

Villa, Paula-Irene (2019): Geschlecht: Die Magie der Anisogamie. Ein Kommentar zu Ponseti und Stirn. In: ZSexForsch 32, 3, S.157-162.DOI: https://doi.org/10.1055/a-0977-6524.

West, Candace/Zimmerman, Don H. (1987): Doing Gender. In: Gender & Society 1, 2, S. 125-151.

„Brauner Osten – demokratischer Westen?" Plädoyer für begründete Differenzierungen (auch) in der Forschung Sozialer Arbeit

Stefanie Lindner, Ralf Mahlich, Ina Schäfer, Heike Radvan und Christine Krüger

In diesem Artikel versuchen wir Debattenbeiträge über Rechtsextremismus und Soziale Arbeit in Ostdeutschland zusammenzudenken. Zudem blicken wir in Richtung einer rekonstruktiven Sozialarbeitsforschung und ihrer Potenziale für die Rechtsextremismusforschung: Wie kann anwendungsbezogene Forschung konzipiert und durchgeführt werden, die neben grundlagentheoretischen Überlegungen auch möglichst passgenaue Antworten für Praxisbedarfe entwerfen kann? Welche analytischen Perspektiven ermöglichen einen differenzierenden Blick, mit dem Vereinseitigungen und Verkürzungen über „den Osten" und „den Westen" verunmöglicht werden? Welche Aspekte sind relevant für die Hochschullehre? Hierfür stellen wir Zwischenergebnisse aus rekonstruktiv angelegten Forschungsarbeiten vor, die im Rahmen eines fachhochschulisch verorteten Graduiertenkollegs entstanden sind und sich der Frage nach Professionalisierung Sozialer Arbeit in Regionen widmen, die durch extrem rechte Dominanzbestrebungen herausgefordert sind.

Seit einigen Jahren wird die Frage, ob der Rechtsextremismus in Ostdeutschland spezifisch ist und dementsprechend einer differenzierten Analyse bedarf, fachbezogen und öffentlich breiter diskutiert (vgl. hier und im Folgenden Radvan 2025). Dies ist nicht neu: Bereits in den frühen 1990er-Jahren wurden eine mögliche Spezifik des Rechtsextremismus in den ostdeutschen Bundesländern und seine Ursachen thematisiert. Anlass waren der deutliche Anstieg von Todesopfern rechter Gewalt nach 1989, extrem rechte Mobilisierungen, Pogrome und pogromartige Übergriffe, deren öffentliche Darstellung zunächst auf die Orte Hoyerswerda und Rostock-Lichtenhagen begrenzt blieb. Für diejenigen Akteure, die bereits in diesen Jahren im öffentlichen Diskurs und durch Politikberatung versuchten, auf die Problematik des Rechtsextremismus und die Situation der davon Betroffenen in den sogenannten ‚neuen Bundesländern' hinzuweisen, war es oft schwierig, Gehör und Unterstützung zu finden (Kahane 2004). Über rechte Gewalt wurde – und das betrifft West- und Ostdeutschland gleichermaßen – meist nur anlassbezogen, nicht jedoch kontinuierlich oder vertiefend berichtet. Der Verweis auf eine Spezifik in Ostdeutschland wurde entweder stereotypisierend skandalisiert, als unzutreffende

Übertreibung zurückgewiesen oder ihm wurde mit schlichtem Desinteresse begegnet (ebd.).

Eine Kritik an einer externalisierenden Zuschreibung eines „Braunen Ostens“, die zuallererst dazu diene, „den Westen“ als unproblematisch und demokratisch(er) darzustellen (Heft 2018), wird seit 2012 hörbarer (Begrich 2024; Heft 2018; Kollmorgen 2022; Lessenich 2012; Quent 2016; Radvan 2025). Mit Verweis auf Rechtsextremismus und -terrorismus in Westdeutschland nach 1945 und 1989 wird somit das Bild eines ‚demokratischeren Westens‘ zurückgewiesen, in dem es kein signifikantes Problem mit Rechtsextremismus gäbe. Zudem wird mit dem Verweis auf die Existenz und Ideologisierung extrem rechter Gruppierungen sowie rassistischer und antisemitischer Gewalt in den 1980er-Jahren der DDR der These widersprochen, der zufolge es sich beim Rechtsextremismus in Ostdeutschland um eine Art ‚Westimport‘ handele. Vielmehr ist es notwendig, sowohl bestehende Forschungsdesiderate in Bezug auf extrem rechte Entwicklungen in der DDR weiter zu schließen als auch die Transformationszeit mit ihren diversen Einflüssen und Bedingungen vertiefend zu untersuchen.

Wie jedoch lassen sich diese Überlegungen zur Rechtsextremismusforschung zusammendenken mit Sozialer Arbeit? Forschungsergebnisse zeigen, dass der Menschenrechtsprofession gerade hinsichtlich der Prävention extrem rechter Einflussnahmen Wirksamkeitsannahmen in ihren verschiedenen Handlungsfeldern (begründet) zugeschrieben werden (Radvan 2024). Soziale Arbeit steht in Ostdeutschland aufgrund der spezifischen Geschichte von Fürsorge in der DDR, den Bedingungen der Transformationszeit und damit einhergehenden Professionalisierungsanforderungen jedoch bis heute vor besonderen Herausforderungen. Nach wie vor ist ein diesbezüglicher Forschungsbedarf zu konstatieren, der sich nicht nur in einer Leerstelle hinsichtlich der Darstellung in Lehrbüchern Sozialer Arbeit zeigt.

1. Empirische Schlaglichter: „ostdeutsch“ als reflexive Kategorie im professionellen Selbstverständnis Sozialarbeitender

Diese Themen – Soziale Arbeit und die Prävention von Rechtsextremismus in Ostdeutschland – versucht ein Graduiertenkolleg, das sich mit der Professionalisierung im Sozial- und Gesundheitswesen befasst, an der Brandenburgischen Technischen Universität Cottbus-Senftenberg zusammenzudenken.[1] Ziel der Promotionsprojekte ist es, Soziale Arbeit im Umgang mit Rechtsext-

1 https://www.b-tu.de/graduiertenkolleg-gesundheit-soziales [Abruf: 06.01.2025]

remismus zu betrachten. Die Erkenntnisse aus diesen Forschungsarbeiten sollen dazu beitragen, die Handlungsfelder, Methoden und Strategien im Umgang mit rechtsextremen Phänomenen in der Sozialen Arbeit weiterzuentwickeln. Alle drei Projekte arbeiten im Sinne rekonstruktiver Forschung und haben zum Ziel, „den Erforschten bekanntes, von ihnen aber selbst nicht expliziertes handlungsleitendes (Regel-) Wissen (abduktiv) zur Explikation zu bringen“ (Bohnsack et al. 2013, S.12). Dabei zeigt sich, dass neben der Notwendigkeit, Sozialraumspezifika einzubeziehen und das professionelle Verständnis von Sozialarbeitenden zu betrachten, auch „ostdeutsch“ als Analyse- und Reflexionskategorie von Bedeutung ist.

2. Sozialarbeitende als potenzielle Opfer rechter Gewalt

Stefanie Lindner beschäftigt sich in ihrem Promotionsprojekt mit dem Umgang der Sozialen Arbeit mit Rechtsextremismus in den 1990er Jahren. Durch narrativ fundierte biografische Interviews, die mit der Dokumentarischen Methode der Interpretation (Bohnsack 2003) ausgewertet werden, untersucht sie, wie die damals auftretende rechte Gewalt, gesellschaftliche Bedingungen und die Jugendarbeit sich wechselseitig beeinflussten. Die Arbeit fokussiert, wie nicht-rechte Jugendliche und damalige Sozialarbeitende die Gewalt erinnern und welche Herausforderungen sich daraus für das professionelle Handeln ergaben. Die Analyse der historischen Entwicklungen und sozialen Rahmenbedingungen ermöglicht es, die damals angewandten Handlungsstrategien zu reflektieren und Rückschlüsse für die Gegenwart zu ziehen.

In der Programm- und Konzeptliteratur der 1990er Jahre sowie im Fachdiskurs wird deutlich, dass der Fokus der pädagogischen Arbeit auf rechten, gewaltausübenden Jugendlichen lag. Sie werden als Betroffene von Desintegration im Zuge des Systemwechsels konstruiert und unterstützend adressiert; mussten sich jedoch nur selten für ihr Gewalthandeln verantworten. Die Betroffenen von rechter Gewalt finden kaum Erwähnung und auch Folgen der Gewalt werden wenig oder gar nicht thematisiert. Auf Basis einer kritischen Literaturanalyse von Programm- und Konzeptliteratur lässt sich diesbezüglich kein Unterschied zwischen Ost und West nachweisen (Lindner 2023). Im empirischen Material bestätigt sich die mangelnde Sichtbarkeit der Betroffenen rechter Gewalt. Darüber hinaus wird auch deutlich, dass Fachkräfte[2] der Ju-

2 Die Terminologie „Fachkräfte der Jugendarbeit“ soll markieren, dass nicht alle Interviewpartner*innen zu Beginn der 1990er Jahre ausgebildete Sozialarbeitende waren. Für Ostdeutschland lässt sich das unter anderem beispielhaft an der Auf-

gendarbeit in den 1990er Jahren selbst von rechter Gewalt bedroht und betroffen waren:

> „Heißt, da sind auch Kolleginnen und Kollegn zielgerichtet angegriffn wordn. Des wat ich vorhin erzählt- also der Kollege mit der Handgranate det °ja° war son klassisches extremstes Beispiel was ich erlebt hab °einatmen° äh den=n Kollegen- mein Kollegen aus (Stadtname) dem se die Fingerkuppen ähh perforiert haben, des war och son deutlicher Schuss vorn Bug. °einatmen° ähm (3) ick äh ähm (3) ick hatte dat in schwächeren Situationen och, da ick schon jemerkt hab, die meinen nicht irgendwen sondern mich an der Stelle.“ (Interviewausschnitt Sven Jablonski[3], Sozialarbeiter)

Der Interviewte erzählt über massive Gewalt, die Kolleg*innen traf und verweist eher zögerlich und wenig konkret auf eine eigene Betroffenheit. Im methodologisch fundierten Fallvergleich wird deutlich, dass sich im Sample keine Erzählungen finden, in denen Fachkräfte darüber sprechen, dass sie selbst Opfer der Gewalt wurden. Dennoch lässt sich ein geteiltes Wissen über das Ausmaß der Gewalt und die eigene mögliche Betroffenheit rekonstruieren. Die jeweiligen Darstellungsformen unterscheiden sich. Daran schließt die Frage an, welchen Einfluss dieses Wissen über eine potenzielle Gewaltbetroffenheit auf das pädagogische Handeln der damaligen Fachkräfte hatte. Bezogen auf die Analysekategorie „ostdeutsch“, ist nach aktuellem Diskursstand davon auszugehen, dass die Bedrohung und Gewalt, der die Fachkräfte in der offenen Jugendarbeit in den 1990er-Jahren in den ‚neuen Bundesländern‘ ausgesetzt waren, massiver war als in den ‚alten Bundesländern‘. Dazu trägt das Fehlen von ordnungspolitischen Maßnahmen gegen rechte Gewalt (vgl. hierzu auch Jänicke/Mildenberger 2023) auf struktureller Ebene bei.

3. Unsichtbarmachen von Betroffenen (extrem) rechter Gewalt

Eine fehlende Perspektive auf Betroffene rechter Gewalt wird auch in aktuellen Erzählungen interviewter Sozialarbeitender deutlich. Ihr Fokus liegt auch heute stärker auf rechten Jugendlichen, weniger jedoch auf den (potentiell) Betroffenen von Diskriminierung oder Gewalt. Sie bleiben oft unerwähnt oder sind nur eine Randbemerkung. Dies verdeutlicht das Promotionsprojekt von Ina Schäfer, welches auf die Herausforderungen und den Umgang mit Rechtsextremismus in der gegenwärtigen Jugendarbeit fokussiert. Durch problem-

---

schlüsselung der (pädagogischen) Qualifikationen im AgAG-Programm nachvollziehen (Bohn/Münchmeier 1997: 47).

3 Die Namen aller Interviewten wurden anonymisiert.

zentrierte Expert*inneninterviews mit Sozialarbeiter*innen aus der Jugendarbeit werden die Wahrnehmungen und Bearbeitungsrepertoires in Bezug auf Rechtsextremismus analysiert. Die Grounded Theory (Charmaz 2014) und Konfliktanalyse (Eichinger/Schäuble 2022) dienen als Grundlage für die Auswertung der Interviews und unterstützen die Betrachtung von Praxis und Professionalisierung unter Einbezug der vorhandenen Möglichkeitsräume auf verschiedenen Ebenen, wie der des professionellen Handelns, institutioneller Rahmenbedingungen und der gesellschaftspolitischen Situation. Dabei liegt der Fokus der Forschung vor allem auf der Identifikation von Wahrnehmungsweisen, Handlungsstrategien und Präventionsmaßnahmen, die dazu beitragen können, den Folgen gesamtgesellschaftlicher (extrem) rechter Tendenzen in der Jugendarbeit zu begegnen und entgegenzuwirken. Hier werden das professionelle Handeln der Sozialarbeitenden mit verschiedenen weiteren Einflussfaktoren auf Jugendarbeit, wie beispielsweise den Folgen der Dynamiken (extrem) rechter Dominanzbestrebungen (Raab/Radvan 2023), verbunden.

Rekonstruktionen der Interviews zeigen, dass eine ausbleibende Wahrnehmung von Betroffenen und deren Folgen rechter Gewalt wirkmächtig zu sein scheinen. Zudem kann eine Normalisierung (extrem) rechter Präsenz eine solidarische Positionierung in der Stadtgesellschaft erschweren oder verunmöglichen, wie folgende Textstelle unterstreicht:

> „Also was ich schon krass finde, ist, dass so eine Initiative wie ‚FußballfansB gegen Nazis‘, dass das für so viel Gegenwind sorgt. Ich glaube, das fasst eigentlich das Stimmungsbild in der Stadt nur gut zusammen. […] Das zeigt sich ja daran, dass die Gruppe ja immer noch nicht öffentlich auftritt, nicht mit Gesichtern oder Ähnlichem. […] Es gibt an übelst vielen Standorten, weiß ich nicht, queere Fanklubs oder es gibt christliche Fanklubs. […] Und in StadtB gibt es abgesehen von Ultras oder normalen Fanklubs halt nur ‚FußballfansB gegen Nazis‘. Und das ist den Leuten schon zu krass. Also das lehnen die schon ab, weil das gilt irgendwie so ein bisschen als Nestbeschmutzer.“ (Interviewausschnitt Sozialarbeiterin)

Rechtsdominierte Räume haben zur Folge, dass Positionierungen gegen rechts erschwert sind. Die Auswirkungen (extrem) rechter Dominanzbestrebungen zeigen sich hier in Form von Bedrohungen und Bedrohungserwartungen für (potenziell) Betroffene rechter Ideologien. In Rekonstruktionen anderer Textstellen zeigen sich weitere Herausforderungen für das sozialarbeiterische Handeln. Deutlich wird: Die Veralltäglichung (extrem) rechter Vorstellungen erschwert die Praxis Sozialer Arbeit. So dokumentiert sich in einem weiteren Interview, welche Folgen es hat, wenn eine Angst vor „Nestbeschmutzung“ kaum reflektiert und in die eigene Handlungspraxis übernommen wird: Die starke Betonung einer notwendig positiven Außenwirkung des Trägers und der Stadtgesellschaft geht einher mit einer Entnennung von Rechtsextremismus. Zudem kann dies im Zusammenhang stehen mit einer Unsichtbarmachung und Entsolidarisierung von Betroffenen rechter Gewalt; mit einer verminderten Problemwahrnehmung und Entpolitisierung von Rechtsextremismus. Damit einher geht die Ausblendung von Elementen (extrem) rechter Ideologie. Es ist allerdings zu beachten, dass historische Abwertungserfahrungen ostdeutscher Perspektiven; die Folgen rechtsdominierter Räume sowie der Performanzdruck im Interview auf die Darstellungen wirken können.

4. Eigenes Erleben und milieuspezifisches Erfahrungswissen

Ralf Mahlich untersucht in seinem Forschungsprojekt die Wahrnehmung und den Umgang mit (extrem) rechten Phänomenen in der Gemeinwesenarbeit in einer ostdeutschen Mittelstadt. In der Forschung werden Praktiker*innen aus unterschiedlichen Bereichen der Gemeinwesenarbeit interviewt, darunter konzeptübergreifend Vertreter*innen aus dem Stadtteilmanagement, einem Familienzentrum mit gemeinwesenorientiertem Ansatz, einem Verein, der am Community Organizing orientiert arbeitet, sowie weitere Vereine mit Community-Building-Ansätzen. Allen gemein ist der direkte Bezug zu gesellschaftspolitischen Entwicklungen sowie ein Verständnis davon, diese nicht als individuelle Entwicklungen zu betrachten (vgl. Bitzan/Klöck 1993: 21). Eine (extrem) rechte Einflussnahme auf die Praxis kann aus allen Interviews herausgearbeitet werden.

Auch im Forschungsprojekt zur Gemeinwesenarbeit lässt sich ein spezifischer Bezug zur ostdeutschen Geschichte im Material rekonstruieren. In einigen der Interviews dokumentiert sich dies durch eine affektive Bezugnahme auf das Gemeinwesen. Diese Identifikation zeigt sich in der Wiedergabe von milieuspezifischem Erfahrungswissen und speist sich aus einer nostalgisch überformten Darstellung des Gemeinwesens zu DDR-Zeiten und den negativ dargestellten Transformationserfahrungen nach 1989. Der überwiegende Teil der Befragten bezieht sich dabei altersbedingt nicht auf das eigene Erleben zu DDR-Zeiten, sondern auf vermitteltes, kommunikatives Wissen.[4] Erste Rekonstruktionen des Materials deuten auf eine übergreifende Handlungsorientierung, die strukturiert ist durch den Bezug auf kommunikatives und konjunktives Wissen aus der Transformationserfahrung in den 1990er Jahren. Im folgenden Beispiel antwortet der Sozialarbeiter Carsten Elster auf die Frage nach Spezifika des Stadtteils, in dem er tätig ist. Zur Beantwortung bezieht sich der Interviewte auf die Vergangenheit:

---

4 Für Bohnsack (2003) ist die Unterscheidung zwischen kommunikativem und konjunktivem Wissen eine metatheoretische Grundlage der Dokumentarischen Methode. Während sich das kommunikative Wissen auf das theoretische und reflexiv zugängliche Wissen bezieht, ist mit konjunktivem Wissen das implizite, habitualisierte Wissen gemeint, das in konjunktiven Erfahrungsräumen erworben wird.

> „[…] war das schon, glaube ich, ein cooler Stadtteil. Das hatte so damals ja eh auch einen anderen Flair zu DDR-Zeiten, habe ich mir von den alten Leuten hier erzählen lassen, gab es diese Hausvertrauensmänner in jedem Aufgang, also da wurde einer benannt, der war Ansprechpartner für, für die Leute, die dort lebten“ (Interviewausschnitt Carsten Elster, Sozialarbeiter)

Der Sozialarbeiter greift zur Beschreibung des Gemeinwesens auf Erzählungen über milieuspezifisches Erfahrungswissen zurück. Die vermittelten Erfahrungen der Adressat*innen werden von Carsten Elster als relevant wahrgenommen und in einen positiven Horizont gesetzt. Er gibt tradierte Alltagskommunikation über den Stadtteil wieder. Dies tut er in besonders positiver Weise, die als nostalgisch verstanden werden kann (vgl. Neller 2006). Der Beschreibung ist eine affektive Idealisierung der Vergangenheit eingelagert. Negative Seiten wie die kontrollierende Funktion der Besuchsprotokolle oder der sogenannten Hausvertrauensmänner werden nicht thematisiert, vielmehr weichgezeichnet. Dieser Fall steht beispielhaft für Sozialarbeiter*innen, die sich als besonders verbunden mit dem sozialen Milieu, in dem sie arbeiten, darstellen. Diese Praktiker*innen begründen – explizit wie implizit – ihre professionelle Kompetenzannahme mit dem geteilten konjunktiven Erfahrungswissen.

So berichtet der Interviewte von einem Besuch eines Politikers der AfD in einem Stadtteilladen: „[…] und ähm dann ging er quasi aus der Tür, verabschiedete sich und fragte mich, äh in seinem Wahlkreis, wo die Sparkasse sei, wo ich dann denke, du hast dich ja geil mit deinem Stadtteil beschäftigt. Das ist dann so der Irrsinn dahinter.“ Er kritisiert – wenn auch nur gedanklich – den Kommunalpolitiker für mangelnde Ortskenntnis, also milieufremd zu sein. Über die Milieubezogenheit eröffnet sich der Interviewte hier die Möglichkeit, Aussagen rechter Weltanschauung so zu begegnen, dass deren ideologische Elemente über den mangelnden Erfahrungsbezug infrage gestellt werden und nicht über inhaltlich-ideologische Gegenpositionen (vgl. ähnlich für den pädagogischen Umgang mit Antisemitismus Radvan 2010: 228-234). Auch wenn diese Handlungsoption hier nur gedankenexperimentell auftaucht, beinhaltet sie eine vermutlich wirksame Interventionsweise. Dies gerade dadurch, dass eine Verstrickung in ideologisch geführte Diskussionen über „richtiges“ und „falsches Wissen“ unterlaufen werden kann. Eine explizite, fachlich begründete Reflexion über das Wie einer Auseinandersetzung mit Politiker*innen der AfD in Räumen der Sozialen Arbeit findet sich im weiteren Verlauf dieses und auch weiterer Interviews jedoch nur fragmentarisch.

5. Fazit: Plädoyer für eine rekonstruktive Rechtsextremismusforschung

Vorläufige Ergebnisse der drei vorgestellten Arbeiten zeigen, inwiefern rekonstruktive Forschung mit spezifischen Perspektiven auf das pädagogische Handeln von Fachkräften verbunden sein kann. Mit dem Blick auf das milieubezogene, alltagspraktische Wissen kann es gelingen, Selbstbeschreibungen von Zielgruppen so zu deuten, dass deren Erfahrungen (aus der DDR aber auch aus dem damaligen Alltag im Gemeinwesen) berücksichtigt (und damit auch anerkannt) werden. Gleichzeitig werden in der vermittelten Konfrontation mit (extrem) rechten Einflussnahmen spezifische Herausforderungen der Fachkräfte deutlich: Es zeigt sich ein Ringen um Positionierung und das Ausloten von Handlungsmöglichkeiten. Der rekonstruktive Bedeutungsaufschluss des Interviewmaterials ermöglicht darin eingebettet die Betrachtung einer Kategorie „ostdeutsch" in ihrer Reflexivität und historischen Kontinuität, aber auch Heterogenität.

Die Darstellung der Heterogenität im professionellen Handeln und der Einbezug sozialräumlicher und struktureller Verhältnisse, aber auch der Blick auf den Professionalisierungsdiskurs kann dazu beitragen, einseitiges abwertendes Forschen, Sprechen und Schreiben über „den Osten" zu vermeiden und unter dem Fokus rechtsdominierter Räume diese kleinteiliger in den Blick zu nehmen. Dies ermöglicht, den Umgang mit Rechtsextremismus in der Sozialen Arbeit unter Einbezug sozialräumlicher und institutioneller Einflussfaktoren zu betrachten, dies in Bezug auf die Professionalisierungsdebatte zu setzen sowie dem stereotypisierenden gesellschaftlichen Diskurs über den „Braunen Osten" eine Differenzierung entgegenzusetzen. Dementsprechend: Der kritische Blick auf den „Braunen Osten" als Diskurs bedeutet nicht, die durch Forschung und Monitoring belegte Gewalt und Strukturen, die damit in Beziehung stehen, als Erfindung abzutun. Vielmehr lassen sich Spezifika extrem rechter Erscheinungsformen beispielsweise in einer Mehrebenenanalyse im Ost-West-Vergleich rekonstruktiv nachzeichnen (konkret dazu Radvan 2025).

In den vorgestellten Forschungsprojekten zeigen sich schließlich auch die Handlungsunsicherheiten der Fachkräfte in der Konfrontation mit extrem rechten Einflussnahmen, u. a. in der starken Betonung von Fortbildungsbedarfen. Dies schließt an Forschungsarbeiten der letzten Jahre innerhalb der Sozialen Arbeit an, die Entwicklungsbedarfe des Curriculums Sozialer Arbeit an Hochschulen in Bezug auf Rechtsextremismus und Rassismus konstatieren (u. a. Krüger/Küpper/Boeckh 2023). Studierende zeigen sich insgesamt handlungssicher in der Konfrontation mit Rechtsextremismus. Diese professionelle Kompetenz scheint jedoch wertebasiert fundiert, da ein Großteil der Studierenden sich im Studium nicht ausreichend vorbereitet sieht. Gleichzeitig sind

Studierende mit Rechtsextremismus innerhalb ihrer Praxisphasen im Studium konfrontiert, im Osten häufiger und dichter als im Westen (ebd.). Die Ergebnisse legen nahe, dass es eine differenzierte Betrachtung der Hochschulstandorte und ihrer Sozialräume braucht, regionenspezifisch und mehrperspektivisch, um den Anforderungen in der Ausbildung der Fachkräfte gerecht zu werden. Hier kann die Vermittlung und Anwendung rekonstruktiver Methoden einen selbstreflexiven Blick auf Praxis fördern und vor der Suche allzu einfacher Antworten auf komplexe Phänomene schützen.

Literatur

Begrich, David (2024): Ostdeutschland: Was nach den Demos kommen muss. In: Blätter 2024, 3, S. 9-12. URL: https://www.blaetter.de/ausgabe/2024/maerz/ostdeutschland-was-nach-den-demos-kommen-muss#_ftn1 [Abruf: 29.07.2024].

Bitzan, Maria/Klöck, Tilo (1993): Wer streitet denn mit Aschenbuttel? Konfliktorientierung und Geschlechterdifferenz – eine Chance zur Politisierung sozialer Arbeit? München: AG SPAK.

Bohn, Irina/Münchmeier, Richard (1997): Das Aktionsprogramm gegen Aggression und Gewalt AgAG. Band 1: Dokumentation des Modellprojektes. Münster: Votum Verlag GmbH.

Bohnsack, Ralf/Nentwig-Gesemann, Iris/Nohl, Arnd-Michael (2013): Die dokumentarische Methode und ihre Forschungspraxis. Grundlagen qualitativer Sozialforschung. 3. Auflage. Opladen: Leske & Budrich.

Bohnsack, Ralf (2003): Rekonstruktive Sozialforschung. Opladen: Leske & Budrich.

Charmaz, Kathy (2014): Constructing Grounded Theory. 2nd Edition. London: SAGE Publications Ltd.

Eichinger, Ulrike/Schäuble, Barbara (2022): Konfliktanalysen. Element einer kritischen Sozialen Arbeit: Ein Studienbuch. Berlin: Springer.

Heft, Kathleen (2018): Brauner Osten – Überlegungen zu einem populären Deutungsmuster ostdeutscher Andersheit. In: Feministische Studien 36, 2, S. 357-366. https://doi.org/10.1515/fs-2018-0038.

Jänicke, Christin/Mildenberger, Helene (2023): „Ja, klar haben wir versagt!“ Polizeilicher Umgang mit jugendlichem Rechtsextremismus in den 1990er Jahren. In: Bock, Vero/Bruns, Lucia/Jänicke, Christin/Lehnert, Esther/Kopke, Christoph/Mildenberger, Helene (Hrsg.): Jugendarbeit, Polizei und rechte Jugendliche in den 1990er Jahren. Weinheim/Basel: Beltz Juventa, S. 30-50.

Kahane, Anetta (2004): Ich sehe was, was du nicht siehst. Meine deutschen Geschichten. Berlin: Rowohlt.

Kollmorgen, Raj (2022): Radikale Rechte als ostdeutsches Problem? Zur langen Kultur- und Gesellschaftsgeschichte des Rechtspopulismus in Ostdeutschland. In: ApuZ, Heft 49-50/2022, S. 33-38. URL: https://www.bpb.de/shop/zeitschriften/apuz/rechte-gewalt-in-den-1990er-jahren-2022/515774/radikale-rechte-als-ostdeutsches-problem/ [Abruf: 19.11.2023].

Krüger, Christine/Küpper, Beate/Boeckh, Jürgen (2023): Zivilcouragiertes Handeln gegen Einflussnahmen von Rechtsaußen in der Praxis des Sozialwesens – Ergebnisse einer Befragung von Studierenden als angehende Fachkräfte. In: Zeitschrift Demokratie gegen Menschenfeindlichkeit. Wochenschau Verlag, S. 133-143.

Lessenich, Stephan (2012): Brauner Osten? Wie neulich mal wieder die DDR besiegt wurde. PROKLA. In: Zeitschrift für Kritische Sozialwissenschaft, 42(166), S. 107-112. https://doi.org/10.32387/prokla.v42i166.20.

Lindner, Stefanie (2023): Parallelen und Differenzen im Umgang mit extrem rechten Jugendlichen im Ost-West-Verhältnis. Eine machtkritische Analyse des Diskurses um die akzeptierende Jugendarbeit und das Aktionsprogramm gegen Aggression und Gewalt. In: ZRex – Zeitschrift für Rechtsextremismusforschung, 1-2023. Wiesbaden: Springer Fachmedien. S. 118-134. https://doi.org/10.3224/zrex.v3i1.08.

Neller, Katja (2006): DDR-Nostalgie, Dimensionen der Orientierung der Ostdeutschen gegenüber der ehemaligen DDR, ihre Ursachen und politischen Konnotationen. Wiesbaden: VS Verlag. https://doi.org/10.1007/978-3-531-90425-2.

Quent, Matthias (2016): Sonderfall Ost – Normalfall West? Über die Gefahr, die Ursachen des Rechtsextremismus zu verschleiern. In: Frindte, Wolfgang/Haußecker, Nicole/Schmidtke, Franziska (Hrsg.): Rechtsextremismus und „Nationalsozialistischer Untergrund“. Interdisziplinäre Debatten, Befunde und Bilanzen. Wiesbaden: Springer VS, S. 99-118. https://doi.org/10.1007/978-3-658-09997-8_2.

Raab, Michael/Radvan, Heike (2023): „Man muss lernen, sich zu bewegen“. Erfahrungen verschiedener Betroffenengruppen mit rechter Dominanz in Cottbus. Handlungsstrategien und Umgangsweisen. In: Botsch, Gideon/Köbberling, Gesa/Schulze, Christoph (Hrsg.): Rechte Gewalt. Aktuelle Analysen und zeithistorische Perspektiven auf das Land Brandenburg. Berlin: Metropol Verlag, S. 347-378.

Radvan, Heike (2025, i.E.): Rechtsextremismus in Ostdeutschland – Spezifik oder Ossifizierung? Kategorien für eine mehrebenenanalytische Betrachtung. In: Berliner Blätter. Ethnographische und ethnologische Beiträge. Veröffentlicht von der Gesellschaft für Ethnographie gemeinsam mit dem Institut für Europäische Ethnologie der Humboldt-Universität zu Berlin, 89/2024.

Radvan, Heike (2024): (Extrem) rechte Einflussnahme und Dominanzbestrebungen: Herausforderungen und Handlungsoptionen Sozialer Arbeit, Vortrag auf dem Studientag: Soziale Arbeit in Verantwortung: Die extreme Rechte und die Gefährdung der Demokratie am 12. Juni 2024 an der Hochschule Düsseldorf, Veröffentlichung des Vortrages online:
https://soz-kult.hs-duesseldorf.de/studientag-soziale-arbeit-in-verantwortung.

Radvan, Heike (2010): Pädagogisches Handeln und Antisemitismus. Eine empirische Studie zu Beobachtungs- und Interventionsformen in der offenen Jugendarbeit. Bad Heilbrunn: Verlag Julius Klinkhardt.

Soziale Arbeit als Akteurin in Transformationsprozessen

Futurist Ecofeminist Space: Speculatively Fabulating the Future of Social Work in the Context of Eco-Social Crisis

Yari Or and Chaitali Das

This paper explores tools for envisioning a future of social work within the context of an ongoing global polycrisis. It delves into how Speculative Fabulation can provide an accessible method for addressing the profound challenges posed by this crisis. By integrating Speculative Fabulation with eco-feminist, decolonial and postmaterialist principles, we aim to illustrate the potential of ontological shifts towards just future paradigms in social work.

The contemporary world is characterized by multiple interconnected crises that collectively pose significant challenges for social work as a field. These include climate change, political instability, and public health emergencies, such as the COVID-19 pandemic. Each of these crises exacerbates the others, creating a complex web of issues that impact individuals and communities in profound ways. As a result, there is an urgent need to develop new ways of thinking about how we as a field of practice position ourselves in relation to unfolding events. By turning to Speculative Fabulation (Haraway 1991; 2014; 2016), we explore a method that may be suited to address these complex and interconnected challenges as it allows us to re-imagine and create new, transformative futures. Our approach is in line with Audre Lorde's (1984 (2007)) assertion that we cannot dismantle the master's house using the master's tools. By fostering radical imagination beyond the disciplinary tools that we have employed so far, Speculative Fabulation thus provides a framework for envisioning just futures in the context of crisis.

Speculative Fabulation (SF) is in many ways a response to the regulation of thinking within scientific communities. This regulation is commonly acknowledged as one of the central tasks of scientific communities, as the significant role of peers, power dynamics, and hierarchies in this process are well-documented (Bourdieu 1988; Gläser 2006). In response to a science that is often rooted in privilege, power, and Eurocentrism, Speculative Fabulation emerges from a feminist and decolonial perspective, undertaking a "queering" of scientific categories in order to create space for new ways of thinking beyond the boundaries enforced by disciplines and scientific modes of knowledge production. In this context of epistemological liberation, SF serves as a powerful tool for both the empowerment of creative imagination and the production of knowledge.

SF merges creative imagination with critical theory and feminist epistemology in order to envision new possibilities and challenge current assumptions (Haraway 1991; 2014). It combines insights from diverse academic fields – from the hard and soft sciences to the arts – with the fantastic and the surreal. It is also closely linked to Afrofuturism (Taylor et al. 2023), which blends science fiction, historical fiction, and fantasy to explore the African diaspora's future and address contemporary issues of race, gender, and societal transformation. Consequently, SF today often employs imaginative narratives in order to challenge existing power structures and to envision alternatives to racist, patriarchal, and anthropocentric systems, aligning with decolonizing and unlearning agendas. By enabling the exploration of "what if" scenarios, it challenges the status quo and proposes transformative possibilities.

Across disciplines, scientific research has increasingly embraced speculative approaches once dismissed as unscientific or mere popular science (Jylkka 2019; Puig de la Bellacasa 2017; Weaver 2019). The epistemological questions raised by these methods have permeated various academic fields in Germany, including philosophy, media studies, and education (Bröckmann et al. 2021; Grabau/Janssen 2021; Pfützner/Engelmann 2022; Rostock 2022). German educational scientist Anne Rostock highlights the importance of SF for education research, arguing that it helps us recognize and reflect the full spectrum of possible realities—including dangerous and threatening ones—and with this allows us to broaden the scope of what is thinkable within academic disciplines such as education (Rostock 2022: 25ff.). Echoing the relevance of this perspective, the US-based initiative "The Future of Social Work" hosted an international conference in May 2024, where SF was a key approach presented in both lectures and workshops.

We believe this growing interest in the speculative in our field stems from an urgent need to engage with previously unconsidered – and even unthinkable – futures shaped by the ongoing global polycrisis. The widespread concern over the epoch of the Anthropocene has introduced an "end-of-world narrative" (Beier 2023) to global societies as well as to disciplines like social work and education. Such "end times" conditions prompt us to question the nature of existence, life, and the organization of our societies and economies, necessitating innovative conceptual approaches which present a pedagogical challenge (ebd.: 19). Re-imagining the end of the world as a pedagogical issue calls for a "weird pedagogy" (ebd.: 30) to anticipate unthought futures. SF about the end times then provides an experimental platform to rethink our worldviews, including educational and social work perspectives (Carstens 2020), by challenging current norms, institutions, and habits, and exploring the implications of posthuman and new materialist perspectives before, during, and after these end-of-world scenarios. In this way, contemplating the full range of possible realities and futures may lead to "radical onto-ethical reworkings of existing pedagogical and epistemological systems" (Braidotti 2013; Geerts/Carstens

2019). This might involve new methods of teaching students critical thinking about the future of social work, innovative ways of co-producing and designing future-oriented services with clients, or re-imagining and co-creating our methods and approaches in order to future-proof our fields beyond current disciplinary boundaries. For all of these endeavors, Speculative Fabulation may be the ideal tool.

Our own theoretical and political approach to SF is deeply rooted in ecofeminist perspectives (Johnson/Wilkinson 2020; Mies/Shiva 1993) and informed by decolonial (Gray 2013) and postmaterialist (Bozalek 2024; Bozalek/Pease 2021) approaches to the field of social work. Both ecofeminist and postmaterialist perspectives criticize dualism and anthropocentrism, emphasizing the interconnectedness of all life forms and advocating for holistic approaches that integrate environmental, social, and economic dimensions. Ecofeminism also speaks more directly toward an ethics of care which prioritizes nurturing, cooperation, and mutual respect to foster sustainable and equitable relationships. We believe that in this context of crisis, which exposes the inadequacies of our current system, it is time to re-evaluate our relationships with each other, more-than-human-nature, technology, as well as traditional societal and professional structures and futures.

In the following, we present two scenarios integrating research findings with SF. Both scenarios are set in an imagined future of 2064: one explores the intersection of polycrisis, AI revolution, and social work mandates, while a second focuses on issues of professionalization in social work.[1] We share these scenarios for consideration as exemplars of this method and the alternative realities they propose.

1. Scenario 1: Tech Justice and AI Empowerment of Communities Facing the Polycrisis

In 2034, Europe faces severe impacts of climate change, such as rising temperatures, extreme weather, and ecological disruptions. These changes harm public health through heatwaves, air pollution, and zoonotic diseases from disrupted habitats. Biodiversity loss has caused crop failures and inflated food prices, while the AI revolution has led to global economic and political instability. Vulnerable urban communities in Europe, including Germany, face in-

---

1 These scenarios were presented in a participatory workshop at the "Futurist Eco-Feminist Space" during the *German Association for Social Work (DGSA)'s* annual conference in April 2024.

creased risks of food and housing insecurity, unemployment, poverty, social isolation, illness, and mental health deterioration.

Historically, government agencies have addressed crises with top-down interventions. However, due to insufficient funds the global crisis, government social services broke down. AI technology was increasingly used to coordinate disaster response and emergency management. Despite appearing to offer solutions, AI algorithms for resource allocation, risk assessment, and decision-making inadvertently reinforced systemic biases, resulting in unequal outcomes for marginalized groups. These biases, rooted in historically established structures of epistemic injustice, perpetuated existing inequalities during the crisis.

As society grappled with unprecedented challenges, activists from marginalized communities questioned the ability of AI technologies to navigate the complexities of their communities' lives and needs. *Tech Justice* emerged as a new civil rights movement focusing on the profound impact of AI technologies on marginalized communities. This movement called out the deep-seated structural injustices in the design, creation, and deployment of AI technology. Activists perceived a fundamental misalignment between the social justice issues that needed to be redressed simplistic technological solutions. They also rejected being managed by visions of the future crafted by a select minority of influential investors, corporate executives, and privileged technologists. Consequently, many urban communities started to disengage from their reliance on AI-managed social services. As early as the 2020s, marginalized communities had begun self-organizing locally to address their needs, developing community-led responses, focusing on offline community empowerment, relationship building, neighborhood mobilization, and reclaiming agency and autonomy. During the time of change and crisis in the 2030s and 2040s, social workers shifted from being service providers to allies in community empowerment. As marginalized urban communities developed self-help paradigms, a new model of social work—centered on allyship, solidarity, justice, and community-led change—emerged.

By the 2050s, the concurrent AI revolution had led to AI technology becoming ubiquitous in societies across the globe, prompting community activists to reconsider AI technology in order to meet community needs. The *Algorithmic Justice League* and others aimed to re-imagine and re-direct the intertwined trajectory of technology, society, government, and culture in order to create a more equitable future. By re-imagining a future where technology was intentionally employed, tech justice sought to empower communities, enabling them to harness these technologies for their benefit.

Community-led AI platforms emerged, enabling marginalized groups to gather and analyze data on their vulnerabilities and needs during crises. These platforms used AI-powered predictive analytics for proactive disaster response, forming coalitions for crisis mitigation and transformative change.

AI platforms, co-created with community members, served as hubs for crowd-sourcing information, coordinating responses, and equitable resource allocation. Community-led decision-making combined AI analytics with local knowledge and lived experiences, thus ensuring inclusive responses.

During this time, social workers supported communities in leveraging AI technology. They acted as facilitators of AI empowerment and as AI educators, teaching and enabling communities to participate in AI-related decision-making. Social workers promoted AI literacy, transparency, accountability, and equity in AI governance. They fostered collaboration between communities, independent tech organizations, and government agencies, thus putting community voices at the center in order to create equitable and socially just AI ecosystems.

Let's review the possible futures introduced by this first scenario for social work to grapple with. The scenario raises the question of how marginalized communities can navigate and thrive amid the polycrisis and in the context of the ongoing AI revolution. It explores the implications, outcomes, and ethical considerations of AI in contexts of crisis. Decentralized AI platforms could enhance resilience and autonomy among communities but also risk reinforcing biases and inequalities. The scenario underscores the need for ethical AI development to support marginalized communities and avoid worsening systemic disparities. It illustrates how technology can empower these communities and promote social justice, exemplified by initiatives like the *Tech Justice* movement and the *Algorithmic Justice League* (Byrum/Benjamin 2022). Speculative community-led AI platforms embody ecofeminist principles of interconnectedness and care ethics, challenging traditional tech paradigms. They also reflect De Sousa Santos's (2014) concept of emergence, envisioning an ecology of co-existing, non-hierarchical knowledges.

This scenario also envisions social work evolving to integrate community-driven action with ethically-guided AI technology, addressing the need for technological empowerment. Applying principles of postmaterialism and *Tech Justice*, social workers ensure that technological advancements align with principles of social justice and ecofeminism, thus redefining the field's societal impact.

2. Scenario 2: New Professionalism in 2064 – Social Workers are Social Avatars

The decades prior to 2064 were particularly challenging for social work. Social work faced increased de-professionalization, including a growing instrumentalization of social workers to manage risks and to perform gatekeeping functions (Reisch 2013; Healy/Meagher 2004). Critics highlighted the continuing coloniality of social work (Fortier/Wong 2019) and its failures to empower their clients and/or address structural inequalities (Maylea 2021). Authors such as Healy and Meagher (2004) called for new alliances and a re-professionalization of social work to allow models and processes for empowering work to re-emerge.

Students from Germany, Lithuania, Malaysia, India, and Jordan initially envisioned the concept of Social Avatars as a 'new kind of Social Worker' to address issues of professionalization in social work during an international student exchange project. Gaining public popularity soon after, the idea of Social Avatars developed further in the 2050s and 2060s. In 2064, a transnational group of Social Avatars with distinct identities emerged as strongly connected to and supported by their local communities.

These pioneers of the concept found the Avatar theme fitting for their vision, as Social Avatars, like the original Avatars, symbolize shifts and changes from the past towards a new future. The TV series "Avatar: The Last Airbender"[2] inspired the concept, offering a metaphor accessible to a new generation of social workers. The series is set in a world with four different civilizations ('Nations'), each mastering one of the elements of air, water, earth, and fire. The series follows the protagonist Aang, an airbender chosen to be the next Avatar who can control all elements. Aang's journey to restore harmony amidst the Fire Nation's attempt to dominate all other nations reflects the transformative role envisioned for Social Avatars. There are several parallels between "Avatar: The Last Airbender" and the idea of the Social Avatars that explicate the vision and potential of this scenario:

Rootedness in Interdisciplinarity and Community: Like Aang, who mastered all elements, Social Avatars in 2064 are trained across multiple disciplines, combining roles such as artist-social workers, doctor-social workers, and faith leader-social workers. This interdisciplinary approach emerged alongside a broader shift across all professions that began to dismantle the capitalist system. Social Avatars work collaboratively with other professionals in non-hierarchical settings, making decisions based on evidence and values of social justice. This synthesis of diverse perspectives and methodologies allows them to effectively address complex social challenges. Drawing on the wisdom of various cultures, Social Avatars aim to bring harmony to a united global community. Social Avatars are chosen by local communities to reflect their unique diversities and needs.

Anti-Oppression and Innovative Problem-Solving: Like Aang's mission to counter the Fire Nation's power and to restore balance, Social Avatars aim to address power imbalances, promote anti-oppressive practices, and foster a just society. They challenge existing power structures and advocate for the margi-

2 created by Michael Dante DiMartino and Bryan Konietzko between 2005 and 2008

nalized. Their innovations are rooted in community contexts, respecting pasts and histories, and emphasize restorative justice, empathy, and creative solutions. Social Avatars integrate traditional cultural practices, religious worldviews, older methods of social work, as well as advanced technologies like robots, augmented reality, and 3-D printing, responsibly and depending on the context.

*Translocality and global solidarity: S*mall numbers of Social Avatars undertake sabbaticals and internships in other localities around the globe to gain inspiration, experiences and insights. This cultural exchange supports the establishment of connections across communities and enables a cohesive global network linking the local to the global. Social Avatars are almost always part of bigger networks across different localities. They operate within translocal networks, seamlessly connecting local actions with changes happening in other communities and contexts. Their mandate includes not only supporting their immediate communities but ensuring that this does not cause harm and exploitation of others. This conceptualization of Social Avatars has led to new futures, practices and cooperations that were unimaginable before 2024.

What are the openings offered by this scenario? The emergence of Social Avatars addresses the Eurocentric and postcolonial biases in traditional social work, which often operated within national paradigms, and which were influenced by neoliberalism. A re-professionalization of social work requires embracing new contexts, empowering practices, interdisciplinary knowledge, and acknowledging the expertise of other professions and knowledge systems. Social Avatars derive their legitimacy from their embedded communities rather than regulation by the state. As social workers transformed into Social Avatars, they blended traditional cultural knowledge with innovative approaches to create a balanced, just, and harmonious world. They are versatile, empathetic, and globally connected professionals dedicated to forging a new path for social work.

3. Conclusion

In this paper, we have explored the potential of SF in order to envision an ecofeminist and postmaterialist future for social work within the context of multiple, interconnected crises. The potential of SF could diverge even more radically from our current realities if the posthuman/new materialist, relational ethico-onto-epistemologies it is able to evoke were taken beyond current anthropocentric realities. Instead, we employed Speculative Fabulation in a simpler orientation towards ecofeminist principles in a future entangled in postmaterialism, an undertaking which – we believe – by itself already presents a significant challenge to our current disciplinary and ontological reality. As we look to the future, we hope that Speculative Fabulation will find widespread acceptance as a powerful tool for envisioning our more-than-disciplinary futures as academics, practitioners, and students in our field.

Cited Works

Aizeki, Mizue/Mahmoudi, Matt/Schupfer, Coline (2024): Resisting borders and technologies of violence. Chicago, IL: Haymarket Books.

Beier, Jessie L. (2023): Introduction, or unthinking pedagogy for the „end times“. In Jessie L. Beier (ed.), Pedagoy at the end of the world. Weird pedagogies for unthought educational futures. Montreal, Canada: Springer Nature, S. 1-58.

Bourdieu, Pierre (1988): Homo academicus. Berkeley: Stanford University Press.

Bozalek, Vivienne (2024): The contribution of feminist new materialism to social work. In: Noble, Carolyn/Rasool, Shahana/Harms-Smith, Linda/Munoz-Arce, Gianinna/Baines, Donna (ed.): The Routledge international handbook of feminisms in social work. London and New York: Routledge, S. 547-559.

Bozalek, Vivienne/Pease, Bob (2021): Post-anthropocentric social work: critical posthuman and new materialist perspectives. Milton, UK: Taylor & Francis Group.

Braidotti, Rosi (2013): The posthuman. Cambridge: Polity Press.

Bröckmann, Laura/Engelmann, Sebastian/Reichrath, Philipp/Rohstock, Anne (ed.) (2021): Creativity, courage, chances. Festschrift zu Ehren von Karin S. Amos. Tübingen: Tübingen University Press.

Byrum, Greta/Benjamin, Ruha (2022): Disrupting the gospel of tech solutionism to build tech justice. Stanford social innovation review. o.S. doi:10.48558/9SEV-4D26.

Carstens, Delphi (2020): Toward a pedagogy of speculative fabulation. In: Critical studies in teaching & learning, 8 (Special Issue), S. 75-91.

de Sousa Santos, Boaventura (2014): Epistemologies of the south: justice against epistemicide. Boulder/London: Paradigm Publishers.

Fortier, Craig/Hon-Sing Wong, Edward (2019): The settler colonialism of social work and the social work of settler colonialism. In: Settler colonial studies, 9(4), S. 437-456.

Geerts, Evelien/Carstens, Delphi (2019): Ethico-onto-epistemology. Philosophy today, 63(4), S. 915-925.

Gläser, Jochen (2006): Wissenschaftliche Produktionsgemeinschaften. Die soziale Ordnung der Forschung. Frankfurt/M./New York: Campus.

Grabau, Christian/Janssen, Angela (2021): Die Chance vieler Geschichten: wie im Kontext von Rassismus, Feminismus und (Post-)Humanismus die Gegenwart und Zukunft anders erzählen. In: Böckmann, Laura/Engelmann, Sebastian/Reichrath, Philipp/Rohstock, Anne (ed.): Creativity, courage, chances. Festschrift zu Ehren von Karin S. Amos. Tübingen: Tübingen University Press, S. 285-314.

Mel, Gray/Coates, John/Yellow Bird, Michael/Hetherington, Tiani (2013): Decolonizing social work. In: Contemporary social work studies. London/New York: Routledge.

Haraway, Donna (1991): Simians, cyborgs, and women: the reinvention of nature. London: Routledge.

Haraway, Donna (2014): Keynote presentation sf: string figures, multispecies muddles, staying with the trouble at university of Alberta Faculty Club, March 24. https://www.youtube.com/watch?v=Z1uTVnhIHS8. (Zugriff: 26.08.2024).

Haraway, Donna (2016): Staying with the trouble: making kin in the cthulucene. Durham: Duke Academic Press.

Healy, Karen/Meagher, Gabrielle (2004): The reprofessionalization of social work: collaborative approaches for achieving professional recognition. In: British journal of social work, 34(2), 243-260.

Johnson, Ayana Elizabeth/Wilkinson, Katharine K. (ed.) (2020): All We Can Save. Truth, Courage, and Solutions for the Climate Crisis. Blackwell, UK: Random House Publ.

Jylkka, Katja (2019): Speculating Science: Nature, Narrative, and the Cryptozoological Imagination. University of California, Davis, ProQuest Dissertations & Theses.

Lorde, Audre (1984 (2007)): The Master's Tools Will Never Dismantle the Master's House. In Sister Outsider: Essays and Speeches (pp. 110-114). Berkeley, CA: Crossing Press.

Maylea, Chris (2021): The end of social work. In: the British journal of social work, 51(2), 772-789.

Mies, Maria/Shiva, Vandana (1993): Ecofeminism. London: Zed Books.

Noble, Safiya Umoja (2018): Algorithms of oppression. How search engines reinforce racism. New York: NYU Press.

Pfützner, Robert/Engelmann, Sebastian (ed.) (2022): Science Fiction Bildung. Pädagogische Interpretationen. Tübingen: Tübingen University Press.

Puig de la Bellacasa, María (2017): Matters of care. Speculative ethics in more than human worlds. Minneapolis, London: University of Minnesota Press.

Reisch, Michael (2013): What is the future of social work? In: Critical and Radical Social Work, 1(1), 67-85.

Rostock, Anne (2022): Science Fiction und Spekulatives Fabulieren – Mit Donna Haraway und kontrafaktischer Geschichte im SF-Modus Disziplingeschichten der Erziehungswissenschaft erzählen. In: Pfützner, Robert/Engelmann, Sebastian (ed.): Science Fiction Bildung. Pädagogische Interpretationen. Tübingen: Tübingen University Press.

Taylor, Taryne Jade/Lavender, Isiah/Dillon, Grace L./Chattopadhyay, Bodhisattva (2023): The Routledge handbook of cofuturisms. Routledge Literature Handbooks. London: Routledge.

Weaver, John A. (2019): Curriculum sf (speculative fiction). Reflections on the future past of Curriculum studies and science fiction. In: Journal of the American association for the advancement of curriculum studies, 13(2).

Klinische Sozialarbeit als Akteurin im Kontext gesellschaftlicher Transformation

Eva Wunderer, Dieter Röh, Marion Mayer, Christine Kröger, Gernot Hahn, Lisa Große, Karsten Giertz, Julia Gebrande und Silke Birgitta Gahleitner

1. Einleitung

Die Kultur der „direct practice" im Sinne sozialklinisch geprägter Zuwendung zu benachteiligten und beeinträchtigten Menschen begründeten bereits Mary Richmond (1917) und Alice Salomon (1926) (Gahleitner et al. 2024). In den vergangenen 25 Jahren wurde an diese frühen Traditionen angeknüpft, wodurch die Entwicklung der Klinischen Sozialarbeit deutlich an Fahrt aufgenommen hat. Sie ist mittlerweile im deutschsprachigen Raum als Fachsozialarbeit gut etabliert. Dies zeigt sich an vielfältigen Publikationen, Fachtagungen und Kongressen sowie an fach- und berufspolitischen Initiativen wie dem European Centre for Clinical Social Work e.V. (ECCSW) sowie Forschungsaktivitäten und der Promotionsförderung (Gahleitner 2022). Notwendigkeit und Spezifika der Klinischen Sozialarbeit sowie ihr Professionsverständnis werden im ersten Abschnitt dieses Beitrags dargelegt.

Aktuell ist Klinische Sozialarbeit im Zuge gesellschaftlicher Transformationsprozesse und globaler Herausforderungen wie der COVID-19-Pandemie, der Energie- und Klimakrise sowie kriegerischer Auseinandersetzungen und Fluchtbewegungen sowie wachsender sozialer Unterschiede gefordert. Intersektionalität als zentrales theoretisches Konzept ermöglicht es der Klinischen Sozialarbeit, ihre Angebote differenzsensibel, diskriminierungskritisch und barrierearm zu gestalten, wie der zweite Abschnitt dieses Beitrags zeigt.

Klinische Sozialarbiet will sozialer Ungleichheit entgegentreten, eine sozialtherapeutische Perspektive in der Gesundheitsversorgung und eine gesundheitsbezogene Perspektive im Sozialwesen etablieren. Gesundheitspolitische Veränderungen wie das Gesetz zur Reform der Psychotherapieausbildung im Jahr 2020 haben dazu geführt, dass therapeutische Hilfen für komplex belastete und marginalisierte Menschen noch schwerer zu erreichen sind (Gahleitner et al. 2024). Klinische Sozialarbeit ist daher gefragt, sich zu positionieren sowie sozialpolitische Handlungsempfehlungen und bedarfsgerechte Unterstützungsangebote zu entwickeln (Giertz 2024). Chancen bieten sich derzeit beispielsweise im Rahmen der Umsetzung des Bundesteilhabegesetzes und der

Entwicklungen in der Beratungslandschaft. Die Sektion Klinische Sozialarbeit der Deutschen Gesellschaft für Soziale Arbeit (DGSA) arbeitet seit einigen Jahren daran, mit der Sozialtherapie einen eigenständigen, sozialen und ganzheitlichen Behandlungsansatz zu entwickeln – eine dringliche, wenn nicht überfällige Aufgabe (Ortmann/Röh 2022). Ziel ist, diese „direct practice" der Klinischen Sozialarbeit als Sozialtherapie im biopsychosozialen Gesundheitssystem als gleichwertige Säule neben der medizinischen und der psychotherapeutischen Säule zu etablieren.

Die Betonung der lebensweltlichen Einbindung rückt neben gesellschaftlichen Rahmenbedingungen auch das soziale Netzwerk in den Blick. Demgemäß ist der dritte Abschnitt dieses Beitrags den Angehörigen als bislang zu wenig beachteter Klient:innengruppe gewidmet. Angehörigenarbeit zeigt vor dem Hintergrund der spezifischen Herausforderungen und noch immer unzureichenden Unterstützungsangebote in besonderer Weise, wie Klinische Sozialarbeit zu einer gelingenden Bewältigung beitragen kann.

2. Professionsverständnis Klinischer Sozialarbeit

„Klinische Sozialarbeit ist zunächst und vor allem Sozialarbeit und damit Teil der Social Work. Ihre Vertreter wollen sich nicht vom Professionalisierungsdiskurs der Sozialen Arbeit insgesamt abkoppeln, sondern darauf aufbauend die klinisch-soziale Fachlichkeit verbessern" (Mühlum 2008: 4). Die eingangs beschriebenen tiefgreifenden Transformationsprozesse machen neben medizinischer und psychologischer Unterstützung sozialarbeiterisches Handeln immer notwendiger. Soziale Arbeit bietet in ihren umfassenden Fachkompetenzen der dialogischen und authentischen Begegnung, der Lebensweltorientierung und des Vernetzungsmanagements der verschiedenen Unterstützungssysteme auch tatsächlich ein dafür geeignetes Professionsverständnis. Allerdings gestaltet sich „die Debatte zu Professionsverständnissen in der Sozialen Arbeit […] seit ihren Ursprüngen vielschichtig, selbstkritisch und suchend" (Völter et al. 2020: 7).

Sozialarbeitende können sich – im Unterschied zu Angehörigen klassischer Professionen – wenig auf eindeutige, von der Alltagswelt abgegrenzte Orientierungsregeln beziehen. Die rasche Akademisierung und Professionalisierung Sozialer Arbeit sowie ihr komplexes Gefüge mit vielen Themen, Arbeitsfeldern und Zuständigkeiten (u. a. Müller-Hermann et al. 2018) stellen eine Herausforderung dar. Sozialarbeitende sind dadurch einer Reihe von Widersprüchen ausgesetzt. Sie sind auf dem Arbeitsmarkt zur Bewältigung gesellschaftlicher Problemlagen extrem gesucht, jedoch schlecht bezahlt. Der hohe Bildungsgrad widerspricht der oft geringen Entscheidungsbefugnis. Gleichzeitig antwortet Soziale Arbeit auf die herausfordernden gesellschaftlichen Bedingungen adäquat, kreativ und kompetent. Das in der Disziplin erarbeitete alltagsbezogene ethnografische, fall-, biografieorientierte und selbstreflexive theoretische, methodologische und methodische Wissen bietet dafür mannigfaltige Möglichkeiten (u. a. Riemann 2016; Schütze 2018). Motzke (2014: 247–252) spricht von einer „zukunftsweisenden Profession". Dem entspricht nicht zuletzt auch ihr grundsätzlich dialogisches Vorgehen. Dies benötigt jedoch eine qualifizierte Einsozialisierung (Engelke/Spatscheck/Borrmann 2016). Soziale Arbeit erhebt heute ausdrücklich den Anspruch, Studierende vom Bachelor bis zur Promotion hin zu qualifizieren, und realisiert dies bereits großflächig. Der Status der sogenannten Semiprofession wird nur noch vereinzelt diskutiert (Hansjürgens 2020).

In der Klinischen Sozialarbeit sind Fachkräfte mit Klient:innen konfrontiert, die dringend und umfassend Unterstützung benötigen, jedoch vom Gesundheits- und Sozialsystem häufig nicht angemessen erreicht werden. Brackertz (2007) arbeitet strukturelle, kulturelle, demografische sowie verhaltensbedingte Aspekte heraus, die dazu führen, dass diese Klient:innen kaum oder gar nicht von angebotenen Hilfen profitieren. In der Sozialen Arbeit spricht man von „hard to reach"-Klientel (Giertz/Große/Gahleitner 2021) oder seit einigen Jahren auch von „seldom heard" (z. B. Doel 2012) oder „ethical loneliness"-Klientel (Stauffer 2015; zur Kontroverse um die Begrifflichkeiten Wesenberg/Gahleitner 2022: 116f.). Gerade bei dieser Zielgruppe trägt Klinische Sozialarbeit als (Beziehungs-)Profession (Gahleitner 2017) die Verantwortung für eine bestimmte Expertise bezüglich fokussierter Problembereiche der Gesellschaft (Hansjürgens 2020) und benötigt ein besonders szenisch-situatives und begründetes Handeln unter komplexen und paradoxen Handlungsanforderungen (u. a. Becker-Lenz 2018).

3. Intersektionalität

Eine wichtige theoretische Grundlage der Klinischen Sozialarbeit stellt das Konzept der Intersektionalität dar. Mit seinen Wurzeln in den sozialen Bewegungen sowie innerhalb feministischer Theoriediskurse und der Frauen- und Geschlechterforschung stärkt es macht- und diskriminierungskritische Diskurse in der fachlichen Praxis (Crenshaw 1989; Winker/Degele 2009). Um den Gefahren der Individualisierung, Pathologisierung und Therapeutisierung entgegenzuwirken, braucht es die besondere Expertise Klinischer Sozialarbeit (Gebrande/Mayer 2024), die in ihrer systematischen und methodisch fundierten Bezugnahme auf die biografischen und lebensweltlichen Kontexte der Adressat:innen liegt. Damit bringt sie die sozialen, politischen und gesellschaftlichen Ursachen zur Sprache und bindet die Zusammenhänge von Gesundheit und Krankheit mit ihren (Ungleichheits-)Faktoren bei der Entstehung von individuellem biopsychosozialen Leid oder sogar Störungen in ihre diagnostischen Zugänge ein.

Denn die soziale Ungleichheit unserer Gesellschaften führt direkt und indirekt zu einer gesundheitlichen Ungleichheit und letztendlich sogar zu einer geringeren Lebenserwartung von marginalisierten und benachteiligten Menschen. Diese ungleiche Verteilung von Gesundheitschancen und Krankheitsrisiken lässt sich durch die sozialmedizinische und -epidemiologische Forschung belegen (Geyer 2021). In den großen Studien werden dabei vor allem Differenzen in Bezug auf das Bildungsniveau, Einkommen und berufliche Zufriedenheit untersucht oder selektiv in Hinblick auf diese Faktoren rezipiert. Darüber hinaus konnte die Forschung aber auch zeigen, dass Geschlecht, Ethnie sowie soziale Schicht die Entstehung, den Verlauf und die Bewältigung von Krankheiten wesentlich beeinflussen (Schigl 2014). Insbesondere in Verbindung mit den Befunden der Trauma- und Stressforschung werden die Erfahrungen und Folgen von frühen Kindheitstraumata (Felitti 2002) oder von Flucht und Migration sowie Rassismus (DGPPN 2012 und 2020) auf die Gesundheit und Lebensqualität herausgestellt. Zudem produzieren oder verstärken strukturelle Zugangsbarrieren für Personen mit Flucht- und Migrationserfahrungen (Lampert 2011; Lampert/Kroll 2010) oder Behinderungserfahrungen (Schröttle et al. 2013) ungleiche Bedingungen und Zugangswege und führen damit zu diskrimierenden Effekten.

Es ist daher notwendig, dass in Präventions- und Behandlungskonzepten bestimmte Risikogruppen in den Blick genommen werden. Beispielsweise brauchen insbesondere ältere suizid-gefährdete Männer (Welz 2012) oder Frauen mit Behinderungen, die viel häufiger von verschiedenen Formen von Gewalt betroffen sind (Schröttle et al. 2013), spezialisierte, bedarfsgerechte und niederschwellige Angebote. Dabei reicht es nicht aus, soziale und damit auch gesundheitliche Ungleichheit auf einzelne soziale Merkmale zu reduzieren – es braucht eine subjektbezogene Perspektive, die Menschen in der Komplexität ihrer sozialen Situation und damit verbundene Ungleichheits- und Diskrimierungserfahrungen wahrnimmt und sie reflektiert parteilich unterstützt. Diese sollen dabei „nicht einfach bestimmten Merkmalen von Personen zugeschrieben, sondern als Ausdruck von Strukturen verstanden werden, die sozial hergestellt und mit machtvollen gesellschaftlichen Bedeutungen versehen sind“ (Mayer/Gebrande 2024: 140). Das Konzept der Intersektionalität (Crenshaw 1989; Winker/Degele 2009) greift genau diese Verschränkung unterschiedlicher Achsen der Ungleichheit auf, mit dem Ziel, diese in der Analyse konkret zu untersuchen und die Herrschaftsverhältnisse (im Kapitalismus, im Patriarchat sowie im Imperialismus/(Post-)Kolonialismus) innerhalb der Gesellschaft zu berücksichtigen.

So kann eine Sensibilisierung für soziale Ungleichheiten und Machtverhältnisse als Analyse- und Reflexionsfolie für die eigene Professionalität dienen. Sie kann dazu anregen, die eigene Positionierung (im Sinne einer Zugehörigkeit zur Mehrheitsgesellschaft und einer Ausstattung mit Privilegien), mögliche eigene Verstrickungen in Macht- und Unterdrückungsverhältnisse, das eigene biografisch erworbene ggf. dominante und stereotypisierende Verhalten, eigene Vorurteile und Rassismen sowie auch eventuelle eigene Verletzungen zu erkennen. Dabei kann der Einbezug von Erfahrungswissen der Adressat:innen sowie die Zusammenarbeit mit Netzwerken der Communitys und Selbstvertretungen von Betroffenen hilfreiche Perspektiven eröffnen (Gebrande et al. 2024). Wer sich innerhalb der Fachpraxis der Klinischen Sozialarbeit für diese Zugänge öffnet, wird gemeinsam mit den Adressat:innen kreative Ideen entwickeln können, wie Angebote zukünftig stärker differenzsensibel, diskriminierungskritisch und barrierearm ausgerichtet werden können.

4. Angehörigenarbeit – Professionalisierungsimpulse aus sozialklinischer Perspektive

In nahezu allen Handlungsfeldern der Sozialen Arbeit kommen Fachkräfte mehr oder weniger unmittelbar mit Angehörigen in Berührung. Gleichzeitig fühlen sich Angehörige aber mit ihren Bedürfnissen oft wenig wahrgenommen und alleingelassen (BApK 2021), und der Blick auf Angehörige kommt in Forschung und Praxis nach wie vor eher zu kurz. Klinische Sozialarbeit, die die wechselseitigen Zusammenhänge zwischen Person, Beziehungen und Verhältnissen in besonderer Weise berücksichtigt (Kröger/Pauls/Gahleitner 2023), könnte die Chance eröffnen, das Verständnis von und die Arbeit mit und für Angehörige (Petereit-Zipfel 2021) zu erweitern.

Der von uns zugrunde gelegte Angehörigenbegriff umfasst neben familialen Netzwerken auch intensive Freundschaften, Nachbarschaftsbeziehungen und enge Verbindungen zu Kolleg:innen. Entscheidend ist die enge persönliche Verbundenheit, die sich durch gelebte Fürsorge und gegenseitige Verantwortung auszeichnet (Kröger/Große/Hahn 2024). Letztendlich sollten Adressat:innen selbst entscheiden, wer angehörig ist; Zuschreibungen von außen können den Blick auf besondere Konstellationen verstellen (z. B. bei zu pflegenden Mitgliedern der LSBTQIA*-Community; Lottmann 2018). Dabei unterscheiden sich die konkreten Bedarfe und Anliegen von Angehörigen aufgrund der jeweiligen Beziehung (z. B. Freundschaft, Elternschaft, Eltern-Kind-Beziehung etc.), den damit einhergehenden Verantwortlichkeiten und biopsychosozialen Kompensationsmöglichkeiten sowie aufgrund der Besonderheiten des Handlungsfelds (z. B. Ochs 2022 für Forensische Psychiatrie; Goldbach/Stach/Linde 2020 für pflegende Angehörige; Peukert/Julius 2022 für Geschwister und Christiansen et al. 2020 für Kinder von Menschen mit psychischen Erkrankungen).

Insgesamt gilt, dass Beziehungen zu Angehörigen einerseits hochbedeutsame soziale Unterstützung bieten können, andererseits aber auch das Risiko beinhalten, tiefgreifend zu destruktiven Entwicklungen beizutragen (Adebahr 2020; Kupfer/Nestmann 2024).

Wichtig ist, dass die Herausforderungen von Angehörigen ebenso individuell sind wie die Ressourcen, die es ihnen ermöglichen (oft auch lange Zeit ohne professionelle Unterstützung), Problemlagen zu kompensieren und zu bewältigen. Gleichzeitig gibt es – gerade im emotionalen Erleben – auch geteilte Erfahrungen verschiedener Angehöriger: Während Ohnmacht, Verunsicherung, Scham und Schuld viele Angehörige belasten, zeigen sie aber auch viel Mut, Engagement, Hingabe und Kreativität, um ihnen nahestehende Menschen zu unterstützen. Um diesem Facettenreichtum und dieser Komplexität Rechnung zu tragen und adäquate Unterstützungsmöglichkeiten abzuleiten, bedarf es dialogisch orientierter Sozialer Diagnostik. Dabei sind personen- und umgebungsbezogene Stressoren und Ressourcen zu beachten. Abbildung 1 zeigt anhand des psychosozialen Koordinatensystems (Pauls 2013: 209) wichtige Ressourcen und häufige Belastungen (ohne Anspruch auf Vollständigkeit) von Angehörigen.

Mit dieser Systematik können Entstehung und Aufrechterhaltung von Belastungen für Fachkräfte, Angehörige, aber auch Adressat:innen verstehbar und Interventionen (unter Berücksichtigung psychosozialer Ressourcen) entwickelt werden. Dabei sind – über die verschiedenen Handlungsfelder hinweg – mindestens drei Zielsetzungen der Angehörigenarbeit möglich (Kröger/Große/Hahn 2024):

- Adressierung der Angehörigen als eigene Zielgruppe (auch im Sinne sozialpolitischen Engagements) und Reduktion ihrer Belastungen,
- Stärkung der Unterstützungsbereitschaft und Erhalt sozialer Unterstützung für Betroffene,
- gemeinsame Arbeit mit Angehörigen und Betroffenen direkt an den Problemlagen, die sich im Alltag stellen.

Die methodischen Zugänge, um die Ziele zu erreichen, sind vielfältig (u. a. Psychoedukation, Selbsthilfegruppen, Öffentlichkeitsarbeit, Familienkonferenzen, Trialoge) (ebd.) und bedürfen konzeptioneller Fundierung (unter Berücksichtigung verantwortlicher Ansprechpersonen, u. a. Baumeister/Strohmeier Navarro Smith/Adili 2023; Zerden et al. 2022). Gerade weil Belastungen von Angehörigen nicht „nebenbei" bewältigt werden können, ist Angehörigenarbeit anspruchsvoll. Klinische Sozialarbeit kann an dieser Stelle sowohl theoretisch als auch methodisch (aktueller Überblick in Sektion Klinische Sozialarbeit 2024) im hohen Maß dazu beitragen, zielgruppenspezifische Angebote (weiter) zu entwickeln und zu verankern.

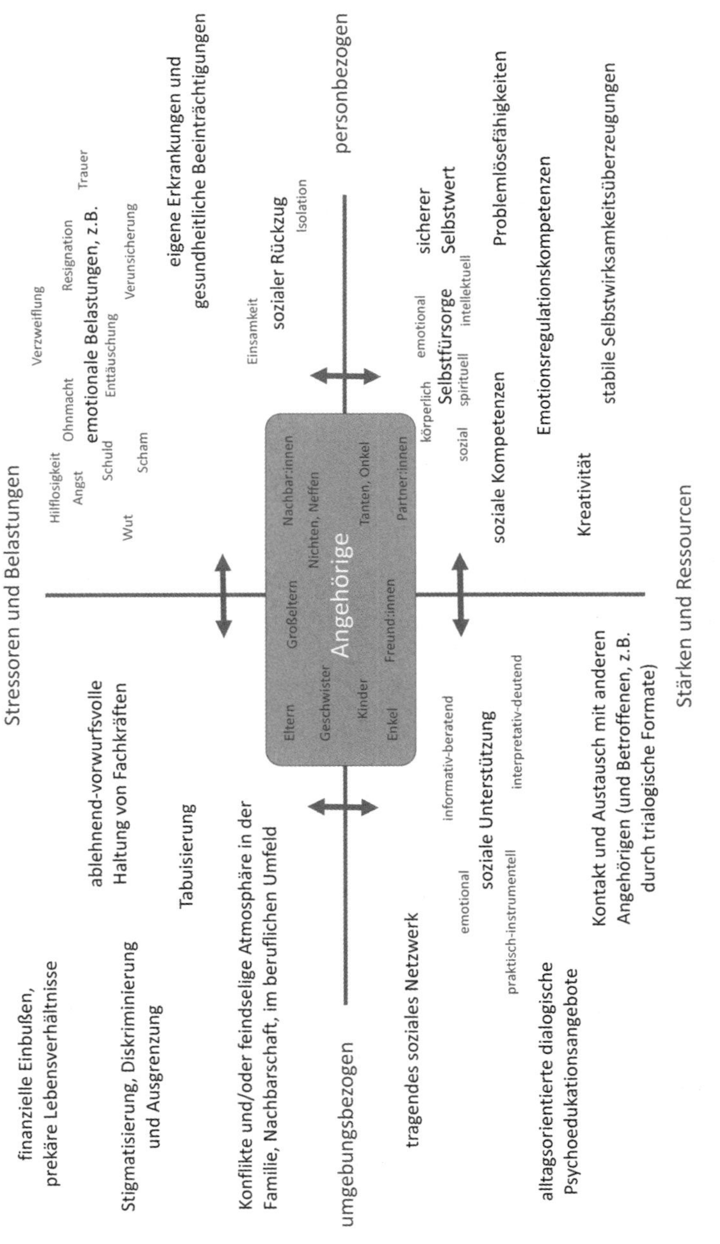

Abbildung 1: Stressoren und Ressourcen von Angehörigen (Kröger/Große/Hahn 2024: 279)

5. Schluss

Dieser Beitrag zeigt Klinische Sozialarbeit als Akteurin im Kontext gesellschaftlicher Transformation. Sie gibt entscheidende Impulse für verschiedenste Settings und Klient:innengruppen, wie hier am Beispiel der Angehörigenarbeit beschrieben. Zudem greift Klinische Sozialarbeit zentrale Themen einer sich transformierenden Gesellschaft auf, wie der Beitrag zu Intersektionalität deutlich macht. Durch ihre Spezialisierung auf Hard-to-reach-Klient:innen und ihre Kultur der„direct practice" kann die Klinische Sozialarbeit auf Herausforderungen reagieren, die sich durch gesellschaftliche Veränderungen, die daraus resultierenden komplexen Problemlagen und eine sich verändernde Versorgungslandschaft ergeben. So trägt sie einerseits zur Bewältigung aktueller Problemlagen bei und tritt andererseits einer Individualisierung psychosozialer Problemlagen entgegen.

Im Rahmen von Fachtagungen, Weiterbildungsangeboten, Zertifizierungsmöglichkeiten, der Entwicklung von Qualitätsstandards sowie Austauschforen zwischen Praxis und Forschung setzen sich Fachverbände wie der ECCSW dafür ein, die klinisch-sozialarbeiterischen Kompetenzen, Methoden und Konzepte in der Praxis zu implementieren und in der Forschung weiterzuentwickeln (Große/Giertz/Erhardt 2022). Diese Professionalisierung trägt dazu bei, Klinische Sozialarbeiter:innen in der Praxis fachlich zu stärken und die Entwicklung der Klinischen Sozialarbeit als Fachsozialarbeit weiter voranzutreiben.

Literatur

Adebahr, Philip (2020): Negative Beziehungsaspekte und gesundheitliche Ungleichheit. In: Klärner, Andreas/Gamper, Markus/Keim-Klärner, Sylvia/Moor, Irene/von der Lippe, Holger/Vonneilich, Nico (Hrsg.): Soziale Netzwerke und gesundheitliche Ungleichheiten. Eine neue Perspektive für die Forschung. Berlin: Springer, S. 87-107.

Becker-Lenz, Roland (2018): Die Professionskultur der Sozialen Arbeit. In: Müller-Herrmann, Silke/Becker-Lenz, Roland/Bussem, Stefan/Ehlert, Gudrun (Hrsg.): Professionskulturen – Charakteristika unterschiedlicher professioneller Praxen. Edition Professions- und Professionalisierungsforschung, Bd. 10. Wiesbaden: Springer VS, S. 63-84.

Baumeister, Barbara/Strohmeier Navarro Smith, Rahel/Adili, Kushtrim (2023): Gute Angehörigenarbeit in der stationären Betreuung und Pflege von älteren Menschen. Zürich: ZHAW Zürcher Hochschule für Angewandte Wissenschaften.

Brackertz, Nicola (2007): Who is Hard to Reach and Why? ISR Working Paper, Bd. 7. Hawthorne, Australia: Swinburne Institute.

BApK Bundesverband der Angehörigen psychisch Kranker e. V. (Hrsg.) (2021): Wahnsinnig nah. Ein Buch für Familien und Freunde psychisch erkrankter Menschen. Köln: BALANCE buch+medien verlag.

Crenshaw, Kimberley (1989): Demarginalizing the Intersection of Race and Sex: a Black Feminist Critique of Antidiscrimination Doctrine, Feminist Theory and Antiracist Politics. The University of Chicago Legal Forum, 1989, S. 139–167.

Christiansen, Hanna/Röhrle, Bernd/Fahrer, Julia/Stracke, Markus/Dobener, Lisa-Marie (2020): Kinder von Eltern mit psychischen Erkrankungen. State of the Art für Psychotherapeutinnen, Pädiaterinnen und Pädagoginnen. Wiesbaden: Springer Fachmedien.

DGPPN Deutsche Gesellschaft für Psychiatrie und Psychotherapie, Psychosomatik und Nervenheilkunde e. V. (2012): DGPPN-Positionspapier 2012: Perspektiven der Migrationspsychiatrie in Deutschland. www.dgppn.de/_Resources/Persistent/7e810b2fd033c8a7d0b13479dc516ad310e11fa1/2012-09-12-dgppn-positionspapier-migration.pdf [Abruf: 06.01.2025].

DGPPN (2020): DGPPN-Positionspapier 2020: Auswirkungen von Rassismus auf die psychische Gesundheit von Menschen mit Migrations- und Fluchthintergrund sowie ethnische Minderheiten und „People of Colour“. www.dgppn.de/_Resources/Persistent/bd5dcfd115e682fd4647822b9e93c754d1f81548/2020-11-12_DGPPNPositionspapier_Rassismus%20und%20psychische%20Gesundheit_final.pdf [Abruf: 06.01.2025].

Doel, Mark (2012): Social Work. The Basics. London: Routledge.

Engelke, Ernst/Spatscheck, Christian/Borrmann, Stefan (2016): Die Wissenschaft Soziale Arbeit. Werdegang und Grundlagen. Freiburg: Lambertus.

Felitti, Vincent J. (2002): Belastungen in der Kindheit und Gesundheit im Erwachsenenalter: die Verwandlung von Gold in Blei. In: Zeitschrift für Psychosomatische Medizin und Psychotherapie, 48(4), S. 359–369.

Gahleitner, Silke Birgitta (2022): Forschung in der Klinischen Sozialarbeit. Eine aktuelle Bestandsaufnahme. In: Klinische Sozialarbeit, 18(2), S. 5–9.

Gahleitner, Silke Birgitta (2017): Soziale Arbeit als Beziehungsprofession. Bindung, Beziehung und Einbettung professionell ermöglichen. Weinheim: Juventa.

Gahleitner, Silke Birgitta/Gebrande, Julia/Giertz, Karsten/Kröger, Christine Röh, Dieter/Wunderer, Eva (2024): Einleitung. In: Sektion Klinische Sozialarbeit (Hrsg.): Handbuch Klinische Sozialarbeit. Weinheim: Juventa, S. 11–15.

Gebrande, Julia/Lübeck, Dietrun/Rašković, Mihajlo/Schlingmann, Thomas/Vorndran, Peter (2024): Die Bedeutung von Erfahrungswissen. In: Sektion Klinische Sozialarbeit (Hrsg.): Handbuch Klinische Sozialarbeit. Weinheim: Juventa, S. 297-308.

Gebrande, Julia/Mayer, Marion (2024): Kritische Perspektiven auf Klinische Sozialarbeit. In: Sektion Klinische Sozialarbeit (Hrsg.): Handbuch Klinische Sozialarbeit. Weinheim: Juventa, S. 69-80.

Geyer, Siegfried (2021): Soziale Ungleichheit und Gesundheit/Krankheit. In: Bundeszentrale für gesundheitliche Aufklärung (BZgA) (Hrsg.): Leitbegriffe der Gesundheitsförderung und Prävention. Glossar zu Konzepten, Strategien und Methoden. https://leitbegriffe.bzga.de/alphabetisches-verzeichnis/soziale-ungleichheit-und-gesundheit-krankheit/ [Abruf: 06.01.2025].

Giertz, Karsten (2024): Aktuelle Herausforderungen und zukünftige Entwicklungsfelder der Klinischen Sozialarbeit. In: Sektion Klinische Sozialarbeit (Hrsg.): Handbuch Klinische Sozialarbeit. Weinheim: Juventa, S. 419-426.

Giertz, Karsten/Große, Lisa/Gahleitner, Silke Birgitta (Hrsg.) (2021): Hard to reach. Schwer erreichbare Klientel unterstützen. Köln: Psychiatrie-Verlag.

Goldbach, Magdalene/Stach, Lena/Linde, Anne-Christin (2020): Palliative Care – Angehörige frühzeitig einbeziehen. Vertrauen in eine lebensqualitätsorientierte Versorgung stärken. In: Pflegezeitschrift, 73(9), S. 56-59.

Große, Lisa/Giertz, Karsten/Erhardt, Saskia (2022): Internationale Entwicklungen und Diskurse in der Klinischen Sozialarbeit. In: Kröger, Christine/Hahn, Gernot/Gahleitner, Silke Birgitta (Hrsg.) (2022): Klinische Sozialarbeit: Das Soziale behandeln – Entwicklung einer Fachsozialarbeit. Höchberg: ZKS Medien, S. 161-171.

Hansjürgens, Rita (2020): Soziale Arbeit als kontextualisierte Profession. In: Völter, Bettina Cornel, Heinz/Gahleitner, Silke Birgitta/Voß, Stephan (Hrsg.): Professionsverständnisse in der Sozialen Arbeit. Weinheim: Juventa, S. 27-36.

Kröger, Christine/Große, Lisa/Hahn, Gernot (2024): Angehörigenarbeit. In: Sektion Klinische Sozialarbeit (Hrsg.): Handbuch Klinische Sozialarbeit. Weinheim: Juventa, S. 275-285.

Kröger, Christine/Pauls, Helmut/Gahleitner, Silke Birgitta (2023): Klinische Sozialarbeit. In: von Rießen, Anne/Bleck, Christian (Hrsg.): Soziale Arbeit. Adressierungen und Handlungsfelder. Stuttgart: Kohlhammer, S. 359-367.

Kupfer, Annett/Nestmann, Frank (2024): Netzwerke und Soziale Unterstützung. In: Sektion Klinische Sozialarbeit (Hrsg.): Handbuch Klinische Sozialarbeit. Weinheim: Juventa, S. 117-128.

Lampert, Thomas (2011): Armut und Gesundheit. In: Schott, Thomas/Hornberg, Claudia (Hrsg.): Die Gesellschaft und ihre Gesundheit. 20 Jahre Public Health in Deutschland: Bilanz und Ausblick einer Wissenschaft. Wiesbaden: VS Verlag für Sozialwissenschaften, S. 575–597.

Lampert, Thomas/Kroll, Lars Eric (2010): Armut und Gesundheit. In: GBE Kompakt, 5(1–10). https://edoc.rki.de/bitstream/handle/176904/3090/29wYJ9AaKy3gU.pdf?sequence=1 [Abruf: 06.01.2025].

Lottmann, Ralf (2018): LSBT*I-Senior_innen in der Pflege. Zu Relevanz und Besonderheiten sozialer Netzwerke und der Arbeit mit Angehörigen. In: Pflege & Gesellschaft, 23(3), S. 228-245.

Mayer, Marion/Gebrande, Julia (2024): Gender, Diversity, Intersektionalität: Aufforderungen an Theorie und Praxis Klinischer Sozialarbeit. In: Sektion Klinische Sozialarbeit (Hrsg.): Handbuch Klinische Sozialarbeit. Weinheim: Juventa, S. 139-150.

Motzke, Katharina (2014): Soziale Arbeit als Profession. Zur Karriere „sozialer Hilfstätigkeit" aus professionssoziologischer Perspektive. Schriften der Katholischen Hochschule Nordrhein-Westfalen, Bd. 19. Opladen: Verlag Barbara Budrich. Verfügbar unter: urn:nbn:de:0111-pedocs-129312.

Mühlum, Albert (2008): Auf dem Weg zur Profession: Klinische Sozialarbeit – Fachsozialarbeit. In: Klinische Sozialarbeit, 4(1), S. 4-5.

Müller-Herrmann, Silke/Becker-Lenz, Roland/Busse, Stefan/Ehlert, Gudrun (Hrsg.) (2018): Professionskulturen – Charakteristika unterschiedlicher professioneller Praxen. Edition Professions- und Professionalisierungsforschung, Bd. 10. Wiesbaden: Springer VS.

Ochs, Danny (2022): Angehörige im Fokus. Erleben, Bedarfe und Bedürfnisse der Angehörigen von Personen in forensisch-psychiatrischer Unterbringung. Höchberg: ZKS Medien.

Ortmann, Karlheinz/Röh, Dieter (2022): Was ist aus dem „Projekt" Klinische Sozialarbeit geworden? Eine kritische Bilanz. In: Kröger, Christine/Hahn, Gernot/Gahleitner, Silke Birgitta (Hrsg.): Klinische Sozialarbeit: Das Soziale behandeln. Entwicklung einer Fachsozialarbeit. Höchberg: ZKS Medien, S. 150–160.

Pauls, Helmut (2013): Klinische Sozialarbeit. Grundlagen und Methoden psychosozialer Behandlung. Weinheim: Juventa.

Petereit-Zipfel, Heike (2021): Angehörigenarbeit ist keine Familientherapie. In: Psychotherapie im Dialog, 22 (1), S. 52-55.

Peukert, Reinhard/Julius, Leonore (2022): Geschwister psychisch erkrankter Menschen. Übersehen – überhört – übergangen. Norderstedt: Books on Demand.

Richmond, Mary Ellen (1917): social diagnosis. New York: Sage. https://archive.org/details/socialdiagnosis0000mary_k2l6/page/n5/mode/2up [Abruf: 06.01.2025].

Riemann, Gerhard (2016): Annäherungen an das Biografische in der Praxis der Sozialen Arbeit. Überlegungen zu zentralen Aufgabenstellungen und Elementen im professionellen Handeln und zu Formen ihrer Entdeckung und Rekonstruktion. In: Zeitschrift für Pädagogik, 62(2), S. 199-214. Verfügbar unter: urn:nbn:de:0111-pedocs-167467.

Salomon, Alice (1926): Soziale Diagnose. Die Wohlfahrtspflege in Einzeldarstellungen, Bd. 3. Berlin: Heymann.

Schigl, Brigitte (2014): We are all part of the game! Gender + Diversity-Kompetenz für psychosoziale Berufe. In: Gahleitner, Silke Birgitta/Reichel, René/Schigl, Brigitte/Leitner, Anton (Hrsg.): Wann sind wir gut genug? Selbstreflexion, Selbsterfahrung und Selbstsorge in Psychotherapie, Beratung und Supervision. Weinheim: Juventa.

Schröttle, Monika/Glammeier, Sandra/Sellach, Brigitte/Hornberg, Claudia/Kavemann, Barbara/Puhe, Henry/Zinsmeister, Julia (2013): Lebenssituation und Belastungen von Frauen mit Behinderungen und Beeinträchtigungen in Deutschland. https://www.bmfsfj.de/bmfsfj/service/publikationen/lebenssituation-und-belastungen-von-frauen-mit-behinderungen-und-beeintraechtigungen-in-deutschland-80578 [Abruf: 06.01.2025].

Schütze, Fritz (2018): Professionalität und Professionalisierung in der Sozialen Arbeit. In: Dinkelaker, Jörg/Schütze, Fritz (Hrsg.): Professionalität und Professionalisierung pädagogischen Handelns. Kurseinheit 3: Professionalität und Professionalisierung in pädagogischen Handlungsfeldern 2. Erwachsenenbildung & Soziale Arbeit. Hagen: Fernuniversität Hagen, S. 59-260.

Sektion Klinische Sozialarbeit (Hrsg.) (2024): Handbuch Klinische Sozialarbeit. Weinheim: Juventa.

Stauffer, Jill (2015): Ethical Loneliness. The Injustice of Not Being Heard. New York: Columbia University Press.

Völter, Bettina/Cornel, Heinz/Gahleitner, Silke Birgitta/Voß, Stephan (2020): Professionsverständnisse in der Sozialen Arbeit – eine Einführung. In: Völter, Bettina/Gahleitner, Silke Birgitta/Voß, Stephan/Cornel, Heinz (Hrsg.): Professionsverständnisse in der Sozialen Arbeit. Weinheim: Juventa, S. 7-26.

Welz, Rainer (2012): Suizid. In: Albrecht, Günther/Groenemeyer, Axel (Hrsg.): Handbuch soziale Probleme (Band 1-2). Wiesbaden: VS Verlag für Sozialwissenschaften, S. 979-1173

Wesenberg, Sandra/Gahleitner, Silke Birgitta (2022): Lehrbuch Psychologie in der Sozialen Arbeit. Eine Einführung in psychosoziales Denken und Handeln in klinischen Handlungsfeldern. Studienmodule Soziale Arbeit. Weinheim: Juventa.

Winker, Gabriele/Degele, Nina (2009): Intersektionalität. Zur Analyse sozialer Ungleichheit. Bielefeld: transcript.

Zerden, Lisa D./Guan, Ting/Shurer, Jessica/Kreitzer, Linda/Book, Elaine (2022): Social Work, Parkinson's Disease Care, and COVID-19. In: Social Work in Health Care, 61(3), S. 139-157.

Transformation demokratisch gestalten! Anforderungen an lokale Partizipation, politische Bildung und kommunale Planung

Mario Rund

1. Transformation – aber gemeinsam

In Anbetracht der unübersehbaren klimatischen Veränderungen und ihrer ökologischen, ökonomischen und sozialen Folgen besteht unter sehr unterschiedlichen politischen und wissenschaftlichen Akteuren sowie internationalen Organisationen ein breiter Konsens über die Notwendigkeit eines umfassenden Umbaus von Wirtschaft, Politik und Gesellschaft (z. B. UNEP 2012; IPCC 2014; Future Earth 2014; WBGU 2011 bzw. Brand 2014; Altvater 2005). Keineswegs unumstritten ist indes, mit welchen Aspekten (Prioritäten), auf welche Weise (Strategien), mit welcher Ergebnisorientierung (Ziele) und zu wessen Lasten (Externalisierung) dies geschehen soll. Neben den in der Transformationsforschung untersuchten Fragen, was sich in Transformationen verändert, wie diese ablaufen und wodurch, von wem und wie sie gestaltet werden (Umweltbundesamt 2017), wäre auch zu betrachten, wie sich Transformationen auf wen auswirken und was dies für eine demokratische Gesellschaft bedeutet. Denn Transformation, insbesondere in Richtung ‚Nachhaltigkeit', ist ein komplexer, nichtlinearer, offener, aber immer auch umkämpfter und damit nicht machtfreier gesellschaftlicher Such-, Experimentier- und Lernprozess (Gottschlich 2017).

Da Ungleichheiten und asymmetrische Belastungen von Gruppen oder Regionen in kapitalistischen Gesellschaften u. a. dadurch gerechtfertigt werden, dass hegemoniale Interessen als gemeinsame Interessen aller erscheinen (Marx/Engels 1969: 46), ist zu fragen, welche Gerechtigkeitskonzeptionen in politischen oder fachlichen Diskursen herangezogen und adressiert werden, wessen Wohl als ‚Gemeinwohl' deklariert wird (Offe 2002) und welche Ziele in Bezug auf welche Aspekte in welchen Kontexten im Namen von ‚Nachhaltigkeit' angestrebt werden. In den Transformationsdebatten müssen daher auch der „fossilistische" Kapitalismus (Altvater 2005) und die „imperiale Lebensweise" (Brand/Wissen 2017) und die ihnen zugrunde liegenden Produktions-, Eigentums-, Akkumulations- und Subjektverhältnisse problematisiert werden, da sie auf der unablässigen Reproduktion sozialer und räumlicher Differenzierungen und damit einhergehender ungleicher Belastungen von Gruppen bzw. Räumen beruhen (Lessenich 2016) – nicht zuletzt deshalb, weil diese Belastungen gerade unter den Bedingungen des sich abzeichnenden Hegemonieverlusts des Westens und der Verschiebung der geopolitischen Konfliktlinien in Richtung des sogenannten ‚Globalen Südens' und ‚Globalen Nordens' das Potenzial haben, lokale, regionale und transnationale Konflikte zu dynamisieren oder neu hervorzubringen.

Um Transformation demokratisch zu gestalten, bedarf es Strukturen und Praktiken, die es allen ermöglichen, sich an der Aushandlung der Regeln dieser Gestaltungsprozesse zu beteiligen und diese mitzubestimmen. Dies schließt insbesondere diejenigen ein, die von der Externalisierung von Lasten betroffen sind, aber nicht über die Ressourcen verfügen, diese auszugleichen. Damit sind einerseits nicht lediglich staatliche Formen der Handlungskoordination (Governance) (Benz 2004) und andererseits Möglichkeiten individueller und kollektiver Meinungsbildungs-, Aushandlungs-, Mitbestimmungs-, Entscheidungs- und Gestaltungsprozesse (Partizipation) angesprochen.

Da die großen Städte und Stadtregionen für den größten Teil des Ressourcenverbrauchs und der Treibhausgasemissionen verantwortlich gemacht werden (z. B. WBGU 2016), wird neben der internationalen und supranationalen Ebene (*Global Governance*) und der nationalstaatlichen Ebene vielfach die Bedeutung der regionalen, lokalen und sogar sublokalen Handlungsebene (*Urban* bzw. *Local Governance*) für die politische Gestaltung von Transformation betont. So wird u. a. empfohlen, eine „kollaborative Governance" zu etablieren und „alle Teile der Stadtgesellschaft zur Mitgestaltung der Transformation zu befähigen und einzubinden" (WBGU 2016: 442).

Derartige Empfehlungen werden in Gutachten und Programmpapieren nicht konkretisiert. Gleichwohl sind sie in ihrer Umsetzung sehr voraussetzungsvoll, wenn sie demokratischen Maßstäben genügen sollen. Denn Transformation ist ein derart komplexes und abstraktes Geschehen, dass individuelle und kollektive Motivation und Möglichkeiten zur Mitgestaltung vor allem dann entstehen, wenn die Relevanz von Transformationsprozessen in konkreten Lebens- und Alltagszusammenhängen erfahren und dort auch bewertet werden kann.

Im Folgenden werden Überlegungen skizziert, wie die Heterogenität individueller und kollektiver Zugänge, Interessen und Perspektiven aufgegriffen und in kommunale Politiken und Planungen integriert werden kann, um eine demokratische Mitgestaltung der Transformation zu ermöglichen. Dazu werden zunächst Ambivalenzen von Partizipation im Kontext von (lokalen) *Governance*-Arrangements problematisiert, die sich aus typischen Orientierungen von Partizipationspraktiken ergeben (können), und daraus resultierende Gefahren thematisiert. Auf dieser Grundlage werden schließlich drei Handlungsperspektiven skizziert, die in ihrer Kombination das Potenzial haben, diese Herausforderungen zu reflektieren und potenzielle Ausschließungen von Individuen und Gruppen zu vermeiden. Die Handlungsperspektiven werden anhand von Projekt- und Prozessbeispielen illustriert, die nicht als ‚*best practice*', sondern als Anregung zur Diskussion zu verstehen sind.

2. Partizipation – als ambivalente Praxis reflektieren

Unter Partizipation wird ein allgemeines Handlungs-, Gestaltungs- und Organisationsprinzip demokratischer Gesellschaften verstanden. Die für alle Lebensbereiche relevante Teilhabe und Teilnahme an politischen Meinungsbildungs-, Willensbildungs-, Entscheidungs- und Gestaltungsprozessen, aber auch die Möglichkeit zur individuellen und kollektiven Selbstbestimmung sind zugleich Wesen und Voraussetzung der Demokratie als Staats- und Lebensform, aber auch als Gestaltungsweise gesellschaftlicher und politischer Verhältnisse. Zugleich bilden demokratische Verhältnisse den Rahmen für Partizipation als eine wesentliche Grundbedingung der Sozial- und Systemintegration von Individuen und Kollektiven. Universelle Partizipationsrechte sind gesetzlich kodifiziert. Darüber hinaus gibt es in einigen Ländern und Kommunen eigene Bestimmungen für Partizipation. Die Anwendung solcher Rechte und die Umsetzung solcher Bestimmungen werden jedoch einerseits durch den jeweiligen institutionellen, politischen, planerischen, administrativen und fachlichen Kontext und andererseits durch die konkrete Partizipationspraxis beeinflusst.

Mit der Ausweitung neoliberaler Rationalitäten und entsprechender Politikprinzipien wie Ökonomisierung, Deregulierung, Liberalisierung, Privatisierung und Dezentralisierung auf tendenziell alle gesellschaftlichen Bereiche haben sich auch die Regelungs- und Steuerungsmodi auf kommunaler Ebene verändert. Öffentliche Institutionen und Verwaltungen wurden nach unternehmensähnlichen Organisationsmodellen umgebaut und an betriebswirtschaftlichen Effizienzkriterien ausgerichtet. Zudem gewinnen *Governance*-Arrangements unter Einbeziehung nichtstaatlicher, d. h. zum Teil nicht demokratisch legitimierter Akteur*innen bei kommunalen Entscheidungen und der Umsetzung öffentlicher Aufgaben an Bedeutung (KGSt 1993). Vor dem Hintergrund von Leitbildern und Konzeptionen zur *Local*, *Urban* oder *Public Governance*, zur ‚Bürgerkommune', zur ‚Bürgerorientierung' oder ‚Netzwerkorientierung' werden solche dezentralen Formen sozialer und politischer Handlungskoordination mit der Verheißung verknüpft, dass grundsätzliche Interessen- und Ressourcenkonflikte zwischen verschiedenen sozialen Akteur*innen allein durch ‚kooperatives' Regieren oder mittels vermeintlich partizipativer bzw. ‚kollaborativer' Netzwerke bewältigt oder überbrückt werden könnten (Sack 2018; Brand 2004). Partizipation ist in diesem Kontext als eine ambivalente, auf Eigenverantwortung bzw. Verantwortungsübernahme und auf Selbsthilfe und

Selbstorganisation ausgerichtete Regierungstechnologie bzw. -programmatik zu verstehen, mit der einerseits Angebote zur Teilhabe und Teilnahme an gesellschaftlichen Mitbestimmungs- und Entscheidungsprozessen offeriert werden, mit der andererseits aber auch dominierende Macht- und Herrschaftsverhältnisse sowie bestehende Ungleichheiten und Ausschlüsse gerade dadurch verfestigt werden können, dass mit ihr deren Abschwächung oder Beseitigung behauptet oder zumindest insinuiert wird (z. B. Rund 2023; Munsch/Müller 2021).

Verstärkt wird diese Ambivalenz durch Zweck-, Themen-, Format-, Projekt-, Konsens-, Zielgruppen- und Homogenitätsorientierungen, die ‚institutionalisierte' Partizipationsveranstaltungen häufig kennzeichnen (ausführlich: Rund 2025). Solche Angebote begünstigen Personen, die ohnehin gesellschaftlich und politisch stärker vertreten sind, während Marginalisierte strukturell benachteiligt werden, obwohl sie von der jeweiligen Problematik überdurchschnittlich betroffen sein können, insbesondere bei Transformationsprozessen. Paradoxerweise führt Partizipation dann zur Exklusion von Marginalisierten, denen zudem noch die Verantwortung für ihre Exklusion zugeschrieben wird, weil sie ihre Partizipationschancen nicht genutzt hätten, unabhängig davon, ob sie dazu überhaupt die Voraussetzungen hatten. Wohlmeinende Appelle an die ‚zu Beteiligenden', sich zu beteiligen, oder an die Verantwortlichen, ‚echte Partizipation' zu ermöglichen, sind daher ebenso wenig zweckdienlich wie die pauschale Forderung nach ‚mehr Partizipation' oder die Entwicklung vermeintlich neuer, besserer oder innovativer Formate und Methoden.

3. Handlungsperspektiven – Partizipation, politische Bildung und kommunale Planung neu denken und verknüpfen

Die skizzierten Ambivalenzen lassen sich nur vermeiden, wenn der Kontext der bisherigen Praktiken von Partizipation, d. h. die Handlungslogiken und *Governance*-Arrangements unternehmerischer Stadt- bzw. Kommunalpolitik, insbesondere im Hinblick auf Zugänge zu öffentlichen und natürlichen Ressourcen infrage gestellt und verändert werden. Bei urbaner Transformation gilt dies insbesondere auch für Eigentumsverhältnisse bei Raum und Fläche.

Damit Partizipation die Grundlage für die demokratische Mitgestaltung von Transformation sein kann, bedarf Partizipation somit selbst der Transformation. Ein relevanter Beitrag könnte hierfür die Entwicklung einer emanzipatorischen Partizipationskultur sein, die auf der Förderung politischer Bildung und politischen Handelns in konkreten lebensweltlichen Alltags- und Beziehungskontexten basiert und durch eine sozialraumsensible, integrierte kommunale Planung gerahmt wird.

3.1 Emanzipatorische lokale Partizipationskultur

Im Gegensatz zu einem instrumentellen Verständnis von Partizipation sollten nicht die Funktionsbedingungen von Institutionen im Vordergrund stehen, sondern die authentische Partizipation möglichst vieler Gesellschaftsmitglieder an der Diskussion öffentlicher Angelegenheiten und den daraus resultierenden Entscheidungen (Nanz/Fritsche 2012: 126). Demokratie ist hier kein Zustand, der auf politischer Partizipation durch Stimmabgabe (*voting*) beruht, sondern etwas Transitorisches, das vor allem durch Partizipation mittels Mitsprache (*voicing*) hergestellt und weiterentwickelt werden muss: Partizipation durch Artikulation, Einmischung und letztlich Emanzipation (ebd.).

Im Sinne der Erweiterung von Handlungsmöglichkeiten verlangt Emanzipation, dass alle Beteiligten ihre Partizipationsrechte realisieren und ihre Interessen in administrative Planungsprozesse einbringen und politische Entscheidungen demokratisch legitimierter Vertreter*innen mit vorbereiten und mitgestalten können. Denn Partizipation ist nicht nur Beteiligung, sondern auch Teilhabe an Entscheidungsmacht.

Im Gegensatz zu instrumenteller *Ad-hoc*-Beteiligung bedarf es dazu lebensweltlich verankerter und auf Kontinuität angelegter Partizipationsprozesse, die auf einem „normativen Partizipationsverständnis“ (Hoecker 2006: 9) beruhen und konsequent aus und mit den Möglichkeiten und Perspektiven auch marginalisierter Gruppen entwickelt werden (Rund 2019; 2009). Dabei können die Fachpersonen, auch unter Einbeziehung von Einwohner*innen, Methoden der partizipativen Sozialforschung nutzen, mit denen Interessen, Problemwahrnehmungen, aber auch Ressourcen der Einwohner*innen erkundet werden können und insbesondere Marginalisierte motiviert werden, sich an selbstorganisierten Veranstaltungen und Prozessen unter ihren Bedingungen zu beteiligen und mitzubestimmen (z. B. Lüttringhaus/Richers 2019; Rothschuh 2013). Über einen Verbund multifunktionaler bzw. thematisch und technisch adaptiver Quartiers-, Nachbarschafts- oder Gemeinschaftseinrichtungen, die als „Möglichkeitsräume“ (van Rießen/Bleck 2013) für selbstbestimmte Partizipationspraktiken fungieren, könnten über Diversitäten hinweg, unterschiedliche Ansprüche an Formen des Zusammenlebens und lokale Lebens- und Wohnbedingungen verhandelt und in kommunale Aushandlungsprozesse z. B. zu Fragen der Transformation eingebracht werden. Dies ist insbesondere in Hinblick auf junge Menschen von Bedeutung, die selbst in Kontexten der Kinder- und Jugendhilfe die Erfahrung machen, dass sie häufig strukturell von wirkungsvollen Partizipations- und selbstbestimmten Gestaltungsmöglichkeiten ausgeschlossen sind (BFSFJ 2024).

Ein Beispiel für den Aufbau einer auf Kontinuität angelegten selbstbestimmten Partizipationskultur ist das ‚Offene Nachbarschaftsforum Berliner Platz' in einer Großwohnsiedlung der Stadt Erfurt. Einige Nutzer*innen der Sozialberatung und der Freizeitangebote eines Stadtteiltreffs, die zum Teil mit schweren gesundheitlichen Einschränkungen leben und Transferleistungen beziehen, haben begonnen, ihre Nachbarschaft zu gemeinsamen Aktivitäten zur Verbesserung der örtlichen Lebensbedingungen zu motivieren. Ohne entsprechende Vorerfahrungen organisieren sie mit nur wenig fachlicher Unterstützung im Hintergrund ein selbst konzipiertes stadtteilöffentliches Veranstaltungsformat zu Themen des Stadtteils und darüber hinaus. Die von ihnen gewählte Bezeichnung ‚Berliner Brücke' verdeutlicht, dass diese Veranstaltungen als Verbindung zwischen Nachbar*innen unterschiedlicher Generationen und Herkunft sowie zwischen Stadtteil, Verwaltung und Politik fungieren. In den letzten zwei Jahren fanden elf Veranstaltungen dieser Art statt, an denen bis zu 30 Personen unterschiedlicher Generationen und Herkunft teilnahmen und sich zum Teil dauerhaft engagierten. Eine Form des Engagements sind leitfadengestützte „Nachbarschaftsgespräche", bei denen sich Nachbar*innen an der Wohnungstür über Wahrnehmungen, Interessen und Wünsche austauschen und zur Teilnahme an der ‚Berliner Brücke' motivieren. Die Ergebnisse der Gespräche werden genutzt, um Vertreter*innen aus Politik und Verwaltung direkt mit Anliegen anzusprechen oder sie einzuladen, um ihnen die Möglichkeit zu geben, darzustellen, wie sie ihre Verantwortung für die dort lebenden Menschen wahrnehmen. Die Ergebnisse der Gespräche fließen überdies in die kommunale Sozialplanung ein.

3.2 Sozialraumsensible politische Bildung

Das skizzierte Beispiel orientiert sich an fachlichen Perspektiven und Methoden des Community Organizing, der emanzipatorischen Gemeinwesenarbeit und der politischen Bildung im sozialräumlichen Kontext. Trotz unterschiedlicher Auffassungen von politischer Bildung in der Sozialen Arbeit (zum Überblick: May/Schäfer 2023; Wagner/Lochner 2020; Bürgin 2017) birgt die Soziale Arbeit jenseits klassischer Bildungsinstitutionen und didaktisch-institutioneller Kontexte ein Potenzial, politische Bildungsprozesse und politisches Handeln bei Personen anzuregen, die keinen Zugang zu entsprechenden Angeboten und Strukturen haben. Politische Bildung meint z. B. die Bewusstwerdung und Aneignung eigener Interessen in gesellschaftlichen Verhältnissen, um sich zu politisch handlungsfähigen Subjekten zu entwickeln, Handlungsmöglichkeiten zu erkennen und diese in Konflikten und gegen illegitime Herrschaft durchzusetzen (Bürgin 2017). Dies kann auch die Infragestellung exkludierender *Governance*-Arrangements und kommunaler Beteiligungsroutinen beinhalten, insbesondere im Hinblick auf faktische Mitbestimmungsmöglichkeiten bei Transformation.

Über solche Potenziale verfügt insbesondere eine reflexive Sozialraum- bzw. Gemeinwesenarbeit. Unter Einbeziehung ihres theoretischen und methodischen Repertoires und gefördert durch die Bundeszentrale für politische Bildung wurden im Rahmen von ‚Aufsuchende politische Bildung im Quartier' (PartQ) vielerorts partizipative Praxisforschungsprojekte durchgeführt, die Ansätze sozialräumlicher politischer Bildung und demokratiestützender Quartierarbeit begründen (z. B. Görtler/Miesen 2023; Blender 2021).

Beispiele aus zwei peripheren Wohngebieten der Stadt Braunschweig sind die ‚Freiraum-Baustelle Emsviertel', bei der sich Einwohner*innen über zwei Jahre in einer angemieteten Wohnung im Quartier über anstehende Sanierungsmaßnahmen austauschten und ihre Interessen einbrachten, um eine partizipative Planungskultur zu fördern. Bei ‚Unser Haus' wurden Mieter*innen aus zahlreichen Staaten dabei unterstützt, untereinander Kontakte zu knüpfen und gemeinsam als politische Akteur*innen in der Öffentlichkeit aufzutreten. Durch aktivierende Gespräche, ein ‚Hoffest' und Werkstattgruppen entstand die Idee einer künstlerischen Fassadengestaltung ihres Wohnhauses. Zusammen mit einer Informationstafel wurde ein großes Wandbild feierlich enthüllt, wozu auch Vertreter*innen aus Politik und Verwaltung eingeladen waren. Die Feier diente auch der Diskussion darüber, wie Einwohner*innen dauerhaft in die Gestaltung ihrer Lebens- und Wohnbedingungen und darüber hinaus einbezogen werden können. Das Wandbild fungiert als dauerhafte Erinnerung an den Partizipationsprozess und die Vereinbarung, diesen fortzusetzen.

Die Debatte um sozialräumliche politische Bildung könnte auch zu einer Repolitisierung der Sozialen Arbeit beitragen – eine Forderung, die inzwischen auch von Seiten der Politischen Bildung erhoben wird (z. B. Schäfer 2019). Ein Beispiel hierfür ist die stadtteilbezogene Soziale Arbeit in einer peripheren Großwohnsiedlung der Stadt Jena, die durch zwei dort aufgewachsene Mitglieder des sogenannten Nationalsozialistischen Untergrunds (NSU) bekannt wurde. Die Stadtteilarbeiter*innen waren daran beteiligt, die Ereignisse in ihrer politischen Dimension zu thematisieren und die Einwohner*innen zu motivieren, gemeinsam mit Aktivist*innen und der Stadtverwaltung einen angemessenen Umgang damit zu finden. Neben dem Angebot entsprechender Diskussions- und Bildungsreihen vor Ort trug die Stadtteilarbeit auch zur Einrichtung eines Informations- und Gedenkortes sowie zur Umbenennung der örtlichen Straßenbahnhaltestelle nach dem ersten Opfer der terroristischen Mordserie bei. Das politische Selbstverständnis zeigt sich auch darin, dass einer der Stadtteilarbeiter den Stadtteil nicht nur als Wohnort gewählt hat, sondern ihn inzwischen als Bezirksbürgermeister auch politisch vertritt.

3.3 Sozialraumsensible integrierte Planung

Die zentrale Herausforderung bei der Etablierung einer emanzipatorischen Partizipationskultur und der Eröffnung sozialraumsensibler politischer Bildungs- und Handlungsräume besteht darin, geeignete fachliche und infrastrukturelle Voraussetzungen zu schaffen, die es einerseits ermöglichen, die Eigenlogik lebensweltlicher Partizipationspraktiken zu bewahren, andererseits aber die Interessen und Wissensbestände aus allen Quartieren in Planungs- und Entscheidungsprozesse einfließen zu lassen. Angesichts der häufig stark machtasymmetrischen Arrangements, in denen sich Einwohner*innen und Vertreter*innen von Verwaltung, Politik oder Unternehmen gegenüberstehen, bedarf es daher verlässlicher, unabhängiger und langfristig präsenter Vermittlungs- bzw. Brückenpersonen, die Fachpersonen oder auch professionell begleitete Einwohner*innen sein können. Auf diese Weise können lebensweltlich verankerte Räume für demokratischen Austausch eröffnet und dauerhaft erhalten werden. Darüber hinaus lassen sich Hinweise auf veränderte Bedarfe in den Quartieren aufnehmen, die für eine realitätsnahe Planung im sozialen, aber auch im infrastrukturellen, baulichen und technischen Bereich unverzichtbar sind und eine Grundlage für kommunalpolitische Prozesse bieten, die u. a. auf eine demokratische Gestaltung von Transformation ausgerichtet sind.

Durch die dauerhafte Verknüpfung der Sozialräume mit der Verwaltung kann auch ein kommunales Partizipationsmonitoring etabliert werden, das die Versprechungen von *Governance*-Arrangements und der beratungswirtschaftlichen Partizipationsindustrie, aber auch von städtebaulichen Aufwertungsprojekten oder sozialpolitischen Aktivierungs- und Präventionsangeboten einer kritischen Prüfung unterzieht und Erkenntnisse für die Verbesserung von Partizipationsprozessen hervorbringt. Darüber hinaus können die Praktiken der Nutzung und Nichtnutzung von Angeboten sowie die Kämpfe um Ressourcen und Mitbestimmungsrechte auch in Hinblick auf die Gestaltung von Transformation sichtbar gemacht werden (z. B. van Rießen/Jepkens 2020; Bareis 2012).

In der Thüringer Landeshauptstadt wurde daher bereits Ende der 2000er-Jahre mit der „Erprobung neuer Formen der institutionen- und rechtskreisübergreifenden Kooperation im Rahmen der integrierten Sozialraumplanung“ (BMI 2019: 123; siehe bereits Rund/Lutz 2009) begonnen. Innerhalb der Stadtverwaltung sind mittlerweile zahlreiche Fachplanungen, u. a. der Ämter für Soziales, Bildung, Jugend, Gesundheit, Umwelt und auch Stadtplanung, miteinander vernetzt. Gleichzeitig sorgt eine ‚Quartiersplanungskoordination‘ für die Verknüpfung der Quartiers- und Sozialraumeinrichtungen mit der integrierten Sozialraumplanung, um die vielfältigen Interessen und das Wissen aus den Quartieren in den Planungsprozess einfließen zu lassen. Koordiniert wird dies durch ein Begleitgremium, das sich aus Beauftragten für Menschen mit

Behinderung, Integration und Gleichstellung sowie Mitarbeiter*innen des Sozialdezernats, verschiedener Fachplanungen, des Jobcenters und auch der Quartiers- und Sozialraumeinrichtungen sowie der Ortsteilräte zusammensetzt. Dieses Gremium entwickelt gemeinsam einen ‚Integrierten Sozialraumplan', stimmt räumliche Zuschnitte ab, schlägt Maßnahmen vor, priorisiert und evaluiert deren Umsetzung. Es erarbeitet Empfehlungen für Fachplanungen, für Qualitätsstandards von Angeboten und Einrichtungen sowie für die kommunale Sozialpolitik. Eine solche Planungspraxis bietet eine gute Grundlage, um die unterschiedlichen Interessen und Perspektiven der Einwohner*innen aller Quartiere stärker zu berücksichtigen und die verschiedenen Wissensbestände und -arten zu erfassen und zu realisieren, um die Herausforderungen, die sich auch aus (urbaner) Transformation ergeben, in der notwendigen Komplexität und partizipativ bearbeiten zu können.

4. Fazit

Die gleichberechtigte Teilhabe, Mitentscheidung und Mitgestaltung aller Gesellschaftsmitglieder in Transformationsfragen, unabhängig von ihrer sozialen, beruflichen oder politischen Herkunft und Rolle, ist Ausdruck und Voraussetzung demokratischer Verhältnisse. Aufgrund ihrer kontextabhängigen und inhärenten Ambivalenzen können die vorherrschenden (kommunalen) Beteiligung- und Mitbestimmungsmöglichkeiten dabei nicht nur als Hindernisse für die Realisierung solcher Verhältnisse wirken, sondern auch als Verstärker bestehender Tendenzen der Entpolitisierung, Entdemokratisierung und Radikalisierung.

Es ist daher sinnvoll, auf kommunaler Ebene an einer emanzipatorischen Partizipationskultur zu arbeiten, die etablierte Partizipationsangebote und -prozesse ergänzt, aber auch kritisch bewertet und, soweit möglich, umgestaltet und öffnet. Eine solche auf Kontinuität angelegte Kultur realisiert sich einerseits in der professionell unterstützten Förderung individueller und kollektiver Partizipationspotenziale und selbstbestimmter Partizipationspraktiken in den unmittelbaren Lebenszusammenhängen, insbesondere von Marginalisierten. Andererseits äußert sich diese Partizipationskultur in der verlässlichen Vermittlung und Integration entsprechender Interessen, Perspektiven und Wissensbestände in kommunale Planungs- und Politikprozesse, um Transformationen der Gegenwart und Zukunft demokratisch begegnen zu können.

Literatur

Altvater, Elmar (2005): Das Ende des Kapitalismus, wie wir ihn kennen. Münster: Westfälisches Dampfboot.

Bareis, Ellen (2012): Nutzbarmachung und ihre Grenzen. In: Schimpf, Elke/Stehr, Johannes (Hrsg.): Kritisches Forschen in der Sozialen Arbeit. Wiesbaden: VS Verl, S. 291–314. DOI: 10.1007/978-3-531-94022-9_17.

Benz, Arthur (2004): Governance. Modebegriff oder nützliches sozialwissenschaftliches Konzept?. In: Benz, Arthur (Hrsg.): Governance. Regieren in komplexen Regelsystemen. Wiesbaden: VS Verlag für Sozialwissenschaften, S. 11–28.

BFSFJ (Bundesministerium für Familie, Senioren, Frauen und Jugend) (2024): 17. Kinder- und Jugendbericht. Berlin.

Blender, Johanna (2021): Aufsuchende politische Bildung im Quartier. Berlin.

BMI (Bundesministerium des Innern und für Heimat) (Hrsg.) (2019): Unser Plan für Deutschland. Berlin.

Brand, Ulrich (2004): Governance. In: Bröckling, Ulrich/Krasmann, Susanne/Lemke, Thomas (Hrsg.): Glossar der Gegenwart. Frankfurt am Main, S. 111–117.

Brand, Ulrich (2014): Transition und Transformation. In: Brie, Michael (Hrsg.): Futuring. Münster: Westfälisches Dampfboot, S. 242–280.

Brand, Ulrich/Wissen, Markus (2017): Imperiale Lebensweise. München: Oekom.

Bürgin, Julika (2017): Politische Bildung in der Sozialen Arbeit. In: Sozialmagazin 42, H. 11/12, S. 68–74.

Future Earth (2014): Strategic Research Agenda 2014. Paris.

Görtler, Michael/Miesen, Vera (2023): Politische Bildung in Gemeinwesen, Sozialraum und Lebenswelt. In: Chehata, Yasmine/Eis, Andreas/Lösch, Bettina/Schäfer, Stefan/Schmitt, Sophie/Thimmel, Andreas/Trumann, Jana/Wohnig, Alexander (Hrsg.): Handbuch kritische politische Bildung. Frankfurt am Main: Wochenschau Verlag, S. 404–411, völlig überarb. Neuaufl.

Gottschlich, Daniela (2017): Kommende Nachhaltigkeit nachhaltige Entwicklung aus kritisch-emanzipatorischer Perspektive. Baden-Baden: Nomos.

Hoecker, Beate (2006): Politische Partizipation. In: Hoecker, Beate (Hrsg.): Politische Partizipation zwischen Konvention und Protest. Opladen: Verlag Barbara Budrich, S. 3–20.

IPCC (Intergovernmental Panel on Climate Change) (2014): Climate Change 2014. Cambridge: Cambridge University Press.

KGSt (Kommunale Gemeinschaftsstelle für Verwaltungsvereinfachung) (1993): Das neue Steuerungsmodell. Köln: Deutscher Städtetag. Bericht 5/1993.

Lessenich, Stephan (2016): Neben uns die Sintflut. München: Piper.

Lüttringhaus, Maria/Richers, Hille (2019): Handbuch Aktivierende Befragung. Bonn: Stiftung Mitarbeit. 4. Aufl.

Marx, Karl/Engels, Friedrich (1969): Die deutsche Ideologie. In: Marx, Karl/Engels, Friedrich (Hrsg.): Marx-Engels-Werke. Bd. 3. Berlin: Dietz, S. 5–530.

May, Michael/Schäfer, Stefan (2023): Politische Bildung in der Sozialen Arbeit. In: Chehata, Yasmine/Eis, Andreas/Lösch, Bettina/Schäfer, Stefan/Schmitt, Sophie/Thimmel, Andreas/Trumann, Jana/Wohnig, Alexander (Hrsg.): Handbuch kritische politische Bildung. Frankfurt am Main: Wochenschau Verlag, S. 323–330, völlig überarb. Neuaufl.

Munsch, Chantal/Müller, Falko (2021): Jenseits der Intention. In: Munsch, Chantal/Müller, Falko (Hrsg.): Jenseits der Intention. Weinheim: Beltz Juventa, S. 10–36.

Nanz, Patrizia/Fritsche, Miriam (2012): Handbuch Bürgerbeteiligung. Bonn: BPB.

Offe, Claus (2002): Wessen Wohl ist das Gemeinwohl? In: Münkler, Herfried/Fischer, Karsten (Hrsg.): Bd. 2: Rhetoriken und Perspektiven sozial-moralischer Orientierungen. Berlin: Akademie Verlag, S. 55–76.

Rothschuh, Michael (2013): Community Organizing. In: Stövesand, Sabine/Stoik, Christoph/Troxler, Ueli (Hrsg.): Handbuch Gemeinwesenarbeit. Opladen: Verlag Barbara Budrich, S. 14–36.

Rund, Mario (2009): Beteiligung und Mitbestimmung im Quartier. Lokale Partizipationsförderung als Voraussetzung sozialer Stadt(teil)entwicklung. In: ISP (Hrsg.):#Nachfrageorientierte Bestandsentwicklung in der Wohnungswirtschaft. Erfurt: ISP. S. 38–54.

Rund, Mario (2019): Lokale Partizipationsförderung. In: Ross, Friso/Rund, Mario/Steinhaußen, Jan (Hrsg.): Alternde Gesellschaften gerecht gestalten. Opladen: Verlag Barbara Budrich. S. 387–396.

Rund, Mario (2023): Nicht nur dabei sein dürfen, sondern auch mitbestimmen können. In: Brokow-Loga, Anton (Hrsg.): Corona und die Stadt. Bielefeld: transcript. S. 45–59. DOI: 10.14361/9783839465486-003.

Rund, Mario (2025): Partizipation und kommunale Sozialpolitik. In: Brettschneider, Antonio/Grohs, Stephan/Jehles, Nora (Hrsg.): Handbuch kommunale Sozialpolitik. Wiesbaden: Springer, i. E.

Rund, Mario/Lutz, Ronald (2009): Integrierte Sozialraumplanung. In: Sozialwirtschaft 2/2009, S. 14–17.

Sack, Detlef (2018): Governance in lokalen Räumen. In: Belina, Bernd/Naumann, Matthias/Strüver, Anke (Hrsg.): Handbuch kritische Stadtgeographie. Münster: Westfälisches Dampfboot, S. 136–140, 3. korr. u. erw. Aufl.

Schäfer, Stefan (2019): Re-Politisierung und politische Bildung. In: Sozial Extra 1/2020, S. 13–15. DOI: 10.1007/s12054-019-00248-4.

Umweltbundesamt (Hrsg.) (2017): Transformationsforschung. Dessau-Roßlau: UBA.

UNEP (United Nations Environment Programme) (2012): 21 Issues for the 21st century. Nairobi.

van Rießen, Anne/Bleck, Christian (2013): Zugänge zu ‚Möglichkeitsräumen für Partizipation' im Quartier? https://www.sozialraum.de/zugaenge-zu-moeglichkeitsraeumen-fuer-partizipation-im-quartier.php [Abruf: 01.07.2024].

van Rießen, Anne/Jepkens, Katja (Hrsg.) (2020): Nutzen, Nicht-Nutzen und Nutzung Sozialer Arbeit Wiesbaden: Springer. DOI: 10.1007/978-3-658-23250-4.

Wagner, Leonie/Lochner, Barbara (2020): Politische Bildung als Anspruch und Auftrag Sozialer Arbeit heute. In: Sozial Extra, H. 1/2020, S. 4–6. DOI: 10.1007/s12054-019-00246-6.

WBGU (Wissenschaftlicher Beirat der Bundesregierung Globale Umweltveränderungen) (2011): Welt im Wandel. Berlin. 2. veränd. Aufl.

WBGU (Wissenschaftlicher Beirat der Bundesregierung Globale Umweltveränderungen) (2016): Der Umzug der Menschheit. Berlin.

Soziale Werkzeuge für die Gestaltung der sozial-ökologischen Transformation

Theresia Wintergerst

Die Praxis der Sozialen Arbeit orientiert sich an der Perspektive „Person-in-Environment" (James 2021: 778). Damit sind auch die gesellschaftlichen Naturverhältnisse und ihre notwendige Transformation Reflexionsgegenstand Sozialer Arbeit. Insbesondere im Kontext der Klimakrise gilt es, sich in der Sozialen Arbeit die nötigen Transformationsaufgaben und die damit verbundenen sozialen Prozesse zu vergegenwärtigen. Soziale Arbeit, die sich selbst als Transformationsakteurin versteht, kann somit ausloten, was sie zur deren Bearbeitung beitragen kann.

In diesen Zusammenhang gehört auch die Reflexion des Verhältnisses der Menschen zu den Landschaften, in denen sie leben, die sie nutzen und gestalten. Die Reflexion über die Folgen von Landnutzung, die Begrenzung der Landnutzung und die sozialen Verfasstheiten der Landnutzung mit den ihnen innewohnenden sozialen Prozessen gehören deshalb zum erweiterten Reflexionswissen Sozialer Arbeit in der Klimakrise. Dieser Artikel untersucht soziale Werkzeuge für die Gestaltung der sozial-ökologischen Transformation am Beispiel der Landnutzung im Klimawandel. Er resümiert eine interdisziplinäre Tagungsreihe des wissenschaftlichen Kuratoriums der Bayerischen Akademie ländlicher Raum, welche Perspektiven aus der Agrarwissenschaft, der aquatische Systembiologie, der Geografie, der Geschichtswissenschaft, der Landschaftsarchitektur, der Kulturanthropologie, der Tiermedizin, der Sozial- und Umweltethik, der Betriebswirtschaft und der Rechtswissenschaft miteinander verband. Nach der Darstellung einiger spezifischen Probleme der Landnutzung im Klimawandel werden drei Ebenen der Bearbeitung dieser Probleme identifiziert, die aufeinander bezogen werden müssen: die Ebene der Gesetze und politischen Vorgaben, die institutionelle Ebene der Aushandlung der Landnutzung im konkreten Landschaftsraum und die Ebene der Gestaltung von Kommunikation. Diese soll mit affektiven Implikationen von Transformationsprozessen vertraut sein, Konflikte aushandelbar halten und das Gemeinsame zum Tragen bringen.

1. Probleme der Landnutzung im Klimawandel

1.1 Konkurrierende Nutzungsansprüche an Landschaft

Es bestehen viele Nutzungsansprüche an Landschaft: in ihr sollen Lebensmittel produziert, Energie erzeugt werden und gleichzeitig – die Coronapandemie hat es gezeigt – soll sie der Erholung und der Freizeit dienen. Es gelingt dabei weiterhin nicht, dem grassierenden Flächenverbrauch Einhalt zu bieten (Bayerische Staatsregierung 2022). Mit Wohnbebauung und der Ausweisung von Gewerbeflächen wollen Kommunen ihre demografische und ökonomische Zukunft sichern. Auch der Kampf um die Biodiversität findet in der Landschaft und ihrer Bewirtschaftung statt. Der Klimawandel stellt die Landnutzung vor weitere Herausforderungen: Es gilt, sich auf Extremwetterereignisse einzustellen – die Landschaft soll daher als Puffer dienen und Wasser aufnehmen und zurückhalten können. Die Wiedervernässung von Mooren wiederum gilt als wichtiger Beitrag zur CO_2-Speicherung. Wie mit diesen widersprüchlichen Zielen der Landnutzung umgehen? An der Nutzung von Land sind viele Akteure beteiligt, die Ansprüche an die Landnutzung haben. Die angestrebte Struktur und die Formen der Landnutzung und Raumentwicklung müssen gesellschaftlichen ausgehandelt werden (Schöbel-Rutschmann 2018: 313).

1.2 Gesellschaftliche Dauerkontroverse um die Landwirtschaft

Die Landwirtschaft ist dabei eine zentrale Form der Landnutzung, deren politische Rahmung strittig ist. Agrarwissenschaft und Flurbereinigung hatten in den zurückliegenden Jahrzehnten wenig Bewusstsein für die negativen Folgen der Vergrößerung, Zusammenlegung und Homogenisierung der bewirtschafteten Agrarflächen. Ziel war die effiziente Verbesserung der Nahrungsmittelversorgung. Dies führte und führt zu einer Verarmung der Arten (Heißenhuber/Krämer 2023: 81). Doch mittlerweile änderte sich die gesellschaftliche Erwartung an Landwirtschaft. Industrielle Landwirtschaft wird häufig abgelehnt, nicht zuletzt, weil es mehr Aufmerksamkeit für das Tierwohl gibt. Heißenhuber und Krämer konstatieren eine gesellschaftliche Dauerkontroverse: Landwirte und Landwirtinnen sähen sich vor folgendem Dilemma: Erzeugen sie so, wie es sich ein Großteil der Bevölkerung vorstellt, dann können sie sich am Markt nicht behaupten, erzeugen sie so, wie es derzeit vom Markt honoriert wird, dann bekommen sie nicht die Akzeptanz und Wertschätzung der Bevölkerung. Dabei muss davon ausgegangen werden, dass billige Lebensmittel auch als Ersatz für Sozialpolitik funktionieren sollen, die dazu beitragen, dass Konsument:innen anteilsmäßig immer weniger für Nahrungsmittel ausgeben müssten (ebd. : 79). Die externalisierten Kosten der so erzeugten Produkte sind jedoch enorm und müssen von der Allgemeinheit getragen werden (ebd.: 80). In puncto Externalisierung von Kosten ist nicht nur die nationale Perspektive relevant. Fragen der Fairness stellen sich entlang der gesamten Wertschöpfungskette. Grundsätzlich sollten nur solche Waren und Dienstleistungen angeboten werden, die unter Wahrung der Menschenrechte und des Schutzes natürlicher Ressourcen hergestellt werden. Landwirtschaft spielt hierbei eine bedeutende Rolle für die Gesundheit von Mensch, Tier und Umwelt. Die Zusammenhänge werden vermehrt im Rahmen des des *One-Health-Ansatzes* (BMZ 2024) betrachtet. Gesunde Ernährungslandschaften müssten resilient, vielfältig und orientiert an der Nahversorgung sein. Die Tiere in ihrer landwirtschaftlichen Haltung sollen in die Landschaft integriert sein. Um dies erreichen zu können, sei eine Ökologisierung der gesamten Landwirtschaft notwendig (Heißenhuber/Krämer 2023: 84).

Die Folgen der Homogenisierung, Vergrößerung und Zusammenlegung auf Landschaft und Wasserhaushalt lassen sich folgendermaßen verbildlichen:

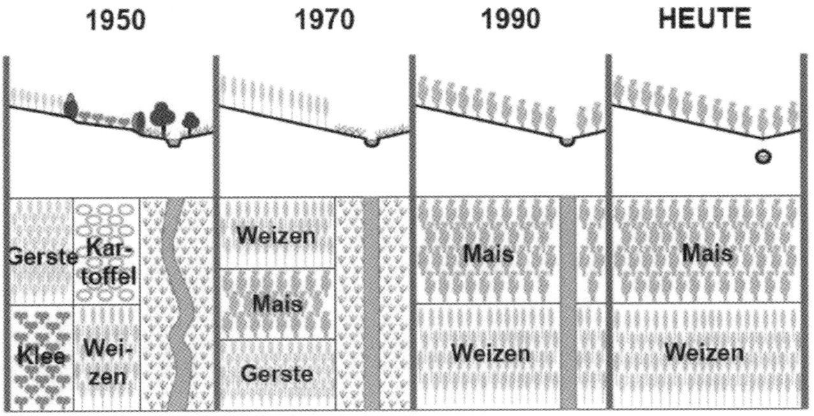

Abbildung 1: Veränderung der Kulturlandschaft seit den 1950er-Jahren (aus Heißenhuber/Krämer 2023: 77)

1.3 Der landnutzungsbedingte Klimawandel

Der alte Kulturauftrag an die Landschaftsordnung forderte, die Landschaft zu entwässern. Dadurch wurde in die Landschaft ein Spülsystem gelegt, in dem mit dem Wasser auch die Nährstoffe ausgeleitet werden. Folgen seien Überschwemmungen aus der Flur, die Verschlammung von Gewässern und Dürren. Deshalb sei ein Umsteuern hin zu einer abflussbremsenden, wasserrückhaltenden Flurgestaltung nötig. Die beobachtbaren Klimaveränderungen hierzulande, so die Sicht des aquatischen Systembiologen Auersbach, seien noch nicht CO_2-induziert, sondern ergäben sich aus der aktuellen Landnutzung. CO_2-induzierte Klimaveränderungen seien zukünftig zusätzlich zu erwarten. Das Beispiel des Wasserhaushaltes und der Bodenverdichtung macht deutlich, dass sich auch von einem landnutzungsbedingten Klimawandel sprechen lässt. Allgemein gäbe es falsche Vorstellungen über den Wasserhaushalt, der zumeist vertikal gedacht werde. Nicht berücksichtig werden dabei die horizontalen Wasserflüsse in der Landschaft. In diese wurden aber massiv eingegriffen. Dazu komme die Unterbodenverdichtung durch die schweren Radlasten der Maschinen in der Landbewirtschaftung. Dies erschwere das Wurzelwachstum. Durch die Verdichtung kämen die Pflanzen nicht mehr in die Tiefe und würden durch ihren Flüssigkeitsbedarf, den sie in der Tiefe nicht stillen können, den Oberboden austrocknen. Dürren und Regenerosivität seien die Folge (Drewes et al. 2021).

2. Notwendiger Pfadwechsel

Dieser Skizze einiger Probleme der Landnutzung folgen die unstrittigen Ziele der Landnutzung im Klimawandel:

- *Flurberauhung statt Flurbereinigung:* Um die Landschaft resilienter gegen Starkwetterereignisse zu machen und die schädlichen Folgen landnutzungsbedingter Klimaveränderungen zu mindern, ist eine Wiederberauhung der Landschaft nötig. Mit einer rauen Landschaft ist eine gemeint, die abwechslungsreich ist, in der Hecken, Feldraine und Baumgruppen vielen verschiedenen Arten Lebensraum geben. Mehrjährige pflanzliche Strukturelemente in der Landschaft müssen vermehrt angebaut werden.
- *Die Wiedervernässung der Landschaft* als Schutz gegen Regenerosivität, Dürren und landnutzungsbedingten Klimawandel.
- *Die Ökologisierung der gesamten Landwirtschaft,* um Bodenschutz, Artenschutz und Gewässerschutz zu betreiben und schädliche Folgewirkungen der bisherigen Bewirtschaftung abzubauen (True-cost-Perspektive).

- *Der Schutz der Moore,* um CO_2-Bindung zu betreiben bzw. die Abgabe von weiteren Treibhausgasen zu verhindern.
- *Den Nutzungsdruck auf die Landschaft klimabewusst aushandeln,* um die Bereiche Energiegewinnung, Landwirtschaft, Freizeitnutzung, Wohn- und Gewerbebebauung, Artenschutz miteinander auszuhandeln, Versiegelung zu minimieren und multifunktionale Landnutzung zu entwerfen.

3. Wie Landnutzung im Klimawandel gesellschaftlich aushandeln?

Die Erreichung dieser Ziele erfordert eine Revidierung von Zielen und Vorgehensweisen in den Bewirtschaftungs- und Nutzungsweisen von Land. Zwar gibt es mittlerweile Kulturlandschaftsprogramme (KULAP), die kleinräumige Landschaftsstrukturen fördern. Die Ziele des Landnutzungswandels müssen aber weitaus ambitionierter werden. Die bisherigen Programme konnten die bisherige Entwicklung nicht grundlegend verändern (Heißenhuber/Krämer 2023: 80).

Wie lässt sich nun der gesellschaftliche Diskurs darüber führen, wie Land nachhaltig genutzt werden soll und wie die damit verbundenen Aufgaben honoriert werden sollen? Diese Frage stellt sich auf dem Hintergrund, dass die Landnutzung mit generationenübergreifenden Mustern der Landnutzung brechen soll, wie z. B. die Wiedervernässung von Mooren zeigt. Die veränderte Landnutzung ist mit Verlustängsten und tatsächliche Verlusten verbunden. Die Frage stellt sich, wie Gewinne und Verluste fair ausgehandelt werden können und die mit der Landnutzungstransformation einhergehenden Transformationskonflikte bearbeitbar bleiben.

Betriebe und einzelne Akteure alleine können diesen Pfadwechsel nicht bewerkstelligen. Vielmehr bedarf es der Fähigkeit vieler Akteure, in Landschaften zu denken und sich mit Landschaften zu verbinden. Ein „mental shift" in Sachen Landnutzung ist nötig. Wie aber wäre dieser zu bewerkstelligen?

4. Forschungen über die kollektiven Verfasstheiten der Landnutzung

Wie Menschen den ländlichen Raum und sich im ländlichen Raum organisierten ist auch Thema der Geschichtswissenschaft. Diese untersucht beispielsweise kollektive Formen der Landbewirtschaftung z. B. in der Bewirtschaftung von Wäldern, Weideflächen und Fischbestände (Kehnel 2021: 67, 75, 83).

Die Landnutzung kannte in vielen Bereichen Ordnungen, die die langfristige Nutzbarkeit von landschaftsbezogenen Ressourcen zum Ziel hatten, um das eigene Überleben zu sichern (ebd.: 78).

Die lange Tradition der Selbstbefähigung von Menschen zur Begrenzung von natürlichen Ressourcennutzung untersuchte auch die Wirtschaftswissenschaftlerin Elinor Ostrom. Sie identifiziert die Gelingensbedingungen von Selbstorganisation und Selbstverwaltung jenseits einer ausschließlich staatlichen oder einzelbetrieblichen Steuerung und zeigt dabei, wie Selbstverwaltung in langlebigen Institutionen gelingen kann. Ostroms Forschungen ergaben, dass es durchaus möglich ist, Übernutzungen zu begrenzen und Pumpwettläufe zu durchbrechen, in denen die Landnutzenden durch fehlende Einhaltung von Begrenzung angetrieben werden, dass Maximum aus den natürlichen Ressourcen herauszuholen und diese dadurch am Ende schädigen oder zerstören. Unerlässlich dazu sind Institutionen, denen Befugnisse zugestanden werden, dass die Nutzenden die Regeln der Nutzung miteinander verbindlich festlegen. Die Notwendigkeit dieser Institutionen unterstreicht Ostrom: „It is important to note that in sparse institutional settings cooperation levels never reach the optimum" (Ostrom 2005: 28). Ohne diese Institutionen ist die lokale Passung der Regeln der Landnutzung nicht zu machen, genauso wenig die Bereitschaft zu wecken, sich an Regeln zu halten, ein Monitoring über die Regeleinhaltung aufzubauen und lokale Aushandlungsarenen für die Klärung von Konflikten über Landnutzung vorzuhalten.

Die Entwicklung solcher Institutionen ist aber keinesfalls eine „naturwüchsige" Entwicklung. Sie ist auch davon abhängig, ob sie politisch gewollt ist und ihnen die entsprechenden Befugnisse erteilt werden.

5. Soziale Werkzeuge für die sozial-ökologische Transformation am Beispiel der Landnutzung

5.1 Gesetze und politische Vorgaben

Die Verantwortung für den Pfadwechsel in der Landnutzung im Klimawandel ist nun nicht allein Institutionen zur gemeinsamen Regelung der Landnutzung zuzuschreiben. Politische Zielvorgaben mit definierten Grenzen der Nutzung und vor allem deren konsequentes Verfolgen bleiben unabdingbar, um Reduktionsziele, Nutzungsbegrenzungen und Nutzungsänderungen durchzusetzen. Die Politik muss Nachhaltigkeitsziele entschieden unterstützen, weil die mit ihnen verbundenen Langfristorientierung sich gegen kurzfristige Interessen sonst nicht durchsetzen kann. Gerade die Etablierung von Langfristorientierung muss politisch gestützt werden.

Gesetze allein jedoch bringen keine Passung für konkrete Landnutzung mit sich. Dass regionale Akteure in Landschaften denken und handeln, lässt sich nicht verordnen, es kann aber durch einen entsprechenden Rahmen angeregt werden. Es gilt, den Raum zu eröffnen, in den regionales Wissen einfließen kann und in dem Akteure ihr Handeln aufeinander abstimmten können. Diese Gestaltungsspielräume zu ermöglichen, ist wichtig, um der Versuchung ökototalitärer Vorgaben zu widerstehen. Das WBGU-Gutachten zur großen Transformation fordert den gestaltenden Staat mit erweiterter Partizipation. Der Staat setzt aktiv Prioritäten und verbessert gleichzeitig Mitsprache-, Mitbestimmungs- und Mitwirkungsmöglichkeiten (WBGU 2011: 10).

5.2 Institutionen zur konkreten Aushandlung von Landnutzung im Klimawandel

Langlebige Institutionen zeichnen sich laut den Forschungsergebnissen von Elinor Ostrom durch Folgendes aus: Sie definieren, wer wieviel nutzen darf. Darüber hinaus gibt es Arrangements für kollektive Entscheidungen, zu denen ein Monitoring über die Regeleinhaltung gehört, sowie abgestufte Sanktionen und Konfliktlösungsmechanismen. Begrifflich werden solche Institutionen der Landnutzung verschieden bezeichnet. Man spricht von Allmenden, von der Gmain, von Haingeraden, von Rechtlern oder von Genossenschaften (Kehnel 2021). Beweidung, Waldwirtschaft, Fischfang und viele andere Formen der Landnutzung wurden im Rahmen dieser Institutionen geregelt. In diese Institutionen können auch Unternehmen eingebettet sein (Ostrom 1999: 115-131; Wintergerst 2014). Öffentliche Verwaltungen können solche Institutionen fördern, indem sie diese beispielsweise bei der nötigen, aber teuren Informationsbeschaffung unterstützen. Auch Landnutzungsinstitutionen können fragil sein oder werden und versagen. Angebote von außen, z. B. von öffentlichen Verwaltungen, für Probleme von innen können nötig sein. Ebenso stabilisierend wirken horizontale und vertikale Vernetzungen. Doch auch dies ist keine Garantie, dass „Pumpwettläufe“ vermieden werden, in denen die langfristige Erhaltung von natürlichen Ressourcen nicht gelingt. Trotzdem sind solche Institutionen notwendig. Es gilt, die empirisch erforschte Gelingensbedingungen über Institutionen, die über lange Zeiträume funktionieren, bei ihrer Gestaltung zu berücksichtigen. Dann können Institutionen die bestehende Interdependenz zwischen den Akteuren modellieren und schaffen ein handlungsfähiges Wir (Wintergerst 2014: 217). So können Gestaltungsaufgaben übernommen werden, die über die Möglichkeiten von Gesetzen und Vorgaben hinausgehen.

5.3 Bewusstseinsbildung und konsentorientierte Kommunikationsmethoden

Der letzte Abschnitt soll der Frage nachgehen, welche Methoden der Bewusstseinsbildung und der Entscheidungsfindung nötig sind, um den gesellschaftlichen Diskurs über Landnutzung im Klimawandel handlungsorientiert zu führen. Fragen der nachhaltigen Landnutzung betreffen alle Menschen. Die Frage: „In welchen Landschaften wollen wir eigentlich leben?“ (RCE Stettiner Haff 2024) gehört zur Bildung für nachhaltige Entwicklung. Dieser Frage wird exemplarisch am Beispiel der Moore nachgegangen. Wie groß ist das Bewusstsein über die besondere Bedeutung bestimmter Landschaften für den Klimaschutz? Es lässt sich vermuten, dass das Bewusstsein über die Bedeutung der Regenwälder stärker ausgeprägt ist als das Bewusstsein über die Bedeutung der Moore. Das Helmholtzzentrum fasst die Bedeutung der Moore wie folgt zusammen:

> „Moore speichern große Mengen an Kohlenstoff und entziehen der Atmosphäre damit das Treibhausgas CO2 – wenn sie nicht wie in Deutschland trockengelegt wurden. Trockengelegte Moore hingegen geben Treibhausgase an die Atmosphäre ab. Indem wir Moore wiedervernässen und anders bewirtschaften, lässt sich ihr Potenzial zur CO2-Aufnahme wieder entfalten. Es ist eine ähnlich große Herausforderung wie der Kohleausstieg, sagen Expert:innen. Aber die Mühe lohnt: Denn neben dem Klimaschutz profitiert auch die Biodiversität, unsere Wasserversorgung und Widerstandsfähigkeit gegenüber Extremwetter.“ (Helmholtz 2024)

Am Beispiel der Wiedervernässung von Mooren lassen sich auch die Transformationskonflikte um den Pfadwechsel in der Landnutzung verdeutlichen. Galt es doch als Leistung, Moore trocken zu legen und sie der intensiveren landwirtschaftlichen Nutzung zuzuführen.

Damit der Pfadwechsel gelingt, benötigt es die schon angesprochene Verbundenheit der Menschen mit ihren Landschaften. Im Sinne des schon geforderten Landschaftsvertrags ist eine gesellschaftliche Auseinandersetzung zum Thema notwendig. Bildungsorganisationen für nachhaltige Entwicklung arrangieren kreative Bildungsprozesse wie z. B. ein „Moortheater“ und schaffen so ein Bewusstsein über die nachhaltige Gestaltung von Landschaften. „In unserem Projekt Moortheater bringen wir Natur und Kultur, Theater und Pädagogik, Umweltbildung und Musik in eine neuartige Beziehung“ (Moortheater 2024).

Ein Format für Partizipation sind die sogenannten „Landschaftsspaziergänge“, die vom RCE Stettiner Haff als Format für Bildung für nachhaltige Entwicklung bezeichnet werden. Diese gibt es in zwei Formen: als „öffentliche Spaziergänge“ und als „Akteur-Spaziergänge“ (RCE-Stettiner Haff, Jahresrückblick 2023). Während erstere das Bewusstsein über die Bedeutung und auch die Schönheit von Mooren wecken möchten, dienen zweitere verstärkt als Werkzeuge für Kooperation. In diese *Akteur-Landschaftsspaziergänge* werden unterschiedliche Akteure mit verschiedenen Perspektiven und Positionen in der konkreten Landschaft zusammengebracht, z. B. Akteure aus der Landwirtschaft und aus dem Naturschutz. Diese *Akteur-Landschaftsspaziergänge* sind sorgfältig arrangierte Möglichkeiten zur Aushandlung des Umgangs mit Landschaft, in denen auf Augenhöhe und unter Erleben der Landschaft Handlungsmöglichkeiten zum Landschaftsschutz entwickelt werden. Diesem Format liegt die Annahme zugrunde, dass in der Landschaft bessere Dialoge als „am Tisch" möglich werden (ebd.). Die Entwickler:innen dieser Methode, Uta Berghöfer und Tobias Keye, betonen: Der kollektive Handlungsspielraum vor Ort ist nicht einfach vorhanden. Er wird geöffnet, gepflegt, erweitert und aktiviert. Landschaftsbezogene Bildungsträger für nachhaltige Entwicklung können dafür geeignete Formate der Kommunikation entwickeln.

Aus den Landesumweltämtern, die in den Bundesländern Landnutzungstransformationen begleiten, wurde berichtet, dass bei der Nutzungstransformation von Mooren, aber auch bei der Entwicklung von Biotopverbünden, mit affektiven Implikationen zu rechnen ist. Wenn eine Form der Landbewirtschaftung zurückgefahren werden soll, löst dies Kränkungen, Verlustängste, Verteilungsfragen und tatsächliche Verluste aus. Dies hat affektive Implikationen. Fachkräfte, die solche Prozesse begleiten, müssen sich dem stellen. Dazu brauchen sie aber bestimmte Kompetenzen. Ein Mitarbeiter eines Amtes für Umweltschutz bemerkte, sie bräuchten in den Teams vor Ort Psycholog:innen. Was kommt damit zum Ausdruck? Es wurde unterstrichen, dass es Kompetenzen im Verständnis der sozialen Prozesse der Transformation braucht und die Fähigkeit, mit den Affekten, die Pfadwechsel mit sich bringen, umgehen zu können. Zu diesen Kompetenzen muss eine verbindliche und transparente Kommunikation hinzutreten, die Überzeugungsarbeit auch im Einzelfall nicht scheut und so bemüht ist, in den Verfahren der Umsteuerung das nötige Vertrauen für Transformationsprozesse zu rechtfertigen.

Gemeinsam sind dieser Kommunikation das Wissen um „neuralgische" Punkte, der anerkennende Umgang mit verschiedenen Interessen, die Einbeziehung von Wissen und die Orientierung am gemeinsamen nächsten Schritt. Zuletzt lassen sich hier Organisationsentwicklungsmethoden anführen, die zum Ziel haben, systematisch alle Beteiligte einzubinden, eine polarisierte Diskussionskultur zu überwinden und miteinander Schritt für Schritt handlungsfähig zu bleiben und zu werden. Dabei wird beispielsweise in der Soziokratie vom „Konsent" (Strauch/Reijmer 2018: 36) gesprochen, nicht vom Konsens. Ein Konsent bezeichnet das Fehlen schwerwiegender und begründete Einwände in Hinblick auf die nächsten Schritte auf ein gemeinsames Ziel zu. Auch diese Organisationsmethoden sollen die Fähigkeit zur Selbstverwaltung stärken (Strauch 2018).

6. Zusammenfassung

Am Beispiel der Landnutzung im Klimawandel wurde erörtert, welche sozial-ökologischen Werkzeuge für die erforderlichen Landnutzungstransformationen nötig sind. Die sozialen Werkzeuge sind demnach politische, institutionelle und kommunikative. Diese verschiedenen Dimensionen des Handelns sind aufeinander verwiesen und aufeinander zu beziehen. Neben der konsequenten politischen Rahmensetzung sind Institutionen jenseits von Staat und Markt, in denen die Akteure der Landnutzung die Passung der konkreten Landnutzungstransformation verbindlich aushandeln können, zu beschaffen. Das dazugehörende Organisationsrecht muss politisch zugestanden werden und die Selbstorganisation durch Politik und Verwaltung unterstützt werden. Dazu passend sind Wege der Kommunikation, in denen die Verbindung der Menschen mit der Landschaft gestärkt und das Wissen über systemübergreifende Zusammenhänge geweckt wird. Die kommunikativen Kompetenzen umfassen auch das Wissen über die soziale Dynamik von Transformationskonflikten und die Fähigkeit, darin handlungsfähig bleiben zu können. Zuletzt sind in diesem Zusammenhang systematisch einbeziehende Methoden zu nennen. Diese ermöglichen, zusammen Entscheidungen zu treffen und durch bestehende Interessenkonflikte nicht „lahm gelegt“ zu werden und so die Konflikte der Nutzungstransformation bearbeitbar zu halten. Soziale Arbeit versteht sich als Transformationsakteurin. Dieser Beitrag will auf Transformationsaufgaben in der Landnutzung im Klimawandel hinweisen und weist dabei auch auf die dabei sich abspielenden sozialen Prozesse hin. Eine Reflexion über die Beteiligungsmöglichkeiten der Sozialen Arbeit an sozial-ökologischen Transformationsprozessen soll damit angestoßen werden.

Literatur

Bayerische Staatsregierung (2022): Flächenverbrauch in Bayern. URL: https://www.bayern.de/flchenverbrauch-in-bayern/ [Abruf: 31.10.2024].

Bayerisches Staatsministerium für Ernährung, Landwirtschaft, Forsten und Tourismus (2024): Agrarumwelt- und Klimamaßnahmen. https://www.stmelf.bayern.de/foerderung/foerderung-von-agrarumweltmassnahmen-in-bayern/index.html [Abruf: 31.10.2024].

Bundesministerium für wirtschaftliche Zusammenarbeit und Entwicklung (2024): One Health. URL: https://www.bmz.de/de/themen/one-health [Abruf: 31.10.2024].

Brandmeir, Christine/Fackler, Klaus/Schöbel-Rutschmann, Sören/Wintergerst, Theresia (2024): Conclusio. Resümee aus der Tagungsreihe Landnutzung im Klimawandel.

URL: https://www.akademie-bayern.de/wp-content/uploads/2024/07/2024-ALR-WL_LAIKE-Forderungen.pdf [Abruf: 31.10.2024].

Drewes, Jörg/Auerswald, Karl/Disse, Markus/Menzel, Annette/Pauleit, Stephan/Rutschmann, Peter/Strobl, Theodor/Wieprecht, Silke (2021): Bericht der Expertenkommission zur Wasserversorgung in Bayern. LAND:schaf(f)t Wasser. URL: https://www.wasser.tum.de/fileadmin/w00bup/wasser/Expertenkomission_Bericht_Wasserversorgung_Bayern/Kommissionsbericht_Wasserversorgung_in_Bayern.pdf [Abruf: 31.10.2024].

Heißenhuber, Alois/Krämer, Christine (2023): Landwirtschaft und Umwelt – Entwicklung eines Spannungsverhältnisses. In: Bundesministerium für Ernährung und Landwirtschaft (BMEL) (Hrsg.): Berichte über Landwirtschaft. Zeitschrift für Agrarpolitik und Landwirtschaft, Jubiläumsausgabe: 100 Jahre Berichte über Landwirtschaft. S. 73-94

James, Sigrid/Kilian, Juri (2021): Soziale Arbeit in den USA. In: Amthor, Ralph/Goldberg, Brigitta/Hansbauer, Peter/Landes, Benjamin/Wintergerst, Theresia (Hrsg.): Kreft/Mielenz Wörterbuch Soziale Arbeit. Weinheim Basel: Beltz Juventa. S. 778-781

Kehnel, Annette (2021): Wir konnten auch anders. Eine kurze Geschichte der Nachhaltigkeit. München: Karl Blessing Verlag.

Krieger, Anna (2022): Fakten zum Klima. Wozu brauchen wir Moore. In: Hermann von Helmholtz-Gemeinschaft Deutscher Forschungszentrum e.V. URL: https://helmholtz-klima.de/aktuelles/fakten-moore-klima [Abruf: 31.10.2024].

Ostrom, Elinor (1999): Die Verfassung der Allmende. Jenseits von Staat und Markt. Tübingen: Mohr Siebeck.

Ostrom, Elinor. (2005): Toward a Behavioral Theory Linking Trust, Reciprocity and Reputation. In: Elinor Ostrom, James Walker (Hrsg.): Trust and Reciprocity, Interdisziplinary Lessons From Experimental Research. New York: Russel Sage Foundation.

Regionales Center for Expertise for Sustainable Development (RCE) Stettiner Haff, Kompetenzzentrum für Bildung für Nachhaltige Entwicklung in Trägerschaft des BINES e.V. (2024): In was für Landschaften wollen wir eigentlich leben? URL: https://www.rce-stettinerhaff.eu/landschaftsspaziergang-als-tool-fuer-kooperation-in-der-landschaft/ [Abruf: 31.10.2024].

Regionales Center for Expertise for Sustainable Development (RCE) Stettiner Haff, Kompetenzzentrum für Bildung für Nachhaltige Entwicklung in Trägerschaft des BINES e.V. (2024): BNE-Format: Landschaftsspaziergänge und Zukunftsfragen. URL: https://www.rce-stettinerhaff.eu/jahresrueckblick-2023/ [Abruf: 31.10.2024].

Schöbel-Rutschmann, Sören (2018): Landschaftsvertrag. Zur Kritischen Rekonstruktion der Kulturlandschaft. Berlin: Jovis Verlag GmbH.

Strauch, Barbara/Reijmer, Annewiek (2018): Soziokratie. Kreisstrukturen als Organisationsprinzip zur Stärkung der Mitverantwortung des Einzelnen. München: Verlag Franz Vahlen.

Verein Freunde Fritz Greve e.V. (2024): Moortheater. URL: https://moortheater.de/idee.html [Abruf: 31.10.2024].

Wintergerst, Theresia (2014): Zur Ethik der sozialen Innovation – Das handlungsfähige „Wir" bei Elinor Ostrom als Grundlage der Nachhaltigkeitstransformation. In: Miosga, Manfred/Hafner, Sabine (Hrsg.): Regionalentwicklung im Zeichen der Großen Transformation. Strategien für Ressourceneffizienz, demografischen Wandel und Innovationsfähigkeit. München: Oekom, S. 217-252.

Transformationsprozesse lokaler Governance und neue Formen der Vernetzung angesichts globaler Flucht- und Migrationsbewegungen

Jonas Hufeisen

Gesellschaftliche Transformationen auf globaler und lokaler Ebene sind eng miteinander verknüpft und können sich wechselseitig beeinflussen (vgl. Grießhammer/Brohmann 2015: 6). Dies zeigt sich etwa im Einfluss von Flucht- und Migrationsprozessen auf lokale gesellschaftliche Transformationen (vgl. Goebel et al. 2018). Im Zuge des Sommers der Migration 2015 hat die Zahl der Schutzsuchenden in Deutschland deutlich zugenommen. Dabei sind nicht nur Großstädte, sondern auch kleine Städte und Gemeinden in ländlichen Räumen herausgefordert, geflüchtete Menschen aufzunehmen und Integrationsprozesse zu gestalten (vgl. Glorius et al. 2017). Diese außergewöhnliche historische Situation hat auf kommunaler Ebene Transformationsprozesse lokaler Governance ausgelöst, die in diesem Beitrag untersucht werden. Im Fokus stehen die Auswirkungen von Fluchtmigration auf lokale Netzwerke, Integrationsstrategien und handlungsleitende Orientierungen lokaler Akteur*innen. Die zugrunde liegende multimethodische empirische Studie zeigt, wie sich in einer ländlichen Kleinstadt neue Netzwerke, Initiativen und Angebote zur Gestaltung von Integration entwickelten.[1]

Dieser Artikel ist folgendermaßen aufgebaut: Im *ersten Abschnitt* wird der Zusammenhang von lokalen Transformationen mit globalen Migrationsprozessen herausgearbeitet. Im *zweiten Abschnitt* wird das Forschungsdesign der multimethodischen Analyse kleinstädtischer Transformationsprozesse erläutert. Im *dritten Abschnitt* werden die Transformationsprozesse und neuen Formen der Vernetzung anhand einer Typologie handlungsleitender Orientierungen lokaler Akteur*innen erörtert. Im abschließenden *vierten Abschnitt* werden die in der Typologie aufgezeigten Herausforderungen für die Partizipation geflüchteter Menschen in lokalen Governanceprozessen beleuchtet und diskutiert, wie Transformationsprozesse zur Förderung von Partizipation gestaltet werden können.

---

1 Grundlage dieses Artikels sind Ergebnisse eines Dissertationsprojekts im hochschulübergreifenden Promotionszentrum Soziale Arbeit der HAW Hessen zu lokalen Governanceprozessen und Netzwerken im Kontext der Fluchtmigration.

1. Lokale Transformationen im Zusammenhang mit globaler Migration

Transformationen bewirken grundlegende und tiefgreifende Veränderungen in verschiedenen gesellschaftlichen Bereichen wie Kultur, Werte, Technologie, Produktion, Konsum, Infrastruktur und Politik. Diese Veränderungen können sowohl ungeplant erfolgen als auch gezielt herbeigeführt werden (vgl. Grießhammer/Brohmann 2015: 6). *Treiber von Transformationsprozessen* können Visionen, Wissen sowie soziale und technologische Innovationen sein, die aktiv vorangetrieben werden. Transformationen können aber auch durch globale Krisen, Naturkatastrophen, Kriege und weltweite Flucht- und Migrationsbewegungen ausgelöst oder beeinflusst werden, auf die lokale Akteur*innen keinen direkten Einfluss haben (vgl. ebd.: 11). In der Stadtforschung und Stadtplanung wird die Transformation von Sozialräumen aufgrund einer veränderten Zusammensetzung urbaner Gesellschaften durch Zuwanderung diskutiert, dabei wird auch die Rolle von Geflüchteten in der Stadtentwicklung betrachtet (vgl. Glorius 2023: 413). Die Forschung zu lokalen Transformationen im Zusammenhang mit Fluchtzuwanderung bezieht sich vorwiegend auf Groß- bzw. Mittelstädte, weniger auf Kleinstädte.

Sowohl zivilgesellschaftliche als auch staatliche *Akteur*innen* spielen in Transformationsprozessen eine zentrale Rolle. Während zivilgesellschaftliche „Pioniere des Wandels" zuerst soziale und technologische Innovationen initiieren, übernehmen staatliche Akteur*innen später eine aktive Rolle, indem sie diese Innovation und Netzwerke unterstützen und „Ermöglichungsräume" schaffen (Grießhammer/Brohmann 2015: 14). Diese Dynamiken lassen sich nicht nur auf internationaler, sondern auch auf lokaler Ebene beobachten, etwa in der Entwicklung kleinstädtischer Netzwerke und Governancestrukturen im Kontext der Fluchtmigration, wie sie in der vorliegenden Studie am Beispiel der Kleinstadt Grünhausen[2] analysiert wurde. In Grünhausen haben zivilgesellschaftliche Akteur*innen durch ihr Engagement für Geflüchtete und die Initiierung neuer Netzwerke Transformationsprozesse angestoßen, die später von der Sozialen Arbeit aufgegriffen und der Kommunalpolitik finanziell und organisatorisch unterstützt wurden. Diese lokalen Transformationen entstanden nicht durch langfristige Planung, sondern wurden durch das Ankommen geflüchteter Menschen ausgelöst, was zu einem Wandel in der Gestaltung von Integration führte, der sich in neuen Angeboten, Netzwerken und Zuständigkeiten zeigte.

2 Grünhausen ist ein Pseudonym für eine real existierende hessische Kleinstadt, die aus Gründen der Anonymisierung nicht benannt wird.

2. Multimethodische Analyse kleinstädtischer Transformationsprozesse

Zur Analyse von kleinstädtischen Transformationsprozessen lokaler Governance im Kontext von Fluchtmigration sind nicht nur die veränderten Strukturen und Netzwerke, sondern auch die handlungsleitenden Orientierungen der Akteur*innen relevant. Deshalb wurde ein Forschungsdesign entwickelt, das verschiedene Erhebungs- und Auswertungsmethoden kombiniert:

1. Im Rahmen des Forschungs- und Transferprojekts DIWAN[3] wurden *Zukunftswerkstätten* mit Geflüchteten und freiwillig Engagierten sowie weiteren Bewohner*innen ländlicher Kleinstädte durchgeführt. Diese moderierten Dialogformate wurden sowohl als Partizipations- als auch als Erhebungsmethode eingesetzt (vgl. Jungk/Müllert 1991; May/Alisch 2011: 36) und ermöglichen Einblicke in zivilgesellschaftliche und migrantische Perspektiven auf das kleinstädtische Migrationsgeschehen und die Gestaltung des Zusammenlebens.
2. Mit Fokus auf lokale Governanceprozesse und Netzwerke wurden zwölf *qualitative Interviews* mit kleinstädtischen Akteur*innen aus Politik, Verwaltung, Sozialer Arbeit sowie zivilgesellschaftlichen Vereinen und Initiativen, die im Bereich Fluchtmigration und Integration tätig waren, geführt. Für das Erkenntnisinteresse sind sowohl Prozesswissen über Strategien, Aushandlungsprozesse und Vernetzung bei der Gestaltung von Integration als auch Kontextwissen über strukturelle Rahmenbedingungen und historische Entwicklungen von Bedeutung (vgl. Kaiser 2014: 41f.; Meuser/Nagel 2002: 75f.).
3. Während der qualitativen Interviews wurden *egozentrierte Netzwerkkarten* von den befragten Personen erstellt und kommentiert. Dabei benannten sie ausgehend von ihrer eigenen Rolle (Ego) andere Akteur*innen (Alteri) und positionierten diese entsprechend ihrer Relevanz im Zentrum oder am Rand einer vorbereiteten Netzwerkkarte (vgl. Straus 2010; Wolf 2010).

Eine erste Strukturierung des vielfältigen Materials erfolgte durch *induktives Codieren* in Anlehnung an die inhaltlich strukturierende qualitative Inhaltsanalyse nach Kuckartz (2022). Zur Rekonstruktion handlungsleitender Orientierungen der Akteur*innen folgte eine *komparative Analyse* in Anlehnung an die dokumentarische Methode (vgl. Bohnsack/Nentwig-Gesemann/Nohl 2013), die in einer *relationalen Typenbildung* mündete. In der relationalen Typologie treten die Fälle mit all ihren vielfältigen Aspekten und Besonderheiten in den Hintergrund (vgl. Nohl 2013: 95). Die jeweiligen Typen repräsentieren fall-

3 Im Projekt „DIWAN – Dialogprozesse und Wanderausstellung für ein gelingendes Zusammenleben in der Migrationsgesellschaft“ war der Autor als wissenschaftlicher Mitarbeiter tätig. Ein Rückblick ist unter www.hs-fulda.de/rigl-fulda/diwan/ zu finden.

übergreifende Muster und idealtypische Orientierungen, die aus dem Material rekonstruiert wurden. Ergänzend wurden die Netzwerkkarten in einer *qualitativ-strukturalen Netzwerkanalyse* mit den Erzählungen verknüpft (vgl. Herz/Peters/Truschkat 2015).

3. Transformationsprozesse und neue Formen der Vernetzung: eine Typologie handlungsleitender Orientierungen

Für die Transformationsprozesse lokaler Governance und die Formen der Vernetzung sind die Perspektiven auf Migration sowie die handlungsleitenden Orientierungen der kleinstädtischen Akteur*innen von Bedeutung. In der Governance- und Netzwerkanalyse der ländlichen Kleinstadt Grünhausen wurden sich unterscheidende fallübergreifende Orientierungen identifiziert, die charakteristisch für die Sichtweisen auf Migration und Zuwanderung, die Ausrichtung des Engagements und die Funktionen der Vernetzung sind. Diese Erkenntnisse führten zur Entwicklung einer relationalen Typologie handlungsleitender Orientierungen lokaler Akteur*innen, die in drei Typiken mit jeweils drei zugehörigen Typen unterteilt ist (siehe Tabelle 1). Im Folgenden wird diese Typologie herangezogen, um die Transformationsprozesse lokaler Governance und die neuen Formen der Vernetzung zu erörtern.

Tabelle 1: Typologie handlungsleitender Orientierungen lokaler Akteur*innen

Typik (Dimensionen)	**Typen (Orientierungen)**		
Typik A: Migrationserzählungstypik: Kleinstädtische Perspektiven auf Migration und Zuwanderung	Typus A1: Migration als positiver Faktor der Stadtgeschichte: Rückgriff auf Erfahrungswissen	Typus A2: Migration im Wandel: Fokus auf neue Herausforderungen durch Fluchtmigration	Typus A3: Fluchtzuwanderung als neues Phänomen: Initiieren neuer Strukturen und Zuständigkeiten
Typik B: Integrationsgestaltungstypik: Motive und Strategien bei der Gestaltung von Integration	Typus B1: Fürsorge und soziales Engagement: Praktische Unterstützung und Ermöglichen von Begegnungen	Typus B2: Aktivierung und Partizipation: Förderung von Eigeninitiative und stellvertretende Interessenvertretung	Typus B3: Funktionieren des Zusammenlebens: Gemeinwesenentwicklung und Engagementförderung
Typik C: Netzwerkfunktionstypik: Ziele und Strukturen der Vernetzung in der lokalen Governance	Typus C1: Koordination durch Vernetzung: Informationsaustausch und gegenseitige Unterstützung	Typus C2: Kooperation durch Vernetzung: Effiziente Zusammenarbeit und pragmatische Lösungsfindung	Typus C3: Politische Mitgestaltung durch Vernetzung: Interessenkommunikation und strategische Einflussnahme

3.1 Kleinstädtische Perspektiven auf Migration: Migrationserzählungstypik

In der Migrationsforschung wird zwischen Kommunen mit und ohne langjährige Erfahrungen mit Migration unterschieden. Dabei wird ein Zusammenhang zwischen einer eingeschränkten Migrationserfahrung und einer reaktiven Integrationspolitik hergestellt (vgl. Schammann/Younso/Meschter 2020: 24). Deshalb ist das Bewusstsein der handelnden Akteur*innen über die Migrationserfahrungen der Kleinstadt Grünhausen für diese Studie von Interesse. Auf den ersten Blick erscheint Grünhausen wie eine ländliche Kleinstadt ohne lange Migrationsgeschichte. Die *Sozialraumanalyse* zeigt jedoch, dass die Kleinstadt seit ihrer Gründung immer wieder durch Migration und Zuwanderung geprägt wurde (vgl. Hufeisen 2023: 153). In den Erzählungen der Akteur*innen zeigt sich diesbezüglich ein differenzierteres Bild.

Die Vielfalt der kleinstädtischen Perspektiven auf Migration spiegelt sich in folgenden Typen der *Migrationserzählungstypik* (Typik A) wider:

- *Typus A1* steht für eine positive und geschichtsbewusste Sichtweise auf Migration in der Kleinstadt, wobei Migration als integraler Bestandteil und positiver Faktor der Stadtgeschichte betrachtet wird. Es wird betont, dass die Aufnahme von Neuzugewanderten eine kontinuierliche Aufgabe ist, bei der die Akteur*innen auf vorhandene Erfahrungen und Kompetenzen zurückgreifen können, um auch mit den aktuellen Herausforderungen der Fluchtmigration konstruktiv umzugehen.
- *Typus A2* fokussiert den Wandel in der Migration und die neuen Herausforderungen, die mit der Fluchtmigration seit 2015 einhergehen. Dabei werden die Unterschiede zwischen früheren, überwiegend christlich geprägten Gruppen zugewanderter Personen und den Neuzugewanderten aus vorwiegend muslimisch geprägten Herkunftsländern betont und kritisch betrachtet. Wahrgenommene kulturelle und religiöse Differenzen gelten als Hindernisse für den Integrationsprozess und als ein Auslöser für eine negative Stimmung und Frustration bei freiwillig Engagierten.
- *Typus A3* betrachtet die Fluchtmigration seit 2015 als ein neues Phänomen für ländliche Kleinstädte und konzentriert sich auf aktuelle Herausforderungen, ohne dabei auf das Erfahrungswissen vorangegangener Migrationsphasen zurückzugreifen. Die Handlungsorientierung zielt darauf ab, neue Governancestrukturen in Form neuer organisatorischer Strukturen und veränderter Zuständigkeiten zu schaffen, um Integrationsprozesse effektiver zu gestalten.

Die drei Typen der Migrationserzählungstypik zeichnen sich durch ein unterschiedliches Geschichtsbewusstsein aus, das sich auf die Gestaltung von Integration in ländlichen Kleinstädten auswirkt. Je nach Orientierung werden eher die Chancen oder die Herausforderungen, die in der Fluchtzuwanderung liegen, betont. In der Typik zeigen sich zwar migrationskritische Perspektiven, jedoch keine grundsätzlich ablehnenden oder offen rassistischen Haltungen.

Dies lässt sich damit erklären, dass die Typologie nicht die gesamte Stadtgesellschaft repräsentiert, sondern lediglich die Perspektiven engagierter Akteur*innen.

3.2 Transformationsprozesse lokaler Governance: Integrationsgestaltungstypik

Aufgrund von Ergebnissen der lokalen Politikforschung wird angenommen, dass das Thema Migration in ländlichen Gemeinden und kleineren Städten „häufig für längere Zeit von der Agenda verschwindet und in Zeiten großer (Flucht-)Zuwanderung jeweils wieder neu als lokalpolitisches Thema entdeckt wird" (Bendel et al. 2018: 238). Diese Annahme lässt sich in Grünhausen grundsätzlich bestätigen. Trotz der Erfahrung der Kleinstadt mit Migration wurde die Fluchtmigration seit 2015 als einschneidend erlebt und führte zu einer tiefgreifenden *Veränderung lokaler Governanceprozesse*. Diese spiegelt sich in der Entstehung neuer Netzwerke zur Gestaltung von Integration, vielfältigen zivilgesellschaftlichen Initiativen und Treffpunkten für geflüchtete Menschen, veränderten Strukturen der lokalen Integrationspolitik sowie in einer Diversifizierung der Unterstützungs-, Betreuungs- und Beratungsangebote durch verschiedene Träger der Sozialen Arbeit wider.

Diese Transformationsprozesse lokaler Governance bilden den Hintergrund für die Genese der *Integrationsgestaltungstypik* (Typik B)[4], in der Integrationsstrategien von Governanceakteur*innen analysiert werden. Aus der Analyse der Motive und Ziele ergeben sich drei Typen, die unterschiedliche Ansätze zur Förderung der Integration von geflüchteten Menschen repräsentieren:

- Bei *Typus B1* liegt der Schwerpunkt des sozialen Engagements auf individueller praktischer Unterstützung geflüchteter Menschen und der Gestaltung von Begegnungscafés und Festen. Das Engagement ist durch ein Motiv der Nächstenliebe geprägt, wobei der Umgang oft fürsorglich und gelegentlich paternalistisch ist.
- Bei *Typus B2* liegt der Fokus auf der Förderung von Selbstorganisation und Eigeninitiative geflüchteter Menschen. Die Aktivierung geflüchteter Menschen zur Bewältigung alltäglicher und bürokratischer Herausforderungen erfolgt auf individueller Ebene. Auf gesellschaftlicher und politischer Ebene

---

4 Der Begriff Integration wird in dieser Typik aufgegriffen, da er in den lokalen Diskursen über die Aufnahme von Zugewanderten weit verbreitet ist. Es wird analysiert, welche Vorstellungen von Integration sich in den Erzählungen der Akteur*innen zeigen und welche handlungsleitenden Orientierungen damit verbunden sind.

übernehmen die Akteur*innen eine Vermittlerrolle und repräsentieren die Interessen der Geflüchteten stellvertretend, ohne direkte Partizipationsmöglichkeiten zu schaffen.
- *Typus B3* strebt das reibungslose Funktionieren des Zusammenlebens im Gemeinwesen an, wobei Einzelinteressen hinter dem Wohl der Gemeinschaft zurücktreten. Dabei liegt der Fokus auf der Entwicklung der Kleinstadt, der Unterstützung des gesamten Gemeinwesens und der Förderung zivilgesellschaftlichen Engagements für geflüchtete Menschen.

Die drei Typen zeigen ein Spektrum von Integrationsansätzen kleinstädtischer Akteur*innen aus Zivilgesellschaft, Sozialer Arbeit, Politik und Verwaltung auf, welches von einer Fokussierung auf individuelle Bedürfnisse bis hin zu einer Orientierung am Gemeinwesen reicht. Allen Typen ist gemein, dass politische Partizipation und direkte Beteiligung an Entscheidungsprozessen nicht gefördert werden, sondern Integration vorwiegend durch individuelle Unterstützungsangebote oder stellvertretende Interessenvertretung gestaltet wird.

3.3 Neue Formen der Vernetzung: Netzwerkfunktionstypik

Für ländliche Städte und Gemeinden ist es kennzeichnend, dass nicht das „Gesamtpaket der Integrationsaufgaben" in der Lokalpolitik und -verwaltung verankert ist, sondern „vielfältige Akteursnetzwerke lokale Governance-Strukturen" schaffen (Schammann/Younso/Meschter 2020: 12). Neue Formen der Vernetzung spielen somit eine bedeutende Rolle in den Transformationsprozessen lokaler Governance. Durch die gestiegenen Zahlen geflüchteter Menschen seit 2015 waren die etablierten Akteur*innen anfangs überfordert und die gewachsenen Strukturen zur Aufnahme, Unterbringung und Betreuung Geflüchteter funktionierten nicht mehr. In Grünhausen – wie auch in vielen anderen Orten – entwickelte sich in dieser Zeit eine große Hilfsbereitschaft, was einen gestiegenen Bedarf an Vernetzung zwischen neuen und etablierten Akteur*innen im Bereich Integration zur Folge hatte. Die *Netzwerkanalyse* zeigt, dass in Grünhausen die Vernetzung von verschiedenen Akteur*innen mit unterschiedlichen Motiven vorangetrieben wird. Neben interorganisationalen Netzwerken, an denen Akteur*innen aus Sozialer Arbeit, Politik, Verwaltung sowie zivilgesellschaftlichen Vereinen und Initiativen beteiligt sind, bestehen weitere Formen der Vernetzung mit variierender räumlicher Reichweite. Hinzu kommen informelle persönliche Netzwerkstrukturen, die in den Netzwerkkarten der Akteur*innen sichtbar werden.

In der *Netzwerkfunktionstypik* (Typik C) werden unterschiedliche Formen und Zwecke kleinstädtischer Vernetzung beleuchtet, die sich als Reaktion auf die Zunahme der Fluchtmigration entwickelt haben. Dabei ist von Interesse, wie und mit welchen handlungsleitenden Orientierungen Vernetzung in der lokalen Governance eingesetzt wird.

- Für *Typus C1* ist die Koordination von Angeboten eine wesentliche Funktion von Vernetzung. Der Schwerpunkt liegt dabei auf dem Austausch von Informationen, dem gegenseitigen Verweisen von Adressat*innen und der Vermeidung von Doppelstrukturen. Im Beratungskontext werden Netzwerkkontakte genutzt, um auf Anfragen geflüchteter Menschen zu reagieren und Unterstützung zu organisieren.
- Für *Typus C2* dient Vernetzung der Stärkung einer effizienten Zusammenarbeit verschiedener Akteur*innen, um pragmatische Lösungen für die Herausforderungen bei der Aufnahme geflüchteter Menschen zu entwickeln. Diese Vernetzung fördert eine unbürokratische Kooperation zwischen Stadtverwaltung, Sozialer Arbeit und Zivilgesellschaft.
- Die Vernetzung des *Typus C3* ist darauf ausgerichtet, Prozesse der lokalen Governance aktiv mitzugestalten und strukturelle Rahmenbedingungen, Konzepte und Entscheidungsprozesse in der lokalen Integrationspolitik zu beeinflussen.

Die Netzwerkfunktionstypik verdeutlicht, dass sich die Interessen und Handlungsorientierungen der verschiedenen Akteur*innen eines Netzwerks teilweise deutlich voneinander unterscheiden und dass in den Netzwerken Aushandlungen über lokale Governanceprozesse stattfinden. Obwohl geflüchtete Menschen und die Gestaltung von Integration Gegenstand der meisten formellen und informellen Netzwerke sind, werden Neuzugewanderte in den unterschiedlichen Netzwerken nur vereinzelt einbezogen.

4. Partizipation geflüchteter Menschen in lokalen Governanceprozessen

Aus der Typologie lassen sich zentrale Herausforderungen für die Partizipation geflüchteter Menschen in lokalen Governanceprozessen ableiten. Die *Migrationserzählungstypik* offenbart eine Diskrepanz zwischen der Offenheit engagierter Akteur*innen und der tatsächlichen Förderung von Partizipation: Obwohl die Akteur*innen überwiegend offen für die Aufnahme geflüchteter Menschen sind, fehlen Strukturen für deren direkte Beteiligung. Die *Integrationsgestaltungstypik* verdeutlicht, dass Integrationsansätze oft auf individuelle Unterstützung und stellvertretende Interessenvertretung beschränkt sind, wodurch die Stimmen der geflüchteten Menschen selten direkt in Entscheidungsprozesse einfließen. Die *Netzwerkfunktionstypik* zeigt eine unzureichende Einbindung der Neuzugewanderten in formelle und informelle Netzwerke zur Gestaltung von Integration, wodurch überwiegend über statt mit geflüchteten Menschen geredet wird.

Ein wesentliches Ergebnis der Governance- und Netzwerkanalyse ist, dass die Governancestruktur der Kleinstadt im Kontext von Integration und Fluchtmigration durch *selektive kurze Wege* gekennzeichnet ist. Abstimmungen zwischen Akteur*innen aus Politik, Verwaltung, Sozialer Arbeit und Zivilgesellschaft erfolgen oft informell und unbürokratisch. Allerdings haben Neuzugewanderte nur begrenzten Zugang zu diesen kurzen Wegen und sind selten direkt in Netzwerke, Aushandlungsprozesse und Entscheidungsfindungen einbezogen. Zudem sind die geflüchteten Menschen in der Kleinstadt kaum organisiert, sodass es für sie schwer ist, ihre Interessen zu artikulieren und in lokale Diskurse einzubringen.

Sozialarbeitende und freiwillig Engagierte vertreten die Interessen geflüchteter Menschen oft stellvertretend und nehmen damit eine *ambivalente Rolle* ein. *Einerseits* kann die Weitergabe der wahrgenommenen Bedarfe geflüchteter Menschen an politische Akteur*innen ein Ausdruck von Policy Practice und zivilgesellschaftlichem Engagement im Sinne der Geflüchteten sein. Um dem Anspruch an Policy Practice zu entsprechen, müssen die Handlungen jedoch auf langfristige Problemlösungen und Verbesserungen der Lebensbedingungen der Adressat*innen abzielen und in einem dialogisch-partizipativen Aushandlungsprozess verankert sein (vgl. Burzlaff 2022: 69). *Andererseits* birgt die stellvertretende Repräsentation von Interessen auch die Gefahr, Ausschließungen und Abhängigkeitsverhältnisse zu (re)produzieren und direkte Beteiligung zu verhindern. Diese Gefahr besteht insbesondere dann, wenn die Sozialarbeitenden oder freiwillig Engagierten vorschnelle Annahmen über die vermeintlichen Interessen der Geflüchteten treffen oder sich unreflektiert als Anwält*innen der angeblich Stimmlosen verstehen (vgl. Cress 2019: 36f.). Die sogenannten schwachen Interessen der geflüchteten Menschen bleiben bei einer advokatorischen Interessenvertretung davon abhängig, von anderen richtig wahrgenommen und stellvertretend berücksichtigt zu werden (vgl. Rieger 2012: 198).

Für *Transformationsprozesse hin zu mehr Partizipation* ist es wichtig, nachhaltige Governancestrukturen zu schaffen, die eine direkte Beteiligung geflüchteter Menschen und ihre Selbstorganisation fördern. Im Gegensatz zur stellvertretenden Interessenvertretung würde die aktive Einbindung von Geflüchteten in Netzwerke und Entscheidungsprozesse nicht nur die Berücksichtigung ihrer Bedürfnisse ermöglichen, sondern auch ihre Rolle als gestaltende Akteur*innen stärken. Die Soziale Arbeit kann einen wesentlichen Beitrag zur Lösung der skizzierten Herausforderungen leisten, indem sie ihre Kompetenzen zur Gestaltung von Partizipation in die lokalen Governanceprozesse einbringt. Besonders im Konzept der Sozialraumentwicklung und -organisation liegt Potenzial, die Interessen verschiedener sozialer Gruppen offenzulegen, aufeinander zu beziehen und daraus Veränderungsperspektiven zu entwickeln (vgl. Alisch/Westphal 2023: 19f.).

Literatur

Alisch, Monika/Westphal, Manuela (2023): Gesellschaftliche Transformation als Herausforderung Sozialer Arbeit und Migration. In: Alisch, Monika/Westphal, Manuela (Hrsg.): Soziale Nachhaltigkeit in der (Post)Migrationsgesellschaft. Opladen/Berlin/Toronto: Verlag Barbara Budrich, S. 11–32.

Bendel, Petra/Schammann, Hannes/Wegler, Andrea/Younso, Christin (2018): Kommunale Flüchtlingspolitik in Deutschland: Befunde und offene Fragen. In: Migration und Soziale Arbeit 40, 3, S. 235–241.

Bohnsack, Ralf/Nentwig-Gesemann, Iris/Nohl, Arnd-Michael (Hrsg.) (2013): Die dokumentarische Methode und ihre Forschungspraxis. Grundlagen qualitativer Sozialforschung. Wiesbaden: Springer VS. 3. Aufl.

Burzlaff, Miriam (2022): Policy Practice – Gerechtigkeitsorientierte Intervention Sozialer Arbeit und Perspektive der Gegenmacht. In: Österreichisches Jahrbuch für Soziale Arbeit 1, 4/2022, S. 64–83.

Cress, Anne (2019): Advokatorisches Handeln Sozialer Arbeit – selbstverständlich ‚gut'? Interessen- und repräsentationstheoretische Perspektiven im Vergleich. In: Toens, Katrin/Benz, Benjamin (Hrsg.): Schwache Interessen? Politische Beteiligung in der Sozialen Arbeit. Weinheim: Beltz Juventa, S. 36–54.

Goebel, Simon/Fischer, Thomas/Kießling, Friedrich/Treiber, Angela (Hrsg.) (2018): FluchtMigration und gesellschaftliche Transformationsprozesse. Transdisziplinäre Perspektiven. Wiesbaden: Springer VS, S. 1–18.

Glorius, Birgit (2023): Kommunen. In: Scharrer, Tabea/Glorius, Birgit/Kleist, J. Olaf/Berlinghoff, Marcel (Hrsg.): Flucht- und Flüchtlingsforschung. Handbuch für Wissenschaft und Studium. Baden-Baden: Nomos Verlagsgesellschaft, S. 409–416.

Glorius, Birgit/Kordel, Stefan/Mehl, Peter/Schammann, Hannes/Weidinger, Tobias (2017): Forschungsausblick. Geflüchtete in ländlichen Regionen Deutschlands als Forschungsgegenstand. In: Mehl, Peter (Hrsg.): Aufnahme und Integration von Geflüchteten in ländliche Räume: Spezifika und (Forschungs-)herausforderungen. Thünen Report, Band 53. Braunschweig: Thünen-Institut für Ländliche Räume, S. 125–139.

Grießhammer, Rainer/Brohmann, Bettina (2015): Wie Transformationen und gesellschaftliche Innovationen gelingen können. Transformationsstrategien und Models of Change für nachhaltigen gesellschaftlichen Wandel. Dessau-Roßlau: Umweltbundesamt.

Herz, Andreas/Peters, Luisa/Truschkat, Inga (2015): How to do qualitative strukturale Analyse? Die qualitative Interpretation von Netzwerkkarten und erzählgenerierenden Interviews. In: Forum Qualitative Sozialforschung 16, 1.

Hufeisen, Jonas (2023): Integrationsprozesse in Kleinstädten nachhaltig gestalten. Eine Rekonstruktion handlungsleitender Orientierungen lokaler Akteur*innen. In: Alisch,

Monika/Westphal, Manuela (Hrsg.): Soziale Nachhaltigkeit in der (Post)Migrationsgesellschaft. Opladen/Berlin/Toronto: Verlag Barbara Budrich, S. 146–166.
Jungk, Robert/Müllert, Norbert R. (1991): Zukunftswerkstätten. Mit Phantasie gegen Routine und Resignation. München: Heyne Verlag.
Kaiser, Robert (2014): Qualitative Experteninterviews. Konzeptionelle Grundlagen und praktische Durchführung. Wiesbaden: Springer VS.
Kuckartz, Udo (2022): Qualitative Inhaltsanalyse. Methoden, Praxis, Computerunterstützung. Weinheim/Basel: Beltz Juventa. 5. Aufl.
May, Michael/Alisch, Monika (2011): Methodologische und forschungsmethodische Überlegungen zur Rekonstruktion integrationsbezogener Orientierungsmuster. In: Alisch, Monika/May, Michael (Hrsg.): Integrationspotenziale in kleinen Städten. Rekonstruktion der Interessensorientierungen von Zuwanderern. Opladen/Berlin/Farmington Hills, MI: Verlag Barbara Budrich, S. 29–41.
Meuser, Michael/Nagel, Ulrike (2002): ExpertInneninterviews – vielfach erprobt, wenig bedacht. Ein Beitrag zur qualitativen Methodendiskussion. In: Bogner, Alexander/Littig, Beate/Menz, Wolfgang (Hrsg.): Das Experteninterview. Theorie, Methode, Anwendung. Wiesbaden: Springer Fachmedien, S. 71–93.
Nohl, Arnd-Michael (2013): Relationale Typenbildung und Mehrebenenvergleich. Neue Wege der dokumentarischen Methode. Wiesbaden: Springer VS.
Rieger, Günter (2012): Schwache Interessen in Governanceprozessen. In: Effinger, Herbert/Borrmann, Stefan/Gahleitner, Silke Brigitta/Köttig Michaela/Kraus, Björn/Stövesand, Sabine (Hrsg.): Diversität und soziale Ungleichheit. Analytische Zugänge und professionelles Handeln in der Sozialen Arbeit. Opladen/Berlin/Toronto: Verlag Barbara Budrich, S. 193–203.
Schammann, Hannes/Younso, Christin/Meschter, Diana (2020): Lokale Migrationspolitik in ländlichen Regionen Deutschlands: Ausgangspunkte für empirische Forschung. Thünen Working Paper, Band 142. Braunschweig: Thünen-Institut für Ländliche Räume.
Straus, Florian (2010): Netzwerkkarten – Netzwerke sichtbar machen. In: Stegbauer, Christian/Häußling, Roger (Hrsg.): Handbuch Netzwerkforschung. Wiesbaden: VS Verlag für Sozialwissenschaften, S. 527–538.
Wolf, Christof (2010): Egozentrierte Netzwerke: Datenerhebung und Datenanalyse. In: Stegbauer, Christian/Häußling, Roger (Hrsg.): Handbuch Netzwerkforschung. Wiesbaden: VS Verlag für Sozialwissenschaften, S. 471–484.

Soziale Arbeit als Akteurin in digitalen Transformationsprozessen – Strukturen, professionelles Handeln und Theorieentwicklung im Fokus

Stefanie Neumaier

1. Einleitung

Das Digitale ist bereits seit einigen Dekaden in Disziplin und Profession präsent. Zu Beginn fungierten digitale Dinge[1] vorrangig als Arbeitsutensil, etwa die digitale Fallakte oder die telefonische Terminvereinbarung für einen kopräsenten Gesprächstermin. Sukzessive kamen auch Fragen der Digitalisierung von Lebenswelten auf (Kutscher et al. 2020; Thiersch 2020), bei denen, stark verallgemeinert gesprochen, der Versuch unternommen wurde, das Verständnis um die bestehende, mehrheitlich analoge Soziale Arbeit ins Digitale zu übersetzen. Seit einiger Zeit werden zudem alltagskulturell vorhandene und mit und durch digitale Dinge (Weinhardt 2021, 2022a, 2022b) zutage tretende Handlungspraktiken berücksichtigt und als Fragen von Digitalität (Stalder 2017) verhandelt. Als Zwischenbilanzierung kann das Konglomerat einer Mediatisierung gesellschaftlicher Verhältnisse, der Digitalisierung des Leistungsdreiecks sowie eines Einzugs von Digitalität in der Sozialen Arbeit als Querschnittsthema begriffen werden. Ein solch technisch getriebener Wandel, welcher die Gesellschaft omnipräsent – und damit auch die Soziale Arbeit – tangiert und verändert, lässt sich dabei als digitale Transformation bezeichnen (Neumaier/Sagebiel 2024: 213).

Gleichzeitig muss festgestellt werden, dass die Disziplin noch relativ am Anfang steht, was die Hervorbringung gesicherter, systematisch erschlossener Erkenntnisse in Hinblick auf digitale Transformationsprozesse anbelangt (Kutscher 2024): Metaphorisch gesprochen steht die Soziale Arbeit als Akteurin in digitalen Transformationsprozessen damit auf wackeligen Beinen. Der Beitrag möchte diese Ausgangslage zum Anlass nehmen, in gebotener Kürze drei ausgewählte Aspekte genauer in den Blick zu nehmen. Zunächst sollen auf struktureller Ebene ausgewählte digitale Transformationsprozesse und ihre Auswirkungen auf Verhältnismäßigkeiten in der Sozialen Arbeit betrachtet werden.

1 Gesamtheit von Hard- und Software in der Sozialen Arbeit (Weinhardt 2022b: 4).

Anschließend werden Erkenntnisse dargeboten, inwiefern sich Auswirkungen digitaler Transformationsprozesse in der Sozialen Arbeit auf das professionelle Handeln abzeichnen. Schließlich soll ein abschließender Bogen zur Theorieentwicklung gespannt und Überlegungen dazu vorgetragen werden.

2. Strukturelle Auswirkungen digitaler Transformationsprozesse für die Soziale Arbeit

Positiv gewendet stellte Nassehi, im Übrigen bereits vor Beginn der Coronapandemie (2019), die Frage, für welche Probleme Lösungen mithilfe der Digitalisierung ausgemacht werden könnten. Hierfür exemplarisch genannt seien digitale Beratungsformen, um auch Menschen im ländlichen Raum erreichen zu können (Schmitz 2023), aufsuchende digitale Soziale Arbeit (Erdmann/Degen/Brüggen 2024) und Hilfeangebote für schwer erreichbare Zielgruppen (Vorberg 2024). Kutscher, Ley und Seelmeyer systematisieren diese strukturellen Auswirkungen „mediatisierter Handlungsvollzüge“ (Kutscher/Ley/Seelmeyer 2014: 88) in der Sozialen Arbeit entlang bilateraler Entwicklungen zwischen den beteiligten Akteur:innen (Adressat:innen; Professionelle; Organisationen): So erschließen sich für Fachkräfte etwa Handlungsfelder, welche für die Adressat:innen als neue Hilfeformen einhergehen können, die wiederum über die digitale Präsenz der Organisationen überhaupt erst auffindbar werden (ebd.). Neben der Digitalisierung als „Prozess aktiver Innovation“ (Weinhardt 2021: 7) finden mit der Untersuchung von Digitalität zunehmend auch alltagskulturell hervorgebrachte Handlungspraktiken im Kontext von digitalen Technologien Betrachtung. Diese können entlang der Dimensionen Referenzialität, Gemeinschaftlichkeit und Algorithmizität (Stalder 2017) aufgeschlüsselt werden: Referenzielle Bezugspunkte synthetisieren und transzendieren im Digitalen, gemeinschaftlicher Zusammenhalt gerät durch die neoliberal-verzweckende Überbetonung des Individuums in Gefahr, welches zudem durch algorithmische Handlungsanweisungen einem selektierenden, um nicht zu sagen diskriminierenden Modus Operandi unterliegt (ebd.: 96ff.). Diese Entwicklungen rufen für die Soziale Arbeit Fragen u. a. zum Umgang mit (antidemokratischen) Hass- und Hetzbotschaften (Hofstetter 2018; Das NETTZ et al. 2024), der Verstärkung sozialer Ungleichheiten (Iske/Kutscher 2020) oder algorithmischer Diskriminierung (Mau 2017) auf. Anforderungen einer Sozialen Arbeit als Akteurin inmitten struktureller digitaler Transformationsprozessen können mithilfe des Spannungsfeldes von Digitalisierung und Digitalität beschrieben werden (Weinhardt 2021, 2022a; Michel 2023 für das Handlungsfeld Familie). Unabhängig davon, ob digitale Dinge Einzug in die Soziale Arbeit als „Prozess aktiver Innovation“ (Weinhardt 2021: 7) oder durch die gelebte Digitalität halten, gilt es dabei stets die Handlungspraktiken in den Fokus zu rücken. Diese können aufseiten der Adressat:innen z. B. ein Ausdruck sozialer Probleme (Sagebiel/Domes 2024) sein, eine Ressource im gelingenden Alltag (Thiersch 2020) darstellen, oder auch als Bewältigungstatsache (Böhnisch 2023; Neumaier/Sagebiel 2024) zum Vorschein treten. Solche Handlungspraktiken zeichnen sich auch dadurch aus, dass sie von der intendierten Nutzung digitaler Technologien in der Sozialen Arbeit abweichen können. Heuristisch kann dies als Doing Digitality (in family) eingeordnet werden (Weinhardt 2021, 2022a; Michel 2023 für das Handlungsfeld Familie). Diese Handlungspraktiken betreffen nicht nur die Adressat:innen Sozialer Arbeit, sondern alle Akteur:innen (s.o.), woraus auch veränderte Anforderungen an das professionelle Handeln abgeleitet werden können. Diesen soll sich im nachfolgenden Abschnitt gewidmet werden, bevor Überlegungen zu der Theorieentwicklung in der Disziplin (Abschnitt 4) aufgeworfen werden.

3. Professionelles Handeln und digitale Transformationsprozesse

Vor einer Dekade noch zwischen „Techniknaivität der Praxis“ und „Technikblindheit der Forschung“ (Kutscher/Ley/Seelmeyer 2014: 89) agierend, wird professionelles Handeln in der Sozialen Arbeit seit einiger Zeit auch in Hinblick auf dessen veränderte Anforderungen durch digitale Dinge untersucht (Neumaier/Weinhardt 2024). Im Folgenden soll zunächst auf einen Aspekt innerhalb dieses Diskurses eingegangen werden, nämlich auf die Frage, inwiefern das Digitale in besondere Weise professionelles Handeln in der Sozialen Arbeit bedingt, bevor anschließend ein schlaglichtartiger Überblick zu Kontexten gegeben wird, wie mit und durch digitale(n) Dinge(n) professionelles Handeln in der Sozialen Arbeit erlernt wird.

3.1 Was macht das Digitale mit professionellem Handeln in der Sozialen Arbeit?

Als ein historisch besonders prominenter Ausgangspunkt in der Professionalisierungsdebatte kann die im Jahr 1969 beginnende Verabschiedung von Fachhochschulgesetzen benannt werden. Mit diesen institutionellen Veränderungen gingen verschieden gelagerte Lern- und Studierangebote einher, die sich mitunter in der Frage nach dem Gegenstandsbereich von Sozialer Arbeit niederschlugen (Lambers 2023; Niemeyer 1998). Der darauffolgende Versuch einer Synthetisierung von sozialpädagogischen und sozialarbeitswissenschaftlichen Wissensbeständen seit den 2000er-Jahren wird vielfach diskutiert (Becker-Lenz et al. 2013; Birgmeier/Mührel/Winkler 2020; Schilling/Klus 2022). Die darin zum Ausdruck gebrachte Uneinigkeit über zentrale Wissensbestände Sozialer Arbeit fußt neben dieser historischen Herausbildung auf verschieden theoretisch und praktisch nuancierten Wissensformen (Dewe/Otto 2012). Hinzu kommt eine Domänenvielfalt in der Sozialen Arbeit, die ebenso vielfältiges Wissen erfordert.

Dass der Diskurs auf Dauer gestellt bleiben wird, ist u. a. durch das Erfordernis bedingt, als Handlungswissenschaft aufnahmefähig gegenüber „epochaltypische[n] Schlüsselproblemen" (Klafki 2007: 10) zu bleiben (Birgmeier 2014). Entlang der erforderlichen Wissensbestände für ihre Analyse und Bearbeitung kann die Notwendigkeit eines berufslebenslangen Fort- und Weiterbildungswesens abgeleitet werden kann. So zeigt sich, dass die Frage danach, inwiefern digitale Transformationsprozesse professionelles Handeln in der Sozialen Arbeit tangieren, mitunter Grundsatzfragen der Professionalisierungsdebatte (erneut) aufwirft. Entlang eines solchen Querschnittsthemas (Neumaier/Sagebiel 2024) werden diese im Diskurs um digitale Transformationsprozesse im Aus-, Fort- und Weiterbildungswesen in der Sozialen Arbeit bearbeitet (Mittmann 2024 für die Curriculumentwicklung; Jahn/Oberparleiter 2024 für das Fort- und Weiterbildungswesen) und damit der Umgang mit digitalen Dingen der neueren Professionalisierungsdebatte zugeführt. Mithilfe der oben skizzierten Historie Sozialer Arbeit kann die Lehre gezogen werden, sich für eine domänenspezifische Absicherung von Wissensbeständen um digitale Transformationsprozessen zu entscheiden. Diese können der theoretisch und praktisch komplexen Gemengelange angemessen begegnen. Somit würde etwa das Fort- und Weiterbildungswesen dynamischer mit der digitalen Transformation als Gegenstand umgehen können. Um es mit Kutscher et al. (2020: 439ff.) zu halten, könnte somit eine Systematisierung z. B. entlang von Handlungsfeldern der Profession gelingen. Gleichzeitig kann unabhängig von domänenspezifischen oder disziplinären Spezifika die Frage aufgeworfen werden, ob und – wenn ja – inwiefern in Hinblick auf digitale Transformationsprozesse gemeinsame Fragestellungen in der Sozialen Arbeit bestehen. Als eine solche domänenübergreifende Klammer kann ein grundsätzlicher Anlass zum Umgang mit digitalen Dingen für die Soziale Arbeit abgeleitet werden (Neumaier/Weinhardt 2024). Wie dieser Umgang zum Erlernen professionellen Handelns gewendet werden kann, wird nachfolgend genauer beleuchtet.

3.2 Erlernen von professionellem Handeln mit und durch digitale Dinge

Berufsbiografisch-chronologisch beginnt die Auseinandersetzung mit Implikationen digitaler Dinge für das professionelle Handeln bereits mit der Frage, ob sich das Digitale als inhaltlicher Gegenstand im Curriculum wiederfindet (Mittmann et al. 2023; Deutsche Gesellschaft für Soziale Arbeit 2016). An jenen Hochschulen und Universitäten, wo das der Fall ist, werden digitale Lerngegenstände in vielfacher Hinsicht perspektiviert. Im Sinne des Expertiseerwerbs (Boshuizen/Bromme/Gruber 2004) können diese Bestrebungen entlang der Dimensionen von Theorieerwerb, Übung und Reflexion für einen exemplarischen, nicht auf Vollständigkeit abzielenden Überblick eingeordnet werden:

- Übung: Besonders prominent werden digitale Technologien hier für ein Probehandeln angehender Fachkräfte nutzbar gemacht. Dieses Vorgehen findet etwa für das Beratungslernen (Engelhardt 2024; Weinhardt 2022b) Anwendung. Auch wird versucht, durch die „Gestaltung von Anwendungs- und Interaktionsszenarien" (Schiffhauer/Remke 2024: 50) hochschulische Übungsräume zu eröffnen, die z. B. mithilfe von immersiven Simulationen auf Authentizität abzielen (Imgart/Steinhart/Ketter 2024).
- Reflexion: Soziale Arbeit ist mit dem Verhältnis von Subjekt und mediatisierter Lebens- und Berufswelt befasst. Dies ruft u. a. Fragen nach dem Verhältnis von Adressat:innen, Fachkräften und Technik (Schiffhauer/Remke 2024) sowie die Bearbeitung medienethischer Implikationen wie etwa im Fall von Cyberkriminalität (Reimer/Endter 2024) auf den Plan.
- Theorieerwerb: Der Theorieerwerb im Kontext von digitalen Transformationsprozessen in der Sozialen Arbeit verläuft qua Uneinheitlichkeit der Inhalte und Verläufe der einzelnen Studiengänge (s.o.) diffus. Schiffhauer und Remke konstatieren in diesem Zusammenhang, dass angehende Fachkräfte „auf den digitalen Wandel nur unzureichend vorbereitet werden" (Schiffhauer/Remke 2024: 50). Ausgewählte Großtheorien beziehen zwar seit einigen Jahren das Digitale mit ein (Böhnisch 2023; Thiersch 2020), jedoch sagt das noch nichts über die Akzentuierung, individuelle Vermittlung und Einbettung in der Theorienlehre aus.

Die Soziale Arbeit sollte sich an dieser Stelle kritisch mit potenziellen Leerstellen im Kontext von Wissensbeständen zu digitalen Transformationsprozessen auseinandersetzen. Wie könnten etwa Übergange vom Studium mit dessen digitalen Übungsräumen in das mehrheitlich analog zu bestreitende Berufsleben gelingen? Welche Transformationsprozesse stünden der Profession bevor, wenn diese auf die mediatisierten Lebenswelten reagieren möchte, z. B. im Hinblick auf das methodische Repertoire? Inwiefern würden derartige Schritte sich auf das Verhältnis von Fachkräften und Adressat:innen auswirken und wie würden letztere auf eine digitale(re) Soziale Arbeit blicken? Welche theoretischen Wissensbeständen um digitale Transformationsprozesse müssten dem Kerncurriculum zugeführt werden und wie kann ein nachhaltiger Erwerb dieses Wissens gelingen, der den praktischen Handlungsbelastungen von Fachkräften standhält? Wie es um die Theorieentwicklung in diesem Zusammenhang bestellt ist, bespricht der folgende Abschnitt gesondert.

4. Theorieentwicklung im Kontext von digitalen Transformationsprozessen in der Sozialen Arbeit

Aktuelle Arbeiten zeigen auf, dass die Theorieentwicklung und ihre Rezeption im Fachdiskurs der Sozialen Arbeit auch in Hinblick auf digitale Transformationsprozesse eine Systematik missen lassen (Kutscher 2024). Böhnisch (2023) und Thiersch (2020) perspektivieren den Gegenstandsbereich mithilfe einer „Doppeldeutigkeit“ (ebd.: 80) an Chancen und Risiken. Diese Dichotomien erfahren aufgrund ihrer ungenügenden Differenziertheit Kritik (Braches-Chyrek et al. 2021: 9). In der Theorieentwicklung gibt es im Kontext von digitalen Transformationsprozessen Bestrebungen, bestehende Wissensbestände der Theorien Sozialer Arbeit auf ihr Beschreibungs-, Erklärungs-, und Analysepotenzial zu befragen (Beranek 2021; Neumaier/Sagebiel 2024, 2022). Gleichzeitig beschäftigt sich die Disziplin mit der Frage, ob es eine eigenständige Theorie zu digitalen Transformationsprozessen in und aus der Sozialen Arbeit heraus bedarf (Neumaier/Sagebiel 2024, 2022). Die o.g. skizzierte Ausgangslage von domänenspezifischen Wissensbeständen in der Sozialen Arbeit scheint jedoch nahezulegen, dass es sich hierbei um Theorien mittlerer Reichweite handeln müsste. Die in der Digitalität eingeschriebenen Handlungspraktiken (Stalder 2017; Weinhardt 2021) deuten zudem darauf hin, dass die Theorieentwicklung entlang einer empirischen Evidenz vollzogen werden sollte.

5. Ausblick

Um es mit Rauschenbach (2009: 212) zu halten, muss sich Soziale Arbeit als Akteurin in digitalen Transformationsprozessen zu ihrer Selbstvergewisserung mit mehreren Fragen auseinandersetzen: Auf der Subjektebene ist erstens danach zu fragen, wie der digitale Wandel der Gesellschaft „die öffentlichen Anteile des Auf- und Hineinwachsens der je nachfolgenden Generation“ in besonderer Weise bedingt und welche Anteile der Sozialen Arbeit in der Auftragserfüllung zukommen, „handlungsfähige und selbstverantwortliche“ Subjekte hervorzubringen (ebd.). Zweitens ist auf gesellschaftlicher Ebene zu besprechen, wie durch digitale Transformationsprozesse „öffentliche Probleme" (Dollinger 2020: 74) hervorgebracht, verstärkt oder abgemildert werden können und wie die Soziale Arbeit sich bei der Bearbeitung dieser einbringen kann. Damit einher gehen Implikationen für das professionelle Handeln, die es kritisch einzuordnen und kontinuierlich auf den Prüfstand zu stellen gilt. Für Disziplin und Profession bedeutet das ein Mehr an „Aufgaben- und Zuständigkeitsbereiche" (Rauschenbach 2009: 215). Aber auch mehr inter- und transdisziplinäre Schnittstellen kommen auf (Mittelstraß 1998). Dabei scheint von zentraler Bedeutung, die damit einhergehenden Fragen an die Profession primär aus der Disziplin selbst heraus zu beantworten, um nicht Gefahr zu laufen, in der damit „zwangsläufig unschärfer" (Rauschenbach 2009: 212) konturierten Gemengelage als Soziale Arbeit in den Hintergrund zu rücken. Die Disziplin würde in Hinblick auf weitere Forschungsarbeiten und ihrer Systematisierung dieses Gegenstandsbereichs gut daran tun, sich entlang ihrer Historie ein weiteres Mal an handlungspraktischen Problemlagen zu orientieren, die diesmal im Spezifischen mit und durch digitale Dinge hervorgebracht werden.

Literatur

Becker-Lenz, Roland/Busse, Stefan/Ehlert, Gudrun/Müller-Hermann, Silke (2013): Professionalität in der Sozialen Arbeit. Wiesbaden: VS Verlag für Sozialwissenschaften. DOI: https://doi.org/10.1007/978-3-531-19881-1.

Beranek, Angelika (2021): Soziale Arbeit im Digitalzeitalter. Eine Profession und ihre Theorien im Kontext digitaler Transformation. Weinheim/Basel/Grünwald: Beltz Juventa; Preselect.media Gmbh.

Birgmeier, Bernd (2014): Handlungswissenschaft Soziale Arbeit. Wiesbaden: Springer Fachmedien Wiesbaden. DOI: https://doi.org/10.1007/978-3-531-18935-2.

Birgmeier, Bernd/Mührel, Eric/Winkler, Michael (Hrsg.) (2020): Sozialpädagogische SeitenSprünge. Einsichten von außen, Aussichten von innen: Befunde und Visionen zur Sozialpädagogik. Weinheim/Basel: Beltz Juventa.

Böhnisch, Lothar (2023): Lebensbewältigung. Ein Konzept für die Soziale Arbeit. Zukünfte. Weinheim/Basel: Beltz Juventa. 3., überarbeitete und erweiterte Auflage.

Boshuizen, Henny P. A./Bromme, Rainer/Gruber, Hans (2004): Professional Learning: Gaps and Transitions on the Way from Novice to Expert. Dordrecht: Springer Netherlands. DOI: https://doi.org/10.1007/1-4020-2094-5.

Braches-Chyrek, Rita/Röhner, Charlotte/Moran-Ellis, Jo/Sünker, Heinz (2021): Handbuch Kindheit, Technik und das Digitale. Verlag Barbara Budrich. DOI: https://doi.org/10.3224/84742490.

Das NETTZ/Gesellschaft für Medienpädagogik und Kommunikationskultur/HateAid/Neue deutsche Medienmacher*innen als Teil des Kompetenznetzwerks gegen Hass im Netz (Hrsg.) (2024): Lauter Hass – leiser Rückzug. Wie Hass im Netz den demokratischen Diskurs bedroht Ergebnisse einer repräsentativen Befragung. Berlin: Kompetenznetzwerk Hass im Netz. Februar 2024.

Deutsche Gesellschaft für Soziale Arbeit (2016): Kerncurriculum Soziale Arbeit. Eine Positionierung der Deutschen Gesellschaft für Soziale Arbeiti. URL: https://www.dgsa.de/fileadmin/Dokumente/Aktuelles/DGSA_Kerncurriculum_final.pdf [Abruf: 30.07.2024].

Dewe, Bernd/Otto, Hans-Uwe (2012): Reflexive Sozialpädagogik. Grundstrukturen eines neuen Typs dienstleistungsorientierten Professionshandelns. In: Thole, Werner (Hrsg.): Grundriss Soziale Arbeit. Ein einführendes Handbuch. Wiesbaden: VS, Verl. für Sozialwiss. 4. Aufl., S. 197–217.

Dollinger, Bernd (2020): Zwischen Einheitssuche und Selbstvermarktung. Sozialpädagogik als Plausibilisierungsagentur. In: Birgmeier, Bernd/Mührel, Eric/Winkler, Michael (Hrsg.): Sozialpädagogische SeitenSprünge. Einsichten von außen, Aussichten von innen: Befunde und Visionen zur Sozialpädagogik. Weinheim/Basel: Beltz Juventa, S. 69–78.

Engelhardt, Emily (2024): Einsatz generativer KI in der Beratungsausbildung. Lehrmethoden und Praxisbeispiele aus dem Hochschulkontext. In: Neumaier, Stefanie/Dörr, Madeleine/Botzum, Edeltraud (Hrsg.): Praxishandbuch Digitale Projekte in der Sozialen Arbeit. Weinheim/Basel: Beltz Juventa, S. 63–79.

Erdmann, Julian/Degen, Katrin/Brüggen, Niels (2024): Bericht der wissenschaftlichen Begleitung von Digital Streetwork für das Jahr 2023. Fokus: Klient*innen. München: JFF – Institut für Medienpädagogik in Forschung und Praxis.

Hofstetter, Yvonne (2018): Das Ende der Demokratie. Wie die künstliche Intelligenz die Politik übernimmt und uns entmündigt. München: Penguin Verlag.

Imgart, Milena/Steinhart, Yannik/Ketter, Verena (2024): Doing Media Education. Erweiterte Realitäten (er)schaffen. In: Neumaier, Stefanie/Dörr, Madeleine/Botzum, Edeltraud (Hrsg.): Praxishandbuch Digitale Projekte in der Sozialen Arbeit. Weinheim/Basel: Beltz Juventa, S. 80–93.

Iske, Stefan/Kutscher, Nadia (2020): Digitale Ungleichheiten im Kontext Sozialer Arbeit. In: Kutscher, Nadia/Ley, Thomas/Seelmeyer, Udo/Siller, Friederike/Tillmann, Angela/Zorn, Isabel (Hrsg.): Handbuch Soziale Arbeit und Digitalisierung. Weinheim/Basel/Grünwald: Beltz Juventa; preselect.media, S. 115–128.

Jahn, Josephine/Oberparleiter, Philipp (2024): Digitalisierte Fort- und Weiterbildung von Fachkräften der Sozialen Arbeit. Avatarbasiertes Lehren und Lernen gelingend gestalten. In: Neumaier, Stefanie/Dörr, Madeleine/Botzum, Edeltraud (Hrsg.): Praxishandbuch Digitale Projekte in der Sozialen Arbeit. Weinheim/Basel: Beltz Juventa, S. 132–145.

Klafki, Wolfgang (2007): Neue Studien zur Bildungstheorie und Didaktik. Zeitgemäße Allgemeinbildung und kritisch-konstruktive Didaktik. Studium Paedagogik. Weinheim: Beltz. 6., neu ausgestattete Aufl.

Kutscher, Nadia (2024): Digitalität und Digitalisierung als Gegenstand der Sozialen Arbeit. In: Kurtz, Thomas/Meister, Dorothee M./Sander, Uwe (Hrsg.): Digitale Medien und die Produktion von Wissenschaft. Medienbildung und Gesellschaft. Wiesbaden: Springer Fachmedien Wiesbaden, S. 121–144. DOI: https://doi.org/10.1007/978-3-658-42542-5_8.

Kutscher, Nadia/Ley, Thomas/Seelmeyer, Udo (2014): Mediatisierte Lebens- und Arbeitswelten. In: Blätter der Wohlfahrtspflege, S. 87–90. DOI: https://doi.org/10.5771/0340-8574-2014-3-87.

Kutscher, Nadia/Ley, Thomas/Seelmeyer, Udo/Siller, Friederike/Tillmann, Angela/Zorn, Isabel (Hrsg.) (2020): Handbuch Soziale Arbeit und Digitalisierung. Weinheim/Basel/Grünwald: Beltz Juventa; preselect.media.

Lambers, Helmut (2023): Theorien der Sozialen Arbeit. Stuttgart, Deutschland: UTB GmbH. DOI: https://doi.org/10.36198/9783838561592.

Mau, Steffen (2017): Das metrische Wir. Über die Quantifizierung des Sozialen. Berlin: Suhrkamp.

Michel, Maja (2023): doing digitality in family. In: Sozial Extra 47, 4, S. 242–246. DOI: https://doi.org/10.1007/s12054-023-00611-6.

Mittelstraß, Jürgen (1998): Die Häuser des Wissens. Wissenschaftstheoretische Studien. Suhrkamp-Taschenbuch Wissenschaft, Band 1390. Frankfurt am Main: Suhrkamp.

Mittmann, Michelle (2024): Zum Umgang mit Widerstand innerhalb der Disziplin Soziale Arbeit als Herausforderung im Zuge der curricularen Vorbereitung Studierender auf die digitalisierte (Arbeits-)Welt. In: Neumaier, Stefanie/Dörr, Madeleine/Botzum, Edeltraud (Hrsg.): Praxishandbuch Digitale Projekte in der Sozialen Arbeit. Weinheim/Basel: Beltz Juventa, S. 12–21.

Mittmann, Michelle/Roeske, Adrian/Weber, Joshua/Remke, Sara/Schiffhauer, Birte (2023): Studium Soziale Arbeit und Digitalisierung. In: Köttig, Michaela/Kubisch, Sonja/Spatscheck, Christian (Hrsg.): Geteiltes Wissen – Wissensentwicklung in Disziplin und Profession Sozialer Arbeit. Verlag Barbara Budrich, S. 237–250. DOI: https://doi.org/10.2307/jj.2840669.20.

Nassehi, Armin (2019): Muster. Theorie der digitalen Gesellschaft. München/Ipswich, Massachusetts: C.H. Beck; EBSCO Publishing.

Neumaier, Stefanie/Sagebiel, Juliane (2022): Sozialer Wandel durch digitale Transformationsprozesse – Herausforderungen an Disziplin und Profession. In: Baier, Florian/Borrmann, Stefan/Hefel, Johanna/Thiessen, Barbara (Hrsg.): Europäische Gesellschaften zwischen Kohäsion und Spaltung. Rolle, Herausforderungen und Perspektiven Sozialer Arbeit. Theorie, Forschung und Praxis der Sozialen Arbeit, Band 25. Opladen/Berlin/Toronto: Verlag Barbara Budrich, S. 316–330.

Neumaier, Stefanie/Sagebiel, Juliane (2024): Digitale Transformation. In: Domes, Michael/Sagebiel, Juliane Beate (Hrsg.): Die Bedeutung von Theorien Sozialer Arbeit für die Praxis. Exemplarische Fallanalysen. Grundwissen Soziale Arbeit, Band 50. Stuttgart: Verlag W. Kohlhammer, S. 212–222.

Neumaier, Stefanie/Weinhardt, Marc (2024): Sozialpädagogische Professionalitätsentwicklung im Kontext von Digitalität und Digitalisierung. Einblicke in die wissenschaftliche Begleitung des Projektes digi.prosa. In: Neumaier, Stefanie/Dörr, Madeleine/Botzum, Edeltraud (Hrsg.): Praxishandbuch Digitale Projekte in der Sozialen Arbeit. Weinheim/Basel: Beltz Juventa, S. 22–31.

Niemeyer, Christian (1998): Klassiker der Sozialpädagogik. Einführung in die Theoriegeschichte einer Wissenschaft. Grundlagentexte Pädagogik. Weinheim/München: Juventa-Verl.

Rauschenbach, Thomas (2009): Bildung – eine ambivalente Herausforderung für die Soziale Arbeit? In: Soziale Passagen 1, 2, S. 209–225. DOI: https://doi.org/10.1007/s12592-009-0028-9.

Reimer, Julia/Endter, Cordula (2024): Wie weiter? Medienpädagogische Soziale Arbeit mit cyberkriminellen Jugendlichen. In: Neumaier, Stefanie/Dörr, Madeleine/Botzum, Edeltraud (Hrsg.): Praxishandbuch Digitale Projekte in der Sozialen Arbeit. Weinheim/Basel: Beltz Juventa, S. 106–118.

Sagebiel, Juliane/Domes, Michael (2024): Soziale Arbeit als Handlungswissenschaft (Staub-Bernasconi). In: Domes, Michael/Sagebiel, Juliane Beate (Hrsg.): Die Bedeutung von Theorien Sozialer Arbeit für die Praxis. Exemplarische Fallanalysen. Grundwissen Soziale Arbeit, Band 50. Stuttgart: Verlag W. Kohlhammer, S. 34–49.

Schiffhauer, Birte/Remke, Sara (2024): Gestaltung von Anwendungs- und Interaktionsszenarien für soziale Roboter in der Sozialen Arbeit. In: Neumaier, Stefanie/Dörr, Madeleine/Botzum, Edeltraud (Hrsg.): Praxishandbuch Digitale Projekte in der Sozialen Arbeit. Weinheim/Basel: Beltz Juventa, S. 50–62.

Schilling, Johannes/Klus, Sebastian (2022): Soziale Arbeit. Geschichte, Theorie, Profession mit 26 Abbildungen, 13 Praxisbeispielen und 137 Übungsfragen ; mit Online-Material. UTB Soziale Arbeit, Band 8304. München: UTB; Ernst Reinhardt Verlag. 8., aktualisierte Auflage.

Schmitz, Anne-Kathrin (2023): Hoch immersive Videoberatung und Dokumentenbearbeitung auf Distanz. Praxistheoretische Perspektive auf hybride Beratungssettings. Ein Gastbeitrag von Anne-Kathrin Schmitz, Universität Trier. URL: https://marcweinhardt.de/hoch-immersive-videoberatung-und-dokumentenbearbeitung-auf-distanz-praxistheoretische-perspektive-auf-hybride-beratungssettings-ein-gastbeitrag-von-anne-kathrin-schmitz-universitaet-trier/?cookie-state-change=1722329805198 [Abruf: 29.07.2024].

Stalder, Felix (2017): Kultur der Digitalität. edition suhrkamp, Band 2679. Berlin: Suhrkamp. 3. Auflage, Originalausgabe.

Thiersch, Hans (2020): Lebensweltorientierte Soziale Arbeit revisited. Grundlagen und Perspektiven. Edition Soziale Arbeit. Weinheim/Basel: Beltz Juventa.

Vorberg, Katharina (2024): Digital Streetwork und Onlineberatung für „hard-toreach"-Klient:innen der Sozialen Arbeit. Perspektiven aus der Arbeit mit Menschen in der Prostitution/Sexarbeit und Betroffenen von Menschenhandel zur sexuellen Ausbeutung. In: Neumaier, Stefanie/Dörr, Madeleine/Botzum, Edeltraud (Hrsg.): Praxishandbuch Digitale Projekte in der Sozialen Arbeit. Weinheim/Basel: Beltz Juventa, S. 193–206.

Weinhardt, Marc (2021): Professionelles Handeln zwischen Digitalisierung und Digitalität. Überlegungen zum Kulturwandel digitaler Beratung. In: Klinische Sozialarbeit 17, 4, S. 7–10.

Weinhardt, Marc (2022a): Algorithmen und professionelles Handeln in der Sozialpädagogik. In: Diebel-Fischer, Hermann/Hellmig, Lutz/Tischler, Maya (Hrsg.): Technik und Verantwortung im Zeitalter der Digitalisierung. Beiträge zur Ringvorlesung im Wintersemester 2020/2021. Rostock: Universität Rostock, S. 103–122. DOI: https://doi.org/10.18453/rosdok_id00003985.

Weinhardt, Marc (2022b): Offene Fragen an die Hilfeform Beratung im Spannungsfeld zwischen Digitalität und Digitalisierung.

Handlungsfeld- und adressat:innenbezogene Perspektiven der Sozialen Arbeit auf Transformationsprozesse

Sozialarbeiterisches Case Management als meso- und makropraktische Veränderungsarbeit

Corinna Ehlers, Matthias Müller, Angelika Scheuerl und Vera Taube

Dieser Beitrag greift die Themen Meso- und Makropraxis für das Sozialarbeiterische Case Management auf. Dafür wird zunächst das Case Management in seiner sozialarbeiterischen Schärfung dargestellt. In einem nächsten Schritt wird verdeutlicht, in welcher Verbindung das Sozialarbeiterische Case Management zur Meso- und Makopraxis steht. Anhand empirischer Studien wird exemplarisch die Arbeitssituation von Sozialarbeiter:innen sowie die Schwierigkeiten der Umsetzung von professionellen Handlungskonzepten in den Organisationen (Mesoebene) Sozialer Arbeit dargestellt. Des Weiteren zeigt ein Fallbeispiel die Verquickung der Mikro-, Meso- und Makroebenen in der Praxis. Abschließend wird eine Forschungsmatrix skizziert, die systematisch dabei helfen kann, Wissen darüber zu generieren, welche Probleme in der Fallarbeit durch meso- und makropraktische Probleme hervorgebracht werden.

1. Verortung des Sozialarbeiterischen Case Management

Im Sozialarbeiterischen Case Management wird die Weiterentwicklung und Differenzierung von Case-Management (CM)-Programmen im expliziten disziplinären und professionellen Bezug zur Soziale Arbeit, bei gleichzeitiger Integration der unterschiedlichen Arbeitsfeldspezifika, beschrieben (siehe ausführlich Müller/Siebert/Ehlers 2023). Es verdeutlicht die systematische Verwiesenheit von Mikro-, Meso- und Makrobenen und liefert einen Rahmen zur systematischen Erforschung und Weiterentwicklung der Case-Management-Praxis. Sozialarbeiterische Case Management ist wie folgt definiert:

> „Sozialarbeiterisches CM ist ein Handlungskonzept, das basierend auf den Theorien und den Forschungsergebnissen Sozialer Arbeit einen systematischen Prozess für die Arbeit mit Personen in komplexen Problemlagen bietet. Ziel ist es, passgenaue Unterstützung zu bieten, die dem Bedarf und Bedürfnissen von Personen entsprechen. Ein Sozialarbeiterisches CM zeichnet sich durch eine enge Beziehungsarbeit auf der Fallebene (Mikro-, Mesoebene) und ein vernetztes Handeln auf der Systemebene (Meso-, Makroebene) aus." (Müller/Siebert/Ehlers 2023: 13)

Im Case Management wird zwischen Provider-Driven- und Client-Driven-Ansätzen unterschieden. In Provider-Driven-Case-Management-Ansätzen (Greene/Uebel 2008) wird der Hilfeprozess wesentlich von der Hilfeanbieterseite gestaltet (z. B. vor dem Hintergrund der zur Verfügung stehenden Budgets). In solchen Ansätzen werden eher größere Einzelfallzahlen bearbeitet, wobei die Einzelfälle weniger genau und differenziert bearbeitet werden als in Client-Driven-Case-Management-Ansätzen. In Client-Driven-Ansätzen ist der Case-Management-Prozess um die Anliegen der hilfesuchenden Personen zentriert (Greene/Uebel 2008). Es handelt sich hier um eine konsequente Subjektorientierung im Hilfeprozess. Die Fachkräfte unterstützen die Nutzer:innen entsprechend ihren Bedarfen und Bedürfnissen z. B. wenn Rechte der Klient:innen (z. B. im Kontext des Bundesteilhabegesetzes) eingefordert werden müssen. Diese Ansätze realisieren eine intensive Einzelfallarbeit mit niedrigeren Fallzahlen und intensiver Beziehungsarbeit. Sozialarbeiterische Case-Management-Ansätze fokussieren insbesondere Client-Driven-Ansätze (Goger 2023).

Tabelle 1: Unterschiedliche Realisierungsebenen von CM (Müller/Siebert/Ehlers 2023: 29)

<table>
<tr><th>Bezeichnungen</th><th>Umschreibung</th><th>Zuordnung Realisierungsebenen</th><th>Akteure, Beteiligte und Rahmenbedingungen</th></tr>
<tr><td>Care Management = Versorgungs-management</td><td>fallunspezifische Arbeit im regionalen interorganisa-tionalen Kontext</td><td>Makroebene</td><td>Politische und gesellschaftliche Faktoren, Zusammenarbeit von Einrichtungen im Sozial- und Gesundheitswesen</td></tr>
<tr><td rowspan="2">Case Management = individuelle Einzelfallhilfe, Fallarbeit/ Fallmanagement</td><td rowspan="2">fallbezogene Zusammenarbeit mit Klient:innen und deren Bezugspersonen</td><td>Mesoebene</td><td>Organisationen, die Case Management umsetzen und sowohl intern als auch extern vernetzt sind</td></tr>
<tr><td>Mikroebene</td><td>Klient:innen (Menschen in komplexen Problemlagen), informelle und formelle Helfer:innen</td></tr>
</table>

Im Case Management wird systematisch zwischen der Arbeit auf der Mikro-, der Meso- und der Makroebene unterschieden. Die Mikroebene erfasst die unmittelbare Fallarbeit mit den Nutzer:innen. Die Makroebene umfasst gesellschaftliche und politische Rahmenbedingungen, unter denen das Case Management realisiert wird bzw. werden muss. Die Mesoebene fokussiert die unterschiedlichen Organisationen sowie die bestehenden Kooperationen mit anderen Einrichtungen, die die Case-Management-Praxis prägen. Die Mesoebene rahmt die konkreten Bedingungen der Fallarbeit (Mikroebene) und ist zugleich geprägt von den Makobedingungen, die die Case Managementprogramme bestimmen. Sie hat eine Scharnierfunktion zwischen der Mikro- und Makroebene.

2. Meso- und Makropraxis im Sozialarbeiterischen Case Management

Das Case Management setzt auf allen drei zuvor dargestellten Ebenen Handlungsfähigkeit der Fachkräfte voraus. Fachkräfte Sozialer Arbeit müssen, obwohl sie in der Tendenz in Client-Driven-Case-Management-Ansätzen arbeiten, nicht nur über Expertise in der Fallarbeit verfügen, sondern ebenso über Kompetenzen und Fähigkeiten in der Organisations- und Netzwerkgestaltung sowie der makropraktischen Intervention in gesellschaftliche und politische Rahmenbedingungen. Erst wenn dieses breite Handlungsspektrum in der Praxis bedient wird, ist das gesamte konzeptionelle Potenzial des Sozialarbeiterischen Case Managements ausgeschöpft.

Für die Soziale Arbeit ist die Makroebene von besonderer Bedeutung, weil sie es in der Fallarbeit mit Problemen der hilfeempfangenen Person zu tun haben, die auf Fehler in den Meso- und Makrostrukturen zurückgeführt werden können. Dadurch entstehen individuelle Problemlagen, die aber strukturell verursacht sind, strukturell gelöst werden müssen und fallbezogen nicht lösbar sind. Schlechte oder/und unzureichende Meso- und Makrostrukturen führen so zu individualisierten Problemen, die nicht individuell bewältigt werden können.

Während mittlerweile einige differenzierte Ansätze zur Fallarbeit (Mikroebene) im Sozialarbeiterischen Case Management vorliegen (z. B. Neuffer 2013; Kleve et al. 2018; Ehlers/Müller/Schuster 2017; Schmid 2012), sind die Bedingungen auf der Meso- und Makroebene noch wenig bearbeitet. Einige Probleme auf der Mikroebene bestehen aufgrund von Schwachstellen und Fehlern auf der Meso- und Makroebene. Daher besteht die Notwendigkeit, dass Sozialarbeiterische Case-Management-Ansätze stärker meso- und makropraktisch agieren sollten. Makropraxis verstehen wir an in Anlehnung an Brueggemann (2006: 8 nach Hepworth et al. 2013: 441) wie folgt:

> „Macro social work is the 'practice of helping people solve social problems and make social change at the community, organizational, societal and global levels.“

Die Makrosozialarbeit ist als Praxis zu verstehen, die Menschen bei der Lösung sozialer Probleme unterstützt und gleichzeitig einen sozialen Wandel auf kommunaler, organisatorischer, gesellschaftlicher und globaler Ebene in den Blick nimmt. Für das Sozialarbeiterische Case Management bedeutet dies, über ein differenziertes Verständnis von makropraktischen Interventionsstrategien zu verfügen und die Verwiesenheit von mikropraktischen und makropraktischen Problemen gezielt zu fokussieren. In der Praxis wird die Soziale Arbeit so zu einem Veränderungsagent auf der Meso- und Makroebene, der beispielsweise klassistische Benachteiligungen und deren Ursachen aus der

Social-Justice-Perspektive analysiert, thematisiert und versucht zu verändern. Auf dieser Grundlage sind dann Methoden der sozialen Aktivierung, der Advocacy und des Community Organizing (Hepworth et al. 2013: 439) für die Veränderungsarbeit relevant.

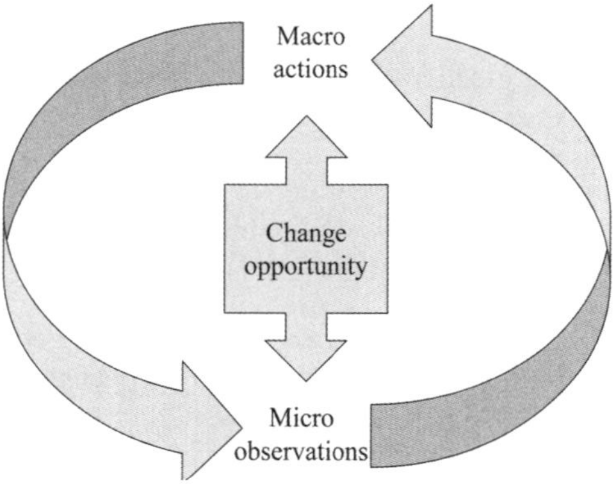

Abbildung 1: Verbindung zwischen Makro- und Mikroebene (Hepworth et al. 2013: 441)

Das Zusammenspiel von Akteur:innen wie Kostenträgern und Leistungserbringern im Sozial- und Gesundheitswesen ist für die Gestaltung der Fallarbeit von zentraler Bedeutung, um Überweisungs- und Vermittlungsprozesse sowie Zugänge zu Dienstleistungen abzustimmen. Die Kreierung solcher funktionalen Meso- und Makrostrukturen ist notwendig, um auf der Fallebene reibungslose nutzer:innenzentrierte Hilfeverläufe zu gestaltet. Die Prozesse sind zwischen Organisationen und innerhalb der Case Management umsetzenden Organisationen relevant. Hier verknüpft sich die Makroebene mit der Mesoebene.

In den Organisationen prägen, neben den formellen Strukturen wie Abteilungen und Hierarchien, die informellen Begebenheiten und das Arbeitsklima die Arbeitsbedingungen von Fachkräften; sie haben somit Auswirkungen auf die Fallarbeit. Aufgrund der Bedeutung der organisationalen Rahmenbedingungen auf die Umsetzung von Sozialer Arbeit spricht Röh (2006: 446) von einer Erweiterung des Tripelmadates zu einem vierfachen Mandat. Die seit Jahren fortschreitende Ökonomisierung der Sozialen Arbeit führt dazu, dass Sozialarbeitende (in Sozialen Organisationen) angehalten sind, „kostengünstig unter bestmöglicher Ausnutzung vorhandener Ressourcen zu arbeiten, sprich mehr Leistung mit gleich bleibendem oder gesunkenem Budget zu erbringen“ (Röh 2006: 447). Nicht nur die eigene Arbeitsleistung muss optimiert werden, sondern auch in der Fallarbeit ist Effizienz mit geringen Ressourcen zu realisieren.

Die Fehler im System (Meso- und Makroebene) lassen sich in drei Gruppen zusammenfassen (vgl. Keller 2024: 29-36):

1. unzureichende Finanzierung und fehlende personelle Ressourcen,
2. dysfunktionale Organisationsstrukturen (starre und unflexible Entscheidungsstrukturen) sowie
3. unklare rechtliche Rahmenbedingungen und unzureichende/unpassende politische Steuerung, z. B. Initiativen und Anreize zum Aufbau von regionalen Versorgungsnetzwerken.

Die drei Systemfehlergruppen stehen letztlich in Verbindung zueinander, was wiederum Hilfeblockaden in den Meso- und Makrostrukturen verstärkt. Auf der Meso- und Makroebene sollte die Zusammenarbeit der Kostenträger und Dienstleistungsanbieter im Sinne von Case Management so gestaltet werden, dass passgenaue Angebote und Dienstleistungen für die Nutzer:innen möglich sind.

3. Herausforderungen auf der Meso- und Makroebene

Im Folgenden wird insbesondere die Arbeitssituation für die Fachkräfte in den Blick genommen. Dies geschieht, weil sich an der Situation der Fachkräfte zeigt, dass eine adäquate Umsetzung des Sozialarbeiterischen Case Management strukturell verhindert ist. So hinterlassen die zunehmende Ökonomisierung sowie der Fachkräftemangel Spuren in den Sozialen Organisationen. Einrichtungen grenzen ihre Angebote ein oder müssen sogar schließen. Dies geschieht nicht, weil die Klient:innen fehlen, sondern weil nicht ausreichend (qualifiziertes) Personal vorgehalten werden kann. Die Rahmenbedingungen (Makroebene) haben sich deutlich verändert. Die Auswirkungen dessen sind nicht nur für Nutzer:innen, sondern auch für die Fachkräfte spürbar. Studien zur Arbeitssituation im Sozial- und Gesundheitswesen, die in den letzten Jahren – auch vor der Coronapandemie – veröffentlicht wurden, sind besorgniserregend, wie die nachfolgenden Schlaglichter aus der Forschung zeigen.

Die Arbeitsbedingungen im sozialen Bereich haben Auswirkungen auf die Qualität der Arbeit. Henn et al. (2017) haben Daten des DGB-Index Gute Arbeit und des Mikrozensus untersucht und stellen fest, dass das erwartete Arbeitspensum bei jeder zweiten Fachkraft oft bzw. sehr häufig nur mit Qualitätsabstrichen leistbar war (ebd.: 50). Zudem geben Sozialarbeitende organisationsbezogene oder konzeptionelle Rahmenbedingungen (Mesoebene) an, weswegen sie Aufgaben nicht oder nicht entsprechend der professionellen Fachlichkeit ausüben konnten. Steckelberg (2020: 40) weist darauf hin, dass trotz oftmals bestehender struktureller Hindernisse Ursachen für unzureichende Fachlichkeit individualisiert und auf der Ebene der Sozialarbeitenden gesehen werden. Eine solche Individualisierung verdeckt die Fehler und Dysfunktionalitäten auf der Meso- und Makroebene und erschwert bzw. verzögert die Erarbeitung von Lösungen auf diesen Ebenen.

Die Arbeitsbedingungen in den sozialen Organisationen haben Auswirkungen auf den Gesundheitszustand der Fachkräfte. Hollederer (2022) analysierte die Arbeitsbedingungen und die Gesundheit von Sozialarbeitenden (N= 341) mittels einer Sekundäranalyse von Daten der repräsentativen Telefonbefragungen Erwerbstätiger aus dem Jahr 2018 durch das Bundesinstitut für Berufsbildung (BIBB) und der Bundesanstalt für Arbeitsschutz und Arbeitsmedizin (BAuA) und stellt fest, dass die Arbeitsbedingungen mit einer hohen Arbeitslast verbunden sind. Dies assoziiert Hollederer (2022: 800) mit einem hohen Burnout-Risiko. Auch andere Untersuchungen zeigen, dass der Gesundheitszustand nicht gut und die Burnout-Rate bei Sozialarbeitenden hoch ist (z. B. Lloyd/King/Chenoweth 2002; Schmullens 2021). Durch hohe Krankenstände verstärkt sich die Personalproblematik zusätzlich. Aufgrund der unzureichenden personellen Besetzung sind die Fehlzeiten kaum zu kompensieren und führen zu einer höheren Belastung der Mitarbeiter:innen, die noch im Dienst sind. Auch leiden die Ausbildung und die Anleitung von neuen Fachkräften unter diesen angespannten Arbeitssituationen. Organisationen, die in einem solchen Maße strukturell und personell überlastet sind, können die Scharnierfunktion, zu der sie im Handlungskonzept Case Management professionell verpflichtet sind, nur sehr begrenzt oder im schlechtesten Fall gar nicht übernehmen.

4. Fallbespiel zur Mikro-, Meso- und Makroebene im Case Management

Nachfolgend wird an einem Fallbeispiel aus der Kinder- und Jugendhilfe verdeutlicht, welche Auswirkungen das Zusammentreffen von komplexen Fallsituationen und hochkomplexen Rahmenbedingungen auf der Meso- und Makroebene hat. Die Fachkräfte sind mit Fallkonstellationen konfrontiert, die durch eine Kumulation von Problemen und Problemlagen auf unterschiedlichen Ebenen gekennzeichnet sind. In diesen komplexen Fällen mischen sich Interventionen aus verschiedenen Bereichen mit unterschiedlichen meso- und makrostrukturellen Bezügen. Die hohe Dichte an Akteur:innen auf der Helfendenseite sorgt für Zuständigkeitskonflikte. Es ist dennoch notwendig, funktionale Abstimmungen auf der Helfendenseite untereinander und auch mit den Nutzer:innen zu treffen. Diese Prozesse bringen alle Beteiligten oftmals an ihre Leistungsgrenzen.

Mikroebene: Martin, 15, ist begeistert, pünktlich, zuverlässig, intelligent, kommunikativ und fröhlich. 2019 wurde er wegen Übergriffen in eine Intensiv-Obhut verlegt. Er lebt bei seinem Vater und seiner Stiefmutter, leidet aber unter familiären Belastungen. In der Schule hat er Schwierigkeiten mit Lehrer:innen, Mitschüler:innen und leidet unter Konzentrationsproblemen und ADHS. Martin hat schon den dritten Schulbegleiter und auch hier steht ein Prozessabbruch im Raum. Nach der 6. Klasse muss er in eine reguläre Oberschule, doch keine Oberschule will ihn aufnehmen, sodass ggf. das Schulamt eingreifen muss. Martin hat mehrfach gestohlen, was polizeiliche Maßnahmen zur Folge hatte. Zuhause wurden Schränke abgeschlossen, weil er Geld klaut. Zudem soll er nicht allein sein. Er hat eine Behinderung von 80 % und erhält Pflegeleistungen. Die familiäre Situation ist belastet, und der Vater kann trotz Unterstützung nicht alles allein bewältigen. Sicherheitsmaßnahmen wegen Diebstählen verursachen Spannungen und Vertrauensverlust. Viele institutionelle Akteur:innen unterstützen ihn, darunter die Kinderärztin, die Schule für Erziehungshilfe, das Schulamt, das Jugendamt, die Polizei, der Psychiater, die Psychologin und die Ergotherapeutin. Kommunikationsprobleme zwischen den zuvor genannten beteiligten Stellen führen zu Zuständigkeitskonflikten und erschweren die Koordination der Hilfe für Martin. Der häufige Wechsel der Schulbegleitung destabilisiert Martins Integration und verstärkt seine Konzentrationsprobleme in der Schule. Begrenzte Ressourcen und Überlastung der Unterstützenden führen zu Verzögerungen im Unterstützungsprozess. Martins angespanntes Verhältnis zu Lehrer:innen und Mitschüler:innen erschwert die schulische Integration. Institutionen fordern eine Fremdunterbringung mit interner Beschulung, was der Vater zugunsten einer engen Beziehung ablehnt.

Meso- und Makroebene: Ein intensives Case Management ist notwendig, um Martin als "Fall von Schulabsentismus" und die Familie als „Familienerhaltungsfall" zu erfassen, Ressourcen und Bedarfe einzuschätzen, Maßnahmen zu planen und deren Umsetzung zu überwachen. Der Prozess und die Ergebnisse müssen ständig evaluiert und angepasst werden. Standardisierte Lösungen sind bei Schulabsentismus oft unrealistisch und können das Scheitern und die Verschlechterung der Situation verursachen. Die Lebenswelt dieser Familien unterliegt ständigen Veränderungen, die im Case Management berücksichtigt werden müssen. Dazu gehören Schul- und Lehrer:innenwechsel, kindliche und pubertäre Entwicklungen, familiäre Veränderungen wie Partner:innenwechsel oder neue Geschwister, personelle Wechsel bei sozialen Diensten und gravierende Brüche durch Psychiatrieaufenthalte und Fremdunterbringungen, die zu wiederkehrendem Verlust der wesentlichen Sozialisationsinstanzen führen. Um Martins schulische Integration und Stabilität in seinen Lebensverhältnissen zu sichern, gilt es, ein systematisches Vorgehen zu etablieren. Dazu gehört es, Maßnahmen gezielt zu koordinieren und die Kommunikation zwischen den beteiligten Stellen zu verbessern, zu verstetigen und den Maßnahmenverlauf regelmäßig in Helfendenrunden zu überprüfen bzw. zu planen.

Kommunikation, Koordination und Leichtigkeit sind wesentliche Fähigkeiten im Case Management, die erforderlich sind, um sich in den Labyrinthen der verschiedenen Gesetzgebungen und deren Ausführungsmöglichkeiten zu orientieren. Bei Fällen von Schulabsentismus geht es um eine permanente „nicht standardisierte" Auseinandersetzung im

- SGB VIII als Hilfe zur Erziehung, Kindeswohl,
- SGB VIII/SGB IX als Eingliederungshilfemaßnahmen,
- Schulgesetz mit Bildungsvereinbarungen, Sonderbeschulungsmöglichkeiten, Homeschooling, Ruhen der Schulpflicht oder die Möglichkeit der Schulfremdenprüfungen,
- SGB V mit Diagnostik, therapeutischen Maßnahmen und Eingriffshandeln,
- SGB II und III in Verbindung mit dem Schulgesetz, wenn es um weiterführende Maßnahmen während der Berufsschulpflicht bis zur Volljährigkeit geht, da Schulabsentismus nicht mit der neunjährigen Schulpflicht endet, sowie
- SGB II, III, VIII oder IX, um die individuelle Verselbständigung eines Heranwachsenden auch ohne Abschlüsse oder Integrationsfähigkeit zu managen.

Case-Management-Prozesse, die auf der Mikro-, Meso- und Makroebene Handlungsfähigkeit der Fachkräfte voraussetzen, erfordern neben fachlicher Kompetenz und persönlichem Erfahrungswissen vor allem strategische und kommunikative Prozessgestaltungskompetenzen, die Bereitschaft zum zirkulären Tüfteln und das Suchen von Lösungen sowie die Freude am gemeinsamen Er-Finden von Möglichkeiten der Hilfegestaltung. Das Aussprechen und die Legitimation des Verlassens von Erwartungshaltungen und üblichen Bearbeitungsroutinen sind dabei Dreh- und Angelpunkt für die Kommunikation und wichtige Aufgabe der Sozialarbeiter:innen, die damit Verbindungstellen zwischen beteiligten Personen und Institutionen schaffen. Ein wichtiger Gelingensfaktor im Prozess ist es, Menschen in Institutionen zu finden, die bereit sind, sichere Standardwege zu verlassen und individuelle, kreative Wege zu gehen. Dafür ist ein sektorübergreifende Teamgedanke wichtig, ebenso wie das Interesse, sprachliche und strukturelle Hindernisse gemeinsam zu überwinden.

Durch die mündige Einbeziehung der Familien in den Case-Management-Prozess kann auch das Familiensystem positiv beeinflusst werden. Im systematische Re-Assessment lernen sie, die familiäre Ausgangssituation anders zu akzeptieren und die Erwartungen an das Kind anzupassen. Die reduzierten Erwartungen können Leidensdruck nehmen, und ein positives familiäres Zusammenleben wird wieder möglich. Im häuslichen Umfeld und in den Herkunftsschulen werden häufig zu hohen Erwartungen an schulabsente Kinder und ihre Familien gestellt, die zu einer Verhärtung der strukturellen Konflikte und damit zu manifesten Störungen der Teilhabe an Bildung führen. Im ambulanten Bereich stellen die strengere zeitliche Befristung der Hilfedauer und die Ablehnung bzw. Verschiebung der Steuerung von Schulabsentismus in den Bereich der ambulanten Eingliederungshilfe statt als Hilfe zur Erziehung eine Ungleichbehandlung gegenüber längerfristigen Hilfeprozessen in stationären

Einrichtungen dar. Dies gilt auch für die Auffassung, dass Schulabsente mit dem Ende der neunjährigen Schulpflicht zu Hause endlich selbstständig werden und die Hilfe dann beendet werden kann. Welche:r Jugendliche verlässt eine stationäre Einrichtung, nur weil die Schulpflicht mit 15 oder 16 Jahren endet, und kann dann einfach in eine Berufsvorbereitung integriert werden? An diesen beiden Punkten zeigt sich, dass Regelungen und Praxen auf der Meso- und Makroebene gravierende Auswirkungen auf die Fallarbeit (Mikroebene) haben.

5. Ausblick

Die Frage nach einer makropraktischen Perspektive im Sozialarbeiterischen Case Management konzentriert sich auf die transformative Gestaltung von gesellschaftlichen und politischen Rahmenbedingungen und die Implementierung von Case Management als Verfahren in Organisationen sowie den Kooperationen mit anderen Einrichtungen. In Anbetracht der zuvor dargelegten Ebenendifferenzierung im Case Management und der am Fallbeispiel dargestellten Ebenenvermischung zeigt sich ein enormer Forschungsbedarf. Denn insgesamt ist die Forschungslage sehr dünn und die praktische Arbeit inklusive ihrer Effekte in der Praxis empirisch kaum abgebildet, geschweige denn belegt.

Forschungslücken bestehen auf organisationaler Ebene, in gemeinwesenbezogenen Kontexten oder auch im politischen Bereich. Es gilt z. B. Erkenntnisse über die Integration von Sozialarbeiterischem Case Management in Sozialen Diensten, Qualitätsstandards, den Herausforderungen bei der Implementierung von Sozialarbeiterischem Case Management sowie der interdisziplinären Zusammenarbeit zu sammeln und sie miteinander in Bezug zu setzen. Anhand der Klärung offener Fragen nach dem Zusammenhang und Zusammenspiel von Mirko-, Meso- und Makroebene kann Forschung die Trennung der Sozialen Arbeit in Mikro- und Makropraxis (Staub-Bernasconi 2001) überwinden und dazu beitragen, die Soziale Arbeit als multidimensionale Disziplin und Profession zu konturieren (Mühlum 2009).

Für ein solches Unterfangen könnte die sukzessive Entwicklung einer Forschungsmatrix für das Sozialarbeiterische Case Management sinnvoll sein. Die Zeilen einer solchen Matrix beinhalten die Makro-, Meso- und Mikroebene (ggf. mit weiteren Binnendifferenzierungen). Die Spalten enthalten verschiedene Themen, die im Sozialarbeiterischen Case Management relevant sind (z. B. rechtliche Vorgaben, Qualifizierung des Personals, Fallberatung). In einer solchen Matrix wäre es dann möglich, das empirische Wissen über die relevanten Themen bezogenen auf die drei Ebenen des Case Managements systematisch zu sammeln, neue Forschungsfragen zu generieren, neu geschaffenes empirisches Wissen zu integrieren und nicht zuletzt Querverbindungen zu markieren. Für die aktuellen Transformationsprozesse wäre dies eine Grundlage, notwendige Veränderungen im Sozialarbeiterischen Case Management umfassend zu begleiten und die Probleme in der Praxis auf den Ebenen zu adressieren, auf denen sie entstehen.

Literatur

Ehlers, Corinna/Müller, Matthias/Schuster, Frank (2017): Stärkenorientiertes Case Management. Komplexe Fallbearbeitung in fünf Schritten. Opladen, Berlin, Toronto: Verlag Barbara Budrich.

Goger, Karin/Tordy, Christian (2023): Beziehungsarbeit im Sozialarbeiterischen Case Management. In: Müller, Matthias/Siebert, Annerose/Ehlers, Corinna (Hrsg.): Sozialarbeiterisches Case Management. Ein Lehr- und Praxisbuch. Stuttgart: Kohlhammer, S. 40–63.

Greene, Roberta R./Uebel, Michael (2008): Chapter 2. Intervention Continued. Providing Care Through Case Management. Journal of Human Behavior in the Social Environment, 14 (1/2), S. 31–50.

Henn, Sarah/Lochner, Barbara/Meiner-Teubner, Christiane/Strunz, Eva (2017): Arbeitsbedingungen als Ausdruck gesellschaftlicher Anerkennung Sozialer Arbeit. Gewerkschaft Erziehung und Wissenschaft.

Hepworth, Dean H./Rooney, Ronald H./Rooney, Glenda Dewberry/Strom-Gottfried, Kim (2013): Direct Social Work Practice. Theory and Skills. Belmont: Brooks/Cole. 9th Edition.

Hollederer, Alfons (2022): Working Conditions, Health and Exhaustion Among Social Workers in Germany. European Journal of Social Work, 25:5, S. 792-803. DOI: 10.1080/13691457.2022.2063813.

Keller, Maya (2024): Stärkenorientierter Migrationsfachdienst Case Management und die strukturellen Probleme auf der (Versorgungs-)Systemebene. BA-These im Fachbereich Soziale Arbeit Bildung und Erziehung an der Hochschule Neubrandenburg.

Kleve, Heiko/Haye, Britta/Hampe, Andreas/Müller, Matthias (2018): Systemisches Case-Management. Heidelberg: Carl Auer Verlag. 6. Aufl.

Lloyd, Chris H./King, Robert/Chenoweth, Lesley (2002): Social Work, Stress and Burnout: A Review. Journal of Mental Health 11, 3, S. 255–265.

Mühlum, Albert (2009): Annäherung durch Wandel. Praxis, Lehre und Wissenschaft Sozialer Arbeit im Kaleidoskop des Alltags. In: Birgmeier, Bernhard/Mührel, Eric (Hrsg.): Die Sozialarbeitswissenschaft und ihre Theorie(n). Wiesbaden: Springer VS, S. 85-94.

Müller, Matthias/Siebert, Annerose/Ehlers, Corinna (Hrsg.) (2023): Sozialarbeiterisches Case Management. Ein Lehr- und Praxisbuch. Stuttgart: Kohlhammer.

Neuffer, Manfred (2013): Case Management. Soziale Arbeit mit Einzelnen und Familien. Weinheim, München: Juventa. 5. Auflage.

Röh, Dieter (2006): Die Mandate der Sozialen Arbeit. In wessen Auftrag arbeiten wir? In: Soziale Arbeit: Zeitschrift für soziale und sozialverwandte Gebiete, 55 (2006) 12, S. 442-449. DOI: 10.5771/0490-1606-2006-12-44.

Schmid, Martin/Schu, Martina/Vogt, Irmgart (2012): Motivational Case Management. Ein Manual für die Drogen- und Suchthilfe. Heidelberg: medhochzwei.

Smullens, SaraKay (2021):Burnout and Self-Care in Social Work. A Guidebook for Students and Those in Mental Health and Related Professions . NASW Press, 2. Edition.

Staub-Bernasconi, Silvia (2001): Auseinandersetzungen zwischen Individuum und Gesellschaft. Wie konflikttauglich sind Theorien Sozialer Arbeit? URL: https://w3-mediapool.hm.edu/mediapool/media/fk11/fk11_lokal/forschungpublikationen/lehrmaterialen/dokumente_112/sagebiel_1/STB-2001-Auseinandersetzungen_zw_Individuum_u_Gesellschaft.pdf [Abruf: 10.07.2022].

Steckelberg, Claudia (2020): Soziale Arbeit in bewegten Zeiten – Zum Wandel von Arbeits- und Lebensbedingungen unter neoliberalen Vorzeichen. In: Steckelberg, Claudia/Thiessen, Barbara (Hrsg): Wandel der Arbeitsgesellschaft. Soziale Arbeit in Zeiten von Globalisierung, Digitalisierung und Prekarisierung. Verlag Barbara Budrich, S. 39-49.

Jugendkulturen in ländlichen Räumen ermöglichen

Tilman Kallenbach

Dass die Kommune die Keimzelle der Demokratie sei, ist eine der zentralen Überzeugungssätze der bundesdeutschen Gesellschaft (Grotz/Schroeder 2021: 401). Unmittelbar und vor Ort soll erlebt und erfahren werden, wie sich das Gemeinwesen demokratisch organisiert. Auch wenn mit dieser Aussage häufig vor allem die kommunalen Vertretungen zwischen Gemeinde-, Stadt- und Kreisrat gemeint sind, so lässt sie sich dies ohne Weiteres auch auf die Jugendarbeit (Krisch/Schröer 2020: 241f.) übertragen. Diese ist ebenfalls vor Ort in der Kommune zu erbringen und soll jungen Menschen nicht zuletzt das demokratische Gemeinwesen näherbringen und an den Interessen junger Menschen anknüpfen. Der Erfolg beider Projekte ist auf in hohem Maße mit dem Grad der kommunalen Handlungsfähigkeit verknüpft, die oftmals – besonders in peripherisierten ländlichen Gemeinden – durchaus eingeschränkt sein kann (Becker/Hundt/Küpper 2020: 55; Dudek 2021: 429).

Das vom Bundeslandwirtschaftsministerium geförderte Forschungsprojekt DIYhoch3[1] zu Möglichkeitsräumen und Gelingensbedingungen selbstorganisierter Jugendkultur in ländlichen Räumen setzt in dieser Gemengelage an und will Perspektiven für Forschung und Praxis aufzeigen. Der vorliegende Beitrag nimmt daher diesen Zusammenhang zunächst aus den Perspektiven der Raum- und Jugendforschung in den Blick, um anschließend erste empirische Ergebnisse aus dem Projekt vorzustellen.

1. Jugendkulturen in sich wandelnden Gesellschaften

Der Begriff der Jugendkultur ist so schillernd und in seiner Theoretisierung vielfältig (Krüger 2020: 71f.) wie die Phänomene und Gesellungsformen, die er beschreiben soll. Dabei ist eine historische Konstante in der Erzählung die

---

1 Neben dem Autor sind Prof.'in Dr.'in Rita Braches-Chyrek und Dr. Andreas Kallert als Projektleitungen und Franziska Imhoff als Projektmitarbeiterin sowie Julian Sax als wissenschaftliche Hilfskraft am Projekt beteiligt. Mit ihren kritischen Kommentaren haben sie das Zustandekommen dieses Textes maßgeblich unterstützt.

von einer zunehmend diverser werdenden Jugend und einer sich ausdifferenzierenden jugendkulturellen Landschaft (Grunert et al. 2024: 270f.). Bisweilen ist von fluiden Szenen die Rede, die nicht nur Unverbindlichkeit, Flüchtigkeit und ein Dasein in Netzwerken mit anderen Szenen auszeichnen, sondern auch Jugend vor allem als Orientierungsmuster und weniger als Lebensphase verstehen (Eisewicht/Niederbacher/Hitzler 2021: 9f.).

Diese Beschreibung korrespondiert nicht zuletzt mit der Rede von einer Pluralisierung von Jugend (King 2024: 101f.; Scherr 2020: 79), die eine Ausweitung vormaliger Entwicklungsaufgaben der Jugend in die Lebensphasen Kindheit und Erwachsenenalter sowie das Nebeneinander unterschiedlichster Lebensverläufe beschreibt. Zudem wird Jugend in der theoretischen Auseinandersetzung zunehmend als ein „gesellschaftlich hervorgebrachtes Phänomen" (Grunert/Hummrich 2024: 15) verstanden und demnach in spezifischen historisch-kulturellen Umstände betrachtet. Dieses gesellschaftliche Bild besteht heute in Vorstellungen von Flexibilität, Sportlichkeit und Fitness, die aber nicht nur von Jugendlichen, sondern der gesamten Gesellschaft erwartet werden (Scherr 2020: 81). Im Umkehrschluss verlieren aber auch die kulturellen Praktiken der Jugend und damit die Jugendkulturen ihre Exklusivität für ein bestimmtes Lebensalter (Eisewicht 2022: 218).

Eine weitere zentrale gesellschaftliche Entwicklung zeigt sich in Form der Digitalisierung: Jugendkulturen sind heute als postdigitale Phänomene zu betrachten. Der digitale Raum dient ihnen hier nicht nur als Ort für Austausch und globale Vernetzung, sondern bringt beispielsweise auch neue Artefakte und eigene Szenen hervor (Puchert 2020: 159). Dabei sind die Akteure in einem postdigitalen Raum aber eben auch den spezifischen Bedingungen und Logiken ihrer digitalen Umwelt ausgeliefert, die u. a. in Hybridisierung, „algorithmische[r] Sichtbarkeiten und Verunsichtbarungen" und „Erschütterungen westlicher Grundvorstellungen von Zeit, Raum und Ordnung" bestehen (Engel/Jörissen/Schreiber 2024: 87, 80). Dieses Verwobensein von Mensch und Technik (Tillmann 2020: 68) wird in Jugendforschung und -arbeit deutlich wahrgenommen, muss aber in seinen Wirkweisen und Konsequenzen als noch unzureichend reflektiert betrachtet werden.

Die beschriebenen Entgrenzungen und Transformationen, die Jugend und besonders Jugendkulturen oder Szenen betreffen, sind dabei nicht zuletzt eine Herausforderung an Jugendarbeit. Diese hat den Auftrag, möglichen Ausschlüssen entgegenzuwirken und Handlungsoptionen aufzuzeigen. Dabei soll sie die jungen Menschen selbst mit einbeziehen und nicht zuletzt auch anwaltschaftlich jugendpolitisch tätig werden und das vor Ort in spezifischen sozialräumlichen Gegebenheiten (Krisch/Schröer 2020: 238f.).

2. Ländliche Räume

Vor Ort, das bedeutet im Fall des hier diskutierten Forschungsprojekts, in ländlichen Räumen. Damit ist eine vermeintlich klare Kategorie aufgerufen, die vor allem in ihrer Differenz zu urbanen Räumen bestimmt scheint (Redepenning 2022: 4f.). Dabei spielen verschiedene Typisierungen nicht zuletzt auch für Politik und Planung eine zentrale Rolle und unterscheiden sich in ihrer Einordnung nicht selten deutlich: Werden etwa die Typisierungen des Bundesinstituts für Bau-, Stadt- und Raumforschung, des Thünen-Instituts und der Europäischen Union zurate gezogen, so leben zwischen 15,8 % und 56,7 % der bundesdeutschen Bevölkerung in ländlichen Räumen, die bis zu 91,3 % der Fläche Deutschlands umfassen (Grabski-Kieron/Küpper 2024: 83). Diese Zahlen verweisen zunächst auf eine Relevanz ländlicher Räume, lassen aber nicht zuletzt den Schluss zu, dass es sich um eine enorm vielfältige und ungleiche Kategorie handelt.

In einer tendenziell sozialkonstruktivistischen Perspektive auf ländliche Räume wäre nach Semantiken des Ländlichen zu fragen (Redepenning 2022: 5) und danach, wie diese nicht zuletzt das Selbstverständnis der in ihr Lebenden prägen. Dabei wären gleichsam populäre Diskurse in den Blick zu nehmen, die ländliche Räume als Sehnsuchtsorte hervorbringen (Fenske/Peselmann 2021: 15). Aus der Warte einer kritischen Landforschung wiederum wäre die ungleiche Entwicklung ländlicher Räume und dabei nicht zuletzt die soziale Ungleichheit (Maschke/Mießner/Naumann 2020: 10f) zu fokussieren. Werden in dieser Diskussion kommunale Finanzen in den Blick genommen, so finden sich trotz verschiedener Ausgleichssysteme insbesondere in kleineren Kommunen hier Fortsetzungen der Ungleichheit in der Ausstattung der kommunalen Haushalte wieder (Kallert 2024: 209f.), die durch Sparprogramme im Modus der Austerität nur noch verstärkt werden (Dudek 2021: 419).

Für Jugendliche bedeutet dies insbesondere in Fragen jugendkultureller Orientierung, dass diese nicht notwendigerweise exklusiv mit ihren Interessen zusammenhängen, „sondern auch an regionale Zufälligkeiten gebunden“ (Ludwig/Grunert 2020: 44) sind. Zur gleichen Zeit ist aber auch von einer ausschließlichen Defizitorientierung abzusehen, bieten sich doch Möglichkeitsräume und Gelegenheitsstrukturen, die sich nicht zuletzt aus der Peripherie und dem Eigensinn der Jugendlichen vor Ort ergeben und sich bisweilen selbst zu Szene-Zentren entwickeln (Eisewicht 2023: 160).

3. Kommunale Handlungsfähigkeit

Inwieweit die Kommunen besonders jungen Menschen hilfreiche Infrastrukturen und Unterstützungsmöglichkeiten zur Verfügung stellen können, ist nicht zuletzt eine Frage ihrer Handlungsfähigkeit. Die bundesdeutsche Verfassung ist in dieser Angelegenheit recht eindeutig: In § 28 Abs. 2 GG lässt sich nachlesen: „Den Gemeinden muss das Recht gewährleistet sein, alle Angelegenheiten der örtlichen Gemeinschaft im Rahmen der Gesetze in eigener Verantwortung zu regeln.“ Dabei ist unstrittig, dass der größte Teil der in den Gemeinden zu erbringenden Aufgaben Auftragsangelegenheiten und Pflichtaufgaben umfassen und in diesen Bereichen die Spielräume für eigenständige Gestaltungen ausgesprochen eng sind. Anders gestaltet sich die Lage hingegen in sogenannten freiwilligen Aufgaben, zu denen im hier diskutierten Fall nicht zuletzt die Kultur, aber darüber hinaus beispielsweise auch die Wirtschaftsförderung zählen (Becker/Hundt/Küpper 2020: 51).

Für Jugendliche – und nicht zuletzt für Jugendkulturen – ist eine kommunale Infrastruktur dabei besonders zentral: die Jugendarbeit (Krisch/Schröer 2020: 30). Über das SGB VIII § 11 findet sich hier ein kollektiver Anspruch auf Angebote zur Unterstützung wieder, die von Jugendlichen selbst mitbestimmt und -gestaltet werden sollen. Umfang, Qualität und Erhalt dieser Infrastrukturen sind aber regional äußerst unterschiedlich ausgeprägt und nicht selten hinsichtlich ihrer langfristigen Finanzierung in Gefahr (Faulde 2022: 105).

Ist die Lage beispielsweise in periphrasierten ländlichen Gemeinden aus den oben beschriebenen Gründen prekär, stellt sich die Frage nach möglichen Auswegen. Mit der romantisierenden Vorstellung von ländlichen Räumen korrespondiert die Rede von ‚Dörflichkeit‘ (Barlösius 2018: 55f.), die nicht zuletzt auf soziale Nähe, Gemeinschaft und gegenseitige Unterstützung (Neu/Nicolic 2020: 171) abzielt. Entsprechend nahe liegt es also, auf nichtstaatliche Akteure zurückzugreifen, die aus der Zivilgesellschaft oder der lokalen Wirtschaft heraus einspringen, wenn Lücken entstehen (Neu 2018: 19ff.; Haubner/van Dyk 2024: 46).

Die Indienstnahme insbesondere zivilgesellschaftlicher Akteure ist dabei nicht ohne Kritik geblieben: In diesem Sinne wird die ‚Verzivilgesellschaftlichung der sozialen Frage‘ kritisiert, die im Kontext von Aktivierungs- und Sparpolitiken vollzogen werde und dabei nicht nur hinter Standards professioneller Sorgearbeit zurückfalle, sondern auch zu einem Wegfall von Verbindlichkeiten für diejenigen führe, die auf Unterstützung angewiesen sind (Haubner/van Dyk 2024: 71f.). Zudem werden die Potenziale einer Zivilgesellschaft herausgearbeitet, die durch ihre aktuelle Einbindung als Lückenbüßer ungenutzt bleiben (Dudek 2024: 159) – etwa wenn diese aktiv in die Planung und Ausgestaltung der kommunalen Daseinsvorsorge eingebunden werden würde.

4. DIYhoch3 – jugendkulturelle Selbstorganisation in ländlichen Räumen

Für ein anwendungsorientiertes Forschungsprojekt zu Gelingensbedingungen, Möglichkeitsräumen und Unterstützungsmöglichkeiten für jugendkulturelle Selbstorganisation in ländlichen Räumen, die nach der oben beschriebenen Klassifikation als sozioökonomisch weniger gut gelten, ist entsprechend ein Problemhorizont aufgespannt. Ein Teil dieser Problemstellung besteht darin, Brücken zwischen den skizzierten Diskursen zu spannen: So werden Jugendkulturen und Szenen oftmals als urbane Phänomene gedacht (Eisewicht 2023: 150ff.) und beforscht. Die schmale Forschungslage zu Jugendkulturen und Freizeitverhalten junger Menschen in ländlichen Räumen verweist entsprechend auf Konformitätsdruck der Erwachsenenkultur, auf prekäre Raumaneignung – oftmals in privaten Räumen – und nicht zuletzt auf einen Anpassungsdruck an lokalen Szenen (Grunert/Ludwig 2020: 43f.). Jugendarbeit wiederum ist historisch und ihrem Selbstverständnis nach auf Teilhabe und Selbstorganisation ausgerichtet und gerade in ihrer verbreiteten Form als verbandliche Jugendarbeit schon immer verzivilgesellschaftlicht (Faulde 2022: 33f.).

Zu klären sind aber auch die spezifischen soziostrukturellen und kulturellen Rahmenbedingungen im Forschungsgebiet. Dafür wurden im Forschungsprojekt amtliche Daten ausgewertet, die den Datenbanken der Länder, des Thünen-Landatlas und der INKAR-Datenbank des Bundesinstituts für Bau-, Stadt- und Raumforschung entnommen wurden. Zudem wurde eine Onlinebefragung unter Stakeholder:innen aus den Bereichen von Jugendarbeit, der Kultur und aus Politik und Verwaltung realisiert. Schließlich wurde die Perspektive der Jugendlichen selbst ebenfalls über einen Onlinefragebogen erhoben. Die Ergebnisse dieses ersten Mappings sind Gegenstand der folgenden Diskussion. Im Projekt werden in der Folge qualitative Expert:inneninterviews in ausgewählten Gemeinden geführt und ein Workshop mit engagierten und jugendkulturell aktiven Jugendlichen der Region organisiert, um die Stimme der Beforschten selbst prominent in die Auswertung und die Empfehlungsschreiben für Politik, Kultur und Jugendarbeit einzubeziehen.

4.1 Amtliche Daten – neu gelesen

Die Auswertung der amtlichen Daten verfolgte die Ziele der soziostrukturellen Klassifikation der Forschungsregion auf Kreisebene sowie das Ziel einer gleichsam detaillierteren Einordnung auf der Ebene der Gemeinden unter besonderer Berücksichtigung jugendrelevanter Aspekte.

Dabei fallen zunächst einmal die deutlichen Disparitäten zwischen den verschiedenen Gemeinden ins Auge. Von einer durchgängig homogenen Lage kann keine Rede sein. Auch innerhalb der drei beforschten Landkreise (Landkreis Hof, Vogtland- und Saale-Orla-Kreis) finden sich große Unterschiede. Deutlich wird außerdem, dass sich die bayerischen Gemeinden mit zwei Ausnahmen in einer günstigeren Position wiederfinden als die Gemeinden aus Thüringen und Sachsen.

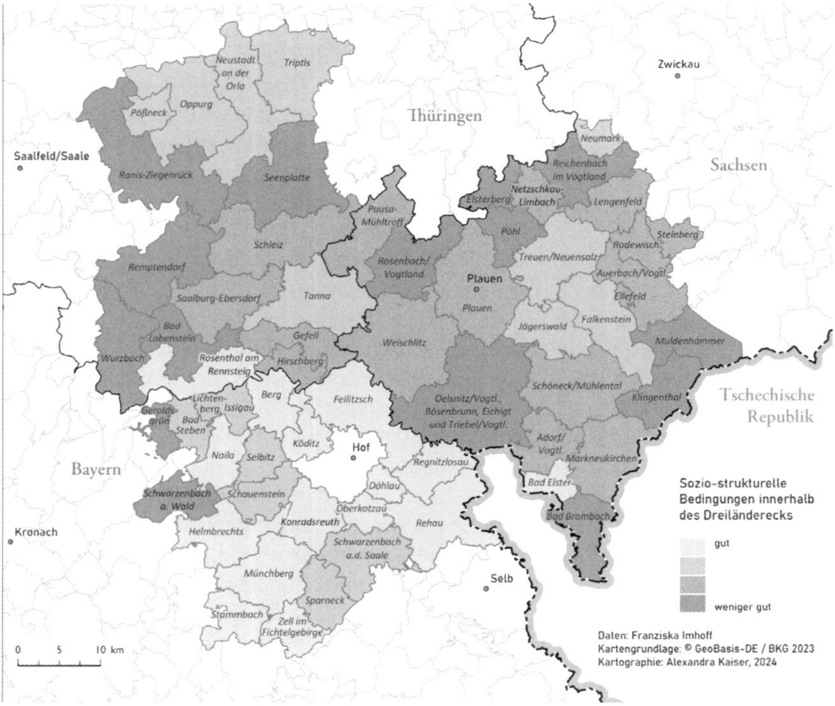

Abbildung 1: Soziostrukturelles Mapping des Dreiländerecks. Quelle: Eigene Darstellung: DIYhoch3/Imhoff/Kaiser 2023

Das dabei zur Anwendung gekommene methodische Vorgehen bestand darin, die Daten nicht nur aus den verschiedenen Datenbanken zusammenzuführen, sondern auch in einem Index zu verbinden.[2] Zwölf Indikatoren aus den Kategorien Demografie, Soziales, Infrastruktur und Wirtschaft wurden dafür aufgenommen und zunächst zu fünf Indizes zusammengefasst und schließlich in

2 Die Erstellung des Index und des damit verbundenen Mappings wurde durch das geografische Teilprojekt und besonders durch Franziska Imhoff realisiert.

einem Index gebündelt. Die einzelnen Gemeinden wurden dabei in vier Klassen eingeteilt und lassen sich damit auch kartografisch darstellen (Abbildung 1).

Ein Blick auf die Klassierungen auf der Ebene der fünf Indizes ist aber gleichsam aufschlussreich, denn nur selten finden sich hier Gemeinden, die durchgängig in allen Kategorien gleich abschneiden. Vielmehr gibt es auch Gemeinden, die sich in der besten Klasse des Gesamtindex gelistet sind, aber in einzelnen Indizes in der untersten Klasse auftauchen. Dieser Umstand kann ein Hinweis auf grundsätzlich disparate lokale Voraussetzungen, aber ebenso für abweichende politische Schwerpunktsetzungen oder auf eine mangelnde Datenqualität sein. Es zeigt sich zudem, dass eine unmittelbare Wirkung von Stärken in einzelnen Indikatoren auf andere nicht gegeben zu sein scheint. Nicht zuletzt verweist dieser Umstand aber auf die komplexitätsreduzierende Wirkweise derartiger Mappings (Mießner et al. 2022: 16f.), auch wenn das Komplexitätsniveau deutlich höher liegt als die amtliche Einordnung des Thünen-Instituts, welches beispielsweise für Förderprogramme herangezogen wird (Grabski-Kieron/Küpper 2024: 62f.).

4.2 Die Perspektiven lokaler Expert:innen – methodisches Vorgehen und empirische Befunde

In einem weiteren Schritt wurden zwei eigene Online-Fragebogenerhebungen durchgeführt. Dafür wurden zunächst zentrale Akteur:innen aus Jugendarbeit, Kultur sowie aus Politik und Verwaltung persönlich zur Teilnahme an der Studie eingeladen. Eine vorausgegangene Recherche in allen Gemeinden der Untersuchungsregion konnte dabei 896 Akteur:innen identifizieren, die per Mail angeschrieben wurden. 311 von diesen nahmen an der Befragung teil. Ein zweiter Onlinefragebogen adressierte die Jugendlichen selbst. Die Bewerbung der Studie fand einerseits über mit QR-Codes versehenen Flyer und Plakaten, die an alle weiterführenden Schulen und Einrichtungen der Offenen Kinder- und Jugendarbeit der Region versendet wurden und im öffentlichen Raum ausgehangen wurden, sowie andererseits online über den projekteigenen Instagram-Kanal statt. Als zusätzlicher Anreiz zur Teilnahme fand eine Verlosung von Incentives statt. 81 Personen nahmen an dieser zweiten Umfrage teil.

Gegenstand der Fragebögen waren Einschätzungen zu Lebensqualität, Jugendgerechtigkeit, kommunaler Handlungsfähigkeit und nicht zuletzt zum jugendkulturellen Leben in den Gemeinden. Dabei wurde im Fragbogen der Jugendlichen vor allem auf einen überschaubaren Umfang und gute mobile Ansicht gelegt. Im Fragebogen der Stakeholder:innen wurde eine Vertiefung einzelner Aspekte aus den jeweiligen Tätigkeitsbereichen durch einen deutlich umfangreicheren Fragenkatalog realisiert.

Auffallend häufig finden sich in vielen Items große Streumaße, die sich in Teilen bis in die einzelnen Gemeinden hinein nachvollziehen lassen. Dieser Umstand kann verschiedene Gründe haben, etwa in der Form der Fragestellungen, die oftmals subjektive Einschätzungen erbitten. Einiges spricht aber dafür, dass die Perspektive – beispielsweise auf die Lebensqualität Jugendlicher vor Ort – auch deshalb innerhalb der Gemeinden unterschiedlich bewertet wird, da diese keine homogenen Orte sind, sondern aus hochdifferenten Ortsteilen, Siedlungen oder Dörfern bestehen.

Weitgehende Übereinstimmung findet sich hingegen in beiden Befragungen zur Einschätzung der Ländlichkeit. Auf einer zehnstufigen Skala zwischen ‚sehr ländlich' und ‚überhaupt nicht ländlich'/‚sehr städtisch' bleiben die Stakeholder:innen im Durchschnitt nur 2,66 und die Jugendlich 3,48 Stufen unter der maximalen Ländlichkeit. Wird der Annahme gefolgt, dass Raumsemantiken nicht zuletzt Ergebnis diskursive Prozesse sind, die insbesondere durch die in ihre Lebenden zu vollziehen sind (Redepenning 2022: 5). So werden im Untersuchungsgebiet ländliche Räume hergestellt, mit denen sich die Jugendlichen zudem in hohem Maße identifizieren.

Etwa zwei Drittel der Stakeholder:innen aus Jugendarbeit und Kultur kennen in ihrem Zuständigkeitsbereich mindestens drei verschiedene Jugendkulturen oder -szenen und können dafür Beispiele anführen, die oftmals religiöse oder sportliche Bezüge haben. Die Annahme, dass es sich dabei um vorrangig im digitalen Raum aktive Gesellungen handelt, wird von den Befragten nicht bestätigt. Die Jugendlichen kennen im Schnitt 4,5 Jugendkulturen in ihrer Umgebung und nehmen etwas mehr als die Hälfte davon als vorrangig im Digitalen verortet wahr. Das wahrgenommene jugendkulturelle Leben vor Ort wird dabei von etwa jedem fünften befragten Jugendlichen aktiv mitgestaltet und auch von den Stakeholder:innen in ihrer jeweiligen Arbeit unterstützt. Insbesondere die Befragten aus Politik und Verwaltung weisen in diesem Zusammenhang aber auf die Notwendigkeit von dafür eingeworbenen Fördermitteln hin. Ein Drittel der Befragten gibt in diesem Zusammenhang an, schon einmal nicht an einem entsprechenden Förderprogramm teilgenommen zu haben, da der geforderte kommunale Eigenanteil nicht aufgebracht werden konnte.

Damit ist nicht zuletzt die Frage nach der kommunalen Handlungsfähigkeit aufgerufen. Wenn die Stakeholder:innen aus Politik und Verwaltung in diesem Zusammenhang nach der Entwicklung und der Perspektive der kommunalen Finanzen gefragt werden, so zeichnet sich ein insgesamt skeptisches Bild ab: Über die Hälfte der Befragten berichtet von einer Verschlechterung der finanziellen Situation in den vergangenen Jahren und geht von einer deutlichen Verschlechterung in der Zukunft aus. Wird der These der Aktivierung entsprechend ein Blick auf die Beteiligung Jugendlicher am öffentlichen Leben geworfen, so finden sich in beiden Befragungen hohe Zustimmungswerte: 80 % der befragten Stakeholder:innen und 70 % der Jugendlichen geben auf der zehnstufigen -Skala einen Wert von mindestens fünf an. Wenn es aber um konkrete Orte geht, die die Jugendlichen nach ihren Bedürfnissen mitgestalten können, so finden sich zum einen deutliche Unterschiede zwischen den Landkreisen und zum anderen besonders in Sachsen und Thüringen ein Mangel an Beteiligung. Die Jugendlichen selbst schätzen den Mangel an Mitgestaltungsmöglichkeiten dabei noch größer ein.

5. Fazit und Ausblick

Die ersten Ergebnisse können bereits Hinweise auf besondere Herausforderungen liefern, mit denen sich jugendkulturell Engagierte selbst, aber auch unterstützende Akteure in ländlichen Räumen konfrontiert sehen: Vor allem die staatliche kommunale Handlungsfähigkeit muss in den meisten Gemeinden als prekär eingeschätzt werden, was aus der Perspektive einer zeitgemäßen Jugendarbeit mit Sorge zu betrachten ist. Insbesondere die großen Disparitäten zwischen den Gemeinden stellen zudem eine Herausforderung für eine überregionale Sozial- und Jugendhilfeplanung dar.

Nicht zuletzt an dieser Stelle zeigen sich deutliche Limitationen des quantitativen Vorgehens, die sich nicht nur, aber auch an der geringen Beteiligung Jugendlicher an der Befragung ergeben. Hier setzt das Forschungsprojekt auf die folgenden qualitativen Erhebungen im Projekt und auf eine exemplarische Auseinandersetzung mit ausgewählten Gemeinden im Untersuchungsgebiet.

Literatur

Barlösius, Eva (2018): Dörflichkeit? Theoretische und empirische Reflexionen über einen heterodoxen Begriff. In: Zeitschrift für Agrargeschichte und Agrarsoziologie 66, 2, S. 55-68.

Becker, Stefan/Hundt, Christian/Küpper, Patrick (2020): Kommunale Strategien zur Entwicklung ländlicher Räume. In: Informationen zur politischen Bildung 343, S. 50-64.

Dudek, Simon (2021): Die schleichende Krise strukturschwacher Kommunen. Zur Situation der Grundversorgung in ländlichen Räumen. In: Prokla 51, 204, S. 417-433. DOI: https://doi.org/10.32387/prokla.v51i204.1957.

Dudek, Simon (2024): Zivilgesellschaft zwischen Lückenbüßer und Utopie. Progressive Perspektiven auf Partizipation in der Raumplanung. In: Mießner, Michael/Naumann, Matthias/Grabski-Kieron, Ulrike/Steinführer, Annett/Nell, Werner/Wieland, Marc (Hrsg.): Ländliche Utopien. Herausforderungen und Alternativen regionaler Entwicklungen. Bielefeld: transcript, S. 151-162.

Eisewicht, Paul (2023): Peripherie(n) Matters!? Zur Konzeptualisierung von Zentren und Peripherien in juvenilen Szenen. In: Diskurs Kindheits- und Jugendforschung 18, 2, S. 149-164.

Eisewicht, Paul (2022): Juvenilisierung als analytisches Konzept. Zur Inszenierung von Jugendlichkeit am Beispiel von Rap-Musikvideos. In: Dreckmann, Kathrin/Heinze, Carsten/Hoffmann, Dagmar/Metejovski, Dirk (Hrsg.): Jugend, Musik und Film. Berlin: Düsseldorf University Press, S. 213-240. DOI: https://doi.org/10.1515/9783110730609-012.

Eisewicht, Paul/Niederbacher, Arne/Hitzler, Ronald (2021): Jugendkulturen und Szenen. In: Krüger, Heinz-Hermann/Grunert, Cathleen/Ludwig, Katja (Hrsg.): Handbuch Kindheits- und Jugendforschung. Wiesbaden: Springer, S. 1-22.

Engel, Juliane/Jörissen, Benjamin/Schreiber, Jakob (2024): Postdigitale Jugendkulturen – Zu neuen Formen der Biographisierung. In: Zeitschrift für Pädagogik – Beiheft, 60, S. 73-91.

Faulde, Joachim (2022): Bildungspotenziale der Kinder- und Jugendarbeit. Ein Leitfaden für Studium und Praxis sozialer Berufe. Weinheim: Beltz.

Fenske, Michaele/Peselmann, Arnika (2021): Das Ländliche in erweiterter Perspektive. In: Fenske, Michaele/Peselmann, Arnika/Best, Daniel (Hrsg.): Ländliches vielfach! Leben und Wirtschaften in erweiterten sozialen Entitäten. Würzburg: Königshausen & Neumann, S. 13-30.

Grabski-Kieron, Ulrike/Küpper, Patrick (2024): Typisierung ländlicher Räume als Grundlage raumstruktureller Analysen. In: Grabski-Kieron, Ulrike/Krodel, Stefan/Krajewski, Christian/Mose, Ingo/Steinführer, Annett (Hrsg.): Geographie ländlicher Räume. Paderborn: Brill Schöningh, S. 61-86.

Grotz, Florian/Schroeder, Wolfgang (2021): Das politische System der Bundesrepublik Deutschland. Wiesbaden: Springer.

Grunert, Cathleen/Helsper, Werner/Hummrich, Merle/Pfaff, Nicolle (2024): Brauchen wir einen (neuen) Jugendbegriff? Ein bilanzierender Problemaufriss. In: Zeitschrift für Pädagogik – Beiheft, 60, S. 269-293.

Grunert, Cathleen/Hummrich, Merle (2024): Jugend relational denken? Historische Kontinuitäten und neue Herausforderungen für jugendtheoretische Konzepte. In: Zeitschrift für Pädagogik – Beiheft, 60, S. 15-31.

Haubner, Tine/van Dyk, Silke (2024): Die Verzivilgesellschaftlichung der sozialen Frage. Freiwillige und Hilfebedürfte im Strukturwandel des Wohlfahrtsstaats. In: Kessl, Fabian/Schoneville, Holger (Hrsg.): Mitleidsökonomie. Weinheim: Beltz, S. 44-76.

Imhoff, Franziska/ Kaiser, Alexandra (2023): Sozio-kulturelle Bedingungen im Dreiländereck. https://diyhoch3.de/2023/05/regionale-rahmenbedingungen-visualisieren-das-soziostrukturelle-mapping-phase-1/ [Zugriff: 23.02.2025]

Kallert, Andreas (2024): Kommunalfinanzen zwischen Utopie und Reformismus. Perspektiven finanzieller (Selbst-)Ermächtigung der Kommunen. In: Mießner, Michael/Naumann, Matthias/Grabski-Kieron, Ulrike/Steinführer, Annett/Nell, Werner/Wieland, Marc (Hrsg.): Ländliche Utopien. Herausforderungen und Alternativen regionaler Entwicklungen. Bielefeld: transcript, S. 205-216.

King, Vera (2024): ‚Jugend' ist mehr als ein Wort –Theoretische Bestimmung und empirische Wandlungen von Jugend im Singular und Plural. In: Zeitschrift für Pädagogik – Beiheft, 60, S. 92-108.

Krisch, Richard/Schröer, Wolfgang (2020): Entgrenzte Jugend – Sozialräumlich orientierte Offene Jugendarbeit! In: Krisch, Richard/Schröer, Wolfgang (Hrsg.): Entgrenzte Jugend – Offene Jugendarbeit. 'Jugend ermöglichen' im 21. Jahrhundert. Weinheim: Beltz, S. 229-247.

Krüger, Heinz-Herrmann (2020): Jugendkulturtheorien – historische Entwicklung und aktuelle Perspektiven. In: Gibson, Anja/Hummrich, Merle/Kramer, Rolf-Torsten (Hrsg.): Rekonstruktive Jugend(kultur)forschung. Wiesbaden: Springer, S. 63-76. DOI: https://doi.org/10.1007/978-3-658-25094-2_3.

Ludwig, Katja/Grunert, Cathleen (2020): Jugend im ländlichen Raum – Bedingungen des Aufwachsens und jugendliche Handlungspraxen im Kontext regionaler Disparitäten. In: Faulde, Joachim/Grünhäuser, Florian/Schulte-Döinghaus, Sarah (Hrsg.): Jugendarbeit in ländlichen Regionen. Regionalentwicklung als Chance für ein neues Profil. Weinheim: Beltz, S. 40-49.

Maschke, Lisa/Mießner, Michael/Naumann, Matthias (2020): Kritische Landforschung. Berlin: Rosa-Luxemburg Stiftung.

Mießner, Michael/Kallert, Andreas/Belina, Bernd/Naumann, Matthias (2022): Ungleiche Entwicklung ländlicher Räume. In: Belina, Bernd/Kallert, Andreas/Mießner, Michael/Naumann, Matthias (Hrsg.): Ungleiche ländliche Räume. Widersprüche, Konzepte und Perspektiven. Bielefeld: transcript, S. 9-28.

Neu, Claudia (2018): Akteure der Neuen Dörflichkeit. In: Zeitschrift für Agrargeschichte und Agrarsoziologie 66, 2, S. 11-22.

Neu, Claudia/Nikolic, Ljubica (2020): Mythos Gemeinschaft? Vom sozialen Zusammenhalt in ländlichen Räumen. In: Krajewski, Christian/Wiegandt, Claus-Christian (Hrsg.): Land in Sicht. Ländliche Räume in Deutschland zwischen Prosperität und Peripherisierung. Bonn: Bundeszentrale für politische Bildung, S. 170-183.

Puchert, Lea (2020): Jugend, digitale Medien und digitale Jugendkulturen In: Puchert, Lea/Schwertfeger, Anja (Hrsg.): Jugend im Blick der erziehungswissenschaftlichen Forschung – Perspektiven, Lebenswelten und soziale Probleme. Opladen: Budrich, S. 155-167. DOI: https://doi.org/10.2307/j.ctv14rmnxd.17.

Redepenning, Marc (2022a): Stadt und Land zwischen Trennung und Hybridisierung. In: Schmidt-Lauber, Brigitta/Othengrafen, Frank/Pohlan, Jörg/Wehrhahn, Rainer (Hrsg.): Jahrbuch StadtRegion 2021/2022. Wiesbaden: Springer, S. 3-22. DOI: https://doi.org/10.1007/978-3-658-38941-3_1.

Scherr, Albert (2020): Was bedeutet Soziale Arbeit für ungleiche und heterogene Jugenden, was bedeuten ungleiche und heterogene Jugenden für die Soziale Arbeit? In: Ritter, Bettina/Schmidt, Friederike (Hrsg.): Sozialpädagogische Kindheit(en) und Jugend(en). Weinheim: Beltz, S. 74-93.

Tillmann, Angela (2020): Entgrenzte (Medien-)Welten Veränderte sozial-räumliche Arrangements Jugendlicher und ihre Bedeutung für die Offene Kinder- und Jugendarbeit. In: Krisch, Richard/Schröer, Wolfgang (Hrsg.): Entgrenzte Jugend – Offene Jugendarbeit. 'Jugend ermöglichen' im 21. Jahrhundert. Weinheim: Beltz, S. 57-75.

Soziale Altenarbeit auf dem Land: Prozessmodell sozialräumlicher Ressourcen für strategische Handlungsansätze

Josefine Heusinger und Thorsten Stellmacher

1. Einleitung

Zweifellos hat die Soziale Arbeit mit alten Menschen, im Folgenden als Soziale Altenarbeit bezeichnet, in den vergangenen Jahren einen ausgeprägten Professionalisierungsschub erfahren (Aner/Karl 2010/2020; Bleck/van Rießen 2022; DGSA-Fachgruppe ‚Soziale Arbeit in Kontexten des Alter(n)s' 2022). Die besonderen Bedingungen für das alltägliche Leben älterer Menschen in ländlichen Räumen und die sich daraus ergebenden Konsequenzen für die Soziale Altenarbeit sind bislang jedoch wenig beschrieben (vgl. Heusinger 2023; Wolter/Hämel 2020), obwohl dort viele Menschen im Alter über 65 Jahren leben. Auch findet eine zielgerichtete und die kommunalen Ressourcen systematisch berücksichtigende altersfreundliche Entwicklung in ländlichen Räumen häufig nicht statt. Zwar werden vielerorts einzelne Projekte gefördert und umgesetzt, die auf bestehende Bedarfe Älterer reagieren. Diese Maßnahmen sind jedoch meist nicht in ein Gesamtkonzept eingebettet, das vorhandene Ressourcen bewusst einsetzt und Potenziale ausbaut. Hier kann sozialraumorientierte Soziale Arbeit im ländlichen Raum eine wichtige unterstützende Rolle spielen.

Ziel des vorliegenden Beitrags ist es daher, zu einem genaueren Verständnis jener Prozesse beizutragen, die Entwicklungen hin zu mehr Altersfreundlichkeit im ländlichen Raum beeinflussen und für eine nachhaltige Soziale Altenarbeit relevant sind. Dafür wird zunächst ein knapper Blick auf die Vielfalt der Älteren im ländlichen Raum geworfen, um vor dem Hintergrund ihrer Bedarfe in Anlehnung an den vom Kuratorium Deutsche Altershilfe (KDA) entwickelten Quartiersansatz relevante Zielhorizonte für Altersfreundlichkeit zu benennen. Zur Heterogenität der Älteren kommt die Vielfalt ländlicher Räume, die unterschiedliche Ressourcen und Herausforderungen für Altersfreundlichkeit mit sich bringen, die in Anlehnung an ein von Butler-Flora/Flora/Gasteyer (2016) entwickeltes Modell dargestellt werden. Dieses Modell zur Analyse von Ressourcen ländlicher Gemeinden lässt sich mit dem Quartiersansatz verknüpfen, um Wirkungszusammenhänge sichtbar zu machen, Handlungsmöglichkeiten für die Soziale Altenarbeit abzuleiten und Themen für die Reflexion der eigenen Tätigkeit zu konkretisieren.

2. Die Vielfalt der Älteren im ländlichen Raum

Der Anteil älterer Menschen (65+) ist in den meisten ländlichen Regionen größer als in den Städten, vor allem weil Jüngere häufiger wegziehen (Statistisches Bundesamt 2024). Die Alten bleiben, weil sie sich in der vertrauten Umgebung wohlfühlen oder ihnen Alternativen fehlen. Zusätzlich trägt der vergleichsweise hohe Anteil an Immobilienbesitzer*innen zu der geringen Umzugsmobilität bei. Neben alteingesessenen Hofeigentümer*innen leben auch in den Neubaugebieten der Dörfer zunehmend viele über 65-jährige Paare und alleinstehende Ältere in meist nicht altersgerechten Einfamilienhäusern (Wolter 2023). Wenig beachtet werden in den Dörfern die Angestellten aus Landwirtschaft, Einzelhandel und Gastgewerbe im Ruhestand, die mit oft sehr geringen Einkommen und hoher Krankheitslast/funktionalen Beeinträchtigungen in Mietwohnungen leben. Bei ihnen kumulieren in besonderer Weise die Schwierigkeiten, die sich aus finanziellen Sorgen und unzureichender Infrastruktur für Gesundheit, täglichen Bedarf, Mobilität, Kultur und Teilhabe ergeben. Hofbesitzer*innen verfügen zwar über materielles Vermögen, unterliegen im Alter jedoch – regional unterschiedlichen – Altenteilregelungen, die ihre Handlungsspielräume für die Alltagsgestaltung empfindlich beschränken können (Thomas/Seltrecht 2023). Nicht zuletzt ziehen manche Personen im Alter bewusst aufs Land oder kehren in ihre alte Heimat zurück, weil sie die Nähe zur Natur genießen oder dort kulturelle und andere Projekte realisieren möchten (Gärtner 2015).

Die alten Dorfbewohner*innen repräsentieren wichtige Ressourcen: Sie bilden das Gedächtnis eines Dorfes und haben lokales Wissen. Sie verfügen über vergleichsweise viel freie Zeit, die sie oftmals bereit sind, in Vereine, Kultur, Nachbar*innen zu investieren. Ihre Renten bilden verlässliche Einkommen, weil sie nur selten wegziehen. Damit stärken sie die lokale Kaufkraft und Nachfrage nach (haushaltsnahen) Dienstleistungen (vgl. Heusinger 2023). In der Mehrzahl sind die Älteren bis ins hohe Alter gesund und munter, sehen sich allerdings vielerorts besonderen Herausforderungen gegenüber, wenn die selbstständige Alltagsbewältigung beeinträchtigt ist. Das kann bereits der Fall sein, wenn das Autofahren nicht mehr möglich oder der/die Partner*in mit der Fahrerlaubnis verstorben ist, aber der öffentliche Nahverkehr nicht vorhanden oder praktikabel zu nutzen ist. Die vielfach ausgedünnte (fach-)ärztliche und pflegerische Versorgung ist kaum mehr zugänglich, direkte kulturelle und politische Teilhabe jenseits von TV und Internet ist sehr erschwert, und selbst an einer guten Internetverbindung mangelt es in manchen Gegenden. Eine gute

Dorfgemeinschaft, die im Alter Sicherheit und Unterstützung bietet, entspricht dem Klischee, ist nicht überall gegeben und schließt meist nicht alle ein. Ihre Kehrseite ist außerdem die starke soziale Kontrolle, die dazu beitragen kann, dass ein ungepflegter Vorgarten oder die Inanspruchnahme eines Pflegedienstes als beschämend wahrgenommen werden (Heusinger/Wolter 2021). Bei zunehmendem Hilfe- oder gar Pflegebedarf werden die Lücken im regionalen Infrastrukturangebot schnell zum Problem, denn die baulichen, sozialen und infrastrukturellen Gegebenheiten beeinflussen die Gestaltungsspielräume der alten Bewohner*innen dann stark. Wird die Bewältigung des Alltags schließlich zur Überforderung, können sie sich gezwungen sehen, ihr Leben im dörflichen Umfeld aufzugeben und eine preiswerte barrierefreie Wohnung in der nächstgelegenen Kleinstadt zu suchen (Stellmacher/Wolter 2022).

3. Der Quartiersansatz des KDA

Für die altersfreundliche Gestaltung von Quartieren hat das KDA eine übergreifende Systematik entwickelt (vgl. Michell-Auli 2011). Der Begriff „Quartier" ist dabei eher als universelle kleinräumige Gliederungseinheit zu verstehen und kann auch auf ländliche Räume mit Kleinstädten, Ortsteilen und Dörfern bezogen werden. In den Mittelpunkt gerückt werden die unmittelbaren sozialen Lebensräume und die im unmittelbaren Wohnumfeld bestehenden lebensweltlichen Bezüge und Bedarfe älterer Menschen. Handlungsleitende Grundsätze des KdA-Ansatzes sind (vgl. Kremer-Preiß/Mehnert 2017: 8)

- der Raumbezug und die an kleinteiligen räumlichen Strukturen orientierte Entwicklung,
- ein ganzheitliches und prozesshaftes Verständnis von Entwicklungsschritten und
- die Beteiligungsorientierung sowie das vernetzte und kooperative Vorgehen bei der Quartiersentwicklung.

Die dem Ansatz zugrunde liegende Systematik unterscheidet sechs Ziele, die den übergreifenden Handlungsbereichen „Soziales", „Wohnen" und „Hilfen" zugeordnet sind (siehe Abbildung 1). Ziele und Handlungsbereiche weisen einige Überschneidungen auf und sind insofern immer auch als Teil eines vielfältigen Ganzen zu verstehen (vgl. Kremer-Preiß/Mehnert 2017, Michell-Auli 2011). Unter den Handlungsbereichen können wiederum weitere Aufgaben im Hinblick auf die alternsgerechte Quartiersentwicklung zusammengefasst werden.

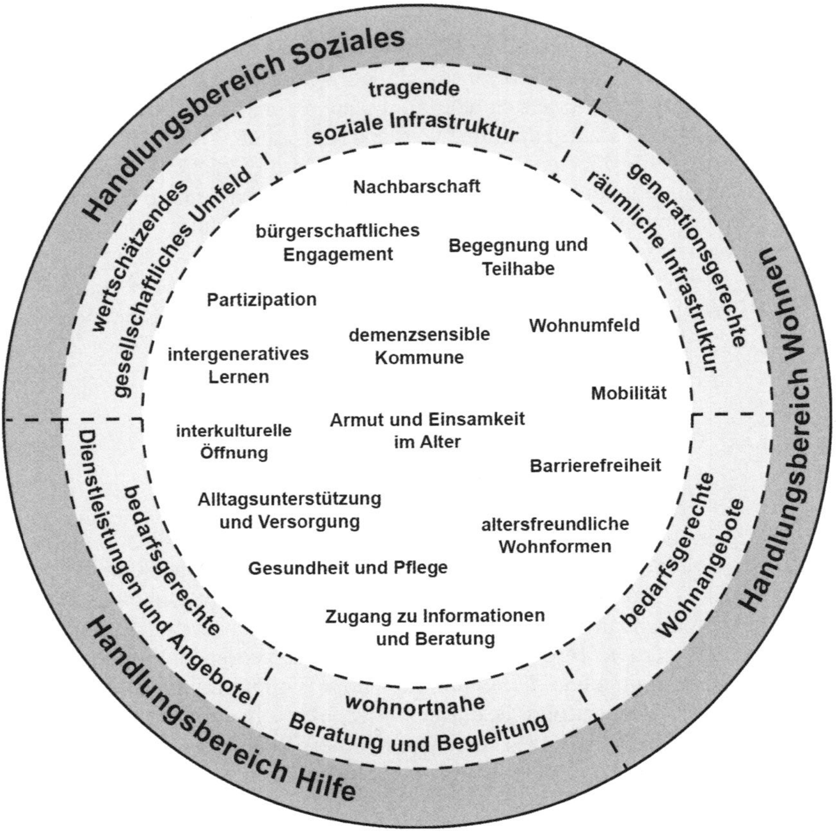

Abbildung 1: Handlungsbereiche und -felder nach dem KDA-Quartiersansatz und weitere damit verbundene Arbeitsfelder und -bereiche (eigene Darstellung)

Im Handlungsbereich „Soziales" geht es um die Schaffung und Gestaltung von Rahmenbedingungen, die die gesellschaftliche Teilhabe älterer Menschen fördern, ihre selbstbestimmte Lebensführung unterstützen, der Vereinsamung entgegenwirken und den sozialen Zusammenhalt der Menschen untereinander stärken. Zugeordnet sind die Ziele *„Wertschätzendes gesellschaftliches Umfeld"* und *„Tragende soziale Infrastruktur"*.

Gesundheit, Selbstständigkeit und Teilhabe älterer Menschen stehen in engem Zusammenhang mit den Bedingungen ihres Wohnumfeldes und der dort vorhandenen baulichen Infrastruktur. Im Handlungsbereich „Wohnen" werden im KdA-Ansatz die *„Generationsgerechte räumliche Infrastruktur" und „Bedarfsgerechte Wohnangebote"* als übergreifende Ziele anvisiert. Dazu gehört ein barrierefrei und bewegungsfreundlich gestaltetes Wohnumfeld, das zur

Förderung lebendiger Nachbarschaften beitragen kann. Auch Häuser und Wohnungen sollten so gestaltet sein, dass Menschen mit Mobilitäts-, Sinnes- oder Orientierungseinschränkungen möglichst lange selbstständig darin leben können.

Mit zunehmendem Alter sind ältere Menschen in verschiedener Hinsicht verstärkt auf Hilfe und Unterstützung angewiesen. Der Handlungsbereich „Hilfe“ hebt deshalb die Sicherstellung von *„Bedarfsgerechten Dienstleistungen und Angeboten“* und eine *„Wohnortnahe Beratung und Begleitung“* hervor.

Eine Systematisierung von Zielhorizonten, wie sie der KdA-Ansatz ermöglicht, stellt einen wichtigen Baustein für die altersfreundliche Quartiers- und Gemeindeentwicklung dar. Die konkrete Zielfindung für die Lebenssituation vor Ort und die Möglichkeiten der Umsetzung werden jedoch von verschiedenen Faktoren beeinflusst.

4. Vielfalt ländlicher Räume

Die Entwicklungen der ländlichen Gemeinden und die ihrer Bewohner*innen sind vielfältig verwoben (Schweppe 2000) und abhängig von gesamtgesellschaftlichen Entwicklungen und übergeordneten Entscheidungen beispielsweise über die Ansiedlung von Infrastruktur. Im Ergebnis sind Dörfer je nach Lage, wirtschaftlicher Entwicklung und Geschichte sehr unterschiedlich geprägt (Henkel 2015). Keim (2006) unterscheidet grob drei Kategorien: die durch Zentralisierung peripherisierten Landstriche, zu Oberzentren aufgewertete Kleinstädte und die Speckgürtel in der Nähe größerer Städte. Dort kann es ebenso wie in attraktiven Tourismusregionen zu Gentrifzierungsprozessen kommen (Gärtner 2015). Je nachdem ist die Infrastruktur für Einkauf, Versorgung, medizinische und pflegerische Dienstleistungen, Kultur und nicht zuletzt Beratung und Unterstützung durch Soziale Arbeit mehr oder weniger gut zu erreichen. Ihre zunehmende Konzentration ohne den entsprechenden Ausbau des ÖPNV reißt vor allem in den peripherisierten Gemeinden Lücken und trifft besonders (sozial benachteiligte) Alte sowie Kinder und Jugendliche. Die sozialräumlichen Bedingungen können daher auch auf dem Land Ungleichheiten produzieren, verstärken oder zu ihrer Kompensation beitragen.

Für die Ableitung geeigneter fachlicher Konsequenzen sind deshalb die jeweiligen konkreten Bedingungen in den ländlichen Regionen zu beachten (Wagner et al. 2012). Ein Modell, das geeignet ist, unterschiedliche Ressourcen und Herausforderungen für Altersfreundlichkeit sichtbar zu machen, haben Butler-Flora/Flora/Gasteyer (2016) in den USA entwickelt.

5. Das Community-Capitals-Framework

Im Community-Capitals-Framework CCF gehen Butler-Flora/Flora/Gasteyer (2016) davon aus, dass die Gestaltung und Gestaltbarkeit lokaler Gemeinschaften durch sieben grundlegende Kapitalformen geprägt sind. Dabei greifen sie u. a. Ansätze von Marx, Weber und Bourdieu auf und operationalisieren diese zu einem Analyserahmen, um Entwicklungsbedingungen im ländlichen Raum zu differenzieren. Sie unterscheiden Naturkapital, kulturelles, menschliches, soziales, bauliches, finanzielles und politisches Kapital (vgl. Abbildung 2).

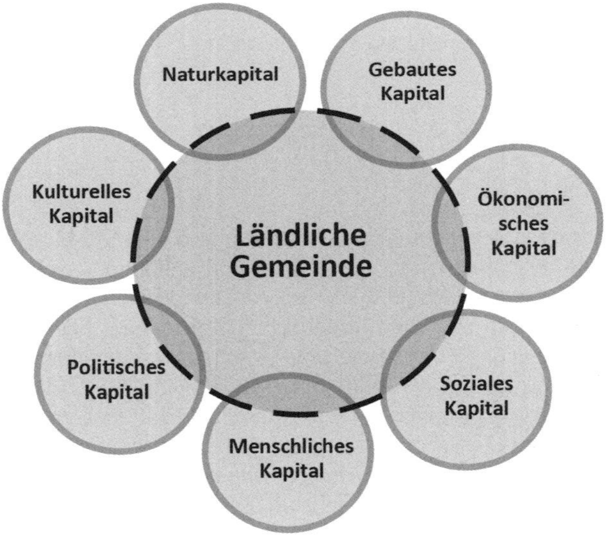

Abbildung 2: Kapitalformen im Community-Capitals-Framework CCF (eigene Darstellung in Anlehnung an Butler-Flora/Flora/Gasteyer 2016)

Die Bezeichnung der Ressourcen als Kapitalien betont deren Wechselwirkungen: Je nach Ausprägung und Stärke können sie gezielt genutzt oder auch vermehrt, untereinander ausgetauscht und investiert werden, um beispielsweise die Altersfreundlichkeit einer ländlichen Gemeinde im Sinne des KDA-Ansatzes zu entwickeln bzw. auszubauen (vgl. Tabelle 1).

Das Naturkapital einer ländlichen Gemeinde umfasst Butler-Flora/Flora/Gasteyer (2016) zufolge die geografische Lage, die klimatischen Bedingungen, die Landschaft sowie deren (potenzielle) Nutzungsmöglichkeiten.

Mit kulturellem Kapital werden bei Butler-Flora/Flora/Gasteyer (2016) beispielsweise eine gemeinsame Sprache, Überzeugungen, Werte, Bräuche, Symbole und Gegenstände wie Kleidung oder Kunstwerke beschrieben. Kultur wird wie ein Filter verstanden, der die Menschen in ihrer Lebenseinstellung sowie in ihren täglichen und jahreszeitlichen Aktivitäten prägt.

Das menschliche Kapital beschreibt individuelle Kompetenzen und Ressourcen der Personen, die in einer Gemeinde leben. Dazu zählen Gesundheit, formale Bildung, spezifische Fähigkeiten, Wissen, Führungsqualitäten, Einkommen/Vermögen und weitere Potenziale der einzelnen Menschen sowie deren Bereitschaft, diese Ressourcen in die Gemeinschaft einzubringen oder sie in deren Interesse weiterzuentwickeln.

Das soziale Kapital wird von Butler-Flora/Flora/Gasteyer (2016) in Anlehnung an Bourdieu (1986) als „Klebstoff" beschrieben, der die lokale Gemeinschaft mehr oder weniger gut zusammenhält. Dabei hängt die Ausgestaltung der sozialen Interaktionen und Netzwerke nicht nur von der räumlichen Nähe, sondern auch von der Beziehungsgeschichte ab. Ähnlich wie Putnam (2000) unterscheiden Butler-Flora/Flora/Gasteyer (2016) zwischen Bonding- und Bridging-Sozialkapital. Während beim Bonding-Sozialkapital die individuellen Beziehungen und das entgegengebrachte Vertrauen auf Verwandtschaft, Geschlecht, Klasse, Ethnizität oder ähnlichen sozialen Konstruktionen beruhen, geht es beim Bridging-Sozialkapital um die Fähigkeit, hilfreiche Beziehungen über räumliche und Gruppengrenzen hinweg aufzubauen und aufrechtzuerhalten.

Das gebaute Kapital umfasst die von Menschen geschaffene Infrastruktur aus privaten und öffentlichen Gebäuden (Fabriken, Verwaltungsgebäude, Geschäfte, Schulen, Bibliotheken, Museen, Vereinshäuser etc.), öffentlichen Räumen und Plätzen (Straßen, Brücken, Spielplätze, Sportanlagen etc.), sowie Dienstleistungsangeboten u. a. für medizinisch-pflegerische Versorgung, öffentlichen Nahverkehr, Sicherheit (Polizei, Feuerwehr etc.), Energieversorgung oder Informations- und Kommunikationstechnologien. Unterschieden wird zwischen gemeinnützig/öffentlichem und privatem gebautem Kapital.

Ökonomisches Kapital umfasst die finanziellen Ressourcen, die die Gemeinde für die Umsetzung von Programmen und Projekten zur Förderung der wirtschaftlichen, sozialen und infrastrukturellen Entwicklung nutzen kann. Beim finanziellen Kapital lassen sich die Finanzierungsquellen nach ihrer Herkunft unterscheiden. Sie können von öffentlichen Geldgebern (z. B. Regelfinanzierung aus Steuermitteln, Zuwendungen von Land, Bund, Kassen oder Stiftungen), von Investoren mit Gewinnabsicht oder von den Zielgruppen bzw. Begünstigten selbst (z. B. Mitgliedsbeiträge, Sponsoring, Verkaufserlöse) stammen.

Politisches Kapital beschreibt die politische Macht, die dazu eingesetzt wird, die Interessen und Werte von Einzelnen und Gruppen als Normen und Vorschriften für die Gemeinschaft zu etablieren. Dafür benötigen Personen und Gruppen die Mittel und die Fähigkeit, sich in öffentlichen Diskursen und Kontroversen Gehör zu verschaffen und die Verteilung von Ressourcen innerhalb einer Gemeinschaft entsprechend ihrer Agenda zu beeinflussen. Häufig spiegelt sich im politischen Kapital das vorherrschende kulturelle Kapital wider. Gerade in ländlichen Gemeinden besteht oft eine Tendenz, durch ein hohes Maß an Bonding-Sozialkapital den Status quo der Verhältnisse zu sichern und die Mitwirkung von Gruppen mit alternativen Vorstellungen und Plänen eher zu verhindern.

Tabelle 1: Übersicht Kapitalformen im Community-Capitals-Framework in Anlehnung an Beaulieu (2014) und ihre Potenziale für Altersfreundlichkeit von Kommunen

Kapitalform	Beschreibung	Potenziale für Altersfreundlichkeit
Naturkapital	Qualität und Quantität der natürlichen und ökologischen Ressourcen einer Gemeinde	Anknüpfungspunkte für Versorgungs-, Beschäftigungs- und Erholungsmöglichkeiten
Kulturelles Kapital	Werte, Normen, Überzeugungen, Traditionen, die in Familie, Schule, Gemeinde gepflegt werden, auch kulturelle Güter wie Kunstgegenstände	Bedeutung und Wertschätzung traditioneller (oft von Älteren getragener) und neuer kultureller Praktiken und Güter vor Ort erfassen, ggf. stärken/Potenzial zur Identitätsbildung nutzen; kulturelle Teilhabe älterer Menschen sichern und ausbauen (auch digital)
Menschliches Kapital	Individuelle Kompetenzen und Fähigkeiten: Wissen, Können, Erfahrung, Führungsqualitäten, soziale Kompetenzen	Individuelle Ressourcen älterer Menschen für eine altersfreundliche Kommunalentwicklung nutzen; Individuelle Ressourcen jüngerer Menschen erfassen und z. B. für bedarfsgerechte Hilfen für Ältere erschließen
Soziales Kapital	Hilfreiche Beziehungen zwischen Menschen und Organisationen	Soziale Gruppenbeziehungen, Hierarchien und individuelle Interaktionsprozesse im Kontext von Ungleichheit, Armut, Alter und sozialer Ausgrenzung verstehen und ggf. beeinflussen
Gebautes Kapital	Infrastruktur, grundlegende Einrichtungen, Dienste, Straßen und Privathäuser, Gewerbe	Vorhandensein, Zugänglichkeit (Kosten, Barrieren) und Nutzbarkeit von Infrastruktur für ältere Menschen oder Menschen mit Behinderungen; Potenziale für lokale Projekte
Ökonomisches Kapital	Finanzielle Mittel für lokale öffentliche Infrastruktur und Investitionen in lokale Projekte	Erschließung finanzieller Ressourcen für die Kommunalentwicklung und für die altersfreundliche Gestaltung einer Kommune; (altersspezifische) Fördermittel aus verschiedenen Quellen nutzen
Politisches Kapital	Macht zur Beeinflussung und Durchsetzung von Regeln und Normen. Zugang zu mächtigen Einzelpersonen und Gruppen	Verständnis für Einfluss auf Entscheidungen über Anliegen und Bedürfnisse Älterer; Verbesserung der Selbstorganisation/Empowerment zur Interessendurchsetzung und für Beachtung der Interessen unterschiedlicher alter Menschen

Das Potenzial des Community-Capitals-Framework liegt darin, dass es über eine Auflistung von Ressourcen hinaus Prozesse sicht- und damit beeinflussbar macht. Mit Blick auf die im KDA-Quartiersansatz formulierten Zielhorizonte in verschiedenen Handlungsbereichen lässt sich das professionelle Handeln der Sozialen Altenarbeit damit besser strategisch ausrichten. Basierend auf einer kontinuierlichen und pragmatisch Schwerpunkte setzenden Analyse der Kapitalressourcen eines Dorfes oder Gebietes kann ein*e Sozialarbeiter*in so gezielt Potenziale für die Altersfreundlichkeit identifizieren und aktivieren.

Fallbeispiel

In A-Dorf brauchen die mobilitätsbeeinträchtigen und finanzschwachen Älteren dringend eine hausärztliche Grundversorgung. Ziel ist es, eine Außensprechstunde einer Allgemeinarztpraxis im Dorf zu etablieren (gebautes Kapital). Die Sozialarbeiterin hat in ihrer Analyse festgestellt, dass die Senior*innen ihre Bedarfe kaum artikulieren (politisches Kapital). Deshalb unterstützt sie die Selbstorganisierung der alten Dorfbewohner*innen durch ein regelmäßiges „Kaffeeklatschangebot" (soziales Kapital), bei dem sich die Alten über ihre Interessen und Potenziale verständigen und diese in die lokale Diskussion über die Zukunft des leerstehenden Pfarrhauses einbringen (politisches Kapital). Die Tochter einer Einwohnerin, die in einer entfernten Arztpraxis arbeitet (menschliches Kapital), stellt daraufhin Kontakt zu der Ärztin her (soziales Kapital), von der sie weiß, dass sie privat auf der Suche nach einem Haus im Wald ist (Naturkapital, gebautes Kapital). Die Sozialarbeiterin hat parallel die alte Kellnerin aus der längst geschlossenen Gastwirtschaft ermutigt, sich in die Senior*innenvertretung wählen zu lassen (menschliches Kapital), weil sie beobachten konnte, dass die Meinung der Seniorenvertretung beim Landkreis ernstgenommen wird (politisches Kapital), aber die abgelegenen Ortsteile wenig vertreten sind. Sie hilft der Kellnerin dabei, die Anliegen so zu formulieren, dass sie dort aufgegriffen werden (menschliches Kapital). Da sich die Außensprechstunde nicht so schnell realisieren lässt, greift die Sozialarbeiterin eine weitere Idee auf: Anknüpfend an die von ihr beobachtete traditionell große Bereitschaft im Dorf, Bekannten im Auto Mitfahrgelegenheiten zu bieten (kulturelles Kapital), regt die Sozialarbeiterin an, dafür eine eigene Chatgruppe zu gründen und gemeinsam Regeln zu erarbeiten (soziales Kapital). Der Landfrauenverein organisiert eine Handysprechstunde für alle, die sich unsicher im Umgang mit der Chatgruppe fühlen (kulturelles Kapital, menschliches Kapital). Die Chatgruppe erfreut sich bald großer Beliebtheit und stärkt den Austausch der Bewohner*innen (soziales Kapital), es bilden sich Untergruppen, in denen verschiedene Interessen gepflegt werden. Daraus entsteht die Idee zur Wiederbelebung des Dorffestes (kulturelles Kapital), das es lange nicht mehr gab – usw.

6. Fazit

Zur Heterogenität der Älteren auf dem Land kommt die Vielfalt der ländlichen Räume, die die Soziale Altenarbeit berücksichtigen muss. Der KDA-Quartiersansatz beschreibt recht differenziert den Zielhorizont, auf den sich eine zunehmend altersfreundliche Kommune zubewegen sollte. Materielle und immaterielle Ressourcen und Barrieren sowie Machtkonstellationen, die bei einem strategisch angelegten Prozess zu berücksichtigen sind, lassen sich mit dem Community-Capitals-Framework von Butler-Flora/Flora/Gasteyer (2016) gut erfassen. Damit geht das Modell über die in Sozialraumanalysen tendenziell eher nur systematisch aufgelisteten Fakten hinaus. Die Entwicklung eines Tools für die Operationalisierung der Kapitalformen im professionellen Alltag und das Monitoring der Auswirkungen der eigenen Tätigkeit auf die Kapitalkonstellationen stehen allerdings noch aus.

Literatur

Aner, Kirsten/Karl, Ute (Hrsg.) (2010 und 2. überarb. Auflage 2020): Handbuch Soziale Arbeit und Alter. Wiesbaden: Springer VS. DOI: https://doi.org/10.1007/978-3-658-26624-0.

Beaulieu, Lionel J. „Bo" (2014): Promoting Community Vitality & Sustainability. The Community Capitals Framework. URL: https://pcrd.purdue.edu/wp-content/uploads/2020/09/Community-Capitals-Framework-Writeup-Oct-2014.pdf [Abruf: 18.04.2024].

Bourdieu, Pierre (1986): the forms of capital. In: Richardson, John C. (Hrsg.): Handbook of Theory and Research for the Sociology of Education. New York: Greenwood Press, S. 241-258.

Bleck, Christian/van Rießen, Anne (Hrsg.) (2022): Soziale Arbeit mit alten Menschen. Ein Studienbuch zu Hintergründen, Theorien, Prinzipien und Methoden. Wiesbaden: Springer VS. DOI: https://doi.org/10.1007/978-3-658-37573-7.

Butler-Flora, Cornelia/Flora, Jan L./Gasteyer, Stephen P. (5. Auflage 2016): Rural Communities. Legacy and Change. Boulder, Colorado: Westview Press.

DGSA-Fachgruppe ‚Soziale Arbeit in Kontexten des Alter(n)s' (2022): Positionspapier zur Sozialen Arbeit in Kontexten des Alter(n)s. URL: https://www.dgsa.de/fileadmin/Dokumente/Fachgruppen/Soziale_Arbeit_in_Kontexten_des_Alter_n_s/Positionspapier_SozialeArbeitinKontextendesAlter_n_s.pdf [Abruf: 18.7.2024].

Gärtner, Stefan (2015): Alte Räume und neue Alte: Lebensentwürfe, Chancen und Risiken. In: Fachinger, Uwe/Künemund, Harald (Hrsg.): Gerontologie und ländlicher Raum. Lebensbedingungen, Veränderungsprozesse und Gestaltungsmöglichkeiten. Wiesbaden: Springer VS, S. 167–183. DOI: https://doi.org/10.1007/978-3-658-09005-0_9.

Hämel, Kerstin/Wolter, Birgit (2020): Alter(n) im ländlichen Raum. In: Aner, Kirsten/Karl, Ute (Hrsg.): Handbuch Soziale Arbeit und Alter. Wiesbaden: Springer VS, S. 443–453. DOI: https://doi.org/10.1007/978-3-658-26624-0_38.

Henkel, Gerhard (2012): Das Dorf. Landleben in Deutschland; gestern und heute. Stuttgart: Theiss.

Heusinger, Josefine (2023): Einleitung: Potenziale und Risiken für das Leben auf dem Land. In: Heusinger, Josefine/Poppe, Sarah/Reifert, Lisa (Hrsg.): Altern in ländlichen Räumen. Sozialraumbezogene Beiträge zur Altersforschung. Beiträge zur Sozialraumforschung, Band 26. Opladen, Berlin, Toronto: Verlag Barbara Budrich, S. 7–17. DOI: https://doi.org/10.3224/84742688.

Heusinger, Josefine/Wolter, Birgit (2021): Altersgerechtes Wohnen im ländlichen Raum. In: Alisch, Monika/May, Michael (Hrsg.): Ein Dach über dem Kopf. Wohnen als Herausforderung von Sozialraumentwicklung. Beiträge zur Sozialraumforschung, Band 24. Opladen, Berlin, Toronto: Verlag Barbara Budrich, S. 109–124. DOI: https://doi.org/10.3224/84742509.

Keim, Karl Dieter (2006): Peripherisierung ländlicher Räume. Essay. In: Aus Politik und Zeitgeschichte. Beilage zur Wochenzeitung Das Parlament, 37, S. 3–7.

Kremer-Preiß, Ursula/Mehnert, Thorsten (2017): Handreichung Quartiersentwicklung. Praktische Umsetzung sozialraumorientierter Ansätze in der Altenhilfe. Heidelberg, Neckar: medhochzwei Verlag.

Michell-Auli, Peter (2011): Quartiersentwicklung. Ziele, Verantwortlichkeiten und politischer Handlungsbedarf. Köln: Kuratorium Deutsche Altershilfe (KDA).

Putnam, Robert D. (2000): Bowling Alone. The Collapse and Revival of American Community. New York, London: Simon & Schuster.

Statistisches Bundesamt (2024): Ältere Menschen in Stadt und Land. URL: https://www.destatis.de/DE/Themen/Querschnitt/Demografischer-Wandel/Aeltere-Menschen/stadt-land.html [Abruf: 25.06.2024].

Stellmacher, Thorsten/Wolter, Birgit (2022): Altwerden zwischen Speckgürtel und Peripherie – ein Blick auf das Land Brandenburg. In: Teti, Andrea/Nowossadeck, Enno/Fuchs, Judith/Künemund, Harald (Hrsg.): Wohnen und Gesundheit im Alter. Vechtaer Beiträge zur Gerontologie. Wiesbaden: Springer VS, S. 189-199. DOI: https://doi.org/10.1007/978-3-658-34386-6_12.

Thomas, Vivienne/Seltrecht, Astrid (2023): Agrarfamilien: Leben und Arbeiten in peripheren ländlichen Räumen. In: Heusinger, Josefine/Poppe, Sarah/Reifert, Lisa (Hrsg.): Altern in ländlichen Räumen. Sozialraumbezogene Beiträge zur Altersforschung. Beiträge zur Sozialraumforschung, Band 26. Opladen, Berlin, Toronto: Verlag Barbara Budrich, S. 77–90. DOI: https://doi.org/10.3224/84742688.

Wagner, Leonie/Litges, Gerhard/Debiel, Stefanie/Penke, Swantje/Engel, Alexandra/Hermann-Stietz, Ina (2012): Stadt – Land – Soziale Arbeit. Besonderheiten Sozialer Arbeit in ländlichen Räumen. In: Debiel, Stefanie/Engel, Alexandra/Hermann-Stietz, Ina/Litges, Gerhard/Penke, Swantje/Wagner, Leonie (Hrsg.): Soziale Arbeit in ländlichen Räumen. Wiesbaden: VS Verlag für Sozialwissenschaften, S. 1–13. DOI: https://doi.org/10.1007/978-3-531-18946-8_1.

Wolter, Birgit (2023): Der ländliche Raum als Lebenswelt älterer Menschen. In: Heusinger, Josefine/Poppe, Sarah/Reifert, Lisa (Hrsg.): Altern in ländlichen Räumen. Sozialraumbezogene Beiträge zur Altersforschung. Beiträge zur Sozialraumforschung, Band 26. Opladen, Berlin, Toronto: Verlag Barbara Budrich, S. 31–42. DOI: https://doi.org/10.3224/84742688.

Die Bedeutung der Sozialen Arbeit in der Aufarbeitung sexualisierter Gewalt

Julia Gebrande, Silke Birgitta Gahleitner, Claas Löppmann, Barbara Kavemann, Angela Marquardt und Marion Mayer

1. Einleitung: Aufarbeitung in der Sozialen Arbeit als aktuelle Herausforderung

Die Aufarbeitung sexualisierter Gewalt in Kindheit und Jugend ist für die Profession und Disziplin der Sozialen Arbeit ein aktuelles, wichtiges und zugleich herausforderndes Thema. Lange Zeit wurde es von Forschung, Theoriebildung sowie Entwicklung sowohl an den Hochschulen vernachlässigt als auch in der Praxis lediglich als Bestandteil der Frauen- und Mädchenarbeit bzw. der feministischen Projekt- und Sozialarbeit angesehen und damit marginalisiert.

Doch Soziale Arbeit ist als Akteurin im Kontext gesellschaftlicher Transformation auch in dieser Hinsicht gefragt: Sie kann durch die Unterstützung von Bewältigungsprozessen ihrer Adressat:innen zur individuellen Aufarbeitung beitragen, zugleich birgt sie mit ihrem Blick auf die Lebenswelten sowie die institutionellen und gesellschaftlichen Zusammenhänge das Potenzial, auf diesen Ebenen Aufarbeitung zu befördern. Dazu gehört auch, dass sie sich mit ihrer eigenen Professionsgeschichte beschäftigt und sowohl Theorien und Handlungskonzepte, die zur Vertuschung oder gar Legitimierung instrumentalisiert wurden, als auch sexualisierte Gewaltverhältnisse innerhalb der Sozialen Arbeit in den Blick nimmt. Soziale Arbeit muss sich ihrer Vergangenheit stellen und aufarbeiten. „Zum einen geht es dabei um Bedingungen, die das Risiko senken, selbst zum Tatort von sexualisierter Gewalt zu werden. Zum anderen sollen Mädchen* und Jungen* hier kompetente Ansprechpersonen finden, wenn ihnen dort oder im familiären Umfeld oder durch Peers sexualisierte Gewalt angetan wird“ (Gebrande/Gahleitner 2023: 196). Doch weder die Soziale Arbeit noch die Erziehungswissenschaften lösen diesen Anspruch bisher für alle ihre Adressat:innen ein, wie zahlreiche Studien der jüngeren Vergangenheit zu Machtmissbrauch und sexualisierter Gewalt zeigen (z. B. Keupp u. a. 2017a, 2017b, 2019; Busch/Straus 2019; Mosser u. a. 2019; Caspari 2021a, 2021b; Caspari u. a. 2021a, 2018/2021b; Amesberger/Halbmayr 2022; Dill u. a. 2023; Baader u. a. 2024; Wazlawik u. a. 2024).

Keine andere Disziplin und Profession sind dabei so geeignet wie die Soziale Arbeit, auf der individuellen, der institutionellen sowie der staatlichen und gesellschaftlichen Ebene Aufarbeitung voranzubringen, da sie auch vom Professionsverständnis her – nicht zuletzt als Beziehungs- und Einbettungsprofession – auf allen Ebenen aktiv ist. Adressat:innen, die kaum soziale Unterstützung erhalten, nur wenige Ressourcen zur Verfügung haben sowie marginalisierten Gruppen angehören und/oder deren Stimmen kaum gehört und denen soziale Rechte vorenthalten werden, gehören schon seit Anbeginn zu den Zielgruppen Sozialer Arbeit. Dieses Leid aber nicht nur individualisiert zu betrachten, sondern mit einem parteilichen Angebot als gesellschaftliches Unrecht zu begreifen und daraus auch politische Forderungen und ein Engagement für eine Verbesserung der Lebensverhältnisse abzuleiten, macht das ethische Mandat der Sozialen Arbeit aus. Aufarbeitung bedarf einer fachgerechten, aber auch empathischen und einfühlsamen Auseinandersetzung mit entstandenem Leid bei gleichzeitiger Beteiligung und Verantwortungsübernahme der Institutionen, des Staates und der Gesellschaft, die beim Kinderschutz versagt haben. Sozialarbeitswissenschaftliche Wissensbestände bieten in diesem Kontext viele Potenziale und Anknüpfungspunkte. Das Panel der DGSA-Tagung in Jena sowie der vorliegende Artikel sollen vor diesem Hintergrund Diskurse anregen, um die Bedeutung der Sozialen Arbeit für die Aufarbeitung sexualisierter Gewalt und die Bedeutung der Aufarbeitung für die Soziale Arbeit in Forschung, Theorie und Praxis zu verdeutlichen. An konkreten Beispielen wird die Praxis der Aufarbeitung zur Diskussion gestellt. Zudem soll überlegt werden, wie diese Themen im Studium der Sozialen Arbeit verpflichtend implementiert werden können, damit künftige Sozialarbeiter:innen für diesen Arbeitskontext sensibilisiert und vorbereitet sind.

Denn schlussendlich ist Aufarbeitung sexualisierter Gewalt nicht nur die Basis für Erkenntnisse, wie Hilfeprozesse besser gestaltet und Adressat:innen besser geschützt werden können, sondern zugleich ein Versuch der Realisierung von Nachhaltigkeitszielen und Menschen- bzw. Kinderrechten.

2. Die Entwicklung der Aufarbeitung in Deutschland und die Arbeit der Aufarbeitungskommission des Bundes

Das Jahr 2010 kann im deutschsprachigen Raum als ein Jahr des gesellschaftlichen Wandels im Umgang mit sexualisierter Gewalt an Kindern und Jugendlichen begriffen werden. Viele mutige Betroffene sprachen damals über die in pädagogischen Einrichtungen – in einem bis dahin unvorstellbaren Ausmaß – verübte Gewalt (wie dem Canisiuskolleg oder der Odenwaldschule), die über

Jahrzehnte hinweg verschleiert worden war. Zum ersten Mal wurde ihnen zugehört, die sexualisierte Gewalt in den Medien skandalisiert und in der Öffentlichkeit wahrgenommen. Die Politik reagierte auf die Frage nach staatlicher Verantwortung mit der Einsetzung eines Runden Tisches und der Einrichtung eines:einer Unabhängigen Beauftragten für Fragen des sexuellen Kindesmissbrauchs (UBSKM). Zu den am Runden Tisch beschlossenen Maßnahmen gehörten u. a. die Finanzierung von Forschungsprogrammen und Juniorprofessuren sowie die Einrichtung eines Betroffenenrats und einer Unabhängigen Kommission zur Aufarbeitung sexuellen Kindesmissbrauchs (Bergmann 2024).

„Aufarbeitung verschafft individuellen Bewältigungsprozessen einen gesellschaftlichen Rahmen“ (Gahleitner/Gebrande 2024: 21). Sie wird in diesem Rahmen in drei Dimensionen begriffen: in einer individuell-biografischen Perspektive, einer organisationsanalytischen sowie einer historisch-diskursbezogenen, also gesellschaftlichen Perspektive. Aufarbeitung will damit auch einen Beitrag zur Erinnerungskultur leisten. Die Unabhängige Kommission zur Aufarbeitung sexuellen Kindesmissbrauchs ruft seit 2016 alle Betroffenen und Zeitzeug:innen von sexuellem Kindesmissbrauch auf, schriftlich oder in einer vertraulichen Anhörung ihre Lebensgeschichte zu erzählen. Mit dem Ziel der Herstellung von Gerechtigkeit orientiert sie sich dabei am Konzept der „Transitional Justice“ (Mihr u. a. 2018), was sich durch die Verurteilung der Täter:innen, die Wahrheitsfindung über das Unrecht und die Ursachen, die Wiedergutmachung gegenüber den Betroffenen sowie durch Maßnahmen, die eine Wiederholung verhindern, auszeichnet (vgl. auch Andresen 2019: 25f.).

3. Perspektiven und Beispiele aus der Arbeit des Betroffenenrats

Zwar wurde die in pädagogischen Einrichtungen verübte Gewalt, die über Jahrzehnte hinweg verschleiert worden war, erst 2010 erstmals öffentlich skandalisiert, doch stand das Wissen über sexualisierte Gewalt in Form von Berichten Betroffener (und auch von Forschungsergebnissen; vgl. als Überblick Gahleitner/Gebrande 2024) schon lange zuvor zur Verfügung. 2010 jedoch partizipierten erstmals Betroffene umfassend an der Öffentlichkeitsarbeit und an den politischen Diskussionen. In der akademischen Welt und Forschung jedoch wurde und wird dieses Erfahrungswissen bisher eher vernachlässigt. Dewe (1998) unterscheidet gleichberechtigt das Erfahrungswissen der Adressat:innen, das praktische erfahrungsbasierte Professionswissen und das wissenschaftliche Deutungswissen (vgl. auch Gebrande u. a. 2024). Es handelt sich dabei um Wissen auf verschiedenen Ebenen und von unterschiedlichen

Standpunkten, aus deren Perspektive jede:r unterschiedliche Aspekte desselben Phänomens sieht und jeweils eigene blinde Flecken hat. Eine Verabsolutierung spezifischer Herangehensweisen als alleinige Quelle von Erkenntnis ignoriert, dass das Erfahrungswissen betroffener Menschen sich für die Entwicklung von Unterstützungskonzepten als sehr geeignet erweist und es eine Form epistemischer Ungerechtigkeit darstellt, den Betroffenen Erkenntnisfähigkeit mit Bezug auf eigenes Erleben abzusprechen (Fricker 2007; Kavemann u. a. 2022). Ein Großteil des heutigen gesicherten Wissens zu Formen und zur Häufigkeit von sexualisierter Gewalt ist ihren Berichten zu verdanken.

In diesem Bewusstsein wurde 2015 der erste Betroffenenrat eingerichtet. Der Betroffenenrat ist ein ehrenamtlich tätiges Gremium, das den:die UBSKM und dessen:deren Arbeitsstab kontinuierlich berät. Die Mitglieder setzen sich für die Belange Betroffener sexualisierter Gewalt ein. Sie geben dem Thema ihre Gesichter und ihre Stimmen. Vor allem tragen sie die Anliegen der Betroffenen in den politischen Diskurs und in die Öffentlichkeit, insbesondere in den Handlungsfeldern Prävention, Intervention und Hilfen, Betroffenenbeteiligung, Forschung, Gesundheit sowie in Fragen von Aufarbeitung. Das Gremium wurde erstmals im März 2015 mit 15 ehrenamtlichen Mitgliedern konstituiert, im Juni 2020 erfolgte die Konstituierung des zweiten Betroffenenrats mit 18 Mitgliedern. Die Mitglieder sind für fünf Jahre berufen und verfügen sowohl über individuelles Erfahrungswissen als auch spezifische Fachexpertise. Alle sind Betroffene sexualisierter Gewalt in Kindheit und Jugend aus verschiedenen Tatkontexten wie Familie, Kirche, Schule oder organisierter sexualisierter und ritueller Gewalt. Durch ihre Expertise regen die Mitglieder den gesellschaftlichen und politischen Dialog über Ursachen, Folgen, Ausmaß und Dunkelfeld von sexueller Gewalt auf Bundesebene an. Sie erwirken ein stärkeres öffentliches und mediales Bewusstsein sowie Interesse am Thema sexualisierter Gewalt gegen Kinder und Jugendliche. Durch den Betroffenenrat konnte eine strukturelle Beteiligung von Betroffenen in politischen Prozessen bis in die Länderebene erreicht werden. Die Mitglieder stehen in einem engen fachlichen Austausch mit dem:der Unabhängigen Beauftragten für Fragen des sexuellen Kindesmissbrauchs und treffen sich mehrmals im Jahr zu Sitzungen. Der Betroffenenrat hat zwei ständige Gäste bei den Sitzungen der Unabhängigen Kommission zur Aufarbeitung sexuellen Kindesmissbrauchs und arbeitet kontinuierlich in kleineren thematischen Unterarbeitsgruppen. Darüber hinaus verfasst er öffentliche Stellungnahmen und Positionspapiere zu spezifischen Themen und wird an Stellungnahmen der UBSKM beteiligt. Regelmäßig nimmt er an Veranstaltungen auf Bundesebene und zentralen Gremien wie z. B. dem Nationalen Rat gegen sexuelle Gewalt an Kindern und Jugendlichen teil und bringt seine Erfahrungen in die gesundheitliche und soziale Versorgung aktiv mit ein.

Als ein Beispiel für Aktivitäten des Betroffenenrats sei das Projekt „Empowerment in Walsrode“ kurz vorgestellt. Aus dem Wunsch und dem Bedürfnis heraus, etwas gegen das hohe Aufkommen sexualisierter Gewalt gegen Kinder und Jugendliche „tun zu müssen!“, entwickelte eine Gruppe junger Menschen, die ein Freiwilliges Soziales Jahr absolvierten und im Rahmen eines Seminars mit dem realen Ausmaß sexualisierter Gewalt konfrontiert wurden, ein Projekt. 6.500 bedruckte Jute-Beutel gefüllt mit Broschüren, mehrere Kamerateams vor Ort, ein Kinofilm, verschiedene Diskussionsräume, ein gut besuchter Fachtag sowie viele Plakate an Werbetafeln und Schaukästen in der Region waren das Resultat. Zahlreiche weitere Mitstreiter:innen wurden gewonnen und viele Institutionen von der Fachberatungsstelle gegen sexualisierte Gewalt vor Ort bis hin zur örtlichen Bäckerei unterstützten die Aktionswoche. Ziel der Aktionswoche im Sommer 2023 war, die Bürger:innen zum Thema sprechfähig zu machen, Fachkräfte intensiv zu qualifizieren sowie die politischen Strukturen dafür zu sensibilisieren, dass sexualisierte Gewalt verhindert werden kann, wenn darüber gesprochen und diese Gewaltform überhaupt für möglich gehalten wird. Unter Leitung von Claas Löppmann, Mitglied im Betroffenenrat bei der UBSKM und pädagogischer Leiter mehrerer Kindertagesstätten der Stadt, wurde die Initiative zu einem „Good Practice“-Projekt der bundesweiten Kampagne von BMFSFJ und UBSKM: „Schieb den Gedanken nicht weg!“ Die 30.000 Einwohner:innen starke Kommune formulierte: „Walsrode schiebt den Gedanken nicht weg!“ (BMFSFJ/UBSKM 2024). An Orten des täglichen Lebens (wie der Bäckerei, auf dem Marktplatz, im Kino oder im Rathaus) werden mit dieser Art der Thematisierung Fachkräfte und Lai:innen ins Gespräch gebracht sowie eine längst überfällige Debatte und eine Enttabuisierung des Themas initiiert – und damit viele Menschen erreicht.

4. Aufarbeitung sexualisierter Gewalt an Kindern und Jugendlichen an Hochschulen

Verschiedene Aufarbeitungsberichte – zur sexualisierten Gewalt durch pädagogische Professionelle (Amesberger/Halbmayr 2022), in der Evangelischen Kirche (Wazlawik u. a. 2024) und zu „Helmut Kentlers Wirken in der Berliner Kinder- und Jugendhilfe“ (Baader u. a. 2024) – zeigen aktuell, wie sehr wir uns als Profession und Disziplin der Sozialen Arbeit mit unserer eigenen Geschichte, mit Täter:innenschaften sowie -unterstützung auseinandersetzen müssen. Es wurde deutlich, wie sehr Praxis- und Theoriekonzepte sexualisierte Ausbeutung von Kindern und Jugendlichen ermöglichen, legitimieren und unterstützen können. Gleichzeitig zeigen die Berichte, wie Machtmissbrauch von pädosexuellen Netzwerken betrieben wurde, u. a. indem Verfahrensstandards und fachliche Kontrollen unterhöhlt oder umgangen werden konnten und dies durch anerkannte Wissenschaftler:innen verteidigt wurde. Dies alles muss letztlich nicht verwundern, denn bei Betrachtung des Phänomens sexualisierte Gewalt aus einer historischen Perspektive folgten auf Bemühungen, sexualisierte Gewalt zu thematisieren, sowohl individuell als auch gesellschaftlich immer wieder Versuche, Opfer tendenziell zu diskreditieren, statt der schmerzlichen Realität ins Auge zu sehen und sie anzuerkennen (Herman 1992/2018: 17). Insgesamt wurde das Ausmaß von (insbesondere sexualisierter) Gewalt einschließlich damit verbundener Tatkontexte, Risiken und Vulnerabilitäten in der Vergangenheit immer wieder massiv unterschätzt, verleugnet und verschwiegen, nicht aber überschätzt.

Sexualisierte Gewalt lässt sich also keineswegs nur über Täter:innen und Betroffene definieren, sondern auch über Mitwisser:innen, Bystander:innen, Unterstützer:innen, Umgebungsnetzwerke und gesellschaftliche Einflüsse, die dieses Thema befördern oder ihm Schranken setzen (Brockhaus/Kolshorn 1993). Auch in Ausbildungsinstitutionen und in Hochschulen Sozialer Arbeit geht es um einen (kritischen) Umgang mit diesen Themen und um die Position, die dort zu diesen Diskursen eingenommen wird. Dabei muss uns bewusst sein, dass zu Aufarbeitungsprozessen auch gehört, dass sie von Gegendiskursen begleitet werden (Andresen 2023). Gegendiskurse haben die relevante Funktion, Positionen immer wieder zu hinterfragen und Weiterentwicklung anzuregen. Wichtig aber ist darauf zu achten, inwieweit es gelingt, Machtverhältnisse und Verstrickungen, wie sie sich in den Aufarbeitungsstudien gezeigt haben, anzusprechen, in Lehre sowie Hochschulalltag zu diskutieren, selbstkritisch zu Fehlern zu stehen und für die Zukunft besser vorzubeugen, anstatt den Kreislauf von Schweigen, Unglaube, Bagatellisierung und Verleugnung fortzusetzen. Mit Blick auf ein großes Dunkelfeld und die enormen Hürden, die Betroffene von sexualisierter Gewalt bei der Offenlegung ihrer Gewalterfahrungen erleben, geht es darum, von professioneller Seite Verantwortung zu übernehmen. Das bedeutet für die Hochschulen, den Diskurs zu ermöglichen, auf einer breiten Ebene alle Mitgliedergruppen einzubeziehen sowie diesen lebendig und möglichst machtsensibel und herrschaftsfrei (Habermas 1981: 548f.) zu halten.

Nicht nur in individuellen Prozessen, sondern auch in den beteiligten Institutionen (wie Hochschulen) geht es daher um das Aufdecken von Machtverhältnissen, das Entwickeln und Lehren von Strategien und geeigneten Konzeptionen, um eine Wiederholung von Unrecht und Gewalt zu verhindern. Hier kann und muss Soziale Arbeit aktiv sein und Schutzkonzepte auch für ihre eigenen Ausbildungsstätten entwickeln. Die Forschung und Lehre in den Bereichen kritischer Theorien der Intersektionalität bzw. Diversität und die Identifikation Sozialer Arbeit als Beziehungs- und Menschenrechtsprofession bieten dafür große Potenziale. Denn das Wissen über sexualisierte Gewalt stand in Form von Berichten Betroffener und von Forschungsergebnissen schon lange vor 2010 zur Verfügung.

Immer wieder jedoch kam es zu Phasen der Leugnung des Phänomens sexualisierter Gewalt. Ein konkretes Beispiel dafür ist die Kampagne „Missbrauch mit dem Missbrauch“: Anfang der 1990er-Jahre wurde auf die Bemühungen der Frauenbewegung, sexualisierte Gewalt zum Thema von Politik und Intervention zu machen, mit einer Gegenkampagne reagiert. Sexueller Missbrauch, so hieß es, sei Misshandlung plus Feminismus (Hentschel 1996; Gahleitner/Gebrande 2024). Es wurde unterstellt, dass Mütter ihren Kindern und Therapeut:innen ihren Patientinnen bzw. Berater:innen in Fachberatungsstellen ihren Klientinnen den sexuellen Missbrauch einreden. Die noch im Aufbau befindliche Versorgungslandschaft erhielt dadurch einen großen Rückschlag. Im Zentrum des Geschehens rund um die Debatte „Missbrauch mit dem Missbrauch“ stand damals die Alice Salomon Hochschule Berlin (damals FHAS genannt). Entlang einer Entscheidung im Akademischen Senat wurden in den 1990er-Jahren mehrere Fachtagungen rund um diese Debatte durchgeführt (im Januar 1994 „Sexueller Missbrauch“, im Oktober 1995 „Die Bedeutung von Sexuellem Mißbrauch im Alltag. Auswirkungen und Bewältigungsstrategien“; Hentschel, 1996). Wir erachten es für wichtig und an der Zeit, diesen Teil der institutionellen und fachlichen Geschichte der Hochschule und ihrer Lehrenden mit ihren Implikationen bis heute aufzuarbeiten und sowohl für den Umgang miteinander an der Hochschule als auch in der Lehre Konsequenzen zu ziehen. Gleiches gilt für eine Reihe von weiteren Institutionen und Hochschulen Sozialer Arbeit sowie ihrer Fachgesellschaften (wie der DGSA). Das haben auch die Panels und Ad-hoc-Panels der Jahrestagung 2024 in Jena gezeigt.

5. Schluss

Aus der Vergangenheit können wir für Gegenwart und Zukunft viel lernen. Fachkräfte der Sozialen Arbeit brauchen Wissen über das Phänomen und die Dynamik sexualisierter Gewaltverhältnisse. Dazu gehören Kenntnisse über individuelle und strukturelle Risikofaktoren, über Täter:innenstrategien, aber ebenso über die Folgen von sexualisierten Gewalterfahrungen sowie über Prozesse der gesellschaftlichen Aufarbeitung und kollektiven Bewältigung. Durch vielfältige Aufarbeitung auf individueller, institutioneller, staatlicher und gesellschaftlicher Ebene wird immer deutlicher, wie sehr diese Gewaltstrukturen auch durch professionelle Netzwerke geschützt wurden und bis heute geschützt werden. Diese Erkenntnisse verweisen auf die Notwendigkeit von Antworten auf allen Ebenen der Aufarbeitung und der Anerkennung von Leid und Unrecht. Mit Blick darauf sollte es uns als Gesellschaft, die sich klar gegen Gewalt und Ausbeutung von Kindern und Jugendlichen ausgesprochen hat, beschämen, dass es immer und immer wieder die Betroffenen selbst waren und sind, die auf diese Missstände hinweisen und mit der Infragestellung ihrer Glaubwürdigkeit zu kämpfen haben. Für eine angemessene Aufarbeitung sexualisierter Gewalt bedarf es auch in der Sozialen Arbeit eines proaktiv anerkennenden Verhaltens der beteiligten Fachpersonen, der zugehörigen Institutionen und der Gesellschaft. Es gibt noch eine Menge zu tun – lasst uns in der DGSA mit gutem Beispiel vorangehen und Räume der Aufarbeitung schaffen!

Literatur

Amesberger, Helga/Halbmayr, Brigitte (2022): Die Deutsche Gesellschaft für Erziehungswissenschaft und ihre Rolle in der Aufarbeitung von Fällen sexualisierter Gewalt gegen Kinder und Jugendliche durch pädagogische Professionelle. Endbericht. Wien: IKF. URL: https://www.dgfe.de/fileadmin/OrdnerRedakteure/Stellungnahmen/2023.06_Aufarbeitungsbericht_DGfE.pdf [Abruf: 28.07.2024].

Andresen, Sabine (2019): Was Aufarbeitung von Unrecht bedeutet. Ein Beitrag zur Klärung. In: Andresen, Sabine/Nittel, Dieter/Thompson, Christiane (Hrsg.): Erziehung nach Auschwitz bis heute. Aufklärungsanspruch und Gesellschaftsanalyse. Reihe: Frankfurter Beiträge zur Erziehungswissenschaft, Bd. 22. Norderstedt: BoD, S. 23-44.

Andresen, Sabine (2023): Wenn der Anspruch auf Aufarbeitung sexuellen Kindesmissbrauchs prekär wird – Ein Diskussionsbeitrag. In: Verhaltenstherapie & Psychosoziale Praxis 55, 4, S. 637-644.

Baader, Meike S./Böttcher, Nastassia L./Ehlke, Carolin/Oppermann, Carolin/Schröder, Julia/Schröer, Wolfgang (2024): Helmut Kentlers Wirken in der Berliner Kinder- und Jugendhilfe – Aufarbeitung der organisationalen Verfahren und Verantwortung des Berliner Landesjugendamtes. Ergebnisbericht. Hildesheim: Universität Hildesheim. URL: https://hilpub.uni-hildesheim.de/handle/ubhi/16897 [Abruf: 28.07.2024].

Bergmann, Christine (2024): Es führt kein Weg an der unabhängigen Aufarbeitung des Unrechts der Vergangenheit vorbei. Ein Vorwort. In: Sozialmagazin 49, 5-6, S. 6-13.

Brockhaus, Ulrike/Kolshorn, Maren (1993): Sexuelle Gewalt gegen Mädchen und Jungen. Mythen, Fakten, Theorien. Frankfurt: Campus.

Bundesministerium für Familie, Senioren, Frauen und Jugend (BMFSFJ)/Unabhängige Beauftragte für Fragen des sexuellen Kindesmissbrauchs (UBSKM) (2024): So geht Aktionswoche. Wie ein Aktionstag oder eine Aktionswoche für den Schutz von Kindern und Jugendlichen organisiert und durchgeführt werden kann. Berlin: Kampagnenbüro. URL: https://www.bmfsfj.de/resource/blob/232596/0b0f95087efda8f1b283ac54ec9d2134/so-geht-aktionswoche-broschuere-ubskm-data.pdf [Abruf: 28.07.2024].

Busch, Bettina/Straus, Florian (2019): Unabhängige Anlaufstelle zu den Vorwürfen über Gewalt und Lieblosigkeit im Josefsheim, Ludwigsburg-Hoheneck. Ergebnisbericht Juni 2019. München: IPP. URL: https://www.ipp-muenchen.de/ipp/uploads/IPPBericht-Hoheneck_Anlaufstelle_2019_2207-1.pdf [Abruf: 28.07.2024].

Caspari, Peter (2021): Sexualisierte Gewalt. Aufarbeitung und Bewältigung aus einer reflexiv-sozialpsychologischen Perspektive. Tübingen: DGVT.

Caspari, Peter (2021): Gewaltpräventive Einrichtungskulturen. Theorie, Empirie, Praxis. Reihe: Sexuelle Gewalt und Pädagogik. Wiesbaden: Springer VS.

Caspari, Peter/Dill, Helga/Caspari, Cornelia/Hackenschmied, Gerhard (2021a): Irgendwann muss doch mal Ruhe sein! Institutionelles Ringen um Aufarbeitung von sexualisierter Gewalt und Machtmissbrauch an einem Institut für analytische Kinder- und Jugendlichenpsychotherapie. Reihe: Sexuelle Gewalt in Kindheit und Jugend: Forschung als Beitrag zur Aufarbeitung. Wiesbaden: Springer VS.

Caspari, Peter/Dill, Helga/Hackenschmied, Gerhard/Straus, Florian (2021b): Ausgeliefert und verdrängt – Heimkindheiten zwischen 1949 und 1975 und die Auswirkungen auf die Lebensführung Betroffener. Eine begleitende Studie zur Bayerischen Anlauf- und Beratungsstelle für ehemalige Heimkinder. Reihe: Sexuelle Gewalt in Kindheit und Jugend: Forschung als Beitrag zur Aufarbeitung. Wiesbaden: Springer VS (Original erschienen 2018).

Dewe, Bernd (1998): Zur Relevanz der Professionstheorie für pädagogisches Handeln. In: Schulz, Wolfgang K. (Hrsg.): Expertenwissen. Soziologische, psychologische und pädagogische Perspektiven. Opladen: Leske + Budrich, S. 67-86.

Dill, Helga/Täubrich, Malte/Caspari, Peter/Schubert, Tinka/Hackenschmied, Gerhard/Pinar, Elan/Helming, Elisabeth (2023): Aufarbeitung sexualisierter Gewalt im Bistum Essen. Fallbezogene und gemeindeorientierte Analysen. München: IPP. URL: https://www.ipp-muenchen.de/ipp/uploads/Bistum-Essen_17_4_II-3.pdf [Abruf: 28.07.2024].

Fricker, Miranda (2007): Epistemic Injustice. Power and the Ethics of Knowing. Oxford: Oxford University Press.

Gahleitner, Silke Birgitta/Gebrande, Julia (2024): Sexualisierte Gewalt an Kindern und Jugendlichen aufarbeiten. Eine Bestandsaufnahme. In: Sozialmagazin 49, 5-6, S. 14-23.

Gebrande, Julia/Lübeck, Dietrun/Rašković, Mihajlo/Schlingmann, Thomas/Vorndran, Peter (2024): Die Bedeutung von Erfahrungswissen. In: Gahleitner, Silke Birgitta/Gebrande, Julia/Giertz, Karsten/Kröger, Christine/Röh, Dieter/Wunderer, Eva (Hrsg.): Handbuch Klinische Sozialarbeit. Weinheim: Beltz Juventa, S. 297-307.

Gebrande, Julia/Gahleitner, Silke Birgitta (2023): Sexualisierte Gewalt aufarbeiten? Betrachtung von Gewaltverhältnissen. In: Forum Erziehungshilfen 29, 4, S. 196-200.

Habermas, Jürgen (1981): Theorie des kommunikativen Handelns. Bd. 1: Handlungsrationalität und gesellschaftliche Rationalisierung. Bd. 2: Zur Kritik der funktionalistischen Vernunft. Frankfurt am Main: Suhrkamp.

Hentschel, Gitti (Hrsg.) (1996): Skandal und Alltag. Sexueller Mißbrauch und Gegenstrategien. Berlin: Orlanda.

Herman, Judith Lewis (2018): Die Narben der Gewalt. Traumatische Erfahrungen verstehen und überwinden. Reihe: Konzepte der Psychotraumatologie, Bd. 3. 5., aktual. Auflage. Paderborn: Junfermann (englisches Original erschienen 1992).

Kavemann, Barbara/Etzel, Adrian/Nagel, Bianca (2022): „Epistemische Ungerechtigkeit" als theoretischer Zugang zum Verständnis der Folgen von sexueller Gewalt in Kindheit und Jugend. In: Doll, Daniel/Kavemann, Barbara/Nagel, Bianca/Etzel, Adrian (Hrsg.): Beiträge zur Forschung zu Geschlechterbeziehungen, Gewalt und privaten Lebensformen. Disziplinäres, Interdisziplinäres und Essays. Opladen: Verlag Barbara Budrich, S. 137-156.

Keupp, Heiner/Straus, Florian/Mosser, Peter/Gmür, Wolfgang/Hackenschmied, Gerhard (2017a): Schweigen, Aufdeckung, Aufarbeitung. Sexualisierte, psychische und physische Gewalt im Benediktinerstift Kremsmünster. Reihe: Sexuelle Gewalt in Kindheit und Jugend: Forschung als Beitrag zur Aufarbeitung, Bd. 2. Wiesbaden: Springer VS.

Keupp, Heiner/Straus, Florian/Mosser, Peter/Gmür, Wolfgang/Hackenschmied, Gerhard (2017b): Sexueller Missbrauch und Misshandlungen in der Benediktinerabtei Ettal: Ein Beitrag zur wissenschaftlichen Aufarbeitung. Reihe: Sexuelle Gewalt in Kindheit und Jugend: Forschung als Beitrag zur Aufarbeitung, Bd. 1. Wiesbaden: Springer VS.

Keupp, Heiner/Mosser, Peter/Hackenschmied, Gerhard/Busch, Bettina/Straus, Florian (2019): Die Odenwaldschule als Leuchtturm der Reformpädagogik und als Ort sexualisierter Gewalt. Eine sozialpsychologische Perspektive. Reihe: Sexuelle Gewalt in Kindheit und Jugend. Forschung als Beitrag zur Aufarbeitung. Wiesbaden: Springer.

Mihr, Anja/Pickel, Gert/Pickel, Susanne (Hrsg.) (2018): Handbuch Transitional Justice. Aufarbeitung von Unrecht – hin zur Rechtsstaatlichkeit und Demokratie. Reihe: Springer Reference Sozialwissenschaften. Wiesbaden: Springer.

Mosser, Peter/Dill, Helga/Hackenschmied, Gerhard/Straus, Florian (2019): Heimkindheiten zwischen 1949 und 1975 und die Beratungs- und Unterstützungsarbeit der bayerischen Anlaufstelle (im Rahmen des Fonds Heimerziehung). Bericht der Evaluation. München: IPP. URL: https://www.ipp-muenchen.de/ipp/uploads/ipp-heimstudie_lang_barrierefrei.pdf [Abruf: 28.07.2024].

Wazlawik, Martin/Großbölting, Thomas/Kessl, Fabian/Lorenz-Sinai, Friederike/Dill, Helga/Caspari, Peter/Tozdan, Safiye/Briken, Peer/Dreßing, Harald/Hoell, Andreas/Dölling, Dieter (2024): Forschung zur Aufarbeitung von sexualisierter Gewalt und anderen Missbrauchsformen in der Evangelischen Kirche und Diakonie in Deutschland. Abschlussbericht. Hamburg: Forum. URL: https://www.forum-studie.de/wp-content/uploads/2024/02/Abschlussbericht_ForuM_21-02-2024.pdf [Abruf: 28.07.2024].

Wohnungslosenhilfe im Wandel: Soziale Arbeit als Akteurin gesellschaftlicher Transformation in urbanen und ländlichen Räumen

Nora Sellner, Frank Sowa und Anna Xymena Tissot

1. Einleitung

Fragile Behausungen sind sowohl ein gesellschaftlich hergestelltes Phänomen als auch ein soziales Problem, welches sich in Form von prekärem Wohnen, drohendem Wohnungsverlust und Wohnungs- und Obdachlosigkeit zeigt (Sowa 2024). Breitere Bevölkerungsgruppen sind zunehmend betroffen, wodurch sich die Verfestigung von Armut, sozialer Exklusion (Kronauer 2010) und Wohnungslosigkeit, beispielsweise durch die Diskriminierung wohnungsloser Menschen auf dem Wohnungsmarkt (Gille et al. 2024), parallel verstärken. Wohnen als eine der sozialen Fragen unserer Zeit (Beck/Reutlinger 2019) ist durch gesellschaftliche Transformationsprozesse und multiple weitreichende Krisen (u. a. die Klimakrise, Fluchtmigration, Kriege, fehlender leistbare Wohnraum (Holm et al. 2018)) beeinflusst, die sich auf die lokalen Hilfesysteme (HS) für wohnungslose und in Wohnungsnot geratene Menschen auswirken. Ergänzend geht eine besondere Dynamik von der ambitionierten Zielformulierung des europäischen Parlaments und der Bundesregierung aus, Obdachlosigkeit bis zum Jahre 2030 zu beenden. In den föderalen Strukturen der Bundesrepublik enstehen Aktionspläne und Förderprogramme zur Bekämpfung von Wohnungs- und Obdachlosigkeit seitens verschiedener Kommunen und Länder, die versuchen, dem zunehmenden sozialen und strukturell bedingten Problem entgegenzuwirken. Sie beeinflussen damit den stetigen Wandel lokaler HS für wohnungslose Menschen. Hierbei kommt der Sozialen Arbeit als Akteurin im Kontext gesellschaftlicher Transformation eine besonders herausfordernde Rolle zu.

Der Beitrag setzt an dieser Stelle an und präsentiert Ergebnisse einer qualitativen Studie zum Wandel lokaler HS für wohnungslose Menschen in Nordbayern (Sowa/Sellner/Tissot 2024).[1] Im Rahmen des einjährigen Forschungs-

1 Gefördert wurde das Forschungsprojekt „Lokale Hilfesysteme für wohnungslose Menschen im Wandel“ vom 01.11.2022 bis 31.10.2023 vom Bayerischen Staatsministerium für Familie, Arbeit und Soziales (StMAS)/Regierung von Mittelfranken.

projekts wurden 18 leitfadengestützte Expert*inneninterviews mit zentralen Akteur*innen der jeweiligen HS in vier urbanen und ländlichen Räumen erhoben und einer inhaltsanalytische Auswertung (Kuckartz und Rädicker 2022) unterzogen, die im Ergebnis vier Regionen – zwei urbane und zwei ländliche Räume – und deren jeweiliges (Hilfe- und Bearbeitungs-)Netz der Akteur*innen für wohnungslose Menschen kontrastierend präsentiert. Im Zentrum des Beitrags stehen die unterschiedlichen Deutungen zentraler Akteur*innen (Sozial- und Ordnungsamt, Fachkräfte von etablierten Angeboten und Modellprojekten) bei der Bearbeitung von Wohnungslosigkeit.

2. Wandel und Bearbeitungspraxis lokaler Hilfesysteme für wohnungslose Menschen[2]

Der Blick auf lokale HS in urbanen und ländlichen Räumen bringt eine kontrastreiche Bearbeitungspraxis zum Vorschein. Die Hilfelandschaft in urbanen Räumen bietet differenziertere Angebote, Einrichtungen und Dienste für wohnungslose Menschen und begegnet damit der Heterogenität im Feld der Wohnungslosenhilfe (Steckelberg 2018). Dort findet sowohl eine ordnungsrechtliche (landesrechtliche Polizei- und Ordnungsgesetzgebung) als auch sozialhilferechtliche (§§ 67ff. SGB XII) Bearbeitung von Wohnungs- und Obdachlosigkeit statt. In der ordnungsrechtlichen Unterbringung obdachloser Menschen gibt es bisher keine flächendeckenden (Qualitäts-)Standards. Wenn überhaupt, liegen rudimentäre und individuell festgelegte Standards vor, die in Form von Notunterkünften in freier Trägerschaft bis hin zu Pensionen oder Hotels reichen, die kommunal verwaltet werden. Die kommunale Verantwortung und Aufgabe der Unterbringung von Menschen in Obdachlosigkeit werden jedoch nicht nur an freie Träger*innen delegiert, sondern stellenweise auch an Privatunternehmen. Die Hilfelandschaft im urbanen Raum kennzeichnet sich durch Vernetzung, Kooperationen und Zusammenarbeit der jeweiligen Akteur*innen im HS. Gleichwohl bestehen Momente der Konkurrenz, wenn es um die Verteilung knapper Ressourcen geht. Als charakteristisch in der Bearbeitung von Wohnungslosigkeit im urbanen Raum zeigen sich besonders zwei relevante Akteur*innen, die eine strategischen Weiterentwicklung lokaler HS beeinflussen können:

- strategische*r Vermittler*in I, der*die im lokalen kommunalen Gefüge verortet ist und die Weiterentwicklung und Gestaltung des HS anstrebt,

2 Die folgenden Ausführungen finden sich ausführlich bei Sowa/Sellner/Tissot 2024.

- strategische*r Vermittler*in II, der*die überregional agiert und die lokalen HS von außen in der Weiterentwicklung unterstützt und beratend zur Seite steht.

In Abbildung 1 werden zwei urbane HS in ihrer jeweils spezifischen Bearbeitungspraxis als Netz der Akteur*innen kontrastierend präsentiert:

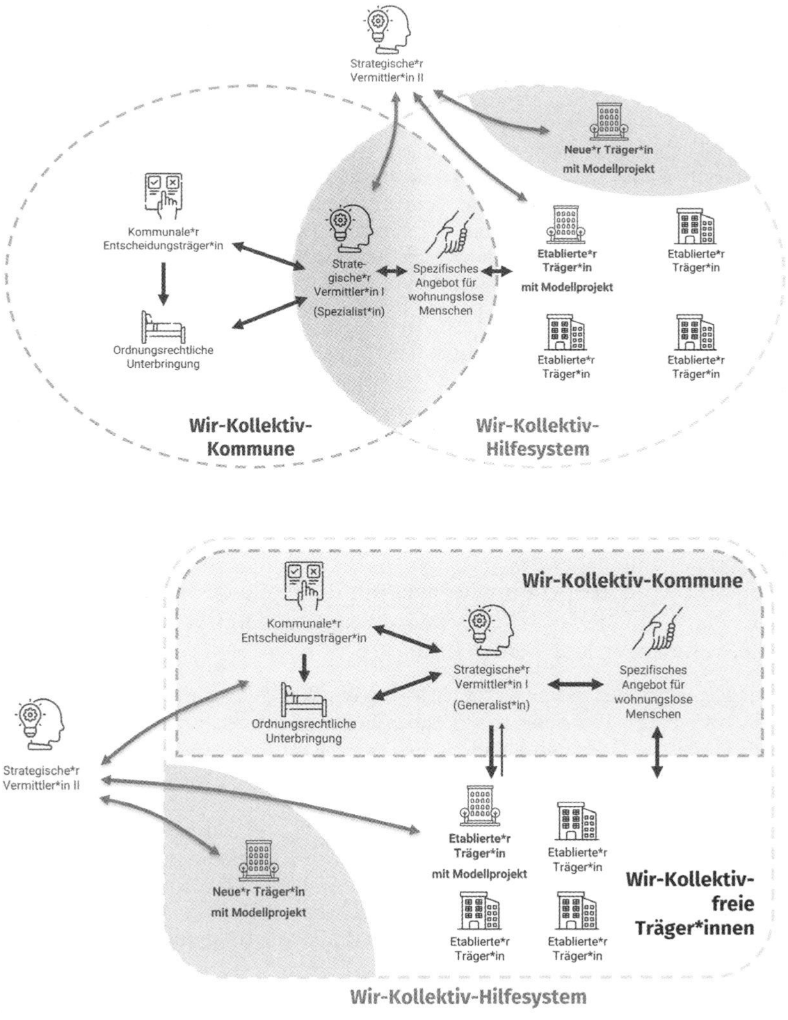

Abbildung 1: Bearbeitungspraxis lokaler HS im urbanen Raum; HS1 (oben): kooperativ angelegt und ausdifferenziert strukturiert; HS2 (unten): hierarchisch-minimalkooperativ angelegt und ausdifferenziert strukturiert (Quelle: eigene Darstellung nach vgl. Sowa/Sellner/Tissot 2024, S. 62 f.).

Die zwei illustrierten HS im urbanen Raum verdeutlichen, dass neben der ordnungsrechtlichen Unterbringung kommunal installierte spezifische sozialarbeiterische Angebote für wohnungslose Menschen vorgehalten werden und dabei in Kooperation mit freien Träger*innen stehen und so über die rein ordnungsrechtliche Unterbringung hinausgehen. Außerdem wird deutlich, dass in der lokalen Governancestruktur (Möltgen-Sicking 2019) des HS kommunale Entscheidungsträger*innen über die Rolle des*der strategisch Vermittelnden I agieren und darüber entscheiden, inwiefern beispielsweise ordnungsrechtliche Unterbringungsformen bereitgestellt oder Modellprojekte gefördert oder etabliert werden:

> „Es gibt da verschiedene Träger*innen, die dann auch das Angebot von sich aus anbieten, an die Stadt herantreten und sagen okay […] wir sind der Meinung, dass jetzt die und die Hilfegruppe mit dem Hilfebedarf unterversorgt ist […] da müsste man jetzt ein Angebot schaffen […] und dann ist es eine politische Entscheidung, […] dass die Stadt als Kostenträger in der Regel dann sagt, okay, das ist ein Hilfeangebot, das wir für sinnvoll erachten und für notwendig und das wir dann auch zum großen Teil finanzieren, ja.“ (Expert*in_urbaner Raum, Pos. 325)

Die Bearbeitungspraxis der beiden HS unterscheidet sich vor allem an der Schlüsselstelle der strategischen Vermittler*innenposition I, die mit Macht ausgestattet ist und diese in unterschiedlicher Weise ausführt: als Spezialist*in, der*die nur für das Thema Wohnungslosigkeit zuständig ist oder als Generealist*in, der*die Wohnungslosigkeit als ein Thema neben weiteren sozialen Themen als Stabsstelle in der Kommune bearbeitet. Dadurch zeigt sich im HS1 eine kooperativ angelegte und im HS2 ein hierarchisch-minimalkooperativ angelegte Bearbeitungspraxis.

Im HS1 wird kooperativ über und mit der Rolle des strategisch Vermittelnden ein Wir-Kollektiv-Hilfesystem erzeugt, wodurch es gemeinsam gestaltet und weiterentwickelt werden kann:

> „[W]ir haben auf der einen Seite in […] ein sehr gutes Unterbringungsangebot, also wir haben Wohnungen, wir haben Soz/Wobei Sozialimmobilien nicht mehr als klassische Obdachlosenhilfe gelten, weil ja im Endeffekt die Obdachlosigkeit beendet wurde, aber ich zähle es dazu. Wir haben neue Projekte, wir unterstützen ja jetzt auch Housing First mit, das jetzt von Trägern initiiert wurde. Wir haben etablierte Einrichtungen wie das [Name eines Trägers], wir haben die [Name eines Trägers] mit einem sehr großen Wohnheim, wir haben die Großen, wo man sagt, da haben wir eigentlich auch sehr gute Unterbringungsangebote zusätzlich zu Beratungs- und Verpflegungsangeboten. Wir haben ja auch eine Straßenambulanz. Wir sind eigentlich dahin sehr gut aufgestellt.“ (Experte*in_urbaner Raum, Pos. 9)

Beispielsweise werden gemeinsam Projekte initiiert, durchgeführt und haben damit eine größere Erfolgsaussicht, längerfristig in eine Regelfinanzierung überzugehen. Der*die strategische Vermittler*in I ist vor allem Teil des Wir-Kollektivs-Kommune und kann vermittelnd die Interessen beider Kollektive bearbeiten.

Im Gegensatz dazu ist das HS2 hierarchisch-minimalkooperativ strukturiert, wodurch das HS top-down geprägt ist. Hier ist der*die strategisch Vermittelnde Teil des Wir-Kollektivs-Kommune, welches oberhalb des Wir-Kollektivs-freie Träger*innen steht. Es werden eine gewisse Obrigkeit und Entscheidungsmacht der Kommune präsentiert, die dem Wir-Kollektiv-freie Träger*innen eher Aufgaben delegiert und nur minimal in Kooperation tritt. Der*die strategisch Vermittelnde I tritt als Generalist*in mit starker Machtposition und dem Wunsch nach mehr strategischer Führung des HS durch die Kommune auf. Dieses Hierarchiebestreben bedingt eine stetige Weiterentwicklung und den Wandel des HS in starker Abhängigkeit zur Kommune:

> „Auf jeden Fall, also [Modellprojekte] sind ja meistens positive Impulse, ne? [...] Wir müssen halt immer gucken, dass wir das alles so ein bisschen zusammenbringen. Weil es ja auch viele Überschneidungen gibt, ähm, versuchen wir halt dann jetzt eben nicht, [...] das, was da mal war, eins zu eins weiter zu bespielen. Sondern halt daraus dann was zu machen, was halt auch eine Tragfähigkeit hat. Und da nehmen wir halt das, was ich vorhin moniert habe, wo wir sagen, da müssen wir auch besser werden, mit einer gewissen Steuerungsfunktion als Kommune auch. Nehmen wir dann eben in solchen Fällen auch ernst und sagen: ‚Okay, Frau [Winter] und Kolleginnen, das ist ein ganz wichtiger Impuls. Das [...] Projekt war da [...] und wird auch gebraucht. Aber es wird vielleicht einfach noch mal vom Konzept her übergeordneter gebraucht. Und lass uns ansetzen an den Erfahrungswerten, die in dem Projekt gesammelt worden sind.‘ Und da ist ja auch eine Tür aufgestoßen worden auch, Richtung uns, in Richtung Politik. ‚Und lass uns aus dieser Idee jetzt was Nachhaltigeres machen.‘ Und das halt irgendwie hinzukriegen, ohne dass der Träger dann sieht, okay, jetzt, jetzt nimmt er meine Idee und gibt es vielleicht einem anderen Träger oder er macht es selber. Also, die müssen wir mitnehmen, aber gleichzeitig halt es dann auch so aufstellen, dass es die Akzeptanz in der gesamten Trägerlandschaft hat.“ (Expert*in_urbaner Raum, Pos. 134ff.)

In beiden HS entstehen neue Modellprojekte, die das HS qualitativ und/oder quantitativ weiterentwickeln. Projekte können von etablierten oder im Feld der Wohnungslosenhilfe neuen Träger*innen angeboten werden, was entsprechend unterschiedliche Dynamiken und einen lokalen Wandel erzeugt. Dabei kommt dem*der strategisch Vermittelnden II eine besondere Rolle zu, da diese als überregionale*r Akteur*in eine Machtposition für die Entwicklung und Befürwortung neuer Projekte vorhält. Eine langfristige Finanzierung und Etablierung solcher Projekte gestalten sich dann aber wiederum über lokale Aushandlungsprozesse, in die der*die Vermittelnde I, die Hilfeanbieter*innen und die lokalen Entscheidungsträger*innen involviert sind.

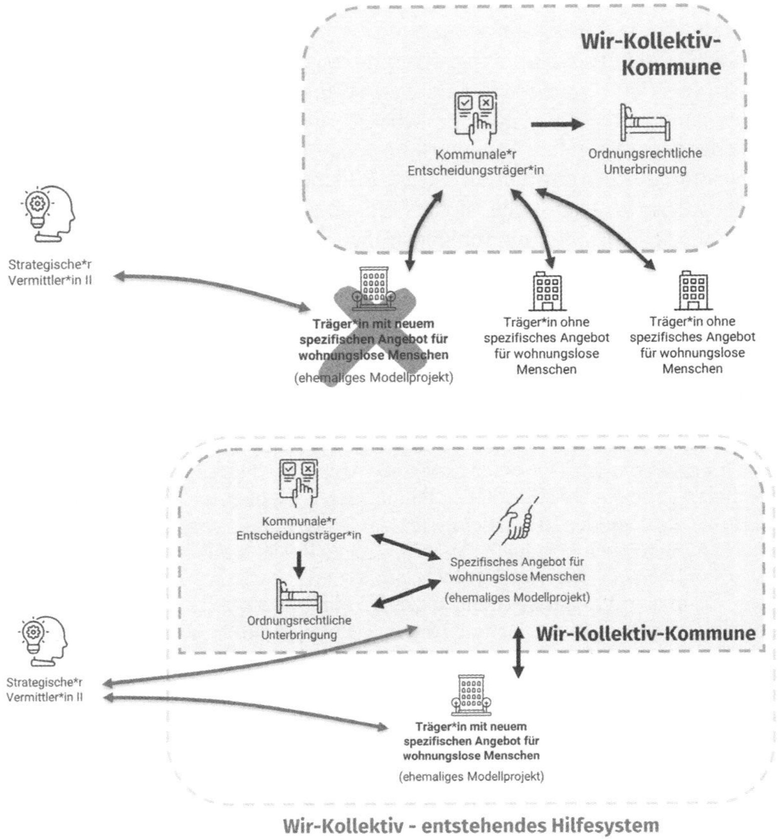

Abbildung 2: Bearbeitungspraxis lokaler HS im ländlichen Raum; HS3 (oben): rein ordnungsbehördlich angelegt; HS4 (unten): kooperativ und bedarfsorientiert angelegt (Quelle: eigene Darstellung nach vgl. Sowa/Sellner/Tissot 2024, S. 65 f.).

Im Gegensatz zur heterogenen Hilfelandschaft im urbanen Raum sind in den berücksichtigten ländlichen Gebieten spezifische Angebote und Dienste für wohnungslose und in Wohnungsnot geratene Menschen nicht existent oder geringfügig (sich im Aufbau befindend) vorhanden. Bearbeitung erfolgt dann eher über die Kommune oder die allgemeine Sozialberatung. Im ländlichen Raum zeigt sich dadurch vornehmlich eine ordnungsrechtliche und weniger eine sozialhilferechtliche Bearbeitung von Wohnungs- und Obdachlosigkeit. Aufgrund des Mangels an spezifischen Angeboten für die Zielgruppe verweisen einige kommunale Akteur*innen wohnungslose Menschen in größere Städte. Auch im ländlichen Raum bestehen keine Standards für die ordnungsrechtliche Unterbringung. Kooperation und Zusammenarbeit zwischen möglichen Akteur*innen, die sich ggf. nur am Rande mit dem Thema Wohnungslosigkeit in ihrer Arbeit beschäftigen, sind kaum vorhanden. Da es kaum Anbieter*innen sozialer Dienstleistungen für wohnungs- und obdachlose Menschen gibt, besteht keine Konkurrenz unter den freien Träger*innen. Ob solche HS entstehen oder vorhanden sind, hängt davon ab, ob Wohnungslosigkeit als soziales Problem der Gemeinde oder des Landkreises seitens der Politik anerkannt ist. Eine besonders relevante Unterscheidung, die als ein Hemmnis für die Weiterentwicklung und Professionalisierung der Hilfen im ländlichen Raum verstanden werden kann, stellt das Fehlen der Rolle eines*einer strategisch Vermittelnden I dar. Die lokale Governancestruktur wird von kommunalen Entscheidungsträger*innen dominiert. Dies zeigt sich in zwei ländlichen HS mit jeweils spezifischer Bearbeitungspraxis als kontrastierendes Netz der Akteur*innen (Abbildung 2).

HS3 als eine rein ordnungsbehördlich angelegte Bearbeitungspraxis zeigt deutlich, dass mit Einfluss der Hilfen von außen (strategische*r Vermittelnde*r II) ein spezifisches Hilfeangebot im Rahmen eines Modellprojekts erprobt, jedoch aufgrund der Machtverhältnisse in der lokalen Governancestruktur lokal nicht weitergeführt werden konnte. Demnach gibt es in diesem Gebiet kein HS für wohnungslose Menschen, wie es im SGB XII vorgesehen wäre. Anders verhält es sich bei der Bearbeitungspraxis im HS4, welche kooperativ und bedarfsorientiert angelegt ist: Nach einer Modellprojektphase spezifischer Angebote für wohnungslose Menschen konnte eine professionelle Weiterentwicklung und Etablierung zweier Angebote für wohnungslose Menschen vollzogen werden. Daher ergeben sich im HS4 eine sich im Aufbau befindende Zusammenarbeit (u. a. zwischen Sozial- und Ordnungsamt), eine hilfeübergreifende Kooperation und damit ein entstehendes HS als „Schaltzentrale für sämtliche Netzwerkpartner" (Expert*in_ländlicher Raum, Pos. 51) im Ortskern und Landkreis mit Professionalisierungstendenzen.

Diese Ausführungen verdeutlichen, dass der Wandel von HS und die lokale Bearbeitungspraxis mit Machtpositionen und Schlüsselfunktionen einhergehen. Gleichwohl bestehen Interdependenzen und Einflussmöglichkeiten, die sich im HS1 durch den*die strategische*n Vermittler*in I am kooperativsten und weniger autoritär ausgestalten als im HS2:

> „[D]ie Kostenträger und die [Träger*in X], die befinden sich immer in so einer gegenseitigen Abhängigkeit. Und [...] wir machen, was, was Stadt und Landkreis machen müssten oder sollten, ähm, aber nicht machen können oder wollen. Ähm, gleichzeitig sind wir dann dafür, äh/kriegen wir Geldmittel dafür, auf die wir zum Überleben dringend angewiesen sind. Ähm, das ist so lange kein Problem, wie unser Verhältnis gut miteinander ist. Ähm, wenn dann mal jemand da ist, äh, die, die nicht so GUT miteinander können, ähm, oder auch vielleicht den Fokus lieber woanders auf, auf einen, äh, anderen Bereich legen würden, ähm, dann wird es anfangen, schwierig zu werden. (Expert*in_urbaner Raum, Pos. 147)

3. Hemmnisse und Herausforderungen in der Bearbeitungspraxis

In der Studie konnten in den verschiedenen Regionen zentrale Aspekte in der Bearbeitungspraxis herausgearbeitet werden, die den Wandel hin zu einem professionellen HS hemmen oder herausfordern. Kritisch ist zu konstatieren, dass die kommunale Aufgabe der ordnungsrechtlichen Unterbringung obdachloser Menschen an private Unternehmen delegiert wird. Als gewinnorientierte Unternehmen nehmen sie Überbelegungen vor und berücksichtigen somit weder die Bedarfe der Menschen oder visieren deren Verbesserung der Lebenssituation an. Aufgrund der Delegation der Aufgaben verlieren die kommunalen Akteur*innen an Einflussnahme und Handlungsmöglichkeiten, wenn es um die Belegung der Unterkünfte, die Standards vor Ort und den konkreten Umgang mit den Menschen geht. Auch die Weiterentwicklung und Verbesserung der Unterkünfte obliegt damit nicht mehr der Kommune. Des Weiteren zeigte sich ein Zwei-Klassen-System innerhalb der ordnungsrechtlichen Unterbringung durch ein selektives Denken und Handeln der ausführenden Akteur*innen in Ordnungs- und Sozialämtern. Dieses zeigt sich beispielsweise im Rahmen der Zuweisung in bestimmte Unterkünfte. So wird im ländlichen Raum das Kriterium der sogenannten Wohnfähigkeit im Kontext ordnungsrechtlicher Unterbringung angelegt, ob eine Person Zugang in die bessere oder schlechtere Unterbringung erhält:

> „Auch prüfen muss man, ob die Leute überhaupt wohnfähig sind, sag ich jetzt einmal, ne? […] Das macht natürlich vor allem auch, äh, unser [Mitarbeiter], der jetzt quasi diese Stelle hat Wohnungslosigkeit. Ähm, aber wir machen das dann schon zusammen, dass wir uns noch einmal dann besprechen, können wie wir es machen oder nicht, ne?“ (Expert*in_ländlicher Raum, Pos. 17)

> „Also [Unterbringung 2] ist für Leute, die halt das auch bezahlen können oder es gezahlt wird, [Unterbringung 1], die halt wirklich gar nichts mehr haben oder aber nicht in der Lage sind, beim Jobcenter ihre Antragsunterlagen fertig zu kriegen, ähm, dass solche dann auch schon mal, also dann müsst ihr halt raus, dann müsst ihr in die [Unterbringung 1], weil man muss den Leuten schon auch einmal ein bisschen Druck machen. Sonst passiert nichts.“ (Expert*in_ländlicher Raum, Pos 27)

Wohnfähigkeit als Kriterium wird immer wieder in der Praxis angewandt, auch wenn es nicht zuletzt mit Eingang des Housing-First-Ansatzes eine Gegenbewegung dazu gibt, die vielmehr ein Menschenrecht auf Wohnen betont (Sellner/Hauprich 2023). Wohnfähigkeit im Zusammenhang einer kommunalen Pflichtaufgabe als Kriterium anzuwenden, scheint jedoch den Diskurs über den Begriff und dessen Reichweite für die Menschen zu übersteigen. Hinzu kommt die Herausforderung im Umgang mit wohnungslosen psychisch kranken Menschen innerhalb der ordnungsrechtlichen Unterbringung. Diese Menschen werden als „Systemsprenger“ (Expert*in_urbaner Raum, Pos. 17) und als „DIE Menschen, die einfach durch alle Hilfesysteme durchfallen“ (ebd.) benannt. Dabei werden Personen als inadäquaten Adressat*innen von Sozialer Arbeit adressiert, welche „massiv drogenabhängig sind, die massiv, äh, psychische Krankheiten, ähm, haben, die sie aber nicht einsehen oder nicht bearbeiten wollen. Die landen ja am Ende alle bei uns“ (ebd.). Bei einem Verhalten, welches gegen die jeweiligen Hausregeln spricht, greifen die Kommunen trotz ihrer Pflichtaufgabe, eine Unterbringung sicherzustellen, teilweise auf ein „Hausverbot“ (Expert*in_urbaner Raum, Pos. 17) zurück oder verdrängen obdachlose Menschen in größere Städte: „[D]as ist unsere Obdachlosenunterkunft, wenn ihr da rausgeflogen seid, weil ihr euch nicht an die Regeln halten könnt, dann […] müsst ihr in eine andere Stadt, wo es eine andere Unterkunft, wo ihr dann eben es versucht“ (Expert*in_ländlicher Raum, Pos. 57). Gleichwohl ist den Akteur*innen bewusst, dass sie mit einer solchen Ausgrenzungspraxis im Kontext einer kommunalen Pflichtaufgabe ein Risiko eingehen, „dass das Verwaltungsgericht [sie] dann zwingt, die Person wieder unterzubringen“ (Expert*in_urbaner Raum, Pos. 17).

Außerdem wird der Wandel hin zu einem professionellen HS für wohnungslose Menschen im ländlichen Raum gehemmt, wenn dort eine reine ordnungsrechtliche Bearbeitung von Obdachlosigkeit erfolgt und Wohnungsnot und Wohnungslosigkeit vor Ort nicht als soziales Problem politisch anerkannt ist. Auf diese Weise haben Modellprojekte keine Chance in eine Regelfinanzierung nach einer Projektphase überzugehen und ein HS entstehen zu lassen. In der Bearbeitung von Wohnungs- und Obdachlosigkeit zeigt sich bei den Fachkräften eine resignative Haltung, die mit ausgrenzenden und diskriminierenden Anteilen einhergehen kann und eine Weiterentwicklung hemmt:

> „Also, das ist so die Frage, was machst du mit einem Menschen, der einfach überhaupt nicht mehr funktioniert, ne? Für den/für den es keine/keinen Boden mehr gibt, außer dem Dach, das du ihm geben musst. Das zerfrisst die Kolleginnen schon.“ (Expert*in_urbaner Raum, Pos. 132)

> „Im Grunde bin ich ein kleines Licht und bin halt für die noch kleineren Lichter zuständig (schmunzelt), sage ich mal, ohne überheblich zu wirken.“ (Expert*in_ländlicher Raum, Pos. 51)

Es zeigt sich eine Hoffnungs- und Perspektivlosigkeit in Bezug auf bestimmte Rahmenbedingungen (u. a. fehlender leistbarer Wohnraum) und bestimmte Gruppen wohnungsloser Menschen. Daraus ergeben sich eine perspektivlose Verwaltung von Wohnungslosigkeit je nach (rechtlicher) Zuständigkeit und die Exklusion, Ablehnung, Stigmatisierung und Diskriminierung bestimmter Gruppen wohnungsloser Menschen innerhalb des HS.

4. Chancen und positiv zu bewertender Wandel in der Bearbeitungspraxis

Neben den hemmenden und herausfordernden Faktoren zeigen sich Chancen und ein positiv zu bewertender Wandel, hin zu einer menschenrechtsorientierten, würdevollen und professionellen Bearbeitungspraxis von Wohnungs- und Obdachlosigkeit. So zeigen sich deutlich ein Wunsch und die Orientierung an Standards in der ordnungsrechtlichen Unterbringung durch die Soziale Arbeit. Grundlegend erscheint dabei die Unterbringung in Einzelzimmern:

> „Natürlich […] Einzelzimmer, also Einzelunterbringung bei Alleinstehenden, das ist […] unser großes Ziel. […] Einzelunterbringung, […] weil ich denke, das/das ist die/die wichtigste (.) menschenwürdige (.) Sache, die man einfach machen muss. Dass man einfach für die Menschen dann/eigene vier Wände und wenn sie noch so klein sind. Aber es ist einfach, eigene vier Wände und nicht mit einer fremden Person zusammen, genau." (Expert*in_urbaner Raum, Pos. 107)

Außerdem wird die Zusammenarbeit von Ordnungs- und Sozialamt postuliert, wodurch die Hilfe aus einer Hand erfolgen kann und die Soziale Arbeit innerhalb der ordnungsrechtlichen Unterbringung eine zentrale Rolle einnimmt. Die interviewten Expert*innen befürworten die Verbindung aus Unterbringung, Beratung und Begleitung. Es sei höchst relevant und schon lange ein bevorzugtes Modell, „aus einer Hand" (Expert*in urbaner Raum, Pos. 158) zu agieren. Vorzeigemodell sei ein dreigliedriges ineinandergreifendes System, welches aus Verwaltung, Sozialer Arbeit in der ordnungsrechtlichen Unterbringung und der Prävention von Wohnraumverlust bestehe. Die Begleitung und Beratung seitens Sozialer Arbeit werden zum Teil von Träger*innen der freien Wohlfahrtspflege durch „ein Büro vor Ort" (Expert*in_urbaner Raum, Pos. 7), „niedrigschwellig und ähnlich einer offenen Beratung" (Expert*in_urbaner Raum, Pos. 15), angeboten. Dies trägt auch mit Blick auf die Unterbringung vieler unterschiedlicher Menschen zur „Befriedung […] [und], auch […] Sicherheit" (Expert*in_urbaner Raum, Pos. 283) bei. Generell konstatieren die Expert*innen, dass es mehr solcher Formen professioneller Begleitung in ordnungsrechtlichen Unterbringungen geben müsste und es weiterhin große Defizite im Bereich kommunaler Unterkünfte gäbe. So sollten beispielsweise in der ordnungsrechtlichen Unterbringung bedarfsgerechte sozialarbeiterische Hilfen und Angebote vorgehalten werden, die der Heterogenität im Feld begegnen (Menschen mit Tieren, Menschen mit psychischen Erkrankungen, Frauen oder queere Menschen in Wohnungsnot etc.). Solche Weiterentwicklungen hin zu zielgruppenspezifischen Angeboten sind überwiegend in urbanen Räumen festzustellen. Als Chance, positiven Wandel hin zu einem professionellen, sich weiterentwickelnden HS zu bestärken, werden eine gute Kooperation und Zusammenarbeit innerhalb der HS und mit angrenzenden HS erachtet. Auf diese

Weise gelingt es erfolgreiche Modellprojekte in die Regelfinanzierung zu überführen. Gegensätzlich zu der resignativen Haltung zeigt sich unter den Fachkräften in der Bearbeitung von Wohnungs- und Obdachlosigkeit eine humanistische und/oder christliche Haltung, die den Wandel in Richtung eines bedarfsorientierten HS befördert. Bei der humanistischen Haltung stellen die Menschenrechte den zentralen Bezugspunkt in der Bearbeitungspraxis von Wohnungslosigkeit dar:

> „Und natürlich ist es auch ein humanitärer Erfolg, wenn ich sagen kann, wir, ähm, wir/Das ist unsere AUFGABE als, als, als SOZIALE Gesellschaft, als, als Humanisten, keinen, ähm, zurückzulassen, der selber für sich nicht sorgen kann. Und das gilt genauso, äh, für Obdachlose eben." (Expert*in_urbaner Raum, Pos. 139)

5. Soziale Arbeit als Akteurin im Kontext gesellschaftlicher Transformation

Die Studienergebnisse haben ein Bild der Dialektik gezeichnet: Soziale Arbeit wird einerseits in der Weiterentwicklung eines HS für wohnungslose Menschen begrenzt und andererseits kann sie den Wandel und die Weiterentwicklung von Hilfen für wohnungslose Menschen aktiv mitgestalten und nimmt dabei eine bedeutende Position ein, die mit Machtressourcen ausgestattet ist. Die hemmenden Faktoren im HS sind vor allem systemimmanente oder von außen einwirkende Herausforderungen, im Kontext derer Soziale Arbeit in Verbindung mit der Ordnungsbehörde sowie mit kommunalen und überörtlichen Entscheidungsträger*innen agieren muss. Lokale HS für wohnungslose Menschen im Kontext gesellschaftlicher Transformationsprozesse, trotz der bestehenden Rahmenbedingungen, als Soziale Arbeit aktiv mitzugestalten, ist unter dem alltäglichem Handlungsdruck, knappen Ressourcen und bestehenden Interdependenzen nur begrenzt oder mühsam möglich. Soziale Arbeit gestaltet den Wandel gleichzeitig aktiv mit, wenn sie z. B. an einem Ort wie der ordnungsrechtlichen Unterbringung zielgerichtet eingestezt wird, obwohl sie gesetzlich zunächst nie vorgesehen war. Dies stellt eine bereits lange anhaltende Weiterentwicklung im HS dar, die noch nicht flächendeckend abgeschlossen ist. Die Etablierung neuer einzelner Hilfen, über zunächst Modellprojekte hin zu regelfinanzierten Angeboten bis hin zu neuen Hilfestrukturen für wohnungslose Menschen im ländlichen Raum, zeigen die Wirkungskraft aus der Verbindung von Aktionsplänen (finanziellen Ressourcen) und Sozialer Arbeit als antreibende Kraft in lokalen Governancestrukturen, die letztlich nur in Kooperation und durch strategische Vermittelnde Erfolgsgeschichten im Wandel lokaler HS für wohnungslose Menschen schreiben können.

Literatur

Beck, Sylvia/Reutlinger, Christian (2019): Die Wiederkehr der Wohnungsfrage. Historische Bezüge und aktuelle Herausforderungen für die Soziale Arbeit. Zürich: Seismo.

Gille, Christoph/Liesendahl, Arnd/Müller, Michael/van Rießen, Anne (2024): Zugang verweigert. Barrieren und Diskriminierung wohnungsloser Menschen am Wohnungsmarkt. Nutzer:innen- und Sozialraumforschung im Kontext Sozialer Arbeit, Nr. 10.

Holm, Andrej/Lebuhn, Henrik/Junker, Stephan/Neitzel, Kevin (2018): Wie viele und welche Wohnungen fehlen in deutschen Großstädten? Working Paper Forschungsförderung Nr. 063, Düsseldorf: Hans-Böckler-Stiftung.

Kronauer, Martin (2010): Exklusion. Die Gefährdung des Sozialen im hoch entwickelten Kapitalismus, 2., aktualisierte und erweiterte Auflage, Frankfurt am Main, New York: Campus.

Kuckartz, Udo/Rädiker, Stefan (2022): Qualitative Inhaltsanalyse. Methoden, Praxis, Computerunterstützung. 5. Auflage. Weinheim, Basel: Beltz Juventa.

Möltgen-Sicking, Katrin (2019): Lokale und regionale Governance als Ansätze der Steuerung, Koordination und Organisation in Kommunen und Regionen. In: Möltgen-Sicking, Katrin/Winter, Thorben (Hrsg.): Governance: Eine Einführung in Grundlagen und Politikfelder. Wiesbaden: Springer VS, S. 23-44.

Sellner, Nora/Hauprich, Kai (2023): Housing First. What's Next? Self-Determination all the way. In: Borstel, Dierk/Brückmann, Jennifer/Nübold, Laura/Pütter, Bastian/Sonnenberg, Tim (Hrsg.): Handbuch Wohnungs- und Obdachlosigkeit. Wiesbaden: Springer VS, S. 1-17.

Sowa, Frank (2024): Fragile Behausungen als soziales Problem. In: Soziopolis: Gesellschaft beobachten, Essay, 08.05.2024. URL: https://www.soziopolis.de/fragile-behausungen-als-soziales-problem.html [Abruf: 26.09.2024].

Sowa, Frank/Sellner, Nora/Tissot, Anna Xymena (2024): Lokale Hilfesysteme für wohnungslose Menschen im Wandel. Schriftenreihe „Prekäres Wohnen und Wohnungslosigkeit", Band 7. Nürnberg: Ohm.

Steckelberg, Claudia (2018): Wohnungslosigkeit als heterogenes Phänomen. Soziale Arbeit und ihre Adressat_innen. In: Aus Politik und Zeitgeschichte, Wohnungslosigkeit 68, S. 37–41.

Beratung, Rassismus und extrem rechte Orientierungen – gesellschaftliche Transformationsprozesse und die Professionalisierung von Beratung und Sozialer Arbeit

Friedemann Bringt, Birgit Jagusch und Marion Mayer

1. Einleitung

Im Kontext multipler Krisen wird häufig von sozialer Verunsicherung der Gesellschaft gesprochen. Die zunehmend politisierte Gewaltaffinität, die sich vor allem als extrem rechte und damit als rassistische (wie sexistische, homophobe und transfeindliche), aber auch antisemitische Gewalt äußert, wird von diversen Dokumentations- und Fachstellen (u. a.: VBRG 2024; RIAS 2024)[1] erfasst. Gleichwohl wird dies kaum mitgedacht, wenn die Wirkungen gesellschaftlicher Transformationsprozesse verhandelt werden: Ängste und Erfahrungen von betroffenen Menschen werden in der Regel nicht einbezogen. Manche Betroffene sprechen gar von einem kompletten Systemvertrauensverlust (Böttger/Lobermeier/Platcha 2014). Wenn Beratung und Soziale Arbeit sich mit gesellschaftlichen Transformationsprozessen befassen, macht es deshalb einen Unterschied, ob und wie sie auf Ängste und reale Gewalterfahrungen von Betroffenen rechter, rassistischer und antisemitischer Gewalt beraterisch reagieren. Ausgehend von der Funktion von Beratung als transformatorische Kraft werden in diesem Beitrag Wahrnehmungs-, Reaktions- und Handlungsansätze im Umgang mit extrem rechter und rassistischer Gewalt in Einrichtungen der Sozialen Arbeit und Beratung untersucht. Hierfür werden zent-

---

1 So wurden im Jahr 2023 Angriffe gegen 3.384 Personen bei 2.589 Vorfällen in 11 von 16 Bundesländern dokumentiert (VBRG 2024). Als dominantes Tatmotiv gilt Rassismus bei mehr als der Hälfte der Fälle (ebd.). Die Opfer- bzw. Betroffenenberatungsstellen registrieren zudem einen deutlichen Anstieg bei antisemitisch motivierten Angriffen um ein Drittel im Vergleich zum Vorjahr. Die RIAS-Meldestelle als Dokumentationsstelle für Antisemitismus registrierte im Jahr insgesamt 4.782 antisemitische Vorfälle, mehr als die Hälfte ereignete sich nach dem 7. Oktober 2023 (RIAS 2024: 10).

rale Ergebnisse aus der Studie ‚amal'[2] (Farrokhzad/Jagusch 2024) vorgestellt. Die Möglichkeiten einer reflektiert positionierten Beratung – als Weg eine zivilgesellschaftlich adressierten und sozialräumlichen Vertrauensbildung zu ermöglichen – wird bezogen auf die mobile Beratung gegen Rechtsextremismus diskutiert.

2. Beratung(smacht) in der Transformationsgesellschaft

Die Frage nach der Funktion von Beratung in der Transformationsgesellschaft wird innerhalb der Beratungswissenschaft kontinuierlich in Bezug auf die gesellschaftliche Wirkung von (psychosozialer) Beratung reflektiert: in Hinblick auf die Psychologisierung von Alltagsdenken und Individualisierung, als Instrument der Anpassung an Beschleunigungsprozesse oder subtile Unterwerfung unter dominanzkulturelle Deutungsmuster. Gleichzeitig wird Beratung auch in ihrer theoretischen Verortung als Gegenmacht verstanden. Beratung will als Ort nützlich und präsent sein, der neue Erfahrungen ermöglicht und sich gegen hegemoniale Deutungen sowie gewaltvolle Machtverhältnisse und Diskriminierung in der Gesellschaft aufstellt.

Beispielhaft bieten die drei Frankfurter Erklärungen zu Beratung (Forum Beratung der DGVT 2001, 2012, 2022) wie auch poststrukturalistische (z. B. Plößer 2013) und machtkritische Reflexionen zu Beratung vielfältige Impulse (u. a. Schulze/Höblich/Mayer 2018; Engel/Nestmann 2020; Paulick/Plößer 2024), sich (macht-)kritisch mit Beratung als transformatorische Kraft auseinandersetzen.

Mit der Alltags- und Lebensweltorientierung hat die soziale Funktion, die Beratung als Form der individuellen Bearbeitung und Bewältigung von vielfältigen Krisenerfahrungen innehat, eine Stärkung erfahren, in der psychologische Wissensbestände neu eingeordnet wurden. Mit dem Begriff der Doppelverortung von Beratung (Engel 2003; Großmaß 2015) wurden die sozialwissenschaftlich fundierten feldbezogenen Wissens- und Handlungsformen in der Beratung systematisiert. In Anlehnung an McLeod wurde schließlich Beratung als sozialer Prozess gefasst, in dem Berater:innen als Grenzgänger:innen die Adressat:innen bei der Rückgewinnung von sozialer Einbettung und Teilhabe unterstützen (McLeod 2004; Nestmann 2013).

---

2 Das Projekt amal – Auswirkungen rechtsextremer und rassistischer Gewalt auf das Alltagsleben von Menschen mit Migrationsgeschichte und Black People und People of Color in NRW wurde zwischen 2020-2023 umgesetzt (Farrokhzad/Jagusch 2024).

Beratung als Gegenmacht bedeutet eine solidarische Praxis zu realisieren, die Raum bietet, in dem „Anderes“ wahrgenommen und verstanden werden kann (Plößer 2013). Jede Beratung muss dabei mit dem Risiko umgehen, stattdessen Anpassungsarbeit an bestehende Machtverhältnisse zu betreiben. In letzterer Funktion agiert sie als Fremd- und Fürsorgetechnologie (Engel/Nestmann 2020) und weniger als Ort der Selbstsorge und des Empowerments. Um eine Technologisierung in diesem Sinne zu vermeiden, benötigt Beratung eine systematische sozialwissenschaftliche Analyse in Hinblick auf in der Beratung verfügte und hergestellte Deutungshorizonte. Dies bezieht die Reflexion des ‚Eingebettetseins‘ der Berater:innen in die gesellschaftlichen Machtverhältnisse und die Ebenen der professionellen Handlungsspielräume ein: die Auseinandersetzung mit der eigenen Haltung als habitus- und machtkritische Klärung, die sich im beraterischen Handeln als reflektiert-parteiliche und beispielsweise diskriminierungssensible bzw. -kritische Haltung und Beziehungsangebot zeigt. Weiterhin geht es um Zuständigkeiten und Verantwortlichkeiten, die ermöglichen, dass bestimmte Erfahrungen von Gewalt und Diskriminierung nicht nur einen Raum erhalten und ausgesprochen werden können, sondern dass diese auch konkret bearbeitet werden. Zugleich hat Beratung aber auch eine strukturbildende Funktion inne. Mit ihrem Wissen aus dem Beratungsgeschehen bildet sie einen Knotenpunkt zur Vernetzung und Einspeisung von Prozess- und Erfahrungswissen in gesellschaftliche Strukturen und Institutionen. Hierfür benötigt sie wiederum eigene Ressourcen und Möglichkeiten der Vernetzung und fachliche Gestaltung auf unterschiedlichen Ebenen. Gerade in Zeiten sehr machtvoller und konflikthafter Transformationsprozesse müssen sich Beratung und Soziale Arbeit fragen, ob ihr Engagement ohne (zivil)gesellschaftliches und politisches Commitment in eine Machtfalle treiben kann. Hier käme eine Verantwortungsabgabe von ungelösten gesellschaftlichen Herausforderungen an Beratung und Soziale Arbeit einer Instrumentalisierung von Beratung gleich.

3. Extrem rechte und rassistische Gewalt als Thema von Beratung

Extrem rechte und rassistische Gewalt und Diskriminierungen sind überall im Leben vulnerabler Menschen anzutreffen (Beigang et al. 2017; DeZIM 2023). Während die Wahrnehmung dazu steigt, sind die Verbindungen zur beraterischen Arbeit noch kaum im Fokus des Diskurses (Mayer 2024).

Mit Rekurs auf die Studie ‚amal‘ lässt sich gleichwohl konstatieren, dass sich Fachkräfte der Sozialen Arbeit und Bildungsarbeit über die Verletzungen, die ihre Adressat:innen im Alltag erfahren, bewusst sind. So geben knapp 80 %

der Befragten an, mindestens einmal in ihrer beruflichen Tätigkeit Kenntnis über extrem rechte oder rassistische Gewalt, die ihren Adressat:innen widerfährt, erlangt zu haben. In 8,2 % der Fälle gehören Erfahrungen mit rassistischer/extrem rechter Gewalt sogar zum wöchentlichen Alltag in der Arbeit der Fachkräfte (Farrokhzad/Jagusch 2024: 102). Gleichwohl muss konstatiert werden, dass nicht alle Betroffenen einen Zugang zu Beratungsstellen finden. So reflektiert eine Mitarbeiterin einer Beratungseinrichtung über die Frage der Zugänglichkeit ihrer Einrichtung:

> „Also […] BIPoC[3] kommen gar nicht so oft auf uns zu, was aber auch an unserer sehr weißen Struktur liegt. […] weil natürlich spielen da Sorgen eine Rolle: ‚Wie werden die Personen mich dann überhaupt ernstnehmen? Haben die ein Verständnis dafür? Können die das nachvollziehen?'" (RE_03b_FS_FB_yt_Mareike_ Winkler[4], Pos. 98)

Eine spezifische Qualifizierung von Fachkräften der Beratungsarbeit mit Blick auf Folgen rassistischer Gewalt und Traumata sowie auf rassismuskritische Sensibilisierung gehört bisher nicht zum Standard in den Beratungseinrichtungen (Farrokhzad/Jagusch 2024: 279ff.) und ist auch in den Curricula der Sozialen Arbeit nicht durchgängig zu finden. Hinzu kommt, dass sich institutionelle Schutz- und Rechtekonzepte, die ein breites Gewaltverständnis haben und damit auch Rassismus inkludieren, bisher allenfalls partikular etabliert haben. Denn Betroffene erfahren auch in Einrichtungen der Sozialen Arbeit und in Beratungskontexten Gewalt: So geben gut 45 % der befragten Fachkräfte an, dass die von ihnen beobachtete Gewalt sich in eigenen wie anderen institutionellen Kontexten ereignet (Farrokhzad/Jagusch 2024: 264). Für eine professionsspezifische Reflexion bedeutet dies selbstkritisch zu berücksichtigen, dass Beratungseinrichtungen nicht per se sichere Orte sind.

Ein zweiter für die Professionsentwicklung wichtiger Aspekt, nimmt die Gewalterfahrungen der gegenüber Rassismus vulnerablen Fachkräfte selbst in den Fokus (Mai 2022; Farrokhzad/Jagusch 2024: 265ff.): etwa direkte Übergriffe wie rassifizierte sexualisierte Gewalt, explizite oder implizite Bedrohungen, verbale Verletzungen oder auch körperliche Angriffe. Zu den Reaktionen, die betroffene Fachkräfte seitens der Kolleg:innen und Vorgesetzten erfahren, gehören zwar auf der einen Seite Solidarität und Unterstützung, die als entlastend empfunden werden. Auf der anderen Seite berichten diese aber auch von manifesten Fällen sekundärer Viktimisierung, wenn ihnen nach einem rassistischen oder rechten Gewaltvorfall im Kolleg:innenkreis nicht geglaubt wird oder die Betroffenen den Eindruck haben, die Einrichtung ist kein sicherer Ort, um die Erfahrungen zu teilen.

---

3 BIPoC ist eine Selbstbezeichnung und steht für Black, Indigenous and Person of Color.

4 Der Name wurde pseudonymisiert.

> „Es gibt Teamsitzungen sozusagen, aber da fühle ich mich nicht wohl, das zu thematisieren. Weil ich da Angst habe, dass dann das Opfer sozusagen dem ihre Erfahrung abgesprochen wird.“ (RD_02_BS_pc_Zeynep_Tekin, Pos. 102)

Eine Reflexion über Rassismus und machtkritische Beratung impliziert daher auch die Berücksichtigung der Erfahrungen und Bedarfe rassistisch vulnerabler Fachkräfte und der Bearbeitung im Arbeitskontext gemachter Gewalterfahrungen einschließlich institutioneller Verantwortungsübernahme.

Ein Blick in bestehende Studien über die Bearbeitung rassistischer Gewalterfahrungen zeigt, dass Betroffenenberatungen essenziell wichtig sind, um diese Erfahrungen zu reflektieren, zu bearbeiten und Unterstützung zu erhalten (Köbberling 2018; Böttger/Lobermeier/Platcha 2014). Spezialisierte (Fach-)Beratungen können etwa den geschützten Raum eröffnen, in dem sich Betroffene gehört und gesehen fühlen und eine reflektiert parteiliche Beratung stattfindet.

Gleichzeitig verdeutlichen die vorhandenen empirischen Analysen auch, dass Betroffene häufig nicht den Weg in ein solches (spezialisiertes) Beratungsangebot finden. Dies liegt zum einen daran, dass es nach wie vor zu wenig spezialisierte Beratungseinrichtungen in der Fläche gibt. Zum anderen entscheiden sich Betroffene teils bewusst dazu, keine Beratung aufzusuchen. Sie haben Sorge, auch in diesem Setting nicht ernst genommen zu werden, die Tat nicht beweisen oder keine substanzielle Hilfe erhalten zu können. Auch Scham über das Ereignis (Farrokhzad/Jagusch 2024: 244), Erfahrungen mit sekundärer Viktimisierung sowie die bloße Antizipation dessen können dazu führen, dass Betroffene solche Schritte meiden. Umso bedeutsamer sind Gatekeeper:innen, die eine Brücke des Vertrauens zwischen den Ratsuchenden und der Beratungsstelle bilden: ‚signifikante Dritte‘ aus den Communities, Mitarbeitende of Color oder andere Bezugspersonen, zu denen die Betroffenen Kontakte haben. Gerade die nicht spezialisierten Beratungseinrichtungen können hier potenziell bedeutsamer werden. Dies gilt umso mehr, als Menschen, bei denen sich der Beratungsanlass im Kontext allgemeiner Beratungsstellen wie etwa Erziehungs-, Schuldner:innen- oder Sozialberatung bewegt, nicht selten auch Erfahrungen von Diskriminierung und Rassismus mitbringen, die mit dem Beratungsanlass in Verbindung stehen, von den Ratsuchenden aber zunächst nicht benannt werden (können) (Rommelspacher 2010). Aus einer professionsbezogenen Perspektive gilt es hier, die fallunabhängigen Vernetzungen zwischen allgemeinen und spezialisierten Beratungen zu vertiefen, Module der Weiterqualifizierung zu entwickeln und das In-den-Blick-Nehmen von Diskriminierungserfahrungen in der Fallarbeit zu verstärken.

4. Mobile Beratung als neues Berufsfeld in der Transformationsgesellschaft

In den vergangenen 20 Jahren entstanden vor dem Hintergrund der Transformationsprozesse zuerst in Ost- und später auch in Westdeutschland[5] Beratungsangebote, die eine Auseinandersetzung mit extrem rechten Orientierungen und den Schutz der davon Betroffenen zum Ziel haben: besonders die Mobile Beratung gegen Rechtsextremismus (Mobile Beratung), die Beratung von Betroffenen rechter Gewalt und die Ausstiegs- und Distanzierungsberatung. Die Professionalisierung der in diesem Beitrag näher beschriebenen Mobilen Beratung steht dabei in besonderem Maße in einer praxistheoretischen Auseinandersetzung mit Sozialer Arbeit und Beratung.[6] Dabei erfährt sie auch Grenzen aktueller Wissens- und Handlungsbestände, die sich an traditionellen Beratungsschulen orientieren. Mobile Beratung fordert Beratungswissenschaften heraus, wenn sie im Gegensatz zu der im Beratungsfeld vorherrschenden Psychologisierung und Individualisierung eine auf lokale (Sozial-)Räume bezogene gesellschafts- und machtkritische Perspektive einnimmt und im Gegensatz zum im Familien- und Einzelberatungskontext genutzten Neutralitätsbegriff eine reflektierte Parteilichkeit und Solidarität mit Betroffenen rechter Gewalt einfordert:

„Gerade in der Arbeit [...] gegen Rechtsextremismus wird viel über die Begriffe Neutralität oder Allparteilichkeit [...] diskutiert. Sie gilt als professionelle Haltung für spezielle Beratungskontexte, die sich als Neutralität gegenüber Personen, Problemen oder Ideen ausdrücken kann. [...] Dies schließt jedoch nicht aus, dass die Beratenden eine eindeutige Haltung einnehmen müssen, wenn beispielsweise menschenfeindliche Positionen oder Ungleichwertigkeitsideologien geäußert werden. Insofern gibt es gute Gründe, in der systemischen Beratung Neutralität und Allparteilichkeit bewusst infrage zu stellen und kritisch zu überprüfen, auf welche Ebene sich diese Grundsätze beziehen und wo sie vielleicht Ungleichwertigkeiten legitimieren oder Diskriminierung und Ausgrenzungen mittragen." (Burghardt/Eder/König 2023: 139)

---

5 Nimmt dieser Band die Auswirkungen gesellschaftlicher Transformationsprozesse auf die Professionalisierung Sozialer Arbeit und damit von Beratung als einem ihrer professionellen Felder in den Blick, so ist für Ostdeutschland zu konstatieren, dass hier seit 1989 sich teilweise überlagernde unterschiedliche Transformationsprozesse (Vereinigungsprozess, Globalisierung, Digitalisierung und neue Kommunikationsformen, ökologische Transformation) das gesellschaftliche Klima bestimmen.

6 Weitere Wissenschaftsfelder, die für die Mobile Beratung konstitutiv sind, sind Politologie und Pädagogik (Politische Bildung).

Mobile Beratung macht Angebote in der Schnittstelle zwischen Individuum, Gruppen, Organisationen und Sozialraum. Ihre fachlich-ethische Positionierung in der Menschenrechtsorientierung Sozialer Arbeit und der Betonung eines Vorrangs menschenrechtlicher Perspektiven in einem fachlichen Mandat Sozialer Arbeit (Triplemandat) (BMB 2021: 13; Klare 2023: 33f.; Staub-Bernasconi 2019) ermöglicht eigene fachliche Perspektiven in Abgrenzung zu einem Beratungsverständnis als Unterwerfung unter dominanzkulturelle Deutungsmuster (s.o.). So geht es Mobiler Beratung nicht um die vielfach von (Kommunal-)Politik und Förderinstanzen gewollte ‚Befriedung' lokaler Konflikte oder die kurzfristige Deckung lokaler Bedarfe nach Informationsvermittlung. Es geht ihr vielmehr in der Ausformulierung des Staub-Bernasconi'schen Triplemandats um eine Unterstützung und begleitung marginalisierter Gruppen und deren Selbstermächtigung zu (kommunal-)politischer Teilhabe und Mitbestimmung.

Der durch die Berater:innen getragene länderübergreifende Prozess der Berufsfeldentwicklung als Fachaustausch zu eigenen Standards und Qualitätskriterien im Bundesverband Mobile Beratung (BMB) hat sich als wirksames Instrument erwiesen (Bringt 2023: 229f.). So konnten praxisnahe Weiterbildungsformate als Reflexionsräume für die eigene Beratungspraxis entwickelt werden, die auch Raum zum Austausch über eigene Gewalterfahrungen bzw. Ängste bieten. Mit der Konzeption und Durchführung einer hochschulzertifizierten Weiterbildung in Kooperation mit der Alice Salomon Hochschule Berlin (ASH Berlin) bringt der BMB die benannten eigenen fachspezifischen Perspektiven in die Qualifizierung sozial- und geisteswissenschaftlicher Arbeitsfelder ein und entwickelt das eigene Beratungsverständnis in einem praxiswissenschaftlichen Diskurs weiter. Ihre inhaltlichen Schwerpunkte bilden beratungswissenschaftliche, gendersensible, sozialraumorientierte, juristische und intersektionale Perspektiven auf sukzessive von den Teilnehmenden eingebrachte (Beratungs-)Fälle aus deren beruflicher Praxis. Indem ihre Praxiserfahrungen zum Ausgangs- und Ankerpunkt theoretischer und fachpolitischer Impulse in der Weiterbildung gemacht werden, können die subjekttheoretischen Perspektiven der Teilnehmenden auf ihre Praxis bearbeitbar gemacht und damit verbundene theoretische Fragestellungen praxisnah vermittelt und diskutiert werden. Dies erfolgt als fortwährender Prozess mit unterschiedlichen didaktischen und methodischen Zugängen, wie Intervision und Reflexionsgruppen, die zwischen den Modulen arbeiten. Ziel ist es, eine theoriebewusste Praxis, Beratungshaltung und Methodenüberprüfung anzuregen.

5. Fazit

Die Ausführungen in diesem Beitrag machen deutlich, dass eine noch engere Verzahnung von spezialisierten Beratungen in der Auseinandersetzung mit extrem rechten Orientierungen mit dem grundständigen Beratungsdiskurs in der Sozialen Arbeit notwendig und wünschenswert wäre. Wege wie die Zertifikatsweiterbildung von BMB und ASH Berlin sind hierfür geeignet. Sie können aktuelle Erfahrungen aus der Beratungspraxis fallanalytisch systematisieren, in einen gelingenden Austausch mit theoretischen Grundlagen bringen und damit auch Beratungswissenschaft bereichern und weiterentwickeln. Es braucht darüber hinaus weitere Verknüpfung mit den regulären Curricula in Sozialer Arbeit und Beratungswissenschaft.

Der Beitrag zeigt auch, dass eher abstrakte Begriffe wie Demokratiegefährdung sehr konkrete Auswirkungen auf individuelle Leben haben. Die Komplexität der Themen und der Gedanke von grundständigen Schutzkonzepten legen nahe, dass es mehr anlassunabhängige Vernetzungen braucht, um im Gemeinwesen eine Kultur der Diskriminierungssensibilität zu fördern.

Literatur

Beigang, Steffen/Fetz, Karolina/Kalkum, Dorina/Otto, Magdalena (2017): Diskriminierungserfahrungen in Deutschland. Ergebnisse einer Repräsentativ- und einer Betroffenenbefragung. Hrsg. v. Antidiskriminierungsstelle des Bundes. Baden-Baden: Nomos.

Böttger, Andreas/Lobermeier, Olaf/Plachta, Katarzyna (2014): Opfer rechtsextremer Gewalt. Analysen zu gesellschaftlicher Integration und Desintegration. Wiesbaden: Springer VS.

Bringt, Friedemann (2023): Berufsfeldentwicklung im Bundesverband Mobile Beratung. Zivilgesellschaft entwickelt eine neue Profession. In: Bringt, Friedemann/Mayer, Marion/Warrach, Nora/Lehnert, Esther (Hrsg.): Beratung zu Rechtsextremismus und Demokratiegefährdung. Konzepte, Herausforderungen, intersektionale Perspektiven. Weinheim, Basel: Beltz Juventa, S. 226-237.

Bundesverband Mobile Beratung (BMB) (2021): Mobile Beratung gegen Rechtsextremismus. Inhaltliche und methodische Grundsätze. Dresden: Eigenverlag.

Burghardt, Jan/Eder, Julia/König, Jan (2023): „Methodisch unterwegs“. Ein Methodenspiel für die menschenrechtsorientierte Beratung. In: Bringt, Friedemann/Mayer, Marion/Warrach, Nora/Lehnert, Esther (Hrsg.): Beratung zu Rechtsextremismus und Demokratiegefährdung. Konzepte, Herausforderungen, intersektionale Perspektiven. Weinheim, Basel: Beltz Juventa, S. 130-142.

DeZIM (Hrsg.) (2023): Rassismus und seine Symptome. Bericht des Nationalen Diskriminierungs- und Rassismusmonitors. Berlin. URL: https://www.rassismusmoni

tor.de/fileadmin/user_upload/NaDiRa/Rassismus_Symptome/Rassismus_und_seine_Symptome.pdf [AbAbruf: 12.11.2023].

Engel, Frank (2003): Beratung – ein eigenständiges Handlungsfeld zwischen alten Missverständnissen und neuen Positionierungen. In: Praxis der Kinderpsychologie und Kinderpsychiatrie, 52(4), S. 215-233.

Engel, Frank/Nestmann, Frank (2020): Kritische Beratung und Macht. In: VPP – Verhaltenstherapie und psychosoziale Praxis, 52(1), S. 29-40.

Farrokhzad, Schahrzad/Jagusch, Birgit (2024): Extrem rechte und rassistische Gewalt. Auswirkungen – Handlungs- und Bewältigungsmuster – Konsequenzen. Weinheim, Basel: Beltz Juventa.

Forum Beratung der DGVT (2001/2014): Frankfurter Erklärung zur Beratung. Aufruf zu einem Neuen Diskurs. In: Nestmann, Frank/Engel, Frank/Sickendiek, Ursel (Hrsg.): Das Handbuch der Beratung. Bd. 2: Ansätze, Methoden und Felder (3., unveränd. Aufl. 2014). Tübingen: DGVT, S. 1271–1274.

Forum Beratung der DGVT (2012/2013). Zweite Frankfurter Erklärung zur Beratung. In: Nestmann, Frank/Engel, Frank/Sickendiek, Ursel (Hrsg.): Das Handbuch der Beratung. Bd. 3: Neue Beratungswelten. Fortschritte und Kontroversen. Tübingen: DGVT, S. 1831–1839.

Forum Beratung der DGVT (Deutsche Gesellschaft für Verhaltenstherapie) (2022): Dritte Frankfurter Erklärung zu Beratung. URL: https://www.dgvt.de/fileadmin/user_upload/Dokumente/Themenbereiche/Beratung/2022-04-11-DritteFrankfurterErklaerung-ForumBeratung-DGVT.pdf [Abruf: 02.12.2024].

Großmaß, Ruth (2015): Beratung als Haltung. In: VPP – Verhaltenstherapie & Psychosoziale Praxis, 47 (1), S. 133-141.

Klare, Heiko (2023): Spannungsfelder Mobiler Beratung zwischen professioneller Haltung, Förderlogiken und Versicherheitlichung. In: Bringt, Friedemann/Mayer, Marion/Warrach, Nora/Lehnert, Esther (Hrsg.): Beratung zu Rechtsextremismus und Demokratiegefährdung. Konzepte, Herausforderungen, intersektionale Perspektiven. Weinheim, Basel: Beltz Juventa, S. 32-46.

Köbberling, Gesa (2018): Beratung von Opfern rechter und rassistischer Gewalt: Herausforderungen Sozialer Arbeit zwischen individueller Hilfe und politischer Intervention. Bielefeld: transcript.

Mai, Hanna Hoa Anh (2020): Pädagog*innen of Color. Professionalität im Kontext rassistischer Normalität. Weinheim, Basel: Beltz Juventa.

Mayer, Marion (2024): Die Wahrnehmung von Phänomenen Gruppenbezogener Menschenfeindlichkeit in der professionellen Beratung. In: VPP – Verhaltenstherapie und psychosoziale Praxis, 56 (2), S. 212-225.

McLeod, John (2004): Counselling – eine Einführung in Beratung. Tübingen: DGVT.

Melter, Claus (2006): Rassismuserfahrungen in der Jugendhilfe: eine empirische Studie zu Kommunikationspraxen in der Sozialen Arbeit. Münster, New York, München, Berlin: Waxmann.

Nestmann, Frank (2013): Ein soziales Modell von Beratung – John McLeods Vorschlag, Beratung als einen „sozialen Prozess“ zu verstehen. In: Engel, Frank/Nestmann, Frank/Sickendiek, Ursel (Hrsg.): Das Handbuch der Beratung. Bd. 3. Tübingen: DGVT, S. 1397-1408.

Paulick, Christian/Plößer, Melanie (2024): Macht- und diskriminierungskritische Beratung mit Foucault denken. In: VPP – Verhaltenstherapie und psychosoziale Praxis, 56 (2), S. 254-269.

Plößer, Melanie (2013): Beratung poststrukturalistisch. Von sich erzählen. In: Engel, Frank/Nestmann, Frank/Sickendiek, Ursel (Hrsg.): Das Handbuch der Beratung. Bd. 3. Tübingen: DGVT, S. 1367-1380.

RIAS – Bundesverband der Recherche- und Informationsstelle Antisemitismus e.V. (Hrsg.) (2024): Jahresbericht Antisemitische Vorfälle in Deutschland 2023. URL: https://www.report-antisemitism.de/annuals/ [Abruf: 02.12.2024].

Rommelspacher, Birgit (2010): Ethnische Minderheiten in der psychosozialen Beratung. Dynamiken von Integration und Segregation. In: Labonté-Roset, Christine/Hoefert, Hans-Wolfgang/Cornel, Heinz (Hrsg.): Hard to reach. Schwer erreichbare Klienten in der Sozialen Arbeit. Praxis, Theorie, Innovation – Berliner Beiträge zur sozialen Arbeit und Pflege. Bd. 9. Berlin: Schibri, S. 186–195.

Schulze, Heidrun/Höblich, Davina/Mayer, Marion (2018): Macht – Diversität – Ethik in der Beratung. Wie Beratung Gesellschaft macht. Opladen, Berlin, Toronto: Verlag Barbara Budrich.

Staub-Bernasconi, Silvia (2019): Menschenwürde – Menschenrechte – Soziale Arbeit: Die Menschenrechte vom Kopf auf die Füße stellen. Opladen: Verlag Barbara Budrich.

Verband der Beratungsstellen für Betroffene rechter, rassistischer und antisemitischer Gewalt e.V. (2024): Rechte Gewalt 2023: Eine alarmierende Jahresbilanz der Opferberatungsstellen (Pressemitteilung 21.05.2024). URL: https://verband-brg.de/wp-content/uploads/2024/05/VBRG_Jahresbilanz_rechte_Gewalt_2023_vorab_Sperrfrist 210524_final.pdf [Abruf: 02.12.2024].

Vielfalt der Familienformen – (K)ein Thema für die Soziale Arbeit? Soziale Arbeit mit Familien zwischen Anspruch und Wirklichkeit

Frauke Risse, Stefanie Sauer, Anna Kasten, Sarah Häseler, Philip Krüger und Sara Nasri

1. Einleitung

Im Rahmen gesellschaftlicher Transformationsprozesse ist die Vielfalt von Familienformen für Forschung und Praxis der Sozialen Arbeit zunehmend relevant geworden. Auch wenn dies im öffentlichen Bewusstsein und politischen Handeln in Deutschland vielfach noch nicht angemessen berücksichtigt und akzeptiert wird, ist die Anerkennung der Vielfalt gelebter Familienformen, verbunden mit Freiheiten der persönlichen Lebensgestaltung und dem Abbau traditioneller Rollenerwartungen an Eltern, in Disziplin und Profession der Sozialen Arbeit mittlerweile selbstverständlich und ihre Ermöglichung und Gewährleistung eine ihrer zentralen Aufgaben (Wendt 2021: 116); der Anspruch der Sozialen Arbeit mit Familien besteht in der Offenheit und Toleranz gegenüber allen Familienformen. Dementgegen weisen Forschungsergebnisse (z. B. Sauer/Risse 2024) darauf hin, dass Sozialarbeiter:innen in der professionellen Praxis nach wie vor stereotype Familienbilder reproduzieren, die an der bürgerlichen Kleinfamilie mit heteronormativen Geschlechterrollen orientiert sind. Als „Akteurin in gesellschaftlichen Veränderungen" (Mayrhofer/Pilgrim 2014: 258) wird die Praxis der Sozialen Arbeit der „Achtung der Vielfalt" (IFSW 2014) in Bezug auf die Anerkennung unterschiedlicher Familienformen und -entwürfe als gesellschaftliche Normalität nicht immer gerecht.

Dieser Beitrag verdeutlicht anhand von drei thematisch unterschiedlichen qualitativen Forschungsprojekten zu den Arbeitsfeldern Pflegekinderhilfe (2.), Familienzentren (3.) und Frühe Hilfen (4.) den Widerspruch zwischen professionellem Anspruch und professioneller Wirklichkeit. In den drei Projektskizzen werden intersektionale Verschränkungen zwischen der Familie als einer Differenzkategorie mit anderen Differenzkategorien von Geschlecht, Heteronormativität und Klassismus im Kontext der Sozialen Arbeit mit Familien aufgezeigt. Dabei werden Vergeschlechtlichungs-, Normalisierungs- und Marginalisierungsprozesse sichtbar, die verhindern, Adressat:innenbilder und das professionelle Handeln auf die Vielfalt der Familienformen auszurichten.

2. „Die sind zumindest eine intakte Familie“ – zur Persistenz familienbezogener Normalitätsvorstellungen in der Pflegekinderhilfe

Im Kontext des professionellen Handelns in der Kinder- und Jugendhilfe ist es wichtig zu verstehen, welche familienbezogenen Konstruktionen bei Fachkräften vorliegen. Aktuelle Studien zeigen, dass familienbezogene Normalitätsvorstellungen auf das professionelle Handeln von Fachkräften in der Sozialen Arbeit wirken und, wenn sie unreflektiert bleiben, ein detailliertes Fallverstehen erschweren können. Vorstellungen einer guten Familie oder guter, verantworteter Elternschaft können eine Orientierungs-, Erklärungs- und Legitimierungsfunktion haben (z. B. Bauer/Wiezorek 2017, 2021; Sauer/Risse 2024). Ein dominierendes Bild von Familie, das dem der bürgerlichen Kleinfamilie entspricht, steht häufig im Kontrast zu den Familienformen und Lebensrealitäten von Adressat:innen der Kinder- und Jugendhilfe. Wollen Fachkräfte dem Einzelfall gerecht werden, müssen sie diese Vorstellungen von Familie reflektieren. Gleichzeitig sind diese Vorstellungen der Reflexion nur schwer zugänglich (Bauer/Wiezorek 2021: 270). Der Arbeit im Team kommt hier eine besondere Bedeutung zu: Fälle werden im Team besprochen, um geeignete Hilfe zu diskutieren und den Verlauf von Unterstützungsprozessen zu reflektieren.

Im Rahmen eines qualitativen Forschungsprojekts[1] zum professionellen Handeln in der Pflegekinderhilfe wurde sieben Teams aus öffentlichen und freien Trägern der Jugendhilfe eine Fallvignette zur Fallbesprechung vorgelegt. Zur Diskussion stand die Frage der Rückführung eines Pflegekindes in den Haushalt einer schwangeren, suchtbelasteten Mutter in neuer Partnerschaft. In der Falldiskussion nutzen die Teams normative Vorstellungen von Familie und Elternschaft als Interpretationsfolie. Diese sind mit der antizipierten Praxis und den damit verknüpften Adressat:innenkonstruktionen nur schwer zusammenzuführen. Aus einer intersektionalen Perspektive wird deutlich, dass unterschiedliche (Differenz-)Kategorien wirkmächtig werden, wobei neben allgemeinen Annahmen zum Herkunftsmilieu der Herkunftsfamilie insbesondere genderbezogene Vorstellungen und jene zu Sucht und Elternschaft miteinander in Wechselwirkung stehen.

Die Teams orientieren sich überwiegend an familienerhaltenden Hilfen, was sich zunächst mit gesetzlichen Vorgaben erklären lässt, Fremdunterbringung zu vermeiden und Rückführungen anzustreben. Dem gegenüber stehen das Kindeswohl und eine mögliche Kindeswohlgefährdung sowie die in Zwei-

1 Es handelt sich um ein bisher noch nicht veröffentlichtes Dissertationsprojekt von Frauke Risse mit dem Arbeitstitel: „Reflexivität im professionellen Handeln von Fachkräften im Feld der Sozialen Arbeit mit Familien“.

fel stehende Erziehungsfähigkeit der leiblichen Mutter. Wenn familienerhaltende Interventionen fokussiert werden, geht es überwiegend darum, dass *Mutter, Vater, Kind*, d. h. die *Familie,* als Kleinfamilie zusammenleben. Gleichzeitig adressieren die Teams lediglich die Mutter als Klientin und appellieren an ihre Verantwortung; ihr werden Motivation und Kooperationsbereitschaft positiv angerechnet. Der antizipierte Wunsch nach dem *normalen* Familienleben und naturalisierende Ideen von Mutterliebe erhöhen das Verständnis der Fachkräfte für sie und führen dazu, dass sie als hilfebedürftig konstruiert wird. Familienerhaltende Szenarien bleiben diskutierbar, wenn die Mutter *clean*, d. h. abstinent, bleibt, sich verantwortungsvoll in ihrer Mutterrolle zeigt und kooperationsbereit im Umgang mit allen Beteiligten ist. In diesem Sinne diskutieren die Teams auch, ob der neue Partner eine Ressource oder ein Risiko für die Mutter, die Hilfe oder die Familie ist. Er wird häufiger als (neuer) Partner, seltener als (werdender) Vater und selten als sozialer Vater oder Stiefvater benannt. Im Gegensatz zur Mutter wird er nicht als hilfebedürftig gedeutet. Als eine Ressource würde er beispielsweise angesehen, wenn er die Mutter darin unterstützt, clean zu bleiben, oder die Kleinfamilie materiell versorgt. Die entworfenen Szenarien brechen überwiegend an der antizipierten Praxis, und familienerhaltende Szenarien sowie die Rückführung des Pflegekindes erscheinen unwahrscheinlich. Dann gehen die Teams beispielsweise davon aus, dass der Partner lediglich an einer leiblichen Kleinfamilie, d. h. seinem leiblichen Kind, interessiert ist und die soziale Elternschaft (Stieffamilie) ablehnt. In diesem Fall antizipieren einzelne Teams, dass die Mutter die Partnerschaft höher bewertet als die Beziehung zum Kind und sich eher der leiblichen Kleinfamilie zuwendet. Unter der Annahme, dass das ältere Kind leidet, wird eine Rückführung zum Risiko.

Während der neue Partner als leiblicher und sozialer Elternteil immer wieder aus den Überlegungen ausgeklammert wird und nicht in das Ressourcen-Schema passt, zeigen die Fachkräfte gegenüber der Mutter häufig eine paternalistische Haltung. Für die Teams scheint es dann auch darum zu gehen, eine Arbeitsbeziehung aufzubauen beziehungsweise aufrechtzuerhalten und Zwang zu vermeiden. Dahinter liegen Adressat:innenkonstruktionen der belasteten jungen Mutter als unverantwortlich, instabil und abhängig, aber auch fähig, sich anzupassen und zu verändern. Tendenziell gilt sie als ihrer Biografie und Sucht ausgeliefert (*kann nicht*), aber möglicherweise auch berechnend-kalkulierend und egozentrisch (*will nicht*). Mit dem Schwinden persönlicher und familiärer Ressourcen steigt der Bedarf an Kontrolle, eine Inobhutnahme des Kindes scheint wahrscheinlich und eine Rückführung wird ausgeschlossen oder die Entscheidung wird in die Zukunft verlagert. Es sind schließlich immer wieder Idealbilder (z. B. eine leibliche Kleinfamilie, die Mutter übernimmt reproduktive Verantwortung, der Vater stabilisiert die Mutter und versorgt die Familie, das Wohl des Kindes steht im Vordergrund, die Eltern bleiben clean) und Adressat:innenbilder, die schwer miteinander vereinbar sind und anhand eines Ressourcen-Risiko-Schemas diskutiert werden. Entsprechende familienbezogene Normalitätsvorstellungen und potenziell stigmatisierende Adressat:innenkonstruktionen sowie die Diskrepanz zwischen Ideal und antizipierter Praxis wurden in der Diskussion selten hinterfragt. Die Orientierung am traditionellen Familienbild hilft den Teams viel mehr die Komplexität des Falls zu reduzieren und einen Umgang mit Ungewissheiten in der Fallarbeit zu finden. Sie ermitteln gemeinsame Bezugspunkte, halten einen Fokus auf den Fall sowie den gesehenen Auftrag und driften nicht in andere (Rand-)Themen ab. Stattdessen gehen sie in für sie relevanten Themen weiter, auch ohne Entscheidungen zu formulieren, und halten Ambiguitäten aus.

3. Armutslagen in Familienzentren[2]

Unter der Perspektive des Klassismus soll nun das sozialarbeiterische Handeln in Familienzentren betrachtet und ein Blick auf die Herausforderungen der Thematisierung von Armutslagen sowie die Überschneidung von Familienarmut und Familienform geworfen werden. Dabei wird auf zwei Beobachtungen eingegangen: 1) Armutslagen werden in Familienzentren, insbesondere in den offenen Angeboten, nicht thematisiert. 2) Insbesondere Frauen* sind alleinerziehend und somit von Armut bedroht, sodass eine Überschneidung von Familienarmut und Familienform vorliegt.

Familienzentren, die nach § 16 des Sozialgesetzbuches VIII zur Familienförderung gehören, halten ein breites Spektrum von Angeboten vor: von Eltern-Kind-Cafés über offene Angebote bis hin zu Sozialberatungen sowie zielgruppenspezifischen Angeboten für alleinerziehende Elternteile (BMFSFJ 2021: 17). Trotz der Vielfalt werden Familien in finanziell herausfordernden Lebenslagen von Unterstützungsangeboten weniger gut erreicht (Deutscher Verein für öffentliche und private Fürsorge e. V. 2020: 5). Der Zugang wird über spezifische Beratungsangebote wie beispielsweise ein Umgangscafé oder die Sozialberatung hergestellt; in diesen definierten Kontexten können finanzielle Problemlagen angesprochen werden. Zugleich berichten Fachkräfte in Familienzentren, dass für die Erreichbarkeit von armutsbetroffenen Familien die „professionelle Beziehungsgestaltung“ (Spiegel 2018: 94ff.) zwischen den Fachkräften und den Familien ausschlaggebend ist. Wenn eine vertrauensvolle

2 Der Artikel beruht auf einem Evaluationsprojekt, das 2023 an der Katholischen Hochschule für Sozialwesen Berlin durchgeführt wurde. Zwei Familienzentren wurden forschend begleitet, die sich das Ziel gesetzt hatten, die Erreichbarkeit von armutsbetroffenen Familien insbesondere in heterogenen Quartieren zu erhöhen. Das qualitative Forschungsdesign beinhaltete Expert*inneninterviews mit Fachkräften und Familien sowie eine Erhebung über Photovoice.

und wertschätzende Beziehung zwischen Mitarbeitenden und Besucher:innen von Familienzentren besteht, werden auch finanziell herausfordernde Lebenslagen angesprochen. Nun werden in Familienzentren aber insbesondere niedrigschwellige Angebote wie offene Treffs oder Cafés initiiert, um einen unkomplizierten, stigmatisierungsfreien Zugang zu ermöglichen. Hierbei berichten Fachkräfte der Sozialen Arbeit von Schwierigkeiten, im offenen Rahmen und ohne Adressierung der Armutslage etwaige sozioökonomisch herausfordernde Lebenslagen anzusprechen. Die Sorge, schambehaftete Situationen herzustellen und die Gefahr der Individualisierung sozialer Problemlagen scheint manchen Fachkräften eine Ansprache zu erschweren (vgl. Kerle 2023: 233ff.). So zeigt sich ein Spannungsverhältnis zwischen der Vermeidung der Benennung von Armutslagen und dem Hinweis auf strukturelle Problemlagen, der im Sinne des Tripelmandats Sozialer Arbeit angezeigt wäre. Die professionelle Haltung in Bezug auf Armut ist somit zentral für die Einnahme einer klassismuskritischen Perspektive und das sich daraus ergebende professionelle Handeln.

Unter der Klassismusperspektive wird zudem die Überschneidung zwischen Familienarmut, Familienform und Geschlechterrolle deutlich. Hier sind insbesondere alleinerziehende Personen im Fokus: Im Jahr 2021 waren 26,6 % der Alleinerziehenden von Armut betroffen – bei zwei Erwachsenen im Haushalt mit einem Kind lag die Quote bei 9 %, mit zwei Kindern bei 11,4 % (Statistisches Bundesamt 2022). Insbesondere Frauen* sind dieser Personengruppe zugehörig: Laut Statistischem Bundesamt (2023a) sind 82,4 % der alleinerziehenden Elternteile Frauen*. Um der Individualisierung von Armut angemessen entgegentreten zu können, ist nicht nur deren offene Thematisierung im Familienzentrum auf der Mikroebene, sondern auch die Thematisierung von Armutslagen als strukturelle Dimension auf der Makroebene wichtig, um transformative Entwicklungen zu ermöglichen. Auch das Zusammenspiel tradierter Rollenverständnisse, in denen Frauen* als Sorgepersonen fungieren und gleichzeitig einer kapitalistischen Logik der Erwerbstätigkeit folgen, ist als strukturell bedingte Problemlage anzusehen. Somit ist eine Überschneidung der Diskriminierungskategorien „Klassenzugehörigkeit" und „Zugehörigkeit zu einem Geschlecht" (Bronner 2021: 19f.) sowie der Familienform vorhanden.

Zusammenfassend lässt sich sagen, dass die Zurückhaltung der Fachkräfte, Armutslagen zu thematisieren, zu deren Nichtthematisierung führen kann. Dies hat zur Folge, dass eine Entindividualisierung von Armut ausbleibt, (verdeckte) Formen von Armut bestehen bleiben, und die Dimension der Makroebene nicht erkannt wird. Genderstereotype Vorstellungen von Carearbeit-Leistenden, insbesondere von Frauen*, spielen dabei eine wesentliche Rolle.

4. Chancen und Grenzen genderstereotyper Adressierungen im Kontext der Sozialen Arbeit mit werdenden Vätern

Die Herausforderungen für die Soziale Arbeit im Kontext genderstereotyper Adressat:innenkonstruktionen von Vätern werden im Forschungsprojekt zu genderhomogenen Angeboten der Geburtsmedizin und Sozialen Arbeit thematisiert. Elternschafts- und Familienkonstellationen können nicht per se als heteronormative und binärgeschlechtliche Formen des Zusammenlebens verstanden werden (Eickhorst 2023: 80). Dennoch sind Vaterschaft und Vaterschaftskonzepte in der heutigen Gesellschaft immer noch an Vorstellungen von Männlichkeiten gebunden und werden daher im Spannungsfeld zwischen hegemonialer Männlichkeit und Caring Masculinities verhandelt (Meuser/Neumann 2022: 32ff.). Da jene Männlichkeitsvorstellungen auch heutzutage noch eng mit Erwerbstätigkeit verknüpft sind, lassen sich vor allem in Bezug auf Vollzeiterwerbstätigkeit nach der Geburt eines Kindes Retraditionalisierungen beobachten, die trotz gleichberechtigter Rollenverteilungen bereits vor der Geburt eintreten (Meuser/Neumann 2022: 27f.). Auch wenn die gesetzlichen Regelungen zur Elternzeit und zum Elterngeld als Erfolgsmodell verstanden werden, verweisen Statistiken auf eine Ungleichverteilung zugunsten einer stärkeren Erwerbstätigkeit von Vätern und einer verstärkten Care-Verantwortung von Müttern (Statistisches Bundesamt 2023b). Der Übergang zur Vaterschaft kann als eine irreversible Transition verstanden werden, die bei werdenden Vätern durch gesteigerte Rollenanforderungen zwischen Vollzeiterwerbstätigkeit und gleichzeitiger Care-Verantwortung eine Rollendiffusion auslösen kann. Eine solche Transition mit einhergehender Rollendiffusion kann auch als ambivalente bzw. kritische Lebenssituation identifiziert werden (Böhnisch 2018: 75ff.). Die Soziale Arbeit soll in diesen oder ähnlichen krisenhaften Situationen als Mittlerin zwischen Individuum und Gesellschaft die Herstellung psychosoziale Handlungsfähigkeit unterstützen und dazu entsprechende Angebote vorhalten (Böhnisch 2023).

Institutionen der Sozialen Arbeit haben im Rahmen sozialpädagogischer Bildungsarbeit die Chance, werdende Väter zur Thematisierung ihrer krisenhaften oder als krisenhaft erlebten Situation anzuregen, die durch die Transition zur Vaterschaft evoziert wird. Klassische Angebote der Geburtsvorbereitung hingegen adressieren vor allem werdende Mütter und deren gesundheitliche Situation; sie sind darüber hinaus geeignet, die traditionelle Arbeitsteilung der Eltern zu bestätigen und zu reproduzieren (Müller 2022: 339ff.). Unterschiedliche Initiativen und Institutionen bieten zusätzlich Bildungs- und Beratungsformate für werdende Väter: z. B. als *Geburtsvorbereitung für werdende Väter*, *Geburtsvorbereitung für Männer* oder *Crashkurs für werdende Väter*.

Im Rahmen solcher Angebote bekommen werdende Väter in genderhomogenen Gruppen die Möglichkeit, sich gezielt auf ihre Vaterschaft vorzubereiten und mit anderen werdenden Vätern auszutauschen (Krüger 2024: 80f.).

Im Rahmen eines qualitativen Forschungsprojektes[3] nach der Grounded-Theory-Methodologie wurden drei unterschiedliche genderhomogene Angebote der Geburtsmedizin und der Sozialen Arbeit untersucht und leitfadengestützte Interviews mit Kursleitungen und Teilnehmenden geführt und aus einer heteronormativitätskritischen Perspektive betrachtet. Die Einnahme dieser kritischen Perspektive brachte im Forschungsprozess die genderstereotype Adressierung der Zielgruppe zum Vorschein. Interessanterweise bedienen sich die unterschiedlichen Institutionen einer ähnlichen genderstereotypen Adressierung, um ihre Angebote für werdende Väter zu bewerben, und sind bei ihrer Zielgruppe offenbar erfolgreich. Auf ihren Homepages oder in Printprodukten werden Claims veröffentlicht wie z. B. *Von Mann zu Mann* oder *Nur für Männer*, ebenso wie Bilder mit Carrerabahn, Tischfußball oder ein Gruppenbild mit Teilnehmenden die Bierflaschen in der Hand halten (Krüger 2024: 82ff.). Es handelt sich daher mehrheitlich um eine *weiße*, heteronormative Ansprache, die gezielt auf bestimmte Aspekte von Männlichkeit abzielt. Väter werden als Männer positioniert und mit traditionellen männlichen Attributen wie Tischfußball und Bier assoziiert. Die Positionierung werdender Väter als Personen in Care-Verantwortung findet, wenn überhaupt, nur randständig Beachtung. Selbstverständlich sind nicht alle anbietenden Institutionen gleich, jedoch verwundert die ähnliche stereotype Adressierung und evoziert die Frage nach dem Motiv. Wie dargestellt, sind werdende Väter nicht im primären Fokus der Angebote rund um die Geburt eines Kindes. Wenn diese jedoch dazu motiviert werden sollen, sich im Rahmen einer aktiven Vaterschaft in das Familiengeschehen einzubringen und nicht alleinig auf die Rolle des erwerbstätigen Vaters verwiesen zu sein, dann müssen sie auch eingebunden werden. Dies könnte eine Lesart jener genderstereotypen Adressierung sein. Wenn werdende Väter sich direkt angesprochen fühlen, dann steigert dies eventuell ihre Motivation zur Teilnahme. Dem muss jedoch gegenübergestellt werden, dass durch stereotype Adressierungen Männlichkeiten jenseits *weißer* Heteronormativität nicht angesprochen wird. Die zumindest implizite Reproduktion traditioneller Männlichkeiten bindet Vaterschaft unausgesprochen an Erwerbsarbeit und traditionelle familiale Arbeitsteilung zurück und erweitert Männlichkeiten nicht um Care-Aspekte und Care-Praxen. Des Weiteren liegt es allein in der Verantwortung der jeweiligen Kursleitungen, Geschlechterstereotype im Angebot aufzubrechen, um sie nicht (unfreiwillig) zu legitimieren und zu reproduzieren. Besonders vor dem Hintergrund sich verändernder gesell-

3 Es handelt sich um das bisher noch nicht veröffentlichte Dissertationsprojekt von Philip Krüger mit dem Arbeitstitel „Verunsicherte werdende Väterlichkeit – Eine bewältigungstheoretische Betrachtung genderhomogener Bildungs- und Beratungsangebote für werdende Väter“.

schaftlicher Zusammenhänge ist es für die Soziale Arbeit als gesellschaftlicher Akteurin von Bedeutung, diesen Einsatz genderstereotyper Adressierungen bewusst zu hinterfragen und nicht opportunistisch als Zugang zur Zielgruppe einzusetzen.

5. Fazit

Gesellschaftliche Transformationen bilden sich auch im Bereich der Familie ab. Die Vielfalt von Familien-, Lebens- und Liebesentwürfen erfährt größere Sichtbarkeit und mehr gesellschaftliche Anerkennung. In den drei Forschungsprojekten werden verschiedene Organisationsformen, nämlich die Pflegekinderhilfe, Familienzentren und Frühe Hilfen, in den Blick genommen. Dabei werden Themen der Professionsforschung wie die Fallbearbeitung, die Zielgruppenkonstruktion und der Auftrag für die Soziale Arbeit untersucht. Die Ergebnisse aus allen drei Projekten zeigen, dass sich die Diversität gesellschaftlicher Transformation in der Praxis der Sozialen Arbeit mit Familien in den vorgestellten Forschungsprojekten nicht rekonstruieren lässt. Hingegen scheinen in den Adressat:innenbildern wie im professionellen Handeln immer wieder Geschlechterstereotype und tradierte Familienvorstellungen auf. Daraus ergeben sich die folgenden Fragen: Was macht Professionalität in der jeweils konkreten Praxis der Sozialen Arbeit mit Familien aus? Welche Wirkmächtigkeit haben normative Familienvorstellungen von Fachkräften auf die Gestaltung von Unterstützungs- und Bildungsprozessen? Lässt sich die Professionalisierung in der Sozialen Arbeit mit Familien überhaupt mit der tradierten – und gleichzeitig sehr exklusiven – Familienvorstellung vereinbaren? Auch wenn die letzte Frage zu verneinen ist, bestimmen tradierte Familienvorstellungen die Praxis der Sozialen Arbeit. Das bedeutet, dass der Auftrag Sozialer Arbeit, sich für strukturellen Wandel einzusetzen, d. h. „soziale Gerechtigkeit zu fördern, Diskriminierungen und ungerechten Politiken und Praxen entgegenzuwirken und sich für den Zugang zu einer gerechteren Verteilung von Ressourcen einzusetzen" (Prasad 2023: 8), nicht erfüllt wird. Fachkräfte der Sozialen Arbeit im Bereich der Familie schöpfen ihr gestalterisches Potenzial zur gesellschaftlichen Transformation nicht aus. Sie sollten sich der Gefahr von Ausgrenzungs- und Diskriminierungspotenzialen bewusstwerden, die zum einen mit einer fehlenden Reflexion der eigenen Orientierung an normativen Familien(leit)bildern und zum anderen mit einer nicht hinterfragten Organisationskultur, die an normativen Familienvorstellungen orientiert ist, verbunden sein kann.

Nur so kann die Soziale Arbeit als Akteurin gesellschaftlichen Wandels einen Beitrag dazu leisten, dass die vielfältigen Familienformen mit diversen Elternschaftsdimensionen in ihren jeweiligen Besonderheiten in der Gesellschaft als gleichberechtigt anerkannt werden und Geschlechtergerechtigkeit diversitätssensibel gestaltet wird.

Literatur

Bauer, Petra/Wiezorek, Christine (2017): Familienbilder zwischen Kontinuität und Wandel. Einleitende Bemerkungen. In: Bauer, Petra/Wiezorek, Christine (Hrsg.): Familienbilder zwischen Kontinuität und Wandel. Analysen zur (sozial-)pädagogischen Bezugnahme auf Familie. Weinheim, Basel: Beltz Verlag, S. 7–22.

Bauer, Petra/Wiezorek, Christine (2021): Familienbilder im Kontext von Kinderschutz In: Familiendynamik 4, S. 268–277. DOI: https://doi.org/10.21706/fd-46-4.

Böhnisch, Lothar (2018): Der modularisierte Mann. Eine Sozialtheorie der Männlichkeit. Bielefeld: transcript.

Böhnisch, Lothar (2023): Lebensbewältigung. Ein Konzept für die Soziale Arbeit. Weinheim, Basel: Beltz Juventa.

Bronner, Kerstin/Paulus, Stefan (2021): Intersektionalität: Geschichte, Theorie und Praxis. Stuttgart: utb.

Bundesministerium für Familie, Senioren, Frauen und Jugend (2021): Familienbildung und Familienberatung in Deutschland Eine Bestandsaufnahme. https://www.bmfsfj.de/resource/blob/183222/e7ce032e8b741bb93ac3f53fdf358d76/familienbildung-und-familienberatung-in-deutschland-prognos-data.pdf [Abruf: 22.06.2024].

Deutscher Verein für öffentliche und private Fürsorge (2020): Empfehlungen des Deutschen Vereins für die Stärkung von Familienzentren. URL: https://www.heinzundheideduerrstiftung.de/earlyexcellence-blog/wp-content/uploads/2020/08/DV-28-18_St%C3%A4rkung-Familienzentren.pdf [Abruf: 30.07.2024].

Eickhorst, Andreas (2023): Die andere Seite der Medaille. Soziale Arbeit mit Vätern. In: Matzner, Michael/Eickhorst, Andreas (Hrsg.): Handbuch Soziale Arbeit mit Müttern. Weinheim, Basel: Beltz Juventa, S. 80–94.

International Federation of Social Work (2014): Die IFSW/IASSW Definition der Sozialen Arbeit von 2014. URL: https://www.ifsw.org/wp-content/uploads/2019/07/definitive-deutschsprachige-Fassung-IFSW-Definition-mit-Kommentar-1.pdf [Abruf: 30.07.2024].

Kerle (2023): Armut im Blick? Eine Ethnographie zu Familienzentren nach dem Early-Excellence-Ansatz. Weinheim, Basel: Beltz Juventa.

Kessl, Fabian (2013): Soziale Arbeit in der Transformation des Sozialen. Eine Ortsbestimmung. Wiesbaden: Springer Verlag.

Krüger, Philip (2024): Chancen und Risiken genderstereotyper Ansprache von Männern im Kontext der Bildungs- und Beratungsarbeit am Beispiel der Geburtsvorbereitung für werdende Väter. In: Praxis der Kinderpsychologie und Kinderpsychiatrie – Ergebnisse aus Psychotherapie, Beratung und Psychiatrie 73, 5, S. 77–90.

Mayrhofer, Hemma/Pilgram, Arno (2014): Soziale Arbeit in gesellschaftlichen Transformationsprozessen. In: Österreichische Zeitschrift für Soziologie (ÖZS): Vierteljahresschrift der Österreichischen Gesellschaft für Soziologie, Nr. 39, S. 257–262.

Meuser, Michael/Neumann, Benjamin (2022): Vaterschaft. In: Yashodhara Haller, Lisa/ Schlender, Alicia (Hrsg.): Handbuch feministische Perspektiven auf Elternschaft. Opladen, Berlin, Toronto: Verlag Barbara Budrich, S. 27–38.

Müller, Marion (2022): Geburtsvorbereitungskurse. In: Yashodhara Haller, Lisa/Schlender, Alicia (Hrsg.): Handbuch feministische Perspektiven auf Elternschaft. Opladen, Berlin, Toronto: Verlag Barbara Budrich, S. 339–346.

Prasad, Nivedita (2023): Methoden struktureller Veränderungen (in der Sozialen Arbeit). In dies.: (Hrsg.): Methoden struktureller Veränderungen in der Sozialen Arbeit. Opladen, Toronto: Verlag Barbara Budrich, S. 7–32.

Sauer, Stefanie/Risse, Frauke (2024): Familien unterstützen heißt unkonventionell denken. In: FORUM sozial – Die berufliche Soziale Arbeit 1/2024, S. 34–40.

Spiegel, Hiltrud von (2018): Methodisches Handeln in der Sozialen Arbeit. 7. Aufl. München: Ernst Reinhardt Verlag.

Statistisches Bundesamt (2022): Pressemitteilung Nr. 327 vom 4. August 2022. URL: https://www.destatis.de/DE/Presse/Pressemitteilungen/2022/08/PD22_327_634.html [Abruf: 22.06.2024].

Statistisches Bundesamt (2023a): Alleinerziehende Elternteile* nach Geschlecht und Familienstand 2022. URL: https://www.sozialpolitik-aktuell.de/files/sozialpolitik-aktuell/_Politikfelder/Familienpolitik/Datensammlung/PDF-Dateien/abbVII20.pdf [Abruf: 18.06.2024].

Statistisches Bundesamt (2023b): Elterngeld 2022: Väteranteil steigt weiter auf 26,1 %. URL: https://www.destatis.de/DE/Presse/Pressemitteilungen/2023/03/PD23_123_22922.html [Abruf: 02.06.2023].

Wendt, Peter-Ullrich (2021): Lehrbuch Soziale Arbeit. Weinheim, Basel: Beltz Juventa.

Herausforderungen für Forschung, Lehre und Praxis Sozialer Arbeit

Forschungsethische Herausforderungen in gesellschaftlichen Transformationsprozessen

Carla Wesselmann, Sabine Schäper, Anna Kasten und Robel Afeworki Abay

1. Einleitung

Den Ausgangspunkt des Beitrags bilden die grundlegenden Prinzipien menschenrechtsbasierter Forschung: Wertegebundenheit, Sensibilität für Machtverhältnisse, Partizipation und Transparenz (Degener/Butschkau 2020: 133). Auf dieser Basis wird in drei Abschnitten aufgezeigt, mit welchen Herausforderungen Forschende und die Forschungsethikkommission der DGSA im Kontext von Prozessen gesellschaftlicher Transformation(en) konfrontiert sein können. Ziele des Beitrags sind die Offenlegung forschungsethischer Probleme und die Diskussion von Fragen der Verantwortung(szumessung). Als Erstes zeigt Anna Kasten auf, wie vor dem Hintergrund der „soft-autoritären Transformation" (Adam/Steinhauer/Randeria 2022) in Polen und der damit einhergehenden Kriminalisierung der Hilfe für Geflüchtete an der polnisch-belarusischen[1] Grenze im Forschungsfeld die Einnahme unterschiedlicher und wechselnder Rollen als Aktivist:in und als Forscher:in erforderlich machen. Carla Wesselmann und Sabine Schäper stellen zunächst dar, was die zunehmenden und in sich komplexen Digitalisierungsprozesse im Kontext Sozialer Robotik für das Geben-Können einer Informierten Einwilligung bedeuten, die erstens ein gut verständliches Dokument zu derselben erfordern, zweitens, wie diese Zustimmung im Forschungsprozess als permanenter Aushandlungsprozess zu gestalten ist, insbesondere mit Personen, deren Einwilligungsfähigkeit als unsicher beurteilt wird. Robel Afeworki Abay schließt daran mit dem Konzept Cultural Humility an und erläutert, wie konstruktives Scheitern und kulturelle Demut als integrale Bestandteile und als Instrumente zur kontinuierlichen Reflexion forschungsethischer Fragen nützlich sind (Afeworki Abay/von Unger 2024). Der Beitrag schließt mit einem Resümee der Autor:innen zu wei-

---

1 Die Schreibweise beim Wort „belarusisch" mit einem „s" orientiert sich an der Argumentationsweise der Belaausisch-Deutschen Geschichtskommission, die diese Schreibeweise empfiehlt, um deutlich zu machen, dass es sich „bei der Republik Belarus um einen souveränen Staat handelt, der nicht Teil Russlands ist" (Belarusisch-Deutsche Geschichtskommission 2020).

terführenden Fragen und mit einem Ausblick, welche Implikationen sich daraus für den forschungsethischen Diskurs im Feld der Sozialen Arbeit ergeben.

2. Forschungsethische Herausforderungen im Kontext der soft-autoritären Transformation der Migrationspolitik in Polen[2]

An der polnisch-belarusischen Grenze lässt sich verstärkt seit Sommer 2021 die Etablierung des Migrationsregimes beobachten. Auf die steigende Anzahl von Menschen an der Grenze Polens zu Belarus, die fliehen/migrieren, reagierte die damalige polnische PiS[3]-Regierung im September 2021 mit der Einführung des Ausnahmezustands im Grenzgebiet und im Januar 2022 mit einem Mauerbau. Auch mit dem Regierungswechsel im Oktober 2023 verändert sich der Kurs der polnischen Migrationspolitik an der polnisch-belarusischen Grenze nicht.

Die Situation in Polen wird mit dem Begriff des „sanften Autoritarismus" (Randeria 2021) beschrieben. *Sanfter Autoritarismus*, ein Regierungsstil, bedeutet einen schleichenden Prozess der sukzessiven Untergrabung der Prinzipien und Institutionen liberaler Demokratien mit demokratischen Mitteln (Adam/Steinhauer/Randeria 2022: 18). Der Ausdruck *sanft/soft* blendet nicht die Robustheit und die Brutalität dieser Form des Autoritarismus aus, sondern weist darauf hin, dass es keines gewaltsamen Putsches bedarf, um eine autoritäre Regierungsform zu etablieren (ebd.). Charakteristisch für diese Form des *sanften* Autoritarismus in Polen im Kontext der Migrationspolitik an der polnisch-belarusischen Grenze ist u. a. die Legitimierung von Menschenrechtsverletzungen an der Grenze, die Beschneidung von bürgerlichen Freiheiten, die Übertragung der Macht an die Grenzschutzbeamt:innen, die Normalisierung eines Quasi-Ausnahmezustands und die Kriminalisierung und Strafverfolgung von Personen, die Hilfe und Unterstützung für die Geflüchteten leisten, sowie das Schüren von Hass und Angst (Adam et al. 2024: 134ff.). Sanfter Autoritarismus ebnet den Weg zur demokratischen Legitimierung der Migrationsgrenzregimepolitik. Soft-autoritäre Transformation und Grenzregime lassen sich im Kontext der Migrationspolitik Polens anhand zweier Prozesse – der Militarisierung des Grenzregimes und der Ausdehnung der Handlungs-

---

2 Für die Anregungen und für die vielen Gespräche zu den forschungsethischen Herausforderungen dankt Anna Kasten ihrer langjährigen Begleiterin Marta Wiatr.

3 Die Abkürzung „PiS" steht für die Partei „Prawo i Sprawiedliwość" („Recht und Gerechtigkeit").

spielräume staatlicher Autoritäten durch eine Reihe juristischer Veränderungen – beobachten (Adam/Steinhauer/Randeria 2022: 28f.).

Vor dem Hintergrund der „soft-autoritären Transformation" (ebd.) in Polen und der damit einhergehenden Kriminalisierung von Migration, Hilfe und Helfenden geht die Frage nach der Rolle als Forscher:in und als Aktivist:in im Forschungsfeld einher. Mit dieser Frage befassen sich die aktiven Mitglieder der Forscher:innengruppe an der Grenze (Badacze i Badaczki na Granicy, BBnG), die kurz nach dem Ausbruch der humanitären Krise an der polnisch-belarusischen Grenze gegründet wurde. In einem Interview sprechen Katarzyna Potoniec, Natalia Judzińska und Inga Hajdarowicz diese ethische Herausforderung an (Potoniec et al. 2023).

Alle drei Mitglieder der Forscher:innengruppe BBnG betonen, dass die aktivistische und forschende Rolle eigentlich nicht zu trennen seien. Katarzyna Potoniec spricht vom Erlebten als einem Antrieb für die eigene Forschung. Für Natalia Judzińska sind die beiden Bereiche – Aktivismus und Forschung – „sehr starke Elemente meiner Identität, die nicht ohne einander funktionieren würden"[4] (Potoniec et al. 2023). Inga Hajdarowicz wünscht sich einen unmittelbaren Nutzen von Forschung „auch und vielleicht vor allem für die gesellschaftliche Bewegung der Menschen, die sich für die Bekämpfung dieser Krise einsetzen" (Potoniec et al. 2023). Natalia Judzińska und Inga Hajdarowicz konzipieren Forschung als einen festen Bestandteil des gesellschaftlichen Wandels. In der Sozialarbeitsforschung in Deutschland ist ein solches Verständnis der Forschungsaktivitäten nicht neu. Jane Addams z. B. war „engagierte Sozialforscherin der ersten Stunde und politisch aktive Reformerin" (Halatcheva-Trapp/Poferl 2023). Es ist notwendig, über das Neben- und Ineinandergreifen der beiden Rollen zu reflektieren, wie sich dies in meinem aktuellen Forschungsprojekt zu *Migration Policy Pratice in der Gemeinde Michałowo* an der polnisch-belarusischen Grenze zeigt.

Aus einer herrschaftskritischen Perspektive wird die Metapher des Sacrums als einen möglichen Umgang mit dem Dilemma vorgeschlagen. Das Wort „Sacrum" hat zwei Bedeutungen. Es drückt zum einen etwas Sakrales, etwas Heiliges aus und zum anderen bedeutet es eine Opfergabe. Die polnisch-belarusische Grenze wurde zu einer Art Sacrum, insofern eine Gleichzeitigkeit zwischen dem Versprechen auf ein gutes Leben und der Nekropolitik besteht. Die Menschen, die sich auf den Weg machen und in den Wäldern und Sümpfen von Polen und Belarus stecken bleiben, haben Hoffnung auf ein gutes Leben. Worauf sie jedoch stoßen, ist eine 5,5 Meter hohe, oben mit einem Klingendraht versehene Mauer. Die soft-autoritäre Transformation produziert das Sacrum, indem sich im Grenzgebiet ein Kampf um das (Über-)Leben ereignet, indem nur die Ausgewählten den Zugang haben, indem Menschen sterben, in-

---

4 Wenn nicht anders vermerkt, sind die Zitate aus dem Polnischen ins Deutsche von Anna Kasten übersetzt worden.

dem Menschen ihr Leben für ein besseres Leben opfern und indem vielleicht auch das Menschenleben auf eine bestimmte Weise „geopfert wird“. Die daraus resultierende Antwort auf das forschungsethische Dilemma zwischen der Rolle als Forscher:in und Aktivist:in ist eher die, auf den repressiven, autoritären und gewaltvollen Kontext hinzuweisen, der dieses forschungsethische Dilemma erst entstehen lässt.

3. Forschungsethische Knackpunkte im Kontext Sozialer Robotik

Viele Anträge an die Forschungsethikkommission auf forschungsethische Begutachtung kommen aus der gesundheitsbezogenen Sozialen Arbeit; zunehmend handelt es sich um Forschung zum Einsatz von sozialen Robotern. Damit spitzen sich sowohl professions- als auch forschungsethische Fragestellungen zu. Soziale Roboter sind „sensomotorische Maschinen, die für den Umgang mit Menschen oder Tieren geschaffen wurden“ (Bendel 2021:4) Sie sind mit KI-gestützten Sensoren ausgestattet, können kabellos in Räumen navigieren und verfügen über sozial-kommunikative Funktionen. Je nach Programmierung fungieren sie als Alltagsbegleiter, der an die Medikamenteneinnahme erinnert oder/und zur Unterhaltung genutzt wird. Im Bereich der Pflegeeinrichtungen werden sie längst eingesetzt. Ein Beispiel ist die Kuschelrobbe *Paro*[5], ein Stimulationsroboter, entwickelt für Menschen mit neurogenerativen Erkrankungen. Studienergebnisse zum Einsatz von *Paro* zeigen, dass sie bei diesen Menschen Wohlbefinden auslösen kann (Karner 2020). Eine zentrale Frage zur Praxis des Einsatzes solcher Roboter besteht darin, in welcher Weise Personen, bei denen ein solcher Roboter zum Einsatz kommt, diesem Einsatz zustimmen. Dies betrifft nicht erst den konkreten Einsatz in der Praxis, sondern schon die Frage der Einwilligung im Kontext der Entwicklung und in der Begleitforschung zum Einsatz Sozialer Robotik: Wurden die Nutzer:innen gefragt? Wurde ihnen hinreichend verständlich gemacht, dass es sich bei *Paro* um eine Simulation handelt? Zeigten sie Einwilligungsfähigkeit? Wie lässt sich diese im Zweifel prüfen? Oder bekamen sie *Paro* einfach auf den Schoß gesetzt? Ohne wirksame Einwilligung käme der Einsatz einem Akt der Täuschung gleich, wenn die Person selbst nicht oder nicht mehr zwischen einem echten Tier und einem simulierten Roboter unterscheiden kann, der mit ihnen, ihren Emotionen und Gefühlen interagiert. Mit der Verbreitung von sozialen

5 Darzustellen, wie *Paro* reagiert, sprengt den Rahmen, wie ihr Einsatz beworben wird, ist auf der Seite der Vertreiberfirma in Deutschland, der Cyberdyne Care Robotics GmbH nachzulesen (https://robbeparo.de/).

Robotern im Feld der Sozialen Arbeit geht es nicht nur um Fragen der Beteiligung von Adressat:innen und Fachkräften in der Entwicklung und Programmierung, sondern auch um forschungsethische Mindeststandards bei der Erforschung ihres Einsatzes sowie in der späteren Anwendung in der Alltagspraxis, etwa in betreuten Wohnformen. Sie erfordern neben der Klärung von Fragen des Datenschutzes das Einholen der informierten Einwilligung. Aufgrund der Komplexität der Technologie mit ihren Auswirkungen auf die emotionale Befindlichkeit stellt sich die Frage nach Kriterien, wer bei der Entwicklung algorithmischer KI-Systeme, die in den sozialen Robotern installiert und auch mit dem Internet verbunden sind, die Verantwortung trägt. Laut der Expertise von Orwat (2019) sind Kompetenzen vonnöten, um z. B. Trainingsdaten (ausgewählte Informationen mit den algorithmische KI-Systeme gefüttert werden) einordnen zu können. Denn mit diesen Trainingsdaten können KI-Systeme weiterlernen (maschinelles Lernen). Das belegt auch die Studie von Schulze/Kauffeld/Tanner (2022), die betont, wie wichtig die partizipative Entwicklung von Einsatzszenarien und Aufgabenprofilen sozialer Roboter ist, ganz besonders mit Blick auf ‚vulnerable' Gruppen. Angesichts der generellen Herausforderungen, die mit der Einschätzung der individuellen Einwilligungsfähigkeit bei Menschen mit kognitiven Einschränkungen verbunden sind, potenziert sich hier die forschungsethische Anforderung. Die UN-Behindertenrechtskonvention und das seit 2024 reformierte deutsche Betreuungsrecht sind in Bezug auf persönliche Entscheidungsprozesse sehr eindeutig: Die Entscheidungsfindung darf niemals ersetzend, sie soll unterstützt erfolgen. Dem liegt die grundlegende Auffassung zugrunde, dass jeder Mensch als handlungs- und entscheidungsfähiges Rechtssubjekt zu betrachten ist (Art. 12 UN-BRK: „legal capacity"; Schäper 2018). Die Herausforderung besteht darin, Informationen so bereitzustellen, dass die betreffende Person in der Lage ist, sie zu verstehen, einschließlich der Risiken, die mit einer Einwilligung verbunden sein können. Die Erklärung von Menschen als „einwilligungsunfähig" ist kein Ausweg, schon gar nicht, wenn bestimmten Personengruppen eine Einwilligungsfähigkeit pauschal abgeschrieben wird. Vielmehr ist erforderlich, im Einzelfall und situativ und immer wieder neu zu prüfen, in welcher Weise die Person möglicherweise ihren Willen in Bezug auf den Einsatz eines Roboters kundtun könnte. Dabei sind ihr die damit verbundenen Implikationen und Risiken verständlich zu erläutern. Das vermeintliche ‚Problem' einseitig beim Menschen, der einwilligen soll, zu lokalisieren, konterkariert den mit der UN-BRK vollzogenen Paradigmenwechsel, der sich in den Prinzipien menschenrechtsbasierter Forschung konkretisiert. Das Recht auf Partizipation und Selbstbestimmung zu beachten, ist im Kontext informierter Einwilligung durch eine unterstützte Entscheidungsfindung umzusetzen. Entscheidungen dürfen nicht den Personen, die die Software im Auftrag von IT-Unternehmen entwickeln, überlassen werden; stattdessen bedarf es der Entwicklung geeigneter Verfahren und Institutionen, um diese Kriterien kontextspezifisch und demokratisch, gegebenenfalls immer wieder neu auszuhandeln.

4. Cultural Humility: konstruktives Scheitern und kulturelle Demut als integrale Bestandteile partizipativer Forschungsprozesse

Auch wenn Forschende mit methodologisch und ethisch herausfordernden Zugängen kritisch-reflexiv umgehen, lassen sich die existierenden Machthierarchien zwischen den akademisch Forschenden und beteiligten Forschungspartner:innen selbst in partizipativen Forschungsprojekten weder negieren noch vollständig auflösen (Afeworki Abay 2023; Russo 2021). Bestehende Machtverhältnisse müssen daher im gesamten Verlauf des Forschungsprozesses explizit in den Blick genommen, kritisch reflektiert und entsprechend abgebaut werden (Otten/Afeworki Abay 2022). Ein besonderes Augenmerk soll hier auf die Notwendigkeit kritischer Auseinandersetzung mit der eigenen Standortgebundenheit und Positionalität der Forschenden gelegt werden, um die damit verbundenen Verstrickungen in die Reproduktion gesellschaftlicher Machtverhältnisse in einem kritisch-reflexiven Forschungsprozess besonders in den Fokus zu stellen (von Unger 2018; Afeworki Abay/Engin 2019). Eine ethisch verantwortungsvolle und kritisch-reflexive Forschungspraxis verlangt neben methodisch durchdachten Zugängen und entsprechenden Ressourcen auch kontinuierliche Macht- und Selbstreflexionen (Korntheuer/Afeworki Abay/Westphal 2021). Das Konzept des *Cultural Humility* bietet gute Möglichkeiten zu kritischen Reflexionen der eigenen gesellschaftlichen Positioniertheit und Verstrickungen in Machtverhältnisse. Im Sinne des ‚konstruktiven Scheiterns' ist es zudem notwendig, einen entsprechenden Reflexionsraum zu schaffen, der eine gewisse ‚Fehlerfreundlichkeit' zulässt, im gesamten Forschungsprozess eine Art ‚kultureller Demut' (*Cultural Humility*) aufkommen lässt und damit auch die notwendigen Selbstreflexionsprozesse tatsächlich ermöglicht (Afeworki Abay/von Unger 2024). Im Rahmen der partizipativen Studie zu Diskriminierung und Teilhabe an Erwerbsarbeit von BIPoC mit Behinderungserfahrungen haben sich die folgenden Fragen ergeben, die im Verlauf des gesamten Forschungsprozesses kritisch reflektiert wurden (Afeworki Abay 2023):

- Wie können der Feldzugang, die gemeinsame Erhebung und Auswertung der empirischen Daten gelingen, um den verschiedenen subjektiven Perspektiven der Forschungspartner:innen auch bei der Interpretation und Veröffentlichung der Forschungsergebnisse gerecht zu werden?

- Wie und in welchem Rahmen werden die eigene Voreingenommenheit, Positionalität und Standortgebundenheit der Forschenden im gesamten Forschungsprozess reflektiert?
- Inwieweit lässt sich die Frage nach der Ownership der Forschungsdaten adressieren, um bestimmte Formen des epistemischen Extraktivismus zu verhindern?
- Wie kann also sichergestellt werden, dass die Forschungsergebnisse an die beteiligten Communities und Praxispartner:innen rückgekoppelt werden?

Die kritische Reflexion zu diesen und weiteren Fragen ist daher nicht als eine abschließend erlernte Erkenntnis zu begreifen, sondern vielmehr als fortwährender und notwendiger Prozess des Lernens und Verlernens in einem von Machtverhältnissen durchzogenen Kontext gesellschaftlicher Transformation (Afeworki Abay 2023). Hiermit ist die Erkenntnis eng verbunden, dass „Forschungsprozesse als ethische Lernprozesse" (Weber 2021: 61) zu verstehen sind, die auch im Kontext der aktuellen Debatten der Transformationsforschung mit vielfältigen Herausforderungen einhergehen. Im Kontext partizipativer Forschung an der Schnittstelle von Behinderung und Migration/Flucht zeigen sich diese Herausforderungen in intersektionaler Hinsicht. Insbesondere ergeben sich diese intersektionalen Herausforderungen auf der einen Seite im Sinne konstruierter Vulnerabilitäten, die „in partizipativen Settings hinterfragt werden [können], auf der anderen Seite stellen sich reale Risiken durch die schwierige oder nicht umsetzbare Anonymisierung als zentrale Herausforderung" (Korntheuer/Afeworki Abay/Westphal 2021: 238). Mithilfe eines methodisch-methodologisch stringent durchdachten und ethisch verantwortungsvollen (*Ethical Accountability*) partizipativen Forschungszugangs zu gesellschaftlich marginalisierten Gruppen wird der empirische Forschungsprozess selbst zum Gegenstand der kontinuierlichen Reflexion von Machtverhältnissen (Otten/Afeworki Abay 2022; Afeworki Abay 2023; Russo 2021).

5. Resümee

Die skizzierten forschungsethischen Herausforderungen in den drei exemplarisch herausgegriffenen Feldern, in welchen in unterschiedlicher Weise gesellschaftliche Transformationen und ihre (Aus-)Wirkungen sichtbar werden, stehen für die sich ständig verändernden Anforderungen an die Forschungsethik, die in einem Kodex kaum bzw. nicht zeitnah abgebildet werden können. Was den drei genannten Forschungsfeldern gemein ist, sind die Kategorisierung und Zuschreibung der Adressat:innen als ‚vulnerable' Gruppe und damit einhergehend die Wahrnehmung und Einschätzung der eigenen Unzulänglichkeiten und der damit verbundenen Notwendigkeit permanenter machtkritischer Selbstreflexion im Forschungsprozess. Forschungsprozesse gerade mit sogenannten vulnerablen Gruppen müssen als kontinuierlicher Aushandlungsprozess zwischen Forschenden, dem ‚Feld' und den Adressat:innen gestaltet werden. So kann Forschung sowohl der Gefahr der politischen und gesellschaftlichen Folgenlosigkeit als auch der Missachtung oder Verletzung der Rechte der als ‚vulnerabel' adressierten Personen entgehen. Gerade in sich zuspitzenden gesellschaftlichen und politischen Krisen sind dialogische Aushandlungsprozesse zentral, und sie spiegeln sich notwendigerweise auch in Prüfverfahren zur ethischen Bewertung von Forschungsvorhaben: Auch diese Prüfverfahren sind nur dialogisch-diskursiv als Aushandlungsprozess aller Beteiligten unter Einbeziehung verschiedener disziplinärer Perspektiven denkbar. Die Ressourcen, die für eine diskursiv angelegte Konzipierung und Prüfung von Forschungsvorhaben ebenso wie deren Umsetzung erforderlich sind, müssen in der Entwicklung von Forschungsdesigns und in ethischen Begutachtungsprozessen mitgedacht werden.

Literatur

Adam, Jens/Flader, Ulrike/Steinhauer, Hagen/Randeria, Shalini (2024): Soft Authoritarian Lawfare. Threats to Democracy from Within. In: Lonardo, Luigi (Hrsg.): Addressing Hybrid Threats: European Law and Policies. Cheltenham: Edward Elgar Publishing Limited, S. 130–148.

Adam, Jens/Steinhauer, Hagen/Randeria, Shalini (2022): Von Differenzlinien und moralischen Mehrheiten: Majoritäre Identitätspolitiken als soft-autoritäre Herrschaftspraxis. In: polylog. Zeitschrift für interkulturelles Philosophieren, 48, S. 15–40.

Afeworki Abay, Robel/von Unger, Hella (2024): Cultural Humility in Participatory Research. Debunking the Myth of 'Hard-to-Reach' Groups. In: Afeworki Abay, Robel/Soldatic, Karen (Hrsg.): Intersectional Colonialities: Embodied Colonial Violence and Practices of Resistance Across Disability, Race, Indigeneity, Class, and Gender. London: Routledge, S. 351–370.

Afeworki Abay, Robel (2023): Konstruktives Scheitern: Selbstreflexion als fortwährender Prozess des Lernens und Verlernens. In: Afeworki Abay, Robel (Hrsg.): Dekolonialisierung des Wissens: Eine partizipative Studie zu Diskriminierung und Teilhabe an Erwerbsarbeit von BIPoC mit Behinderungserfahrungen. Bielefeld: transcript, S. 271–278.

Afeworki Abay, Robel/Engin, Kenan (2019): Partizipative Forschung: Machbarkeit und Grenzen. Eine Reflexion am Beispiel der MiBeH-Studie. In: Behrensen, Birgit/Westphal, Manuela (Hrsg.): Fluchtmigrationsforschung im Aufbruch. Methodologische und methodische Reflexionen. Wiesbaden: Springer VS, S. 379–396.

Belarusisch-Deutsche Geschichtskommission (2020): Empfehlungen zur Schreibweise von Belarus in deutschsprachigen Texten Stand Juli 2020. Die Belarusische Gemeinschaft RAZAM e.V. URL: https://razam.de/wp content/uploads/2022/07/200715_pressemitteilung_geschichtskommission_by_de.pdf [Abruf: 29.08.2024].

Bendel, Oliver (Hrsg.) (2021): Soziale Roboter. Technikwissenschaftliche, wirtschaftswissenschaftliche, philosophische, psychologische und soziologische Grundlagen. Wiesbaden: Springer Gabler. DOI: https://doi.org/10.1007/978-3-658-31114-8.

Degener, Theresia/Butschkau, Malin (2020): Emanzipation ohne Vereinnahmung – Menschenrechtsbasierte Forschung in den Disability Studies. In: Brehme, David/Fuchs, Petra/Köbsell, Swantje/Wesselmann, Carla (Hrsg.): Disability Studies im deutschsprachigen Raum. Zwischen Emanzipation und Vereinnahmung. Weinheim: Beltz Juventa, S. 132–150. DOI: https://dx.doi.org/10.18452/21523.

Halatcheva-Trapp, Maya/Poferl, Angelika (2023): Jane Addams (1860-1935): Engagierte Sozialforscherin der ersten Stunde und politisch aktive Reformerin. In: Soziopolis: Gesellschaft beobachten. URL: https://nbn-resolving.org/urn:nbn:de:0168-ssoar-91361-3 [Abruf: 02.07.2024].

Karner, Susanne (2020): Effekte einer robotergestützten Intervention mit PARO beim Hemineglect: eine randomisiert-kontrollierte Studie. URL: https://opendata.uni-halle.de/bitstream/1981185920/33634/1/Dissertation%20SKarner%2006%2005%20%20 2020.pdf [Abruf: 02.07.2024].

Korntheuer, Annette/Afeworki Abay, Robel/Westphal, Manuella (2021): Forschen in den Feldern von Flucht und Behinderung: Ein Vergleich von forschungsethischen Herausforderungen und notwendigen forschungspraktischen Rahmenbedingungen. In: Franz, Julia/Unterkofler, Ursula (Hrsg.): Forschungsethik in der Sozialen Arbeit: Prinzipien und Erfahrungen. Theorie, Forschung und Praxis der Sozialen Arbeit. Leverkusen-Opladen: Verlag Barbara Budrich, S. 229–242.

Orwat, Carsten (2019): Diskriminierungsrisiken durch Verwendung von Algorithmen (ADS 2019). URL: https://www.antidiskriminierungsstelle.de/SharedDocs/downloads/DE/publikationen/Expertisen/studie_diskriminierungsrisiken_durch_verwendung_von_algorithmen.html [Abruf: 29.07.2024].

Otten, Matthias/Afeworki Abay, Robel (2022): Partizipative Teilhabeforschung an der Schnittstelle Behinderung und Fluchtmigration. In: Wansing, Gudrun/Schäfers, Markus/Köbsell, Swantje (Hrsg.): Teilhabeforschung – Konturen eines neuen Forschungsfeldes. Wiesbaden: Springer VS, S. 367–384. DOI: https://doi.org/10.1007/978-3-658-38305-3.

Potoniec, Katarzyna/Judzińska, Natalia Hajdarowicz, Inga Knut, Paweł (2023): Paweł Knut im Gespräch mit Katarzyna Potoniec, Natalia Judzińska, Inga Hajdarowicz. Wrażliwe oko, Heinrich-Böll-Stiftung Warszawa. 16. Juni 2023. URL: https://pl.boell.org/pl/2023/06/16/wrazliwe-oko [Abruf: 02.07.2024].

Randeria, Shalini (2021): URL: https://up2date.uni-bremen.de/forschung/sanfter-autoritarismus [Abruf: 02.07.024].

Russo, Jasna (2021): Von Emanzipation zu Partizipation und zurück: Erfahrungswissen in der psychiatrischen Forschung. In: Flick, Sabine/Herold, Alexander (Hrsg.): Zur Kritik der partizipativen Forschung – Forschungspraxis im Spiegel der Kritischen Theorie. Weinheim: Beltz Juventa, S. 265–286.

Schäper, Sabine (2018): Einwilligung als Befähigungsprozess: Kritische Hinweise zur Praxis der Beteiligung von Proband*innen mit kognitiven Beeinträchtigungen in Forschungsprojekten. In: Behindertenpädagogik 57(2), S. 134-146.

Schulze, Hartmut/Kauffeld, Simone/Tanner, Alexandra (2022): Soziale Roboter auf dem Weg in die Praxis. In: Gr Interakt Org 53, 267–271. DOI: https://doi.org/10.1007/s11612-022-00663-4

von Unger, Hella (2018): Ethische Reflexivität in der Fluchtforschung. Erfahrungen aus einem soziologischen Lehrforschungsprojekt. In: Forum: Qualitative Social Research, 19(3). DOI: 10.17169/fqs-19.3.3151.

Weber, Dieter (2021): Forschungsprozesse als ethische Lernprozesse. Forschungsethik in der Sozialen Arbeit. Prinzipien und Erfahrungen. In: Franz, Julia/Unterkofler, Ursula (Hrsg.): Forschungsethik in der Sozialen Arbeit: Prinzipien und Erfahrungen. Theorie, Forschung und Praxis der Sozialen Arbeit. Leverkusen-Opladen: Verlag Barbara Budrich, S. 61–80.

Die Bedeutung ökologischer Gerechtigkeit für die Menschenrechtsprofession Soziale Arbeit: Impulse für eine Erweiterung ihrer Ethik

Kristina Kieslinger, Andrea Schmelz, Barbara Schramkowski, Ingo Stamm und Lisa Dörfler

1. Unser Anliegen

Die globale dreifache ökologische Krise der Erderhitzung, des Biodiversitätsverlusts und der Verschmutzung/Vermüllung und ihre ökologischen Schäden verstärken soziale Ungerechtigkeiten und Vulnerabilitäten. Es wird immer deutlicher, wie stark Ursachen und Auswirkungen der Krise mit sozialen Ungleichheitsverhältnissen zusammenhängen. Dies verlangt danach, soziale Gerechtigkeitsdiskurse um die ökologische Perspektive zu erweitern. Im Folgenden wird die Bedeutung dieser Perspektive für die Soziale Arbeit diskutiert, die in ihrer Professionsethik das Ziel verankert hat, durch ihr Handeln soziale Gerechtigkeit, den Abbau von Diskriminierung und die Umsetzung der Menschenrechte zu fördern (DBSH 2014: 30f.; IFSW 2014). Nun ist sie gefordert, diese grundlegenden Prinzipien mit ökologischen Perspektiven zu verknüpfen und ihre Professionsethik zu erweitern.

Die Ausführungen basieren auf dem Positionspapier der DGSA-Fachgruppe „Klimagerechtigkeit und sozialökologische Transformation in der Sozialen Arbeit" (2023) zur Bedeutung ökologischer Gerechtigkeit für die Soziale Arbeit. Das Anliegen ist, Verantwortung zu übernehmen für die Erhaltung der ökologischen Mitwelt als Grundlage menschlichen Lebens und damit für die sozialökologische Transformation. Dies bedeutet, den Gegenstand Sozialer Arbeit, nämlich die Prävention und Bewältigung von sozialen Problemen (Borrmann 2016: 56-64), um ökologische Perspektiven zu erweitern, da sowohl Ursachen und Folgen der ökologischen Krise als auch der Transformationsprozess selbst grundlegende Werte der Sozialen Arbeit berühren und soziale Probleme beeinflussen.

2. Ausgangspunkt: die ökologische Krise im Kontext sozialer Probleme und sozialer Gerechtigkeit denken

Die Folgen der durch menschliches Handeln verursachten ökologischen Krise sind eine existenzielle „Bedrohung für das menschliche Wohlergehen und die planetare Gesundheit“ (Deutsche IPCC Koordinierungsstelle 2023: C1). Dabei schließt sich das „Zeitfenster, in dem eine lebenswerte und nachhaltige Zukunft für alle gesichert werden kann, [...] rapide. [...] Die in diesem Jahrzehnt getroffenen Entscheidungen und durchgeführten Maßnahmen werden sich jetzt und für Tausende von Jahren auswirken“ (ebd.). Dennoch spiegeln politische Transformationsschritte weder national noch international die Existentialität der Situation wider: Wenig ambitionierte Maßnahmen verstoßen gegen internationale Verträge sowie nationale Gesetze und widersprechen wissenschaftlichen Empfehlungen. Hinzu kommen zunehmende Einschränkungen beim Recht auf Versammlungsfreiheit von Menschen, die über öffentlichen Protest auf die fehlenden politischen Maßnahmen aufmerksam machen (Amnesty International 2024). Somit bleiben gesellschaftliche Machtverhältnisse und ihnen inhärente soziale Ungleichheiten auf nationaler und globaler Ebene als Ursachen und Folgen der ökologischen Krise weitgehend unangetastet. Auch die Notwendigkeit, die Transformation sozial gerecht zu gestalten, wird nur bedingt erkannt (Afeworki Abay et al. 2023; Pfaff/Schramkowski/Lutz 2022).

Die ökologische Krise ist eine *Krise sozialer Gerechtigkeit*, da sowohl Verantwortungen für ihre Verursachung als auch Betroffenheiten von den nachteiligen Folgen sehr ungleich verteilt sind. Sie hat bereits zu umfassenden „Verlusten und Schäden für Natur und Menschen geführt“, wobei vulnerable Gruppen, die „historisch am wenigsten zum aktuellen Klimawandel beigetragen haben, [...] unverhältnismäßig stark betroffen sind“ (DIMR 2021). Diese verfügen oft über wenig Ressourcen, um sich zu schützen, und ihre Perspektiven sind im politischen Transformationsdiskurs unterrepräsentiert. Dazu zählen Kinder und Jugendliche, Menschen mit Armutserfahrungen, ältere und chronisch erkrankte Menschen sowie Personen, die von rassistischen, sexistischen und/oder ableistischen Diskriminierungen betroffen sind, wobei benannte Kategorien als intersektional verwoben zu betrachten sind (Pfaff/Schramkowski/Lutz 2022). Auf einem zunehmend zerstörten Planeten sind Menschenrechte auf Gesundheit, Wasser, Leben oder Partizipationsrechte von Kindern und Jugendlichen sowie der Schutz des Kindeswohls u. a. immer schwieriger umsetzbar. Daher kann eine „Soziale Arbeit, die sich ernsthaft für die Umsetzung von Menschenrechten einsetzt, [...] die Erderhitzung und die weiteren ökologischen Problemlagen nicht ignorieren“ (Abels et al. 2022: 1).

Sie ist gefordert, diese mit sozialen Problemen zusammenzudenken (Klus/Schramkowski 2023; Schmelz 2022; Stamm 2023).

3. Normative Implikationen für die Soziale Arbeit

Die Erweiterung der Orientierung an den Menschenrechten und sozialer Gerechtigkeit um ökologische Perspektiven zieht eine Infragestellung verschiedener Narrative und Vorannahmen nach sich. Ohne Anspruch auf Vollständigkeit lässt sich diese Perspektivenerweiterung durch drei Punkte beschreiben:

Es bedeutet *erstens* den Abschied von einer „[i]mperiale[n] Lebensweise“ (Brand/Wissen 2017) und die Frage nach einem guten Leben für alle (neu) zu erkunden. Es geht um die Erfassung des Weltverhältnisses des Menschen, das derzeit als possessives oder aggressives beschrieben werden kann (Rosa 2019). Dieses bringt Herrschaftsverhältnisse und Ungerechtigkeitsstrukturen zum Vorschein, unter welchen sowohl Menschen als auch die nicht-menschliche Mitwelt leiden. Konkret erfordert dies ein verstärktes Bewusstsein von Sozialarbeiter*innen in Disziplin und Profession über deren „Verwobenheit, Beteiligung und Mitschuld“ (Schmelz 2022: 30) am Weiterbestehen eines fossilen Industriekapitalismus, der soziale Ungleichheit notwendigerweise hervorbringt.

Der gedankliche Schritt aus den herrschenden Machtverhältnissen heraus stellt, *zweitens*, die Frage nach Erkenntnisgewinn und Wissensgenerierung für und in der Sozialen Arbeit in den Mittelpunkt: die sozialökologische Transformation regt dazu an, bisheriges (Herrschafts-)Wissen zu hinterfragen und indigene Wissensformen aufzunehmen. Es gehört zur epistemischen Gerechtigkeit, Wissen(sgenerierung) einer kritischen Prüfung zu unterziehen, um den Erkenntnisgewinn indigener Weltanschauungen nicht durch eine westliche Perspektive einzuebnen und dadurch koloniale Tendenzen auch in der Wissenschaft aufrechtzuerhalten (Cajete et al. 2023).

Drittens steht der Mensch durch die ökologische Krise in seiner Existenz in Frage. Somit ist über eine Erweiterung des anthropozentrischen Paradigmas nachzudenken und die Möglichkeit eines ökozentrischen Denkhorizontes auszuloten.[1] Ein gewichtiger Einwand gegen die Erweiterung eines anthropozent-

---

1 Die Disziplin Sozialer Arbeit befindet sich hier in einer Grundsatzdebatte zwischen unterschiedlichen Argumentationsmodellen der Umwelt- und Tierethik, die alle eine Antwort auf die Frage nach dem (moralischen) Wert der (un)belebten Natur suchen. Aus diesem wird eine abgestufte Schutzwürdigkeit abgeleitet, die mit dem Anthropozentrismus hauptsächlich dem Menschen und mit dem Biozentrismus allen Lebewesen bis hin zur abiotischen Natur zugesprochen wird (für eine differenzierte Darstellung vgl. Rosenberger 2021: 131-177).

rischen Paradigmas ist die Verfasstheit Sozialer Arbeit als Menschenrechtsprofession. Geht man von der Abhängigkeit der Menschen nicht nur untereinander, sondern mit der nicht-menschlichen Natur aus, ist eine starre Abgrenzung der Menschen voneinander und gegenüber der Umwelt wenig haltbar. Ein verkürzter Fokus auf das Individuum, der der Menschenrechtsperspektive mitunter angelastet wird, birgt die Gefahr des unversöhnlichen Gegeneinanders, das in Herrschaftsverhältnissen meist auf Kosten marginalisierter Gruppen und der nicht-menschlichen Natur ausgetragen wird.

Gleichzeitig beinhaltet die Bezugnahme auf die Menschenrechte zahlreiche Vorteile, die nicht aufzugeben sind: Menschenrechtsabkommen verpflichten Staaten und öffentliche Institutionen nicht nur zum Schutz, sondern auch zur Achtung und zur Gewährleistung der Menschenrechte. Diese sind zwar in der Regel zunächst individuell ausgerichtet und eng an die Menschenwürde gekoppelt, aber sie beinhalten stets auch eine kollektive Dimension. So gilt zum Beispiel das Recht auf Nahrung nicht nur als individuelles Recht Einzelner, sondern es nimmt Regierungen in die Pflicht, Strukturen zu fördern oder zu schaffen, die eine ausreichende und gesunde Ernährung aller sicherstellen (vgl. FIAN Deutschland 2018). Weiter müssen Staaten, die entsprechende Abkommen ratifiziert haben, die darin enthaltenen Menschenrechte in nationales Recht überführen und diese somit einklagbar und justiziabel machen.

4. Schlussfolgerungen für die Ethik der Sozialen Arbeit

Vor dem Hintergrund der Problemanalyse und auf Basis der Grundprinzipien Sozialer Arbeit – Gerechtigkeit, Solidarität, Nachhaltigkeit und Subsidiarität (vgl. Lob-Hüdepohl 2007) – ist eine Revision des Ethikkodex zwingend notwendig. Dies soll anhand der Prinzipien von Gerechtigkeit und Menschenrechtsorientierung skizziert werden:

Das Grundprinzip der *sozialen Gerechtigkeit* bedarf einer Einbettung in den Nachhaltigkeitsdiskurs sowie einer Weiterentwicklung hin zu ökologischer bzw. Umwelt- und Klimagerechtigkeit: Das Prinzip *Umweltgerechtigkeit* stellt die enge Verknüpfung von Gerechtigkeit, Gesundheit und ökologischen Umweltbedingungen heraus. Es zielt auf den diskriminierungsfreien Zugang zu einer intakten Natur, im urbanen Kontext z. B. zu Grünflächen, und adressiert diesbezügliche Diskriminierungen (Erickson 2018). In seinen Ursprüngen ist es eng mit dem Phänomen des *Umweltrassismus* verknüpft, welches eine „Auseinandersetzung mit den rassistischen Effekten der ungleichen Verteilung von Umweltgütern und -risiken“ (Ituen/Hey 2021: 4) angestoßen hat. *Klimagerechtigkeit* kann als Fokussierung der Umweltgerechtigkeit gesehen werden und impliziert, soziale, kulturelle und ökologische Faktoren und hiermit verwobene Ungerechtigkeiten in Diskursen zu Klimaschutz und Klimaneutralität stärker zu beachten (Liedholz 2022). Der Begriff wendet sich gegen ausschließlich technikfokussierte, auf die CO_2-Reduktion ausgerichtete politische Debatten und Maßnahmen. Er betont die gerechtigkeitsorientierte Sichtweise, welche die ungleichen Auswirkungen der Klimakrise und der Klimaschutzmaßnahmen sowohl in globaler Hinsicht als auch innerhalb von Nationalstaaten berücksichtigt und darüber hinaus die Generationenperspektive in den Blick nimmt.

Ein weiteres eng mit dem Diskurs verknüpftes Prinzip bezieht sich auf die *ökologische Gerechtigkeit* (Besthorn et al. 2016), das von einem gleichen Wert aller Spezies und auch der unbelebten Natur ausgeht und sich auf die über die Klimakrise hinausgehenden komplexen ökologischen Krisen bezieht. Kritisiert wird die anthropozentrische Ausrichtung gängiger Gerechtigkeitsprinzipien; angestrebt werden neue, ökozentrische Sichtweisen mit Fokus auf die Komplexität der ökologischen Krisen, die über das Prinzip der Umwelt- und Klimagerechtigkeit hinausweisen (Schmelz 2024: 132ff.; Stamm 2021: 77–81).

Die beschriebenen Gerechtigkeitserweiterungen sind ein Teil des Nachhaltigkeitsdiskurses: *Nachhaltigkeit* zielt auf eine ressourcenschonende Produktions- und Lebensweise ab, die sich auf die Prinzipien globaler, intra- und intergenerationeller Gerechtigkeit bezieht. Für eine umwelt- und klimabewusste Ethik der Sozialen Arbeit ist sie daher ebenfalls von entscheidender Bedeutung (vgl. Lob-Hüdepohl 2007; Mührel 2019; Liedholz/Verch 2023). Nachhaltigkeit schärft als Grundprinzip den Blick auf Bedürfnisse und Rechte zukünftiger Generationen von Menschen ebenso wie nicht-menschlicher Natur und beinhaltet die Forderung nach einer globalen Bearbeitung der gegenwärtigen miteinander verwobenen sozialen und ökologischen Krisen.

Auch ist auf die notwendige Erweiterung der *Menschenrechtsperspektive* hinzuweisen. Soziale Gerechtigkeit, die Bekämpfung von Diskriminierungen und Ungleichheit, die Achtung, der Schutz und die Gewährleistung von Menschenrechten und die Achtung des Eigenwerts nicht-menschlichen Lebens hängen eng zusammen. So spiegeln sich die beschriebenen umwelt- und klimabezogenen Gerechtigkeitsprinzipien in der Umweltdimension der Menschenrechte wider. Sie impliziert, den engen Zusammenhang zwischen beiden zu sehen: ohne eine gesunde Umwelt keine Menschenrechte, ohne Menschenrechte kein nachhaltiger Schutz der Umwelt. Dabei spielen besonders soziale und ökonomische Rechte eine Rolle, z. B. das Recht auf Nahrung und auf Gesundheit, deren Verbindung zu Umweltfaktoren unbestreitbar ist (DIMR o. J.). Die UN-Vollversammlung hat im Jahr 2022 das Recht auf eine saubere, gesunde und nachhaltige Umwelt als neues Menschenrecht verabschiedet (Dörfler/Stamm 2023). Es fordert die Staaten auf, „die Situation von Menschen [zu] verbessern, die von den negativen Auswirkungen des Klimawandels und der

Umweltverschmutzung besonders betroffen sind“ (DIMR 2021). Auch in der 2023 veröffentlichten 26. Allgemeinen Bemerkung zur Umsetzung der UN-Kinderrechtskonvention zu Umweltrechten von Kindern wird mit Fokus auf den Klimawandel hervorgehoben, dass gesunde Ökosysteme für die Realisierung fast aller Kinderrechte grundlegend und unentbehrlich sind (AGJ 2023: 3).

Über die bisher skizzierten Fachdiskurse und Begründungen hinaus werden auf internationaler Ebene Perspektiven der sozialökologischen Gerechtigkeit bereits von der International Federation of Social Workers (IFSW) im Rahmen der Initiative „Co-Building a New Eco-Social World“ (PGS 2022) vorangetrieben. So wird insbesondere ein ganzheitlicher menschenrechtlicher Rahmen für die Soziale Arbeit vorgeschlagen, der neben sozialen, kulturellen und kollektiven Menschenrechten die Rechte von Ökosystemen und der gesamten nicht-menschlichen Mitwelt anerkennt. Im Rahmen der globalen Nachhaltigkeitsziele rücken damit Fragen der sozialökologischen Gerechtigkeit vom Rand ins Zentrum. Diese münden in einer Revision der Mandatierung Sozialer Arbeit. Im Weltverband der Sozialarbeiter*innen wird daher diskutiert, die Globale Definition Sozialer Arbeit (2014) und Globale Ethikstandards (2016) zu erweitern und zu überarbeiten (Truell 2022). Die IFSW orientiert sich in ihrer Global Agenda (2020-2030) mit Buen Vivir und Ubuntu schon heute wegweisend an diversen Wissensformen und Ethiken, welche in Lateinamerika und Afrika geprägt wurden und menschenrechtliche Perspektiven weiterdenken. Buen Vivir bedeutet Liebe und Fürsorge für den Menschen, den Planeten sowie Verantwortung und ganzheitliche Rechte, während Ubuntu Zusammengehörigkeit, Verantwortlichkeit und Gemeinschaft zwischen der menschlichen Welt und der nicht-menschlichen Natur zum Ausdruck bringt (IFSW-Positionspapier 2022; PGS 2022).

5. Konsequenzen für Praxis, Wissenschaft und Lehre

Die Erweiterung der Menschenrechtsperspektive und der Perspektive der sozialen Gerechtigkeit um die ökologische Dimension verweisen auf neue Verantwortlichkeiten der Sozialen Arbeit. Wegweisend ist die Entwicklung eines reflexiven Bewusstseins für den Schutz nicht-menschlicher Natur, die Anerkennung ihres Eigenwertes und die Verwobenheiten von menschlicher und planetarer Gesundheit, denn: „Nur wenn die Erde gesund ist, kann auch der Mensch gesund sein“ (KLUG o. J.).

Dabei sind die Erweiterung des Ethikkodex um das Konzept der ökologischen Gerechtigkeit und die ökologische Dimension von Menschenrechten zentral. Diese führt auch zur Bearbeitung neuer Fragen in Praxis, Wissenschaft und Lehre. Aussichtsreiche Ansätze finden sich in internationalen Konzepten einer sozialökologisch bewegten Sozialen Arbeit wie Green Social Work, Eco-social Work und in Bezügen zu indigenen und ökospirituellen Perspektiven (u. a. Närhi/Matthies 2016; Boetto/Bell/Kime 2018; Or 2023; Schmelz 2024). Eine ökologische Gerechtigkeit mitdenkende Ethik ist für alle Handlungsfelder bedeutsam, denn sie ist ein Baustein der gesamtgesellschaftlichen Transformation hin zu einer solidarischeren, inklusiveren Lebensweise. Ökologie und Menschenrechte zusammenzudenken, mündet in einem erweiterten Auftrag der Sozialen Arbeit zur Mitgestaltung des sozialökologischen Wandels. Dies bedeutet, die ökologischen Menschenrechte zu realisieren, die planetaren Grenzen zu respektieren und sich für eine sozial gerechte Ausgestaltung der Transformation zu engagieren. Weitere Schritte liegen nicht nur in der Bearbeitung wissenschaftlicher Grundsatzfragen, sondern vor allem in der praktischen Umsetzung mit Blick auf die Zuspitzung der ökologischen Krise und ihrer negativen sozialen Folgen. Bedeutsame Aufgaben sind die Bilanzierung und Senkung der Emissionen von sozialen Diensten und Einrichtungen (Klimaneutralität), das Stärken von Klima- und Umweltbewusstsein durch die pädagogische Arbeit, die Förderung resilienter Gemeinschaften und das Entwickeln von Transformationskonzepten mit Zielgruppen. Sozialarbeitende sollten sich dafür stark machen, dass marginalisierte Menschen am gesellschaftlichen Transformationsprozess beteiligt und ihre Ideen gehört werden. Ebenso zentral ist das anwaltschaftliche Eintreten für sozial gerechten Klima- und Umweltschutz und die Durchsetzung ökologischer Menschenrechte, auch durch die Unterstützung von Klimaklagen und durch Allianzen mit zivilgesellschaftlichen Bündnissen (Dörfler/Yeung 2024; BAGFW 2024; AGJ 2023).

Literatur

Abels, Ingar/Liedholz, Yannick/Schaffert, Astrid/Schramkowski, Barbara (2022): Nachhaltigkeit: die Zeit wird knapp. In: Sozialwirtschaft aktuell. Infodienste für das Management in der Sozialwirtschaft. H. 10/Juni 2022. Bundesarbeitsgemeinschaft der Freien Wohlfahrtspflege, S. 1-3.

Afeworki Abay, Robel/Schmelz, Andrea Frieda/Schmitt, Caroline/Schramkowski, Barbara (2023): Klimakrise und globale Ungleichheit – Alte und neue Wissensformen für die Soziale Arbeit. In: Köttig, Michaela/Kubisch, Sonja/Spatscheck, Christian (Hrsg.): Geteiltes Wissen – Wissensentwicklung in Disziplin und Profession Sozialer Arbeit. Opladen, Berlin, Toronto: Verlag Barbara Budrich, S. 291-302.

Amnesty International (2024): Protect the Protest. Verteidigen wir unser Recht auf Protest! URL: https://www.amnesty.de/protest-demonstrationen-schuetzen-protect-the-protest [Zugriff: 04.07.2024].

AGJ – Arbeitsgemeinschaft Kinder- und Jugendhilfe (2023): Die Klimakrise als Kinderrechtekrise. Der General Comment No. 26 und was nun passieren muss. Positionspapier der Arbeitsgemeinschaft für Kinder- und Jugendhilfe. Positionspapier_Klimakrise_als_Kinderrechtekrise.pdf [Abruf: 04.07.2024].

Besthorn, Fred/Koenig, Terry L./Span Richard/Warren, Sherry L. (2016): A Critical Analysis of Social and Environmental Justice. Reorienting Social Work to an Ethic of Ecological Justice. In: Hugman, Richard/Carter, Jan (Hrsg.): rethinking ethics and values in social work. London: Palgrave, S.146-163.

Boetto, Heather/Bell, Karen/Kime, Karen (2018): Holistic Ecosocial Work. A Model For Transformative Change Through Being, Knowing and Doing. In: Powers, Meredith/Rinkel, Michaela (Hrsg.): Promoting Community and Environmental Sustainability. A Workbook for Global Social Workers and Educators. Reinfelden: IFSW, S. 46–57.

Bohmeyer, Axel/Kurzke-Maasmeier, Stefan (2007): Ethikkodizes und ethische Deliberationsprozesse in der Sozialen Arbeit. In: Lob-Hüdepohl, Andreas/Lesch, Walter (Hrsg.): Ethik Sozialer Arbeit. Paderborn: Schöningh, S. 162–179.

Borrmann, Stefan (2016): Theoretische Grundlagen der Sozialen Arbeit. Ein Lehrbuch. Weinheim, Basel: Beltz Juventa.

Brand, Ulrich/Wissen, Markus (2017): Imperiale Lebensweise. Zur Ausbeutung von Mensch und Natur in Zeiten des globalen Kapitalismus. München: oekom Verlag.

BAGFW – Bundesarbeitsgemeinschaft der Freien Wohlfahrtspflege (2024): Transformation zur Klimaneutralität in der Freien Wohlfahrtspflege ermöglichen. Forderungspapier der BAGFW. URL: https://www.der-paritaetische.de/fileadmin/user_upload/Schwerpunkte/Klima/doc/BAGFW_Forderungspapier_RefinanzierungKlimaschutz_2024.pdf [Abruf: 04.07.2024].

Cajete, Gregory/Ditlhake, Kefilwe/Kiewitt, Karsten/Keibl, Tanja/Lutz, Ronald/Schirilla, Nausikaa (2023): Indigenous Knowledge – Indigenous Science. Impacts on Social Work. In: Köttig, Michaela/Kubisch, Sonja/Spatscheck, Christian (Hrsg.): Geteiltes Wissen – Wissensentwicklung in Disziplin und Profession Sozialer Arbeit. Opladen, Berlin, Toronto: Verlag Barbara Budrich, S. 91-102.

DBSH – Deutscher Berufsverband für Soziale Arbeit (2014): Berufsethik des DBSH. Ethik und Werte. In: Forum Sozial. Die berufliche Soziale Arbeit 4/2014. URL: https://www.dbsh.de/media/dbsh-www/redaktionell/pdf/Sozialpolitik/DBSH-Berufsethik-2015-02-08.pdf [Abruf: 04.07.2024].

Deutsche IPCC-Koordinierungsstelle (2023): Synthesebericht zum Sechsten IPCC-Sachstandsbericht (AR6). Hauptaussagen aus der Zusammenfassung für die politische Entscheidungsfindung (SPM). Version vom 20. März 2023. URL: https://www.de-ipcc.de/358.php [Abruf: 20.06.2024].

DIMR – Deutsches Institut für Menschenrechte (DIMR) (o. J.): Klima und Nachhaltigkeit. https://www.institut-fuer-menschenrechte.de/themen/klima-und-nachhaltigkeit [Abruf: 12.07.2024].

DIMR – Deutsches Institut für Menschenrechte (2021): Das Recht auf eine gesunde Umwelt ist ein grundlegendes Menschenrecht. Pressemeldung vom 11.10.2021. URL: https://www.institut-fuer-menschenrechte.de/aktuelles/detail/das-recht-auf-eine-gesunde-umwelt-ist-ein-grundlegendes-menschenrecht [Abruf: 30.06.2024].

Dörfler, Lisa/Yeung, Janina (2024): Einbeziehen, Mitwirken, Verändern. Klimaschutz in der Sozialen Arbeit partizipativ gestalten. Berlin: Deutscher Paritätischer Wohlfahrtsverband – Gesamtverband e. V.

Dörfler, Lisa/Stamm, Ingo (2023): Nachhaltigkeit und Soziale Arbeit als Menschenrechtsprofession. In: Liedholz, Yannick/Verch, Johannes (Hrsg.): Nachhaltigkeit und

Soziale Arbeit. Grundlagen, Bildungsverständnisse, Praxisfelder. Opladen, Berlin, Toronto: Verlag Barbara Budrich, S. 81-92.

Erickson, Christina L. (2018): Environmental Justice as Social Work Practice. New York: Oxford University Press.

FIAN Deutschland (2018): Klimawandel und Menschenrechte: Die Folgen des Klimawandels für das Recht auf Nahrung und das Recht auf Wasser. URL: fian.de/wp-content/uploads/2021/06/FIAN_Klimabroschuere_2018_Web.pdf [Abruf: 15.07.2024].

DGSA-Fachgruppe Klimagerechtigkeit und sozialökologische Transformation in der Sozialen Arbeit (2023): Positionspapier „Zur Relevanz ökologischer Gerechtigkeit für die Menschenrechtsprofession Soziale Arbeit. Impulse für eine Erweiterung ihrer Ethik". URL: https://www.dgsa.de/fileadmin/Dokumente/Fachgruppen/Sozial-oeko logische_Transformationen_und_Klimagerechtigkeit_in_der_Sozialen_Arbeit/Posi tionspapier_FG_Klimagerechtigkeit_2023.pdf [Abruf: 04.07.2024].

IFSW-Positionspapier (2022): The Role of Social Workers in Advancing a New Eco-Social World, May 24, 2022, URL: https://www.ifsw.org/the-role-of-social-workers-in-advancing-a-new-eco-social-world/ [Abruf: 09.07.2024].

Ituen, Imeh/Hey, Lisa Tatu (2021): Der Elefant im Raum – Umweltrassismus in Deutschland. https://www.boell.de/de/2021/11/26/der-elefant-im-raum-umweltrassismus-de utschland [Zugriff 09.07.2024].

KLUG Deutsche Allianz Klimawandel und Gesundheit e.V. (o. J.): Planetary Health. URL: https://www.klimawandel-gesundheit.de/planetary-health/ [Abruf: 12.07.2024].

Klus, Sebastian/Schramkowski, Barbara (2023): Was bedeutet sozialökologische Transformation? Denkanstöße zum Begriff. In: Blätter der Wohlfahrtspflege. Schwerpunktheft ‚Sozialökologische Transformation'. H. 1/2023, S. 3-5.

Liedholz, Yannick/Verch, Johannes (2023) (Hrsg.): Nachhaltigkeit und Soziale Arbeit. Grundlagen, Bildungsverständnisse, Praxisfelder. Opladen, Berlin, Toronto: Verlag Barbara Budrich.

Liedholz, Yannick (2022): Konzepte von Klimagerechtigkeit im Kontext Sozialer Arbeit. In: Pfaff, Tino/Schramkowski, Barbara/Lutz, Ronald (Hrsg.): Klimakrise, Sozialökologischer Kollaps und Klimagerechtigkeit: Spannungsfelder für Soziale Arbeit. Weinheim: Beltz Juventa, S. 69–80.

Lob-Hüdepohl, Andreas (2007): Berufliche Soziale Arbeit und die ethische Reflexion ihrer Beziehungs- und Organisationsformen. In: Lob-Hüdepohl, Andreas Lesch, Walter (Hrsg.): Ethik Sozialer Arbeit. Paderborn: Schöningh, S. 113–161.

Närhi, Kati/Matthies, Aila-Leena (2016). Conceptual and Historical Analysis of Ecological Social Work. In: McKinnon, Jennifer/Alston, Margaret (Hrsg.): Ecological Social Work. Towards Sustainability. London: Palgrave Macmillan, S. 21-38.

Mührel, Eric (2019): Menschenrechte – Gerechtigkeit – Nachhaltigkeit. Ethische Grundlagen der Sozialen Arbeit. In: Blätter der Wohlfahrtspflege 166, S. 43-46.

Or, Yari (2023): Praxisbuch Transformation dekolonisieren. Ökosozialer Wandel in der sozialen und pädagogischen Praxis. Weinheim: Beltz.

Pfaff, Tino/Schramkowski, Barbara/Lutz, Ronald (2022) (Hrsg.): Klimakrise, Sozialökologischer Kollaps und Klimagerechtigkeit. Spannungsfelder für Soziale Arbeit. Weinheim: Beltz Juventa.

PGS/People's Global Summit (2022): The People's Charter For an Eco-Social World. URL: https://newecosocialworld.com/the-peoples-charter-for-an-eco-social-world/ [Abruf: 09.07.2024].

Rosa, Hartmut (2019): Resonanz. Eine Soziologie der Weltbeziehung. Berlin: Suhrkamp.

Rosenberger, Michael (2021): Eingebunden in den Beutel des Lebens. Christliche Schöpfungsethik. Münster: Aschendorff Verlag.

Schmelz, Andrea (2024): Environment, Ecology, Climate and Sustainability: Global Movements Towards Ecosocial Transformation. In: Lohrenscheit, Claudia/Schmelz, Andrea/Schmitt, Caroline/Straub, Ute (Hrsg.): International Social Work and Social Movements. Baden-Baden: Nomos Verlag, S. 131-151.

Schmelz, Andrea (2022): greening social work im Anthropozän. In: Pfaff, Tino/Schramkowski, Barbara/Lutz, Ronald (Hrsg.): Klimakrise, sozialökologischer Kollaps und Klimagerechtigkeit. Weinheim: Beltz, S. 22–36.

Stamm, Ingo (2023): Human Rights-Based Social Work and the Natural Environment: Time for New Perspectives. In: International Journal of Social Work Values and Ethics, 8 (1), S. 42-50. DOI: 0.1007/s41134-022-00236-x.

Stamm, Ingo (2021): Ökologisch-kritische Soziale Arbeit. Geschichte, aktuelle Positionen und Handlungsfelder. Opladen/Berlin/Toronto: Verlag Barbara Budrich.

Staub-Bernasconi, Silvia (2019): Menschenwürde, Menschenrechte und Soziale Arbeit: Vom beruflichen Doppelmandat zum professionellen Tripelmandat. Opladen, Berlin, Toronto: Verlag Barbara Budrich.

Truell, Rory (2022): Social Work Values and Ethics in a Time of Change. In: International Journal of Social Work Values and Ethics, 19 (2), S. 21-23. DOI: https://doi.org/10.55521/10-019-204.

Selbstvertretung in der Jugendhilfepolitik zwischen Recht und Realität

Walter Eberlei

Die Kinderrechtskonvention der Vereinten Nationen (KRK) markierte vor 35 Jahren einen grundlegenden Paradigmenwandel, der das Verhältnis zwischen Erwachsenen und „Minderjährigen" auf den Kopf stellen sollte. Kinder, so die KRK, sind keine Objekte – weder wohlfahrtsstaatlicher Politik, weder der Kinder- und Jugendhilfe, noch wohlmeinender Fachkräfte der Sozialen Arbeit oder anderer Erwachsener. Kinder sind Subjekte mit eigenen Interessen. Sie haben das Recht, diese Interessen selbst zu äußern und selbst zu vertreten. In der Praxis der Kinder- und Jugendhilfe ist dieser Kerngedanke der KRK immerhin teilweise aufgenommen worden, in der Kinder- und Jugendhilfepolitik bisher kaum. Der folgende Beitrag nimmt insbesondere diese strukturelle Ebene der Kinder- und Jugendhilfe in den Blick und berücksichtigt dabei auch die jüngsten politischen Impulse durch das 2021 verabschiedete Kinder- und Jugendstärkungsgesetz (KJSG).

1. Das Recht auf Beteiligung: vom Objekt zum Subjekt

Die KRK gibt Kindern Rechte von Anfang an, macht sie zu Rechtssubjekten. Sie unterstreicht, dass Kinder Gestaltungsmacht für ihr eigenes Leben besitzen. Die in der amtlichen deutschen Übersetzung verwendete Formulierung vom Vorrang des Kindeswohls bei allen das Kind betreffenden Maßnahmen (Art. 3 KRK) verdeckt den Grundgedanken, der hier formuliert ist: Alle Entscheidungen, die Kinder und Jugendliche betreffen, sollen, so das englische Original, in „the best interests of the child" gefällt werden. Interessen können nicht von außen zugeschrieben, sie können nur selbst formuliert werden.

Artikel 12 der KRK zur Berücksichtigung des Kindeswillens ist insofern nicht ein Recht unter vielen anderen, sondern die Umsetzung dieses Subjektgedankens: „Die Vertragsstaaten sichern dem Kind, das fähig ist, sich eine eigene Meinung zu bilden, das Recht zu, diese Meinung in allen das Kind berührenden Angelegenheiten frei zu äußern, und berücksichtigen die Meinung des Kindes angemessen und entsprechend seinem Alter und seiner Reife"

(Art. 12 Abs. 1 KRK). Die VN-Kinderrechtskommission hat deutlich gemacht, dass die hier verwendeten Hinweise auf Alter und Reife nicht einschränkend interpretiert werden dürfen (UN CRC 2009). Die Hinweise sind als Auftrag an die Pflichtenträger zu verstehen, d. h. an alle staatlichen Akteure (inklusive z. B. auch der Jugendämter sowie auch der Fachkräfte der Sozialen Arbeit), den Rechteträgern eine weitreichende Beteiligung zu ermöglichen.

Schon in der Kinderrechtskonvention ist damit ein Grundsatz rechtlich verbrieft worden, der von der VN-Behindertenrechtskonvention expliziter eingefordert und deshalb bekannter wurde: *Nothing about us without us!* – Es darf keine Entscheidungen geben, die Kinder und Jugendliche betreffen, ohne diese an den Entscheidungen zu beteiligen.

Blicken wir auf die nationale Gesetzgebung: Auch wenn das Kinder- und Jugendhilfegesetz (KJHG/SGB VIII) 1990 verabschiedet wurde, bevor der Deutsche Bundestag 1992 die KRK ratifizierte, spiegeln eine Reihe von Grundsätzen im KJHG doch die Diskussion über Kinderrechte. So wurden die Beteiligungsrechte im KJHG in ähnlicher Weise formuliert wie in der KRK (vgl. § 8 SGB VIII). Nicht nur hier wird deutlich, dass das KJHG den oben genannten Paradigmenwandel im Kern nachvollzieht: Die „Subjektivität" von Kindern und Jugendlichen „wird zum Leitmotiv für das gesamte Gesetz" (Wiesner/Wapler 2022, SGB VIII § 1 Rn. 3).

Das Recht auf Beteiligung wird im SGB VIII zunächst auf die Beziehung zwischen staatlichen Stellen und einem Kind bezogen, z. B. im Blick auf Beteiligung bei der Entwicklung von Hilfeplänen oder Beteiligung am Leben in stationären Einrichtungen. Die Realität auf dieser eher individuellen Ebene ist immer wieder kritisch reflektiert worden. Eine langjährige Beobachterin konstatiert: Hinsichtlich der Beteiligung von Adressat*innen der Kinder- und Jugendhilfe habe sich zwar einiges über die Jahre getan, es bestehe aber weiterhin erheblicher Verbesserungsbedarf, gerade im Bereich stationärer Hilfen zur Erziehung (vgl. Pluto 2022b, 2023).

Der Blick auf solche individuellen Kontexte, in denen sich die Beteiligung von Adressat*innen der Kinder- und Jugendhilfe realisieren muss, ist unverzichtbar. Gleichwohl geht das Paradigma der Subjektperspektive noch weit darüber hinaus: Kinder und Jugendliche sind auch an grundsätzlichen Entscheidungen der Kinder- und Jugendhilfepolitik zu beteiligen. Besonders deutlich wird dies im Blick auf die Jugendhilfeplanung, das zentrale Steuerungsinstrument der kommunalen Kinder- und Jugendhilfe. Der Gesetzgeber formulierte, dass die Planung der Kinder- und Jugendhilfe „den Bedarf unter Berücksichtigung der Wünsche, Bedürfnisse und Interessen der jungen Menschen und der Erziehungsberechtigten […] zu ermitteln" habe (§ 80 Abs. 1 Nr. 2 SGB VIII).

Schon seit Jahren wird auf die Diskrepanz zwischen dem rechtlichem und fachlichem Anspruch der Beteiligung in der Jugendhilfeplanung einerseits und der Realität andererseits hingewiesen. Eine neue Studie bestätigt die älteren Befunde (Oettler/Pudelko 2023: 70f.): Allenfalls in der Planung von Jugendarbeit kann von signifikanter Beteiligung gesprochen werden (rund 2/3 der Jugendämter beteiligen hier), in wichtigen anderen Planungsbereichen fallen die Werte teilweise unter zehn Prozent. Auch die Beteiligung von Eltern wird nur von einer Minderheit von Jugendämtern praktiziert. Und wenn Betroffene beteiligt werden, ist die Qualität der Ansätze oft fragwürdig, wie auch schon seit Jahren kritisiert wird. Oettler/Pudelko (2023: 76) resümieren, „dass sich die eingangs dargelegte Situation einer mäßigen Adressat:innenbeteiligung auch durch die aktuellen Befragungsergebnissen durchweg bestätigen lässt und – mit einzelnen Ausnahmen – in der Infrastrukturplanung kaum systematisch erfasst und somit lediglich mittelbar berücksichtigt wird, was Kinder, Jugendliche und Eltern bzw. Angehörige vor Ort als Wünsche, Bedürfnisse und Interessen äußern".

2. Warum klaffen Recht und Realität auseinander?

Der Anspruch, Kinder und Jugendliche an allen Entscheidungen zu beteiligen, die ihr Leben beeinflussen, ist in der Praxis bis heute nur unzureichend erfüllt. Was sind die Gründe dafür? Wie kann diese Kluft zwischen Recht und Realität verkleinert werden? Im Rahmen eines auf einen längeren Zeitraum angelegten Forschungsvorhabens zur Beteiligung von Kindern und Jugendlichen an der Jugendhilfepolitik in ländlichen Kommunen hat der Autor dieses Beitrags Mitglieder von Jugendhilfeausschüssen (JHA) befragt.[1] Ergänzt wurde die Befragung durch die Auswertung von Dokumenten (vor allem Sitzungsprotokolle der untersuchten Landkreise). Die Befunde werfen ein erhellendes Licht auf die Kluft zwischen Recht und Realität.

In 24 von 36 untersuchten Landkreisen war überhaupt keine Beteiligung von Kindern und Jugendlichen festzustellen, in zwölf Landkreisen gab es immerhin Ansätze, die nur in zwei Landkreisen signifikant waren. Gefragt nach ihrer persönlichen Bewertung der Beteiligung von Kindern und Jugendlichen an Entscheidungen der Ausschüsse, äußerte sich die deutliche Mehrheit der

1 Die Untersuchung studiert die Beteiligung von Jugendlichen an der Jugendhilfepolitik in den 36 Landkreisen Niedersachsens. Die hier erwähnte online durchgeführte Befragung richtete sich an stimmberechtigte Mitglieder der Jugendhilfeausschüsse dieser Landkreise in der Wahlperiode 2016 bis 2021. Die Mitglieder dieser Zielgruppe wurden persönlich per Mail angeschrieben. Die Erhebung fand in der Zeit vom 9. November bis 23. Dezember 2021 statt. Von insgesamt etwa 500 stimmberechtigten Mitgliedern dieser Ausschüsse reagierten 283 Personen, von denen 154 vollständig bearbeitete und damit für die Analysen verwertbare Antworten abgaben (Rücklaufquote 31 Prozent). Erfreulicherweise gab es aus allen 36 Landkreisen Rückläufe. Der Verfasser dankt seiner Mitarbeiterin Simone Rehrs für die statistische Auswertung und Aufbereitung der quantitativen Untersuchung.

Befragten kritisch: Auf einer Skala von Schulnoten (1-6) vergaben 53 % der Befragten die Noten mangelhaft oder ungenügend, der Mittelwert aller Antworten lag bei 4,45.

Über 90 Prozent derer, die überhaupt eine Beteiligung erkennen konnten, sahen diese vermittelt durch Beiträge von Fachleuten im Ausschuss, die direkte Erfahrungen in der Arbeit mit Kindern und Jugendlichen besitzen. Etwa die Hälfte der Befragten, die von Beteiligung sprechen konnten, verwies auf punktuelle schriftliche Umfragen unter Jugendlichen. Nur in etwa der Hälfte solcher Fälle wurde der Nutzen dieser Befragungen für die Entscheidungen im Ausschuss aber als gut oder sehr gut bewertet. Etwa ein Sechstel der Befragten konnte von projektbezogenen Anhörungen berichten. Die direkte Vertretung von Kindern und Jugendlichen durch Kinder und Jugendliche gab es nur in Ausnahmefällen (u. a. in einem Fall: Sitz eines/einer Vertreter*in eines Jugendparlaments im Jugendhilfeausschuss). Das Bild lässt sich wie folgt zusammenfassen: insgesamt sehr wenig Beteiligung und wenn überhaupt mit mäßiger Qualität; von seltenen Ausnahmen abgesehen keine Selbstvertretung jugendlicher Interessen.

Für die Gründe, die eine Beteiligung von Kindern und Jugendlichen in jugendhilfepolitischen Entscheidungen stärken oder schwächen, sind in der Fachliteratur eine Reihe möglicher Faktoren herausgearbeitet worden. Den hier Befragten wurden häufiger benannte erklärende Faktoren vorgelegt mit der Bitte zu bewerten, ob diese Faktoren in ihren Ausschüssen eine Rolle spielen.[2] Faktoren, die mindestens mehrheitlich als zutreffend angesehen wurden:

- finanzielle Ressourcen für Beteiligungsprozesse (56,6 %),
- personelle Ausstattung für Beteiligungsprozesse (77,9 %),
- Grad der Selbstorganisation von Jugendlichen (83 %),
- Jugendvertretungen mit Sitz im Jugendhilfeausschuss[3] (76,9 %),
- Mitglieder des Jugendhilfeausschusses, die Beteiligung einfordern (81,6 %),
- Grad der beteiligungsorientierten Vernetzung zwischen Jugendhilfepolitik auf Landkreisebene mit kreisangehörigen Städten und Gemeinden[4] (90,1 %).

---

2 Die Bewertungen konnten auf einer sechsstufigen Skala von „trifft überhaupt nicht zu“ bis „trifft voll und ganz zu“ getroffen werden. Die genannten Prozentzahlen beziehen sich auf die Summe der Nennungen von „trifft eher zu“, „trifft zu“ und „trifft voll und ganz zu“.

3 Vorgelegte These: Die (gute oder weniger gute) Beteiligung von Jugendlichen an Beratungen und Entscheidungen in unserem Jugendhilfeausschuss wird stark beeinflusst von dem Grad der Selbstorganisation der Jugendlichen (z. B. in einem Jugendparlament) und der damit verbundenen Fähigkeit, Interessen der Jugendlichen gebündelt zu vertreten.

4 Vorgelegte These: Die (gute oder weniger gute) Beteiligung von Jugendlichen an Beratungen und Entscheidungen in unserem Jugendhilfeausschuss wird stark beeinflusst von der Vernetzung zwischen Jugendhilfepolitik auf Landkreis-Ebene

Während die vorstehenden Faktoren sowohl positive als auch negative Wirkungen zulassen, wurde im folgenden Schritt um die Bewertung von Faktoren gebeten, die ausschließlich schwache oder fehlende Beteiligung begründen könnten. Auch hier sind die Faktoren aufgelistet, die mindestens mehrheitlich als zutreffend (mindestens „trifft eher zu“) benannt wurden:

- parteipolitische Interessen dominieren (58,6 %),
- fehlende Bereitschaft der Verwaltung, sich unbequemen Forderungen zu stellen (62,2 %),
- Haltung von Ausschussmitgliedern, am besten zu wissen, was gut ist (66,7 %),
- fehlende Bereitschaft von Jugendlichen, in politische Prozesse einzusteigen (75,2 %),
- Mobilitätseinschränkungen in ländlichen Räumen (78,2 %),
- fehlendes Wissen im Ausschuss über kreative Formen der Beteiligung (82,1 %),
- komplizierte, bürokratische Verfahren in der Jugendhilfepolitik (87,6 %),
- geringer Bekanntheitsgrad des Jugendhilfeausschusses (90,2 %).

Soweit die Bewertungen von Mitgliedern der Jugendhilfeausschüsse. Eine weitergehende Analyse der Daten steht noch aus. Aus dem bisherigen Abgleich zwischen den Ergebnissen der Onlinebefragung, einer MAXQDA-gestützten qualitativen Inhaltsanalyse von Sitzungsprotokollen der untersuchten Wahlperiode sowie weiterer erhobener Makrodaten (z. B. zur finanziellen Lage der Kommunen, aber auch zur Zusammensetzung der Jugendhilfeausschüsse, beispielsweise im Blick auf Sitze für Jugendverbände) sowie unter Berücksichtigung der ausgewerteten Fachliteratur ergibt sich ein vorläufiges Bild, das hier in Form von Hypothesen zur Diskussion gestellt wird. Drei Faktoren sind für die Frage nach der Kluft zwischen Recht und Realität als besonders relevant anzusehen:

Erstens und vor allem: eine adultistische Grundhaltung der Verantwortlichen in Verwaltung und Politik: Ganz offensichtlich wird diese grundsätzliche Perspektive, wenn 94,2 Prozent der Befragten angeben, dass die Perspektiven von Kindern und Jugendlichen im Wesentlichen durch die Fachleute im Ausschuss vermittelt würden. Über die Hälfte davon bewerteten diese Form der „Beteiligung“ als gut oder sogar sehr gut, nur rund 20 Prozent äußerten Zweifel. Die Befragung dieser Studie bestätigt damit eine frühere Erkenntnis: Viele Erwachsene denken, dass sie ohnehin am besten wissen, was gut für Kinder und Jugendliche ist (vgl. z. B. Pluto/van Santen/Seckinger 2014: 24f.). Warum sollte man sie darüber hinaus beteiligen? Warum sollten Erwachsene Entscheidungsmacht abgeben?

---

und den lokalen Strukturen in Städten und Gemeinden, wo sich Jugendliche eher beteiligen (können).

Zweitens: eine schwache jugendpolitische Lobby: Die Untersuchung zeigte: Die zwei Landkreise mit sehr guter bis guter Beteiligung haben einen Kreisjugendring, der jeweils im JHA vertreten ist.[5] Von den zehn Landkreisen mit weniger, aber noch erkennbarer Beteiligung weisen immerhin neun Landkreise einen Kreisjugendring auf, von denen sechs einen Sitz im JHA haben – während von den 24 Landkreisen ohne erkennbare Jugendbeteiligung nur neun einen Sitz für einen Jugendring oder ähnlichen Verband im JHA aufweisen können. Auch wenn hier weitere Analysen nötig sind, ist die Hypothese begründet: Die Bereitschaft zu Beteiligungsprozessen wird unterstützt (oder geschwächt) durch den Grad organisierter jugendpolitischer Lobbyarbeit.

Drittens: schwache strukturelle Rahmenbedingungen für Beteiligung: Drei von vier befragten stimmberechtigten Ausschussmitgliedern sind der Auffassung, dass eine fehlende Bereitschaft von Jugendlichen, in politische Prozesse einzusteigen, für die schwache Beteiligung in der Praxis verantwortlich sei. Die eigene Verantwortung dafür, förderliche Rahmenbedingungen für Beteiligung zu schaffen, wird dabei ignoriert. Hier sei nur am Rande auf die schon erwähnten Klarstellungen der VN-Kinderrechtskommission zu den Beteiligungsrechten verwiesen (UN CRC 2009): Den Rechten der Kinder stehen die Pflichten der Erwachsenen und politisch Verantwortlichen gegenüber, alles zu tun, um den Rechten zur Umsetzung zu verhelfen. Wird dies ernst genommen, dann lassen sich aus der Befragung folgende Schlussfolgerungen ziehen: a) personelle Ressourcen für die Begleitung von Beteiligungsprozessen zu stärken, b) völlig überbürokratisierte und selbst für erwachsene Mitglieder der Jugendhilfeausschüsse oft unverständliche Abläufe zu entschlacken und Inhalte transparent zu machen, c) mangelnde Kenntnisse der Mitglieder von Jugendhilfeausschüssen über geeignete Methoden und Verfahren der Beteiligung auszugleichen.

3. Stärkung des Rechtsanspruchs durch das KJSG

Mit dem Kinder- und Jugendstärkungsgesetz (KJSG) sind die Beteiligungsrechte von Kindern und Jugendlichen deutlich verstärkt worden. Das 2021 verabschiedete Gesetz nimmt eine jahrelange Fachdiskussion über notwendige Reformen des SGB VIII auf und berücksichtigt dabei auch Impulse aus der Umsetzung der VN-Behindertenrechtskonvention über Teilhaberechte. So

5 Kreis- bzw. Stadtjugendringe sind vielerorts vorhandene kommunale Netzwerke von Jugendverbänden. Sie fördern den Austausch von haupt- und ehrenamtlich Aktiven in der lokalen bzw. regionalen Jugendarbeit, bieten Schulungen und Weiterbildungen an und vertreten die Interessen der Jugendverbände gegenüber der Kommunalpolitik.

wird in der Gesetzesbegründung ausdrücklich auf den „Leitgedanken Nichts über uns ohne uns" verwiesen und gefordert, Kinder und Jugendliche „gleichberechtigt und konsequent an Entscheidungsprozessen zu beteiligen" (Bundestags-Drucksache 19/26107: 72).

Auf Basis der kinderrechtlichen Subjektperspektive schärft das KJSG das Verständnis von Beteiligung im Sinne aktiver Selbstvertretung eigener Interessen. Eine stärkere Beteiligung durch Selbstvertretung wird auf mehreren Ebenen verlangt (vgl. zur Übersicht Pluto 2022a): Erstens gilt dies in der individuellen Interaktion zwischen Kindern oder Jugendlichen einerseits und den staatlichen Stellen andererseits. Zweitens wird die konsequente Umsetzung von Selbstvertretung verlangt in stationären Einrichtungen und Institutionen, in denen Kinder und Jugendliche leben (außerhalb der Ursprungsfamilie). Drittens wird die in diesem Beitrag im Zentrum stehende Frage nach Beteiligung an grundsätzlichen, strukturellen, politischen Entscheidungen der Kinder- und Jugendhilfe durch das KJSG beflügelt. Der neue § 4a des SGB VIII verweist auf Selbstvertretungen auf allen Ebenen bis hin zu „gesellschaftlichem Engagement zur Wahrnehmung eigener Interessen" (§ 4a Abs. 1 Satz 2). Auf die Jugendhilfepolitik bezogen besonders wichtig ist, dass selbstorganisierte Zusammenschlüsse gemäß § 4a auch einen Sitz im Jugendhilfeausschuss und in den Arbeitsgemeinschaften nach § 78 SGB VIII erhalten sollen (§ 71 Abs. 2 SGB VIII; § 78 Satz 3). Dem öffentlichen Träger der Jugendhilfe kommt dabei der explizite gesetzliche Auftrag zu, selbstorganisierte Zusammenschlüsse zu fördern (§ 4a Abs. 3 SGB VIII).

4. Blick auf die aktuelle Praxis: Umsetzung § 4a SGB VIII

Die Konsequenzen dieser weitreichenden rechtlichen Neuregelung werden in der Fachliteratur intensiv diskutiert (vgl. u. a. Pluto 2022a/b und 2023; Rosenbauer/Schruth 2023; Seyboldt 2023; Wiesner/Wapler 2022). Konkrete Veränderungen sind in der Praxis allerdings kaum zu erkennen. Bisherige Erkenntnisse deuten darauf hin, dass die Umsetzung von § 4a SGB VIII von der öffentlichen Jugendhilfe mit nur geringer Priorität verfolgt wird. Blicken wir auch hier vor allem auf die politische, strukturelle Ebene: In der Fachliteratur ist bislang aus rund 580 Jugendamtsbezirken in Deutschland nur ein Beispiel dokumentiert worden, in dem eine Vertreterin selbstorganisierter Zusammenschlüsse einen Sitz im Jugendhilfeausschuss erhalten hat (Rasch/Loh 2023).

Könnte es sein, dass abseits veröffentlichter Fälle mehr umgesetzt wird? Flächendeckend wurde dies noch nicht analysiert. Im Rahmen seiner oben genannten Forschungsarbeit hat der Verfasser erneut auf den von ihm untersuchten Ausschnitt geblickt, die 36 Landkreise in Niedersachsen. Zwischen Herbst 2021 (Beginn der neuen kommunalen Wahlperiode in Niedersachsen, wenige Monate nach Verabschiedung des KJSG) und Frühjahr 2024 haben die für grundsätzliche Entscheidungen zuständigen Jugendhilfeausschüsse dieser Landkreise insgesamt 260-mal getagt. Die qualitative Inhaltsanalyse aller Protokolle dieser Sitzungen ergibt folgende Befunde:

- Im Landkreis Göttingen beschloss der Kreistag in seiner konstituierenden Sitzung im November 2021, die Liste der beratenden Mitglieder des Jugendhilfeausschusses entsprechend dem wenige Monate vorher verabschiedeten KJSG zu erweitern. Im Januar 2022 wurde ein beratender Sitz an eine Vertreterin selbstorganisierter Zusammenschlüsse vergeben. Diese umgehende und konsequente Umsetzung der Vorgabe des KJSG ist bemerkenswert – und im Kreis der untersuchten Kommunen einzigartig.
- In zwei Landkreisen (Holzminden, Helmstedt) wurden immerhin die Jugendamtssatzungen dahingehend erweitert, dass dort nun auch selbstorganisierte Zusammenschlüsse als mögliche beratende Mitglieder aufgelistet wurden. In Helmstedt wurde in diesem Kontext ein Sitz vergeben, allerdings im Widerspruch zur Intention des Gesetzes an einen Hauptamtlichen eines Wohlfahrtsverbandes. In Holzminden erfolgte bislang keine Besetzung, da keine selbstorganisierten Zusammenschlüsse im Landkreis bekannt seien.
- Schließlich eine Randnotiz: Die Verwaltung des Landkreises Cloppenburg teilte im Mai 2022 dem Jugendhilfeausschuss mit, dass man „mit amtlicher Bekanntmachung selbstorganisierte Zusammenschlüsse aufgerufen (habe), beratende Mitglieder für den Jugendhilfeausschuss vorzuschlagen“. Von einem Ergebnis dieses Aufrufs ist seither nicht berichtet worden – angesichts des zielgruppenfernen Mediums kaum überraschend.

Darüber hinaus wurde in der Mehrheit der Jugendhilfeausschüsse nach der Verabschiedung des KJSG 2021 in der ein oder anderen Form über das Gesetz berichtet, gelegentlich auch unter stichwortartiger Nennung von selbstorganisierten Zusammenschlüssen als neuer Form von Beteiligung. Dies führte aber weder zu dokumentierten Diskussionen noch zu irgendwelchen erkennbaren Konsequenzen. Drei Jahre nach Verabschiedung des KJSG ist das eine ernüchternde Bilanz, auch wenn hier aus den etwa 580 Jugendamtsbezirken in Deutschland nur ein kleiner Ausschnitt betrachtet wurde.

5. Fazit

Das Kinder- und Jugendstärkungsgesetz (KJSG) von 2021 hat das Recht von Kindern und Jugendlichen zur Selbstvertretung ihrer Interessen deutlich unterstrichen. Der Gesetzgeber stärkt damit den Kerngedanken der Kinderrechte:

Kinder und Jugendliche sind Subjekte, die nicht als Objekte behandelt werden dürfen. *Nothing about us without us!*

In der Praxis der Kinder- und Jugendhilfe stehen diesem Recht auf Selbstvertretung – wie überhaupt dem Recht auf Beteiligung – viele Faktoren entgegen. Eine grundsätzlich adultistische und „expertokratische" Haltung bei Verantwortlichen (in Jugendämtern wie bei Trägern der Jugendhilfe, ebenso bei den kommunalpolitischen Verantwortlichen in Jugendhilfeausschüssen) ist als wesentliches Hindernis für die Umsetzung von Beteiligungsrechten zu identifizieren. Die gesetzliche Vorgabe, selbstorganisierte Interessenvertretungen anzuregen und zu fördern (§ 4a Abs. 3 SGB VIII), wird weitgehend ignoriert.

Diese Ausgangslage fordert auch die Akteur*innen der Sozialen Arbeit heraus. Sie fordert zu einer kinderrechtlichen Haltung auf. Sie fordert dazu auf, Machtgefüge infrage zu stellen und Macht abzugeben. Dazu gehört das dezidiert „politische Mandat", gehört die Bereitschaft und Kompetenz, sich in jugendhilfepolitische Prozesse einzumischen, um Kindern und Jugendlichen zu ihrem Recht zu verhelfen. An anderer Stelle wurden praxisorientierte Perspektiven darauf, wie das umgesetzt werden kann, ausführlich dargelegt (vgl. Leiber/Leitner/Schäfer 2023, darin auch ein Beitrag des Verfassers zum jugendhilfepolitischen Einmischen). *Nichts über uns ohne uns!* muss in die gelebte Praxis der Kinder- und Jugendhilfe(politik) übersetzt werden.

Literatur

Bitzan, Maria (2018): „… sind angemessen zu beteiligen". Mit Beteiligung und Gendersensibilität Jugendhilfeplanung profilieren? In: Daigler, Claudia (Hrsg.): Profil und Professionalität der Jugendhilfeplanung. Wiesbaden (Edition Professions- und Professionalisierungsforschung, 8), S. 55–75.

Eberlei, Walter (2023): Einmischen auf kommunaler Ebene: das Beispiel Jugendhilfepolitik. In: Leiber, Simone/Leitner, Sigrid/Schäfer, Stefan (Hrsg.): Politische Einmischung in der Sozialen Arbeit. Analyse- und Handlungsansätze. Stuttgart: Kohlhammer Verlag, S. 111–132.

Leiber, Simone/Leitner, Sigrid/Schäfer, Stefan (Hrsg.) (2023): Politische Einmischung in der Sozialen Arbeit. Analyse- und Handlungsansätze. Stuttgart: Kohlhammer Verlag.

Oettler, Philipp-Emanuel/Pudelko, Julia (2023): Jugendhilfeplanung in Deutschland. Herausforderungen, Potenziale und Entwicklungstendenzen: empirische Ergebnisse einer aktuellen Bestandsaufnahme. Münster: Waxmann (Soziale Praxis).

Pluto, Liane/van Santen, Eric/Seckinger, Mike (2014): Lebenslagen Jugendlicher als Ausgangspunkt kommunaler Politikgestaltung. Eine Expertise zur beteiligungsorientierten Erhebung von jugendpolitischen Bedarfen. München: Deutsches Jugendinstitut.

Pluto, Liane (2022a): Beteiligung von Adressatinnen und Adressaten im Kinder- und Jugendstärkungsgesetz – Neuer Schub für die Verbesserung von Beteiligungsmöglichkeiten? Hg. v. Bundesverband für Erziehungshilfe e.V. (AFET). Hannover (AFET Impulse, 03/2022). URL: https://afet-ev.de/themenplattform/impul-se [Abruf: 02.12.2024].

Pluto, Liane (2022b): Partizipation von Kindern und Jugendlichen in Einrichtungen stationärer Hilfen zur Erziehung. In: Peyerl, Katrin/Züchner, Ivo (Hrsg.): Partizipation in der Kinder- und Jugendhilfe. Anspruch, Ziele und Formen der Partizipation von Kindern und Jugendlichen. Weinheim: Juventa, S. 140–152.

Pluto, Liane (2023): Beteiligung von jungen Menschen in stationären Hilfen zur Erziehung in Deutschland. Gesetzesänderungen und damit verbundene aktuelle Herausforderungen. In: Eberitzsch, Stefan/Keller, Samuel/Rohrbach, Julia (Hrsg.): Partizipation in stationären Erziehungshilfen. Perspektiven, Bedarfe und Konzepte in der Schweiz. Weinheim, Basel: Beltz Juventa, S. 49–60.

Rasch, Laurette/Loh, Robin (2023): Erste Erfahrungen mit der Selbstvertretung in einem Jugendhilfeausschuss. In: Forum Erziehungshilfen 29 (1), S. 20–22.

Rosenbauer, Nicole/Schruth, Peter (2023): Der neue § 4a SGB VIII – ein Auftrag im Spannungsfeld von Chance oder (nur) Symbolpolitik? In: Forum Erziehungshilfen 29 (1), S. 9–14.

Seyboldt, Ruth (2023): Die Dilemmata bei der Förderung von Selbstorganisation. Hannover (AFET Impulse, 07/2023). URL: https://afet-ev.de/themenplattform/impulse [Abruf: 02.12.2024].

UN CRC (2009): Allgemeine Bemerkung Nr. 12. Das Recht des Kindes auf Gehör. Nichtamtliche Übersetzung des Deutschen Instituts für Menschenrechte. Berlin. URL: https://www.institut-fuer-menschenrechte.de.

Wiesner, Reinhard/Wapler, Friederike (2022): SGB VIII, Kinder- und Jugendhilfe. Kommentar. 6. Auflage. München: C.H. Beck.

Die Gestaltung sozialer Infrastrukturen im ländlichen Raum – notwendiger Transformationsprozess oder schleichende Deprofessionalisierung Sozialer Arbeit?

Julia Bäring und Theresa Hilse-Carstensen

1. Einleitung

Die Ausstattung und die (Weiter-)Entwicklung sozialer Infrastrukturen ist ein aktuelles Thema ländlicher Räume. Die Brisanz der Thematik lässt sich über das Leitmotto der Internationalen Bauausstellung Thüringens 2019 auf den Punkt bringen: *„Wie wenig ist genug?"* Obwohl sich die Frage auf die Umnutzungsmöglichkeiten leerstehender Gebäude bezieht, ist sie ebenso anwendbar auf die infrastrukturelle Ausstattung und die (Weiter-)Entwicklungsmöglichkeiten ländlicher Räume. Insbesondere der demografische Wandel und selektive Abwanderungsprozesse nehmen zentrale Stellenwerte in dem Erwachsen regionalspezifischer Herausforderungen ein. Hierdurch entstehen starke regionale Unterschiede hinsichtlich der Infrastrukturausstattung und ihrer Aufrechterhaltung, auch wenn gleichwertige Lebensverhältnisse bundespolitisch als Zielmarke formuliert worden sind.[1] Als Gesamtheit der Dienste und der Einrichtungen zur sozialen Versorgung von Einwohner:innen definiert, sind soziale Infrastrukturen maßgeblich in den Auftrag der kommunalen Daseinsvorsorge involviert (Winkel 2018: 2186). Der Fokus auf Schrumpfungsprozesse ländlicher Räume mit all den negativen Auswirkungen soll nicht darüber hinwegtäuschen, dass Akteur:innen dieser Regionen über ein erhebliches Transformationswissen verfügen. Hierin liegen Potenziale für das Neudenken und das Verhandeln von sozialen Infrastrukturen. Dies schließt auch die Soziale Arbeit ein. Ihr professionelles Handeln ist in ihrem Grundverständnis und ihrem Auftrag begründet. Zugleich sind es angemessene Rahmenbedingungen, die professionelles Handeln überhaupt erst ermöglichen. Hierzu zählen Zeit für Netzwerk- und Beziehungsarbeit, eine verbindliche Finanzierung und Kontinuität sowie abgestimmte Qualitätsstandards. Die Soziale Arbeit steht dabei

1 Vgl. z.B. https://www.bmwsb.bund.de/Webs/BMWSB/DE/themen/raumentwicklung/gleichwertige-lebensverhaeltnisse/gleichwertige-lebensverhaeltnisse-node.html [Abruf: 25.07.2024].

vor der Herausforderung der Sicherstellung und der Verhandlung einer fachlichen Ausführung sozialer Dienste in ländlichen Räumen. Zentral sind dabei Fragen nach dem Umgang mit (drohenden) Deprofessionalisierungsprozessen angesichts einer Anpassung an lokale ressourcenarme Gegebenheiten oder, konträr gedacht, den Möglichkeiten, sich ländliche Räume (vermehrt) zu erschließen und Transformationsprozesse mitzugestalten.

Der Beitrag versteht sich als Anregung für die aktive Auseinandersetzung mit diesen Themen am Beispiel des Bundeslandes Thüringen. Es folgt zunächst ein Porträt schrumpfender Landkreise und beispielhafter Impulse durch den Freistaat. Daran schließt eine Skizze der Transformationspotenziale ländlicher Räume an. Der Beitrag endet mit einer Einladung zum Weiterdenken für die Soziale Arbeit anhand von zwei oppositären Deutungen und einem Ausblick.

2. Porträt schrumpfender Landkreise

Die dritte regionalisierte Bevölkerungsvorausberechnung für Thüringen malt das Bild schrumpfender Landkreise: Bis 2042 soll die Einwohner:innenzahl um fast neun Prozent sinken (Bundesinstitut für Bevölkerungsforschung 2023). Aus regionalen Entwicklungsstrategien wird ebenfalls deutlich, dass eine zunehmende Alterung der Bevölkerung massive Demografieprobleme begünstigt (RAG Kyffhäuser e. V. 2022). Dies spiegelt sich vornehmlich im Fehlen von Nachwuchsfachkräften im Gastronomie-, Pflege-, Handwerks- und Bildungsbereich wider (André et al. 2020: 17). Junge mobile Menschen, insbesondere Frauen, zieht es bereits seit Jahren vermehrt in die strukturstarken Städte bzw. städtischen Kreise innerhalb und außerhalb des Bundeslandes. Eine relevante Begründung für die Landflucht sind die Arbeitsmarkt- und Ausbildungsperspektiven, welche in Städten attraktiver gestaltet sind. Der Mangel an qualifizierten Nachfolger:innen und Schulabgänger:innen auf dem Land führt nicht nur zur Schließung von Bildungs- und Freizeiteinrichtungen, sondern auch zu einem allgemeinen Sinken der Lebensqualität vor Ort (Burstedde/Werner 2019: 5–8). Die Abwanderung junger Menschen und der Geburtenrückgang der letzten Jahre haben eine Überalterung der Bevölkerung auf dem Land zur Folge. Die Zentralisierung von Versorgungseinrichtungen in städtische Räume sowie die aus dem Strukturwandel resultierende Ausdünnung eines infrastrukturellen Ausbaus auf dem Land führen dazu, dass die Nachfrage an lokale Pflege- und Unterstützungsdienstleistungen steigt, aber gleichzeitig ein Mangel an eben jenen zu verzeichnen ist (Hämel/Wolter 2020: 443f.; Rind/Reime/Weidmann 2022). Aus kommunaler Perspektive zieht die Akkumulation verschiedenster Problemlagen in ländlichen Räumen Fragen der Aufrechterhaltung und der finanzpolitischen Begründung sozialer Infrastrukturen nach sich. Außerdem zeigen sich Auswirkungen auf das Leben vor Ort. Dies lässt sich anhand von verschiedenen Untersuchungen ländlicher Räume Thüringens illustrieren.

1. Menschen in vielen ländlichen Regionen sehen ihre Teilhabechancen in Bezug auf die Erreichbarkeit von Bildungsangeboten, Kultur, beruflichen Entwicklungsmöglichkeiten etc. als eingeschränkt. Dieses subjektive Empfinden zur Bewertung der Gesamtheit von Lebensbedingungen wird als „relative Deprivation" beschrieben (IKPE 2019: 149–154). Damit sind Befürchtungen verbunden, nicht den gerechten Anteil zu erhalten, oder auf die „Verliererseite" des Lebens zu geraten. Für Thüringen konnte gezeigt werden: Je peripherer Landkreise liegen, desto ausgeprägter sind Gefühle des Abgehängtseins oder -werdens.

2. Aufgrund des geringen Erwerbspersonenpotenzials ist der Arbeitsmarkt des Freistaats offen für die Integration von ausländischen Arbeits- und Fachkräften. Dies ist vor allem für ländliche Regionen unabdingbar. Das sogenannte „Thüringen Paradox" (André et al. 2020) beschreibt jedoch einen Zusammenhang von einem objektiven Zuwanderungsbedarf Thüringer Landkreise und zuwanderungskritischen Einstellungen der dortigen Bewohner:innen. Gerade dort, wo die Einwohner:innenzahlen und das Erwerbspersonenpotenzial zurückgegangen sind, erzielte die AfD bereits im Jahr 2019 die größten Zustimmungswerte (ebd.: 21). Die Folgen sind deutlich prognostizierbar: Menschen aus dem Ausland werden sich an diesen Orten nicht wohlfühlen, obwohl sie als Fachkräfte dringend gebraucht werden.

3. Anreizstrukturen durch die Landesebene

Die Frage, was die Schrumpfungsprozesse für die Organisation sozialer Infrastrukturen bedeuten und wie auf daraus folgende Herausforderungen regiert werden kann, ist zunächst auf kommunaler Ebene zu verorten. Lokale Lösungen sind gefragt. Als Expertinnen für regionale Spezifika erstellen Thüringer Kommunen in integrierten Sozialplanungsprozessen beispielsweise Konzepte für Armuts(folgen)prävention, Familienförderung, Integration, Unterstützung des Ehrenamtes oder Regionalentwicklung. Befördert wird das kommunale Engagement durch landespolitische Impulse, die signalisieren, dass Entwicklungen des ländlichen Raums auf der politischen Agenda stehen. Weiterhin sind es landespolitische Förderprogramme, die die Projektentwicklung, die Erprobung und die Umsetzung von Maßnahmen zeitweise finanzieren. Alles in allem werden dadurch Anreize gesetzt, die nicht nur Vorteile mit sich bringen, sondern auch strukturelle Nachteile aufweisen.

Hierzu zählen ständig wechselnde und befristete Initiativen, deren Tragfähigkeit und finanzierbare Aufrechterhaltung zusätzliche Herausforderungen für die Kommunen darstellen. Dies kann dazu führen, dass Kommunen aufgrund einer fehlenden finanziellen Perspektive oder der ohnehin schon unterbesetzten Verwaltung von einer Projektförderung oder einer Stärkung personeller Ressourcen absehen, obwohl landesseitige Fördermittel in verschiedenen Bereichen die Möglichkeit eröffnen, soziale Infrastrukturen zu dezentralisieren und damit in die Fläche zu tragen.[2] Eine nachhaltige Implementierung sowie Sicherung von Qualität und Kontinuität – insbesondere für die Beziehungsarbeit und die Netzwerkstrukturen – wird jedoch erschwert.

Außerdem sind die Gestaltungsmöglichkeiten der Gebietskörperschaften abhängig von dem (kommunal-)politischen Willen und der Haushaltslage des Landes. In diesem Sinne sind auch Förderprogramme als Angebote an Kommunen zu sehen, deren Ein-/Fortführung keiner Verpflichtung unterliegt. Mit der Frage der Verstetigung sind kommunale Akteure oftmals allein gelassen. Hierauf haben die meisten Förderprogramme keine Antworten und während der Förderperiode werden diese nur unzureichend entwickelt.

Für die Landesebene resultiert aus dem Netz der selbstständigen Gemeinden und Städte mit ihren individuellen infrastrukturellen Ausstattungen nicht nur eine thüringenweite Heterogenität in der Umsetzung der Programme, sondern gleichfalls ein Steuerungsdilemma für den Freistaat. Auf die Frage, wie man bei aller Heterogenität in der kommunalen Ausführung eine angemessene Qualität und geeignete Rahmenbedingungen für die Projektumsetzung absichert, wird mit übergeordneten Empfehlungspapieren und Qualitätsstandards reagiert.

Im Kontext mit der kritischen Auseinandersetzung von Förderlogiken gilt es auch zu hinterfragen, inwieweit kleinteilige, laufzeitgebundene Projekte tatsächlich dem Adressieren der strukturellen Herausforderungen gerecht werden. Untersuchungen zeigen auf, dass aus der Implementierung dieser Maßnahmen eher ein Spannungsfeld innerhalb der Landkreise resultiert. So werden einige Gemeinden dank der Verankerung von Projekt- und Programmstrukturen zu „Leuchttürmen“ aufgewertet, während andere infrastrukturell weitestgehend verkümmern (Haubner/Laufenberg/Boemke 2022: 256–266). In diesen Regionen nimmt insbesondere das Ehrenamt eine wichtige Rolle ein. Das liegt nicht nur an einem erhöhten Bedarf an Betreuung und einem Mangel an Betreuenden, sondern gleichzeitig an der kommunalen Sparpolitik, die immer weniger Personalmittel für die Soziale Arbeit zulässt. Zumindest ein kritischer Blick sollte auf die Frage geworfen werden, inwieweit dieses Vorgehen die Situation in den ländlichen Räumen negativ beeinflusst. Handelt es sich bei

2 Siehe beispielsweise Familienpolitik: Landesprogramm „Solidarisches Zusammenleben der Generationen“, AGATHE – Älter werden in Gemeinschaft, Familienlots:innen oder Dorfkümmerer:innen; Bereich Demokratieförderung: DenkBunt; Bereich Arbeitsmarktpolitik: Landesprogramm „Arbeit für Thüringen“, Niederlassungsförderung für Mediziner:innen oder Infrastruktur: Regionalentwicklung und zur Gestaltung der Folgen des demografischen Wandels.

den Dynamiken tatsächlich um Unterstützungsmaßnahmen oder erhalten lediglich die ländlichen Zentren eine Imageaufwertung, während andere Dörfer durch eine zyklische Programmpolitik abgehängt werden?

4. Transformationspotenziale ländlicher Räume

Im Kontrast zum oben skizzierten Negativbild stehen die Transformationspotenziale ländlicher Räume. Hierbei geht es vor allem darum, Chancen in den Veränderungsprozessen zu sehen. Zunehmend werden ländliche Räume als Innovations- und Zukunftslabore entdeckt. Hierunter werden politische Aufwertungsstrategien mit dem Ziel der Imageförderung (ebd.: 256–259) ebenso verstanden wie die Ansiedlung von Start-up-Unternehmen oder Co-Working-Räumen[3]. Diese Strategien setzen jedoch nicht zwangsläufig an den Teilhabemöglichkeiten und den Ressourcen der Bewohner:innen vor Ort an. Ein anderer Fokus ergibt sich, wenn die Transformationserfahrungen ländlicher Räume im Mittelpunkt stehen und dadurch Möglichkeiten und Chancen identifiziert werden, von denen andere Regionen – denen ähnliche Herausforderungen bevorstehen – profitieren können (Fröhlich/Mannewitz/Ranft 2022). Die Beteiligung der Menschen vor Ort ist zentral, um diese Innovationspotenziale hervorzubringen und bewusst zu gestalten. Den Bewohner:innen wird somit eine aktive Rolle zugeschrieben. In verschiedenen Partizipationsformaten sollen sie Gelegenheit finden, zu Mitgestalter:innen ihrer Region zu werden. Aus der Forschung zu Beteiligungsverfahren und der kommunalen Praxis wissen wir allerdings, dass derartige Prozesse extrem voraussetzungsvoll sind. Oftmals scheitern sie daran, dass entweder die angesprochenen Zielgruppen nicht erreicht werden, von Akteur:innen politischer Steuerung oder kommunaler Führung keine Unterstützung zu erwarten ist und/oder bei ihnen die Einsicht fehlt, in Beteiligungsprozessen eine Bereicherung lokaler Planung und Entwicklung durch hinzukommende Expertise zu sehen. Die Autor:innen der pointiert betitelten Studie „Die Übergangenen. Strukturschwach und erfahrungsstark" (ebd.) adressieren ihre Empfehlungen an die Politik und kommen zu dem Schluss, dass es seitens der Politik drei Dinge braucht: Geld, Gestaltungsmacht (in Form von Mitsprachemöglichkeiten) und Gehör gegenüber den Menschen vor Ort. Mit diesen drei Stellschrauben können ländliche Räume nachhaltig gestärkt werden.

3 Siehe bspw. Süddeutsche Zeitung https://www.sueddeutsche.de/wirtschaft/coworking-laendlicher-raum-hofft-auf-neue-arbeitswelt-festival-dpa.urn-newsml-dpa-com-20090101-230426-99-458243 [Abruf: 26.07.2024].

5. Transformationskraft und schleichende Gefahr(en) für Soziale Arbeit

Die Empfehlungen, Personen „Gestaltungsmacht“ zu verleihen und „Gehör“ zu schenken, liefern bereits Antworten, um auf einige der skizzierten Herausforderungen schrumpfender Räume zu reagieren: Es geht u. a. um Wertschätzung, Anerkennung, das gemeinsame Entwickeln von Perspektiven und die Stärkung des sozialen Zusammenhalts. Unabhängig von der adressierten politischen Ebene lassen sich hierin konkrete Ansatzpunkte für professionelles Handeln Sozialer Arbeit erkennen. Soziale Arbeit kann ihr fachliches Portfolio nutzen, um Gelegenheiten der Vernetzung zu initiieren oder Beziehungsarbeit in aufsuchenden Angeboten zu leisten. Wohlwissend, dass ländliche Räume auch einige Besonderheiten für die Ausübung Sozialer Arbeit bedingen (Wagner 2011), ergibt sich bereits aus ihrem Grundverständnis, dass sich sowohl der Auftrag Sozialer Arbeit als auch ihre fachspezifischen Kompetenzen darauf beziehen, Lebensverhältnisse zu verbessern und adäquate Möglichkeiten zur Teilhabe von Bürger:innen zu schaffen (Kessler 2024: 154). Angesichts der dargestellten Empfehlungen, politischer Strategien oder Förderanreize, gilt es im Prozess einer Positionierung Sozialer Arbeit nicht nur den Fokus auf den Auftrag und das fachliche Repertoire zu richten, sondern die Rahmenbedingungen zu diskutieren, die es braucht, damit Soziale Arbeit in ländlichen Räumen eine qualitativ hochwertige Arbeit leisten kann, ohne sich an Strukturen aufzureiben. Kurzum: Es gilt, die Kompetenz und die Transformationskraft Sozialer Arbeit für die Gestaltung eigener Strukturen zu nutzen.

Diese Erkenntnis mündet in folgende Fragen, die als Ausgangspunkt für die Skizzierung von zwei konträren Deutungen dienen. Gedacht als Zuspitzungen und Anregungen für den weiteren Diskurs fokussieren sie die Handlungsmöglichkeiten und -begrenzungen Sozialer Arbeit.

- Welche Konsequenzen für die Ausgestaltung sozialarbeiterischen Handelns ergeben sich vor dem Hintergrund beschriebener Empfehlungen und politischer Strategien? Wie gelingt es, diese Empfehlungen mit fachlicher Expertise der Sozialen Arbeit zu untersetzen?
- Welche Rahmenbedingungen sind nötig, damit Soziale Arbeit als Gestalterin ländlicher Räume aktiv werden kann?

5.1 Notwendiger Transformationsprozess

Einen sich abzeichnenden Transformationsprozess in der Infrastrukturentwicklung ländlicher Räume kann die Soziale Arbeit aus einer aktiven und gestaltenden Rolle heraus nutzen und voranbringen. Sie bedient sich aktueller Gelegenheitsfenster, die sich aus den Diskursen um die Aufrechterhaltung von sozialer Infrastruktur in ländlichen Räumen ergeben, um fachliches Handeln und eigene Angebote neu zu denken und weiterzuentwickeln. Soziale Arbeit versteht es, sich aktiv zu positionieren und ihre fachliche Expertise sowie ihre Kompetenzen einzubringen. Hierzu gehören nicht nur Gespräche vor Ort, sondern ebenso, Menschen zu beteiligen und ihnen eine Stimme zu geben. Folglich schafft Soziale Arbeit es, auf die Herausforderungen ländlicher Gebiete zu reagieren, und eröffnet Räume für Begegnung und Gelegenheiten für Partizipation vor Ort. Aus diesen Formen der Beziehungsarbeit zieht sie ihre Expertise und ihre Kompetenz für die Vernetzung und die Weiterentwicklung von Diskussionen um soziale Infrastrukturen und die eigene Qualitätssicherung. Aus dieser Positionierung ergeben sich für die Soziale Arbeit folgende Konsequenzen:

- Sie professionalisiert sich in ihren eigenen Angeboten (d. h. in Angebotsstrukturen, Zugangswegen, Digitalisierung etc.). Dies schließt ein, dass Angebote für die Fläche und die spezifischen Netzwerks- und Beziehungsstrukturen ländlicher Räume neu gedacht und unter Berücksichtigung ländlicher Strukturen (Beziehungen, Wegzeiten etc.) umgesetzt werden.
- Sie geht ungewöhnliche Partnerschaften ein. Die Zersiedelung und die Ausdünnung ländlicher Räume erfordern ein kooperatives Umdenken unter den verschiedenen Trägern Sozialer Arbeit. Fragen um die Aufrechterhaltung von sozialen Infrastrukturen werden regional gemeinsam und unter Einbezug lokaler Strukturen beantwortet.
- Zusammenarbeit und Vernetzung sind zentrale Impulse für die Qualitätsentwicklung sozialarbeiterischer Angebote und die Chance, soziale Innovationen hervorzubringen. Letztere ziehen ihre Kraft aus Wissenstransfer, Diskurs und Kooperation.
- Sozialer Arbeit gelingt es, sich als Partnerin kommunaler Planung zu positionieren und in die kommunale Politik zu vernetzen. Sie bringt ihre Expertise in Prozesse kommunaler Planung und politischer Diskurse ein. Dabei gelingt es ihr, in der Ausübung einer Moderationsfunktion zwischen den Bedürfnissen verschiedener Zielgruppen, der Verwaltung sowie der Politik zu vermitteln und auf mehreren Ebenen aktiv zu sein. Sie nimmt Einfluss auf eine bedarfsorientierte Infrastrukturentwicklung und Steuerungsprozesse. Zusätzlich etabliert sie Beteiligungsprozesse sowie Austauschforen für die Zivilgesellschaft vor Ort. Soziale Arbeit wird in eigener Sache aktiv. Sie nutzt ihre gestaltende Rolle zur Erweiterung eigener Handlungsfähigkeit und sorgt selbstbewusst für gute Rahmenbedingungen.

5.2 Schleichende Deprofessionalisierung

Die Ressourcenknappheit wirkt sich insbesondere auf die Anzahl an finanzierten Stellen sowie auf fehlende Handlungsspielräume aus. Zyklische Förderanreize tragen nicht dazu bei, dass ein Vertrauen in die Verlässlichkeit und die (Weiter-)Finanzierbarkeit von Projekten und Arbeitsplätzen in ländlichen Räumen erwächst, zumal diese Förderanreize stets in einem aktuellen Problemdruck begründet sind.

Die Folge ist die Reduzierung der Rolle der Sozialen Arbeit auf eine „Feuerwehr" zur Kompensation des Wegfallens von Strukturen ländlicher Räume. Fragen der Aufrechterhaltung und der Verteilung dieser sozialen Infrastrukturen betreffen somit nicht nur die Gestaltungsoptionen Sozialer Arbeit, sondern tragen schlimmstenfalls zu einer Deprofessionalisierung bei, die mit einem Verlust an Anerkennung, Qualität und Handlungsspielräumen einhergeht. Befördert wird eine Reduzierung des Kompetenzbereiches Sozialer Arbeit durch nicht angepasste Rahmenbedingungen oder passiven Austausch mit kommunaler Politik, Planungsebenen und anderen Trägern. Dies spitzt sich durch ein innerprofessionelles Konkurrenzverhalten um die limitierten Ressourcen sowie bürokratische Hürden versäulter Verwaltungsstrukturen nochmals zu. Das beeinflusst nicht nur die Motivation der Fachkräfte, die von einer Förderperiode zur nächsten navigieren, um ihre finanzielle Unterstützung zu gewährleisten, sondern schmälert auch den generellen Impact der Projekte auf die Gesellschaft. Eine weitere Hürde stellt die mangelhafte Infrastruktur dar, die unmittelbar mit der Etablierung von „Leuchtturmprojekten" in den ländlichen Zentren in Verbindung gebracht werden kann. Aktuell besteht ein großes Defizit darin, Maßnahmen und Projekte tatsächlich in die Fläche zu tragen, anstatt sie nur in kommunalen, ohnehin schon infrastrukturstarken „Hotspots" zu verankern. Einwohner:innen sind infolgedessen mit der Herausforderung konfrontiert, flexibel und mobil zu sein, um Angebote wahrnehmen zu können. Fachkräfte auf der anderen Seite vermögen aufgrund von fehlenden Zeit-, Finanz- und Personalressourcen nicht, die Einzugsgebiete eigenständig zu erschließen. Und dennoch wird der Erfolg von geförderten Programmen oftmals an Teilnehmendenzahlen abgelesen. Unbeachtet bleiben die Überalterung, die Abwanderung, der Geburtenrückgang und die infrastrukturellen Problematiken. Der erhöhte Zeitaufwand für standardisierte Aufgaben, die landespolitische Förderstrukturen mit sich bringen, und die geografisch bedingten weiten Fahrtwege sowie die daraus resultierenden fehlenden Kapazitäten für eine klient:innennahe Beziehungsarbeit können somit als bedingende Faktoren für einen Mangel an Qualitätssicherung und Handlungsmöglichkeiten von Sozialarbeiter:innen angesehen werden. Aufgrund der fehlenden zeitlichen und personellen Ressourcen wird in ländlicher Peripherie häufig auf ehrenamtliche Strukturen zurückgegriffen. Auf der einen Seite als unersetzbare Ressource geltend, kann notgedrungenes Ehrenamt andererseits zu einer zugespitzten Diskussion um die Notwendigkeit oder vielmehr die Existenzberechtigung der Sozialen Arbeit führen.

6. Ausblick – Was braucht es (nicht) mehr?

Schrumpfende Landkreise und die damit verbundenen finanziellen, personellen und infrastrukturellen Probleme stellen Politik, Gesellschaft, Verwaltung und Wirtschaft vor diverse Herausforderungen, deren Bewältigungsmöglichkeiten als Querschnittsaufgabe in der Beantwortung von Grundsatzfragen um (soziale) Infrastrukturen liegen: Was kann, soll und muss aufrechterhalten werden? Darauf reagieren politische Förderprogramme, die, kritisch gelesen, als kurzfristige, haushalts- oder politikzyklische Regulierung aktueller Problemlagen interpretiert werden können.

Damit Soziale Arbeit ihre Kompetenzen und ihre Transformationskraft bei der Gestaltung sozialer Infrastrukturen einsetzen kann, braucht sie

- langfristige Finanzierungsgrundlagen,
- Möglichkeiten der Kooperation mit kommunaler Planung und Politik, um mit ihrer Expertise Einfluss auf Planungsprozesse zu nehmen,
- trägerübergreifende Netzwerke,
- Zugang zu den Lebenslagen/Lebenswelten der ansässigen Menschen, Anerkennung des lokalen Erfahrungswissens sowie Wissen über Netzwerke und persönliche/politische Spannungsfelder vor Ort,
- das Zusammendenken von Bürger:innenbeteiligung und Ehrenamt
- die Rolle der Vermittlerin zwischen den verschiedenen Bedürfnissen und Absichten beteiligter Interessengruppen,
- an die Herausforderungen ländlicher Räume angepasste Rahmenbedingungen in der Angebotsentwicklung und -finanzierung (weite Fahrtwege, Kriterien der Erfolgsbewertung) und angepasste Formen der Qualitätssicherung sowie
- Mut und Initiative, sich strukturell selbst zu hinterfragen und neu auszurichten.

Ein Weg von Leuchttürmen und Pilotprojekten zu verlässlichen Handlungsspielräumen verlangt keine One-fits-all-Lösung, sondern Innovationen und Neuerungen auf der Ebene lokaler Strategien und Politiken. Es gilt, regionalspezifisch zu steuern und fachliche Entscheidungen zu treffen. Für die Soziale Arbeit ist nicht nur das Resultat dieser Entscheidung, sondern der Weg der Entscheidungsfindung relevant. Andernfalls gelingt es ihr nicht, sich den ländlichen Raum aktiv zu erschließen, ihn mitzugestalten und nachhaltig vor Ort zu wirken. Die Antwort auf die Frage, wovon es in Zukunft (nicht) mehr braucht, liegt schlussendlich bei den lokalen Expert:innen. Das Wissen der

Menschen vor Ort zu nutzen, ihnen Gehör zu schenken und Gestaltungsmacht zu verleihen, führt dazu, dass Regionen ihren Potenzialen gerecht werden können.

Literatur

André, Tim/Behr, Michael/Philippus, Udo/Reuß, Alexander (2020): Das Thüringen-Paradox: Thüringen droht tatsächlich eine "zweite Wende" – aber anders als von manchem erhofft. In: ifo Dresden berichtet 27, 1, S. 17–24.

Bundesinstitut für Bevölkerungsforschung (2023): Einwohnerzahl sinkt bis 2042 um neun Prozent. URL: https://www.demografie-portal.de/DE/Politik/Meldungen/2023/230131-thueringen-einwohnerzahl-sinkt-bis-2042-um-neun-prozent.html#:~:text=Die%20Bev%C3%B6lkerung%20der%20kreisfreien%20St%C3%A4dte,und%200%2C5%20Prozent%20verzeichnen [Abruf: 23.06.2024].

Burstedde, Alexander/Werner, Dirk (2019): IW-Report 26/19. Von Abwanderung betroffene Arbeitsmärkte stärken. URL: https://www.iwkoeln.de/fileadmin/user_upload/Studien/Report/PDF/2019/IW-Report_2019_Binnenwanderung.pdf [Abruf: 02.12.2024].

Fröhlich, Paulina/Mannewitz, Tom/Ranft, Florian (2022): Die Übergangenen. Strukturschwach & erfahrungsstark zur Bedeutung regionaler Perspektiven für die große Transformation. Studie. Berlin/Bonn: Das Progressive Zentrum; Friedrich-Ebert-Stiftung.

Hämel, Kerstin/Wolter, Birgit (2020): Alter(n) im ländlichen Raum. In: Aner, Kirsten/Karl, Ute (Hrsg.): Handbuch Soziale Arbeit und Alter. Wiesbaden: Springer Fachmedien Wiesbaden, S. 443–453. DOI: https://doi.org/10.1007/978-3-658-26624-0_38.

Haubner, Tine/Laufenberg, Mike/Boemke, Laura (2022): Zweiklassengesellschaft auf dem Land. Rurale Armutsräume im Spannungsfeld von Aufwertungs- und Peripherisierungsprozessen. In: Belina, Bernd/Kallert, Andreas/Mießner, Michael/Naumann, Matthias (Hrsg.): Ungleiche ländliche Räume. Widersprüche, Konzepte und Perspektiven. Kritische Landforschung. Umkämpfte Ressourcen, Transformationen des Ländlichen und politische Alternativen, Band 2. Bielefeld: transcript, S. 253–270.

IKPE – Institut für kommunale Planung und Entwicklung e.V (2019): Zweiter Thüringer Sozialstrukturatlas mit der Fokussierung auf Armut und Armutsprävention.

Kessler, Stefanie (2024): Die Rolle der Sozialen Arbeit in der zukunftsorientierten Gestaltung des gesellschaftlichen Wandels in ländlichen, strukturschwachen Räumen. Ein Essay. In: Sen, Katrin/Staats, Martin/Wassermann, Dirk/Friele, Boris/Kart, Mehmet/Knothe, Holger/Rieger, Jens/Schomers, Bärbel (Hrsg.): Utopien Sozialer Arbeit. Soziale Arbeit und gesellschaftliche Transformation. Weinheim, Basel: Beltz Juventa, S. 152–164.

RAG Kyffhäuser e. V. (2022): Regionale Entwicklungsstrategie 2023-2027. Regionale Aktionsgruppe (RAG) Kyffhäuser e. V. https://leader-rag-kyff.de/1325/1326/neuestrategie/?.

Rind, Esther/Reime, Birgit/Weidmann, Christian (2022): Rural health/Gesundheit im ländlichen Raum. In: Bundeszentrale für gesundheitliche Aufklärung (BZgA) (Hrsg.): Leitbegriffe der Gesundheitsförderung und Prävention. Glossar zu Konzepten, Strategien und Methoden.

Wagner, Leonie (2011): Soziale Arbeit in ländlichen Räumen. In: Sozial Extra 35, 3-4, S. 21–24. DOI: https://doi.org/10.1007/s12054-011-0185-x.

Winkel, Rainer (2018): Soziale Infrastruktur. In: Akademie für Raumforschung und Landesplanung (Hrsg.): Handwörterbuch der Stadt- und Raumentwicklung. Hannover: Akademie für Raumforschung und Landesplanung, S. 2185–2196.

Die Herausgeber:innen und Autor:innen

Herausgeber:innen

Borrmann, Stefan, Prof. Dr. phil., Diplom-Pädagoge, Professor für internationale Sozialarbeitsforschung an der Fakultät Soziale Arbeit der Hochschule Landshut. Mitglied des Vorstands der Deutschen Gesellschaft für Soziale Arbeit (DGSA), Sprecher der Sektion Theorie- und Wissenschaftsentwicklung in der Deutschen Gesellschaft für Soziale Arbeit (DGSA). Arbeitsschwerpunkte: Theorien Sozialer Arbeit, Internationale Soziale Arbeit, Jugendarbeit, Rechtsextremismus.
Kontakt: stefan.borrmann@haw-landshut.de

Steckelberg, Claudia, Prof. Dr. phil., Diplom Sozialarbeiterin/Sozialpädagogin, Professur für Wissenschaft Soziale Arbeit an der Hochschule Neubrandenburg, Vorsitzende der DGSA, Arbeitsschwerpunkte: Wohnungslosigkeit und Wohnungsnot, Gender und Queer Studies, Gemeinwesenarbeit, Antidiskriminierung.
Kontakt: steckelberg@hs-nb.de

van Rießen, Anne, Prof. Dr. phil., Diplom-Sozialarbeiterin, Professorin für Methoden Sozialer Arbeit am Fachbereich Sozial- und Kulturwissenschaften der Hochschule Düsseldorf. Beisitzerin im Vorstand der Deutschen Gesellschaft für Soziale Arbeit (DGSA). Forschungs- und Arbeitsschwerpunkte: Partizipation und Demokratisierung Sozialer Arbeit, Nutzer:innenforschung, Sozialraumbezogene Soziale Arbeit,
Kontakt: anne.van_riessen@hs-duesseldorf.de

Autor:innen

Afeworki Abay, Robel, Prof. Dr. phil., Gastprofessor für partizipative Ansätze in den Sozial- und Gesundheitswissenschaften der Alice Salomon Hochschule Berlin. Arbeits- und Forschungsschwerpunkte: Intersectional Disability Justice, Diversität und Intersektionalität, Rassismus und Ableismus, Climate und Social Justice sowie partizipative Forschung.
Kontakt: afeworki-abay@ash-berlin.eu

Bäring, Julia, M.A., staatlich anerkannte Sozialpädagogin/Sozialarbeiterin, Wissenschaftliche Mitarbeiterin am Institut für kommunale Planung und Entwicklung e.V. – An-Institut der FH Erfurt. Arbeits- und Forschungsschwerpunkte: Ausbau von Präventionsketten, Netzwerkforschung, Beteiligung und ländliche Räume.
Kontakt: julia.baering@ikpe-erfurt.de

Bringt, Friedemann, Dr., seit 2017 Fachreferent für Qualitäts- und Berufsfeldentwicklung im Bundesverband Mobile Beratung e.V.
Kontakt: bringt@bundesverband-mobile-beratung.de

Burzlaff, Miriam, Prof. Dr. phil., Sozialarbeiterin (B.A. & M.A.), Professorin für Methoden Sozialer Arbeit mit Schwerpunkt Beratung an der Hochschule Neubrandenburg. Forschungsschwerpunkte: Politik, Ethik und Professionalisierungsprozesse Sozialer Arbeit, Fokus: Policy Practice, Social Justice und Diskriminierungskritik.
Kontakt: burzlaff@hs-nb.de

Das, Chaitali, Prof. Dr., M.S.W. (Masters in Social Work, Indien), Professorin für Transnationale und Internationale Soziale Arbeit am Fachbereich für Soziale Arbeit und Gesundheit der Frankfurt University of Applied Sciences. Arbeits- und Forschungsschwerpunkte: Internationale Soziale Arbeit, Professionalisierung und Dekolonisierung in der Sozialen Arbeit, Macht – Inklusion – Diversität in der Sozialen Arbeit.
Kontakt: chaitali.das@fb4.fra-uas.de

Dörfler, Lisa, M.S.W. Soziale Arbeit als Menschenrechtsprofession, Referentin für Klimaschutz und Nachhaltigkeit Paritätischer Gesamtverband in Berlin. Arbeits- und Forschungsschwerpunkte: Jugendhilfe, Geflüchtetensozialarbeit, Menschenrechte, sozialökologische Transformation.
Kontakt: lisa.doerfler@paritaet.org

Eberlei, Walter, Prof. Dr., Professor für Politikwissenschaft im Fachbereich Sozial- und Kulturwissenschaften der Hochschule Düsseldorf (HSD). Aktuelle Arbeits- und Forschungsschwerpunkte: Kommunalpolitik, Jugendhilfepolitik, Kinderrechte, Partizipation.
Kontakt: walter.eberlei@hs-duesseldorf.de

Ehlers, Corinna, Prof. Dr. MPH, Diplom-Sozialarbeiterin/-Sozialpädagogin, Professorin für Theorien und Methoden Sozialer Arbeit mit dem Schwerpunkt Case Management an der Fakultät Soziale Arbeit und Gesundheit der HAWK in Hildesheim. Arbeits- und Forschungsschwerpunkte: Stärkenorientiertes Case Management, professionelle Profilbildung, Internationale Soziale Arbeit.
Kontakt: corinna.ehlers@hawk.de

Gahleitner, Silke Birgitta, Prof. Dr. phil. habil., Sozialarbeiterin und Psychotherapeutin, Professorin für Klinische Psychologie und Sozialarbeit, Alice Salomon Hochschule Berlin.
Kontakt: sb@gahleitner.net

Gebrande, Julia, Prof. Dr., Diplom-Sozialarbeiterin/-Sozialpädagogin (FH), Master Soziale Arbeit, Fachberaterin für Psychotraumatologie (DIPT), Professorin für Soziale Arbeit im Gesundheitswesen an der Fakultät Soziale Arbeit, Gesundheit und Pflege der Hochschule Esslingen.
Kontakt: julia.gebrande@hs-esslingen.de

Giertz, Karsten, M.A. Social Work, Geschäftsführer des Landesverbandes Sozialpsychiatrie Mecklenburg-Vorpommern e.V., Doktorand an der Universitätsmedizin Greifswald, Vorstandsvorsitzender des European Centre for Clinical Social Work e.V., Vorstandsmitglied im Institut für Sozialpsychiatrie Mecklenburg-Vorpommern e.V.
Kontakt: karsten.giertz@sozialpsychiatrie-mv.de

Große, Lisa, M.A. Klinische Sozialarbeit, Klinische Mentorin (CM-ECCSW), Vorständin im European Centre for Clinical Social Work e.V., Promovierende an der Universität Vechta und Alice Salomon Hochschule Berlin, wissenschaftliche Mitarbeiterin im Landesverband für Sozialpsychiatrie Mecklenburg-Vorpommern e.V.
Kontakt: grosse_lisa@gmx.net

Häseler, Sarah, Prof. Dr. phil., Diplom-Sozialarbeiterin/-Sozialpädagogin, Professorin für Sozialarbeitswissenschaft an der Katholischen Hochschule für Sozialwesen Berlin. Arbeits- und Forschungsschwerpunkte: Stadtteilarbeit, Bürgerschaftliches Engagement, Mentoring und Patenschaften, Sozialraumorientierung, Familienförderung – Familienzentren.
Kontakt: sarah.häseler@khsb-berlin.de

Harrer-Amersdorffer, Jutta, Prof. Dr., Soziale Arbeit, B.A.; M.A., Professorin für Theorien und Handlungslehre an der Technischen Hochschule Nürnberg Georg Simon Ohm. Arbeits- und Forschungsschwerpunkte: Jugendarbeit/ Jugendhilfe, Professionalisierung, Theorie- und Wissenschaftsentwicklung Sozialer Arbeit.
Kontakt: jutta.harrer-amersdorffer@th-nuernberg.de

Hahn, Gernot, Dr., Diplom-Sozialpädagoge (FH), Diplom-Sozialtherapeut (Univ.), Klinikum am Europakanal Erlangen, Forensische Ambulanz.
Kontakt: info@gernot-hahn.de

Heusinger, Josefine, Prof.in Dr.in, Krankenschwester, Casemanagerin, Diplom-Soziologin; Professorin für Soziale Arbeit mit dem Schwerpunkt Generationenbeziehungen und Lebenslauf an der Hochschule Magdeburg-Stendal. Arbeits- und Forschungsschwerpunkte: Soziale Gerontologie, Soziale Ungleichheit, Versorgungsforschung, Altenhilfe, Gesundheit im Alter, Antidiskriminierung.
Kontakt: josefine.heusinger@h2.de

Hilse-Carstensen, Theresa, Prof. Dr. phil., Diplom-Sozialarbeiterin/-Sozialpädagogin, Professorin für Soziale Arbeit an der IU Internationalen Hochschule Erfurt. Arbeits- und Forschungsschwerpunkte: Sozialplanung, Politik Sozialer Arbeit, (kommunale) Familienpolitik sowie ländliche Räume und Daseinsvorsorge.
Kontakt: theresa.hilse-carstensen@iu.org

Hufeisen, Jonas, Vertretungsprofessor für Soziale Arbeit an der Evangelischen Hochschule Tabor in Marburg, M.A. Soziale Arbeit – Sozialraumentwicklung und -organisation. Arbeits- und Forschungsschwerpunkte: Theorien und Methoden Sozialer Arbeit, Flucht- und Migrationsforschung, Netzwerk- und Sozialraumforschung, zivilgesellschaftliches Engagement und Integrationspolitik.
Kontakt: jonas.hufeisen@eh-tabor.de

Hundeck, Markus, Prof. Dr. habil., Professor für Ethik und Methoden am Fachbereich Sozialwesen der Ernst-Abbe-Hochschule Jena und Privatdozent für Erziehungs- und Bildungsphilosophie an der Friedrich-Schiller-Universität Jena. Arbeits- und Forschungsschwerpunkte: Methoden der Sozialen Arbeit; Schulsozialarbeit, Erkenntnistheorie und Ethik der Sozialen Arbeit, Ästhetik und Soziale Arbeit, Klassische Theorien der Sozialpädagogik.
Kontakt: markus.hundeck@eah-jena.de

Hunold, Martin, Dr., Diplom-Sozialarbeiter/-Sozialpädagoge, Master Bildungswissenschaft, Wissenschaftlicher Mitarbeiter an der Evangelischen Hochschule Berlin (EHB). Arbeits- und Forschungsschwerpunkte: Soziale Arbeit mit dem Schwerpunkt Organisation, Profession(alisierung) und Macht (Gesellschaft), Theorien und Methoden der Sozialen Arbeit (vor allem in Bezug auf die Kinder- und Jugendhilfe), Organisation Sozialer Dienste mit Blick auf Ungleichheit, Diskriminierung und Demokratie, Rekonstruktive Bildungs- und Erziehungsforschung, Dokumentarische Methode, Transfer- und Partizipationsforschung (Community Organizing).
Kontakt: martin.hunold@eh-berlin.de

Jagusch, Birgit, Prof. Dr., seit 2017 Professorin für Soziale Arbeit und Diversität an der Technischen Hochschule Köln.
Kontakt: birgit.jagusch@th-koeln.de

Kallenbach, Tilman, Diplom-Pädagoge, Wissenschaftlicher Mitarbeiter am Lehrstuhl für Sozialpädagogik an der Universität Bamberg. Arbeits- und Forschungsschwerpunkte: Jugendarbeit und Soziale Arbeit in ländlichen Räumen, Migrations- und Rassismusforschung, Theorien und Geschichten Sozialer Arbeit.
Kontakt: tilman.kallenbach@uni-bamberg.de

Kasten, Anna, Prof. Dr., Diplom-Sozialarbeiterin/-Sozialpädagogin, Professorin für Soziale Arbeit mit den Schwerpunkten Gender und Diversity am Fachbereich Sozialwesen an der Ernst-Abbe-Hochschule Jena. Arbeits- und Forschungsschwerpunkte: Feminismen in professionellen Kontexten, Makrosozialarbeit (Organisation, Intersektionalität, Digitalisierung), Ost*mitteleuropa (Professionalisierung der Hilfe nach 1989 in Polen).
Kosten: anna.kasten@eah-jena.de

Kavemann, Barbara, Prof. Dr., Diplom-Soziologin, Sozialwissenschaftliches Forschungsinstitut zu Geschlechterfragen SoFFI/SOCLES. Stellvertretende Vorsitzende der Unabhängigen Kommission zur Aufarbeitung sexuellen Kindesmissbrauchs.
Kontakt: barbara.kavemann@aufarbeitungskommission.de

Kieslinger, Kristina, Prof. Dr. theol., Romano-Guardini-Professur für Ethik im Fachbereich Soziale Arbeit und Sozialwissenschaften der Katholischen Hochschule Mainz. Arbeits- und Forschungsschwerpunkte: Ethik sozialprofessionellen und karitativen Handelns, Klimagerechtigkeit und sozial-ökologische Transformation, (Theologische) Ethik und Spiritualität.
Kontakt: kristina.kieslinger@kh-mz.de

Kröger, Christine, Prof. Dr. rer. nat., Diplom-Psychologin, Psychologische Psychotherapeutin, Professorin an der Fakultät Soziale Arbeit der Hochschule Coburg.
Kontakt: christine.kroeger@hs-coburg.de

Krüger, Christine, Prof.n Dr. phil., Diplom-Sozialarbeiterin/-Sozialpädagogin, M.A., Professorin für Sozialwissenschaften/Qualitative Sozialforschung am Fachbereich Soziale Arbeit, Bildung und Erziehung, Hochschule Neubrandenburg. Arbeits- und Forschungsschwerpunkte: Professionsentwicklung in der Sozialen Arbeit, insbesondere Auseinandersetzung mit Rechtsextremismus und Rassismus, Soziale Daseinsvorsorge und Soziale Arbeit in ländlichen Räumen, Ehrenamt und Zivilgesellschaftliches Engagement.
Kontakt: ckrueger@hs-nb.de

Krüger, Philip, Diplom-Sozialarbeiter/Diplom-Sozialpädagoge, M.A. Psychosoziale Beratung und Therapie, Wissenschaftlicher Mitarbeiter an der Katholischen Hochschule Nordrhein-Westfalen – Standort Paderborn, Doktorand am Promotionszentrum Soziale Arbeit der hessischen Hochschulen. Arbeits- und Forschungsschwerpunkte: kritische Männlichkeitenforschung im Kontext Sozialer Arbeit, sportbezogene Soziale Arbeit, Beratung und Supervision.
Kontakt: mail@philip-krueger.de

Kühnel, Markus, Prof. Dr. phil., Professor für Soziale Gerontologie an der Fakultät für Soziale Arbeit der Technischen Hochschule Landshut. Arbeits- und Forschungsschwerpunkte: Alternde Gesellschaften, Altersdiskriminierung, Armutsforschung, (kommunale) Demografie- und Seniorenpolitik, Organisations- und Politikberatung, (kommunale) Sozialpolitik
Kontakt: markus.kuehnel@haw-landshut.de

Laub, Matthias, Prof. Dr. phil., Diplom-Sozialpädagoge (FH), M.A., Professor für Wissenschaft Soziale Arbeit und Sozialarbeitsforschung, Hochschule Landshut. Arbeits- und Forschungsschwerpunkte: Soziale Arbeit als Wissenschaft und Profession, Theorieentwicklung in der Sozialen Arbeit, Kasuistik und rekonstruktives Fallverstehen in der Sozialen Arbeit, Inklusion und Partizipation der Menschen mit einer (seelischen) Behinderung.
Kontakt: matthias.laub@haw-landshut.de

Liel, Katrin, Prof. Dr. rer. biol. hum. Diplom-Sozialpädagogin (FH), Professorin für gesundheitswissenschaftliche Grundlagen Sozialer Arbeit an der Fakultät Soziale Arbeit der Hochschule Landshut. Arbeits- und Forschungsschwerpunkte: Gesundheitsbezogene Soziale Arbeit, Suchthilfe, Public Health, Gesundheitsförderung und Prävention.
Kontakt: katrin.liel@haw-landshut.de

Lindner, Stefanie, B.A. Soziale Arbeit, M.A. Soziale Arbeit als Menschenrechtsprofession, Promovendin im Graduiertenkolleg Professionalisierung der Gesundheits- und Sozialberufe im Kontext gesellschaftlicher Transformationsprozesse an der BTU Cottbus-Senftenberg am Fachbereich Soziale Arbeit. Arbeits- und Forschungsschwerpunkte: akzeptierende Suchthilfe, kritische Rechtsextremismusforschung und Ostdeutschland, diskriminierungssensible Soziale Arbeit.
Kontakt: stefanie.lindner@posteo.de

Löppmann, Claas, Master Kindheitspädagogik, pädagogische Leitung mehrerer Kindertageseinrichtungen in Walsrode. Mitglied im Betroffenenrat bei der UBSKM.
Kontakt: claas.loeppmann@betroffenenrat-ubskm.de

Mahlich, Ralf, M.A. Gender Studies, B.A. Soziale Arbeit, wissenschaftlicher Mitarbeiter und Promovend im Graduiertenkolleg Professionalisierung der Gesundheits- und Sozialberufe im Kontext gesellschaftlicher Transformationsprozesse an der Brandenburgischen Technischen Universität am Fachbereich Soziale Arbeit, Lehr- und Forschungsschwerpunkte: Macht-, Herrschaft- und Dominanzverhältnisse, Menschrechtsmandat, (extreme) Rechte Einflussnahme auf Gemeinwesenarbeit.
Kontakt: ralf.mahlich@b-tu.de

Marquardt, Angela, Diplom-Politologin, Referentin im Leitungsstab Bundesbeauftragte für den Datenschutz und die Informationsfreiheit. Mitglied im Betroffenenrat bei der UBSKM.
Kontakt: angela.marquardt@betroffenenrat-ubskm.de

Mayer, Marion, Prof. Dr., Diplom-Sozialarbeiterin/-Sozialpädagogin (FH), Professorin an der Alice Salomon Hochschule Berlin.
Kontakt: marion.mayer@ash-berlin.eu

Müller, Matthias, Prof. Dr. phil., Soziologe (Dr. phil.), Diplom-Sozialarbeiter/-Sozialpädagoge, Professor für Pädagogik, Sozialpädagogik und Hilfen zur Erziehung im Fachbereich Soziale Arbeit, Bildung und Erziehung der Hochschule Neubrandenburg. Arbeits- und Forschungsschwerpunkte: Berufliche Lehrkräftebildung, Familienbildung, Migration und Soziale Arbeit, Sozialarbeiterisches Case Management, Sozialpädagogische Familienhilfe/Aufsuchende Hilfen.
Kontakt: mueller@hs-nb.de

Nasri, Sara, M.A. Präventive Soziale Arbeit, B.A. Sozialarbeiterin, wissenschaftliche Mitarbeiterin an der Katholischen Hochschule für Sozialwesen Berlin. Arbeits- und Forschungsschwerpunkte: soziale Ausschlussdynamiken, Familienförderung – Familienzentren, Sozialraumorientierung.
Kontakt: sara.nasri@khsb-berlin.de

Neumaier, Stefanie, M.A. Soziale Arbeit, staatlich anerkannte Sozialpädagogin, Doktorandin an der Universität Trier, wissenschaftliche Mitarbeiterin an der Johannes-Gutenberg-Universität Mainz, Institut für Erziehungswissenschaft. Forschungsschwerpunkte: Digitale Transformationsprozesse, Professionalisierung und Gamification in der Sozialen Arbeit.
Kontakt: stefanie.neumaier@th-rosenheim.de

Or, Yari, Prof.in Dr.in, Ph.D. in Learning Sciences, Professorin für Bildungsverläufe und soziale Teilhabe am Lebenslauf am Fachbereich für Soziale Arbeit und Gesundheit der Frankfurt University of Applied Sciences. Arbeits- und Forschungsschwerpunkte: Transformative Methoden in der Sozialen Arbeit, Mensch-Natur-Verbindung, Community-based Transformation.
Kontakt: yari.or@fb4.fra-uas.de

Otto, Marius, Prof. Dr. rer. nat., Professor für sozialräumliche Soziale Arbeit an der Fakultät Soziale Arbeit der Hochschule Landshut. Arbeits- und Forschungsschwerpunkte: Sozialplanung und Sozialberichterstattung, Sozialraumorientierung, Gemeinwesenarbeit, Soziale Arbeit in der Quartiers- und Stadtentwicklung.
Kontakt: marius.otto@haw-landshut.de

Radvan, Heike, Prof.*in Dr. phil., Diplom-Sozialarbeiterin/-Sozialpädagogin, Professor*in für Methoden und Theorien Sozialer Arbeit mit den Schwerpunkten Gemeinwesenarbeit und Rechtsextremismusprävention an der BTU Cottbus-Senftenberg. Arbeits- und Forschungsschwerpunkte: (geschlechterreflektierende) Rechtsextremismusprävention, Gemeinwesenarbeit und community organising insbesondere in der Auseinandersetzung mit völkischem Autoritarismus, Rekonstruktive Sozialarbeitsforschung.
Kontakt: radvan@b-tu.de

Risse, Frauke, Sozialarbeiterin (B. A. und M. A.), Wissenschaftliche Mitarbeiterin und Doktorandin am Institut für Soziale Arbeit an der BTU Cottbus-Senftenberg. Arbeits- und Forschungsschwerpunkte: Professionalisierungsforschung, Gestaltung von Unterstützungsprozessen in der Kinder- und Jugendhilfe/Pflegekinderhilfe, Theorie- und Professionsentwicklung der Sozialen Arbeit.
Kontakt: frauke.risse@b-tu.de

Röh, Dieter, Prof. Dr., Diplom Sozialarbeiter/Sozialpädagoge, MPH, Professor für Soziale Arbeit an der HAW Hamburg mit dem Schwerpunkt Rehabilitation und Teilhabe.
Kontakt: dieter.roeh@haw-hamburg.de

Rubin, Yvonne, Prof. Dr. phil., Professorin für Soziale Arbeit mit den Schwerpunkten Lebensalter und Lebenslagen am Fachbereich Sozialwesen der Ernst-Abbe-Hochschule Jena. Arbeits- und Forschungsschwerpunkte: Qualitativ-rekonstruktive und partizipative Sozialforschung, wohlfahrtsstaatliche Transformationsprozesse, insbesondere Vergesellschaftung sorgender Tätigkeiten, Alter(n) & Sozialraumentwicklung.
Kontakt: yvonne.rubin@eah-jena.de

Rund, Mario, Prof. Dr. disc., Diplom-Sozialarbeiter/-Sozialpädagoge, Professor für Soziale Arbeit im Gemeinwesen am Fachbereich Soziale Arbeit an der Hochschule Darmstadt, Studiengangleitung Soziale Arbeit: Kritisch-reflexive und forschende Zugänge (Master of Arts), Mitglied der DGSA-Sektion Gemeinwesenarbeit, Vorstandmitglied im Vereins für Sozialplanung (VSOP), Fachbegleitung der Thüringer Arbeitsgemeinschaft Soziale Stadtentwicklung und Gemeinwesenarbeit (ThASG) e.V. Arbeits- und Forschungsschwerpunkte: Sozialraumpolitiken, Sozialplanung, Partizipationsforschung.
Kontakt: mario.rund@h-da.de

Sagebiel, Juliane, Prof. Dr. (em.), Diplom-Sozialarbeiterin, lehrte an der Hochschule München für angewandte Sozialwissenschaften Theorien der Sozialen Arbeit und Machttheorien.
Kontakt: juliane.sagebiel@hm.edu

Sauer, Stefanie, Prof.in Dr.in phil., Diplom-Sozialarbeiterin/-Sozialpädagogin, Professorin für Soziale Arbeit an der Evangelischen Hochschule Berlin. Arbeits- und Forschungsschwerpunkte: Konzepte und Methoden der Sozialen Arbeit, Beratung in der Sozialen Arbeit, Adoptiv- und Pflegefamilienforschung, Internationale Soziale Arbeit.
Kontakt: stefanie.sauer@eh-berlin.de

Schäfer, Ina, B.A. Soziale Arbeit, M.A. Bildungsforschung, Akademische Mitarbeiterin im Graduiertenkolleg Professionalisierung der Gesundheits- und Sozialberufe im Kontext gesellschaftlicher Transformationsprozesse an der BTU Cottbus-Senftenberg am Fachbereich Soziale Arbeit. Arbeits- und Forschungsschwerpunkte: kritische Rechtsextremismusforschung, Diskriminierungssensible Soziale Arbeit, Jugendarbeit, Migration.
Kontakt: ina.schaefer@b-tu.de

Schäper, Sabine, Prof. Dr. theol., Diplom-Sozialpädagogin, Diplom-Theologin, Professorin für das Lehrgebiet Heilpädagogische Methodik und Intervention an der Katholischen Hochschule Nordrhein-Westfalen, Standort Münster. Arbeits- und Forschungsschwerpunkte: Professionsethik, Teilhabeforschung, Behinderung und Alter, Palliative Care und hospizliche Begleitung von Menschen mit kognitiver Beeinträchtigung, inklusiver Kinderschutz, Forschungsethik.
Kontakt: s.schaeper@katho-nrw.de

Scheuerl, Angelika, Diplom-Sozialarbeiterin/-Sozialpädagogin, sozialwirtschaftliche Unternehmerin im KARREE 49 in Chemnitz, Leitung DELPHIN – Sozialpädagogischer Betreuungsdienst und geschäftsführende Gesellschafterin Delphin-Projekte gGmbH. langjähriges Praxis-Mitglied in der Fachgruppe Case Management der DGSA.
Kontakt: a.scheuerl@delphin-scheuerl.de

Schmelz, Andrea Frieda, Prof. Dr. phil., Professorin für internationale Soziale Arbeit und globale Entwicklung an der Fakultät Soziale Arbeit der Hochschule Coburg. Arbeits- und Forschungsschwerpunkte: Green und Ecosocial Work, Geschichte und Erinnerungskultur der Sozialen Arbeit, Fluchtmigration und Menschenrechte, Transformations- und Katastrophenforschung.
Kontakt: andrea.schmelz@hs-coburg.de

Schmidt, Marcel, Prof. Dr. phil., Dipl. Soziale Arbeit (FH), M.A., Hochschule Darmstadt. Arbeits- und Forschungsschwerpunkte: Ethik, insbes. raumbezogene soziale (Klima-)Gerechtigkeit, Naturethik; Transformations- und Nachhaltigkeitsdiskurse innerhalb und außerhalb der Sozialen Arbeit; Theorien und Theoriegeschichte Sozialer Arbeit.
Kontakt: marcel.schmidt@h-da.de

Schramkowski, Barbara, Prof. Dr. phil., Diplom-Sozialpädagogin, Professorin für Grundlagen und Methoden Sozialer Arbeit an der Fakultät Sozialwesen der Dualen Hochschule Baden-Württemberg. Arbeits- und Forschungsschwerpunkte: Sozialökologische Transformation und Klimagerechtigkeit in der Sozialen Arbeit, ökologische Kinderrechte, Kinder- und Jugendhilfe, Rassismus und Gender.
Kontakt: barbara.schramkowski@dhbw.de

Sellner, Nora, Dr. phil., Sozialarbeiterin (B.A.) und Sozialmanagerin (M.A.), wissenschaftliche Mitarbeiterin und Lehrbeauftragte an der Technischen Hochschule Nürnberg Georg Simon Ohm sowie Lehrbeauftragte an der Katholischen Hochschule NRW und der Technischen Hochschule Köln. Arbeits- und Forschungsschwerpunkte: Theorien, Konzepte und Methoden Sozialer Arbeit mit marginalisierten Gruppen, Wohnungsnot und Wohnungslosigkeit, Armut und soziale Exklusion, Bewältigung in besonderen Problemlagen und Krisen, qualitative Methoden.
Kontakt: nora.sellner@th-nuernberg.de

Sowa, Frank, Prof. Dr., Professor für Soziologie in der Sozialen Arbeit an der Fakultät Sozialwissenschaften der Technischen Hochschule Nürnberg Georg Simon Ohm, seit 2022 Forschungsprofessur Prekäres Wohnen und Wohnungslosigkeit. Arbeits- und Forschungsschwerpunkte: Soziale Probleme und soziale Ungleichheit, Wohnungslosigkeit, integrierte Stadtentwicklung und qualitative Methoden.
Kontakt: frank.sowa@th-nuernberg.de

Stadel, Wolfgang, Prof. Dr. phil., Soziale Arbeit MA, Professor für Soziale Arbeit mit Schwerpunkt Sozialraumentwicklung und Gemeinwesenarbeit an der Fakultät Soziale Arbeit, Bildung und Pflege der Hochschule Esslingen. Arbeits- und Forschungsschwerpunkte: Sozialraumforschung. Kontexte des Alter(n)s und Behinderung, Teilhabe und Partizipation, Figurations- und Prozesstheorie (Norbert Elias).
Kontakt: wolfgang.stadel@hs-esslingen.de

Stamm, Ingo, Prof. Dr. phil., Professur für Nachhaltigkeit in der Sozialen Arbeit im Fachbereich Sozialwesen der FH Münster. Arbeits- und Forschungsschwerpunkte: Nachhaltigkeit und sozial-ökologische Transformation, menschenrechtsbasierte Soziale Arbeit, Internationale Soziale Arbeit und Theorieentwicklung in der Sozialen Arbeit.
Kontakt: stamm@fh-muenster.de

Stellmacher, Thorsten, Diplom-Berufspädagoge/MSc. Remote Sensing, Image Processing and Applications/Diplom-Kartograf, wissenschaftlicher Mitarbeiter am Institut für Gerontologische Forschung e.V. in Berlin. Arbeits- und Forschungsschwerpunkte: altersfreundliche Quartiersentwicklung, Altern im ländlichen Raum, interkulturelle Öffnung der Altenhilfe und Pflege, AAL/Technik im Alter.
Kontakt: stellmacher@igfberlin.de

Taube, Vera, Prof. Dr. rer. soc., Diplom-Sozialpädagogin, Soziale Arbeit M.A., Professorin für Erziehungswissenschaft in der Sozialen Arbeit an der Fakultät Angewandte Sozialwissenschaften der Technischen Hochschule Würzburg-Schweinfurt. Arbeits- und Forschungsschwerpunkte: Sozialarbeit im Jugendhilfekontext, Case Management und Soziale Diagnose, Professionstheorie, internationale Soziale Arbeit.
Kontakt: vera.taube@thws.de

Thiessen, Barbara, Prof. Dr. phil., Diplom-Sozialpädagogin, Supervisorin, berufen für Erziehungswissenschaft mit dem Schwerpunkt Beratung und Geschlecht an die Universität Bielefeld. Forschungsschwerpunkte: Geschlechter- und caretheoretische Perspektiven auf Beratung und private Lebensverhältnisse im Kontext Sozialer Arbeit sowie Professionalisierung personenbezogener Dienstleistungen.
Kontakt: barbara.thiessen@uni-bielefeld.de

Tissot, Anna Xymena, Dr. phil., Soziologin, wissenschaftliche Mitarbeiterin und Lehrbeauftragte an der Technischen Hochschule Nürnberg Georg Simon Ohm. Arbeits- und Forschungsschwerpunkte: Soziale Ungleichheit, soziale Probleme, Migration und Integration, qualitative Methoden, insbesondere Experteninterviews und (biografisch-narrative) Interviews mit vulnerablen schutzbedürftigen Gruppen.
Kontakt: annaxymena.tissot@th-nuernberg.de

Wesselmann, Carla, Prof. Dr. disc. pol. Diplom-Sozialarbeiterin, Professorin für Soziale Arbeit mit dem Schwerpunkt Wissenschaften der Behinderung am Fachbereich Soziale Arbeit und Gesundheit an der Hochschule Emden-Leer. Arbeits- und Forschungsschwerpunkte: Disability Studies, Menschenrechte und Teilhabeforschung sowie Wissenschaft der Sozialen Arbeit (im Kontext Hospiz und Palliativ Care).
Kontakt: carla.wesselmann@hs-emden-leer.de

Wintergerst, Theresia, Prof. Dr. für Werte, Normen und Sozialpolitik an der Technischen Hochschule Würzburg-Schweinfurt (THWS), stellvertretende Vorsitzende des wissenschaftlichen Kuratoriums der Bayerischen Akademie ländlicher Raum.
Kontakt: theresia.wintergerst@thws.de

Wunderer, Eva, Prof. Dr., Diplom-Psychologin, Systemische Paar- und Familientherapeutin (DGSF), Professorin an der Fakultät Soziale Arbeit der Hochschule Landshut.
Kontakt: eva.wunderer@haw-landshut.de